KB219327

하용조 강해서 전집 8

마태복음 1

예수
사람으로 오신 하나님의 아들

(1-5장)

하용조 강해서 전집 8

마태복음 1

예수
사람으로 오신 하나님의 아들
(1-5장)

지은이 | 하용조
초판 발행 | 2012. 8. 1
개정판 발행 | 2021. 7. 21
등록번호 | 제1988-000080호
등록된 곳 | 서울특별시 용산구 서빙고로 65길 38
발행처 | 사단법인 두란노서원
영업부 | 2078-3352   FAX | 080-749-3705
출판부 | 2078-3331

책값은 뒤표지에 있습니다.
ISBN 978-89-531-3509-3 04230

독자의 의견을 기다립니다.
tpress@duranno.com   www.duranno.com

하용조 강해서 전집 8

마태복음 1

예수
사람으로 오신 하나님의 아들
(1-5장)

두란노

예수 그리스도를 만나고,
천국 백성의 삶을 살기를 바랍니다

강해 설교에 대한 확신을 가진 후 본격적으로 설교의 감격과 축복을 나누게 된 것은 마태복음 강해를 시작하면서입니다. 그동안 온누리교회 성도들과 함께 주일 강단을 통하여 말씀의 능력과 축복의 실제가 무엇인지 경험했습니다.

참된 설교는 하나님의 말씀을 성령의 도우심으로 강해하여 그 시대 하나님의 백성에게 전달해 천국 백성의 삶을 살게 하는 데 있다고 생각합니다. 또 한 가지, 설교란 예수님이 하신 것처럼 알아듣기 쉬워야 하며, 적용이 실제적이어야 하고, 위로부터 오는 참된 능력이 있어야 한다고 생각합니다. 이번에 출간되는 마태복음 강해는 이런 점에 유의했다고 볼 수 있습니다.

이 강해집을 통하여 우리는 아브라함과 다윗의 자손이요 동시에 성령으로 잉태된 임마누엘이신 예수 그리스도를 만나게 될 것입니다. 예수 그리스도는 실로 온 인류의 메시아요 왕이며 우리의 구세주입니다. 이 영광스러운 왕과 동행하는 삶이 바로 그리스도인의 삶이요 마태복음 강해에서 보여 주는 삶입니다.

저에게 강해 설교에 대한 도전과 용기를 주신 분들을 잊을 수 없습니다.

첫째는, 10년 동안 강해 설교를 가르쳐 주신 데니스 레인 목사님입니다. 둘째는, 캠벨 모건과 마틴 로이드 존스 목사님의 강해 설교집을 통해 받은 은혜를 고백하고 싶습니다. 셋째는, 존 스토트, 존 맥아더, 그리고 짐 그레이엄 목사님의 강해 설교를 말하고 싶습니다. 특별히 강해 설교와 성령의 기름 부으심에 대한 짐 그레이엄의 통찰력은 저에게 또 하나의 빛이었습니다. 넷째는, 온누리교회 성도들과 특별히 제 아내입니다. 언제나 나의 설교에 대한 결정적인 비판자요 동시에 격려자는 제 아내였습니다. 마지막으로, 이 책이 나오도록 도와주신 두란노서원 식구들에게 감사를 드립니다.

차례

4부

그리스도의 제자로 사는 삶

마태복음 5:13-37

5부

이해할 수 없는 그리스도의 사랑

마태복음 5:38-48

1부

이 땅에 오신 그리스도

마태복음 1:1-3:17

예수님은 하나님의 아들로서 인간의 몸을 입고 세상에 오셨습니다.
가장 낮고 천한 곳에 오셔서, 목자부터 엘리트 계급까지
사람들의 경배를 받으셨습니다.
예수님에게 임하셨던 성령의 임재와 능력이 우리에게 있을 때
세상의 환상이 아니라, 하늘의 비전을 바라보게 됩니다.

1

우리도 언약의
주인공이 될 수 있다

마태복음 1:1-17

지금부터 우리는 마태복음 강해를 통해 예수 그리스도의 생애와 그 사상을 배우고자 합니다. 땅에 동서남북이 있듯이 복음서도 넷이 되어야만 했다는 이레네오(Ireneo)의 말처럼, 예수는 영원한 신비요 끝없는 탐구의 대상입니다. 이 지상의 어느 누구도 예수를 다 알고 깨달은 사람은 없습니다.

우리는 예수를 우리 믿음의 정도로밖에 알 길이 없지만, 분명한 것은 예수를 만난 사람마다 그 영원한 신비와 능력 앞에 무릎을 꿇게 되고 나의 주, 나의 하나님으로 고백하게 됩니다.

예수는 죽어서 무덤에 갇혀 있는, 지나가 버린 역사의 인물이 결코 아닙니다. 지금도 믿는 자의 마음속에 살아서 말씀하고, 영원히 목마르지 않는 샘물을 주는 분이며, 영원히 배고프지 않는 떡을 주는 분이며, 우리 인생의 참 목적과 소망이 되는 분입니다. 성경 말씀대로 예수는 길이요 진리요 생명 그 자체입니다. 그래서 예수를 영접하고 만난 사람마다 새로운 생명을 체험하고 부활의 능력을 얻게 됩니다.

신약에는 네 개의 복음서가 있습니다. 이것은 예수님을 네 가지 측면에서 입체적으로 보여 주고 있음을 의미합니다. 지금부터 마태복음에 나타난 예수님이 어떤 분인가를 생각해 보겠습니다.

약속된 메시아

1절을 먼저 주의 깊게 보시기 바랍니다.

"아브라함과 다윗의 자손 예수 그리스도의 계보라."

첫째, 마태는 예수 그리스도를 "아브라함과 다윗의 자손"으로 소개하고 있습니다. 특별히 마태가 예수에 대해서 기록하려고 했던 가장 중요한 핵심은 그가 바로 구약에서 약속된 메시아, 즉 왕이라는 사실에 있습니다. 이것이 1장과 2장의 주제이며 마태복음 전체의 주제이기도 합니다.

요한복음 18장 33절에서 빌라도가 예수에게 질문합니다. "네가왕이 아니냐?" 예수는 이 질문에 "네 말과 같이 내가 왕이니라 내가 이를 위하여 태어났으며 이를 위하여 세상에 왔나니 곧 진리에 대하여 증언하려 함이로라"(요 18:37)고 대답하셨습니다.

본문에서 마태는 먼저 예수를 '다윗의 자손'이라고 소개하고 있습니다. 사무엘하 7장 12절 이하에서 하나님은 선지자 나단을 통해 다윗의 후손에서 메시아 곧 왕이 나올 것을 예언하셨습니다. 또 16절에 보면 "네 집과 네 나라가 내 앞에서 영원히 보전되고 네 왕위가 영원히 견고하리라"고 했습니다. 유대인의 관점에서는 다윗의 자손에게서 왕이 태어난다는 사실이 아주 중요합니다.

사도 바울도 로마서 1장 3절에서 예수 그리스도를 소개하면서 "육신으로는 다윗의 혈통에서 난 자"라고 말했습니다. 그리고 디모데후서 2장 8절에서도 "다윗의 씨로 죽은 자 가운데서 다시 살아나신 예수 그리스도"를 기억하라고 말했습니다.

우리가 잘 아는 요한계시록에도 예수가 "나는 다윗의 뿌리요 자손"(계 22:16)이라고 말씀하는 것을 볼 수 있습니다. 이 말씀은 아주 중요한 의미가 있습니다. 예수는 우연히 태어난 존재가 아니고 다윗의 자손 가운데 태어나기로 예언되었던 바로 그분이요, 메시아라는 사실입니다.

마태는 또한 예수를 '아브라함의 자손'이라고 소개했습니다. 우리가 잘 아는 대로 아브라함은 갈대아 우르에서 우상을 숭배했던 평범한 사람이었습니다. 그런데 어느 날 하나님이 특별한 은혜로 아브라함을 부르시고 택하셔서 그가 새로운 순례의 길로 가게 했습니다.

우리는 아브라함을 가리켜 '믿음의 조상'이라고 말합니다. 타락한 인간에게 하나님이 구원의 실제를 구체적으로 보여 준 것이 바로 이 아브라함부터입니다. 아브라함이 무슨 선한 일을 했습니까? 아브라함이 실제로 무슨 믿음이 있습니까? 그렇지 않습니다. 아브라함은 본래 믿음의 사람이 아니었습니다. 보통 사람이었습니다. 그런데 하나님이 어느 날 아브라함을 불러서 믿음의 사람으로 그를 만들어 가기 시작한 것입니다.

이 말은 우리가 믿음이 있어서 교회에 온 것이 아니라는 것입니다. 우리가 믿음이 있어서 저절로 예수를 믿은 것이 아닙니다. 사실 우리는 그리스도 밖에 있었고, 약속의 자손 밖에 있었고, 이스라엘 나라 밖에 있었던 사람입니다. 하나님과 아무런 상관이 없었던 사람인 것입니다. 그런데 어느 날 하나님이 우리를 부르셨습니다. 어떤 사람을 통해서 전도를 받게 된 것입니다. 예수를 안 믿겠다고 그렇게 발버둥을 치면서도 어쩐지 이상하게 예수 앞에 끌려오게 된 것입니다.

우리의 가문은 원래 불교나 유교를 따랐는지도 모르겠습니다. 도무지 복음이 들어갈 수 없는 상황에 있었던 사람인지도 모르겠습니다. 그러나 어느 순간 예수를 나의 주님으로 고백하게 되었습니다. 우리가 하나님을 찾기 위해서 나온 것이 아닙니다. 하나님이 우리를 부르신 것입니다. 하나님이 우리를 사랑하셔서 믿음의 사람으로 만들어 주신 것입니다.

하나님은 아브라함에게 약속하셨습니다. 다시 말하면 계약을 한 것입니다.

내가 너로 큰 민족을 이루고 네게 복을 주어 네 이름을 창대하게 하리니 너는 복이 될지라(창 12:2).

얼마나 놀라운 약속입니까? 우리가 바로 복의 근원이 됨을 믿으십시오. 우리가 예수를 믿었기 때문에 우리의 가문에는, 우리 자손들의 세계에는 이 하나님의 놀라운 축복이 임하게 될 것입니다. 왜냐하면 여러분의 가정에 하나님이 개입하셨기 때문입니다.

우리의 죄보다 큰 하나님의 은혜

예수가 '아브라함과 다윗의 자손'이었다는 말에는 두 가지 중요한 뜻이 내포되어 있습니다.

첫째, '약속의 자손'이라는 뜻이 있습니다. 하나님은 아브라함과 약속했고, 다윗과도 약속했습니다. 그들이 잘하고 못하고와 상관없이, 믿음이 있고 없고와 상관없이 하나님은 일방적으로 아브라함에게 "너는 복이 될지라"고 축복했으며, 다윗에게는 "너를 통하여 메시아가 태어나고 네 위는 영원히 견고할 것이다"라고 약속했습니다. 그러므로 다윗의 자손이요 아브라함의 자손이라는 이 말에는 하나님의 변함없는 절대적인 사랑이 숨어 있습니다.

하나님은 변하지 않으십니다. 하나님이 우리를 택하셨다면 하나님은 반드시 우리를 축복하실 것입니다. 비록 우리가 믿음이 없고, 잘 못했다 하더라도 하나님은 우리를 치고 우리의 손과 다리를 부러뜨려서라도 우리를 축복할 것입니다. 왜냐하면 하나님의 약속은 변함이 없기 때문입니다.

하나님은 실수하지 않으십니다. 하나님이 실수로 우리를 택한 것이 아닙니다. 하나님은 우리를 사랑하시기로 결정했습니다. 우리를 우리 생애의 마지막까지 보호해 주시기로 약속한 것입니다. 이 약속을 신실하게 믿고 따르는 자에게 하나님은 새로운 믿음의 세계를, 은총의 세계를 보여 주십니다.

둘째, '하나님의 은혜가 우리의 죄보다 더 크다'는 뜻이 있습니다. 아브라함과 다윗이 훌륭하고 위대한 믿음의 조상이긴 하지만 실제로 그들의 생애를 살펴보면 그들도 죄인 중의 한 사람에 불과하다는 사실을 발견하게 됩니다. 아브라함은 자신이 살기 위해 두 번씩이나 아내를 버리려고 한 위인이었습니다. 다윗의 경우를 봅시다. 다윗은 자기의 사랑하는 심복 우리야의 아내 밧세바를 범한 인물입니다. 이런 사람들이 아브라함과 다윗입니다. 그러면 예수님이 아브라함과 다윗의 자손이라는 뜻은 무엇을 의미합니까? 이는 하나님의 은혜가 이러한 형편없는 죄인된 인간들의 실수를 통해서도 구원을 이루실 만큼 크다는 것을 보여 줍니다.

우리의 허물과 죄보다 하나님의 사랑과 은총이 더 크다는 사실을 믿으시기 바랍니다. 이사야 1장 18절에 귀한 약속의 말씀이 있습니다.

"너희의 죄가 주홍 같을지라도 눈과 같이 희어질 것이요 진홍 같이 붉을지라도 양털같이 희게 되리라."

목사인 저 자신도 가끔 그런 생각을 합니다. '아, 정말 형편없구나. 내가 목사란 말인가?' 제 안에 섬뜩한 죄악들이 문득문득 솟아나는 것을 저 자신이 금할 길이 없습니다. 우리 역시 예수 그리스도를 믿는다고 시인하지만 영원히 깨끗한 것은 아닙니다. 형편없는 자신을 우리 스스로도 느낄 것입니다. 그러나 하나님은 그러한 우리를 들어서 하나님의 뜻을 이루시고, 하나님의 교회를 이루시고, 실수할 수밖에 없는 인간을 어떤 순간에 보호해서 실수하지 않게 하시고, 하나님의 거룩한 구원의 대역사에 우리를 쓰십니다.

모든 선교사가 완전한 사람들일까요? 아닙니다. 연약한 인간입니다. 유혹받고 배신하고 의심할 수밖에 없는 인간입니다. 그러나 하나님은 그러한 사람들을 붙들어서 날마다 날마다 저 높은 곳을 향하여 믿음의 걸음을 옮기게 하십니다.

우리의 죄보다 하나님의 사랑이 더 크심을 믿으십시오. 우리의 의 허물보다 하나님의 인도하심이 더 신실하시다는 것을 믿으십시오. 우리가 약해서 넘어질 때, 의심될 때, 시험 받을 때 너무 낙심하지 마십시오. 하나님도 다 알고 계십니다. 우리 하나님은 참으로 우리를 반석이신 예수 그리스도의 의로우신 모습으로 만들어 주기를 원하시는 분입니다.

예수의 역사

계보의 중요한 뜻 하나를 더 살펴보면 그것은 예수의 계보가 세 단계로 나뉘어 있는 것입니다.

> 그런즉 모든 대 수가 아브라함부터 다윗까지 열네 대요 다윗부터 바벨론으로 사로잡혀 갈 때까지 열네 대요 바벨론으로 사로잡혀 간 후부터 그리스도까지 열네 대더라(마 1:17).

이것은 무엇을 의미합니까? 이스라엘의 역사와 세계 역사를 쉽게 요약한 말씀입니다. 다시 말하면 '아브라함부터 다윗까지 열네 대요'라는 말은 이스라엘을 한 국가로 통일하고 역사상 가장 강력한 왕으로 군림했던 다윗의 때, 곧 이스라엘이 가장 강성했던 때를 의미합니다. '다윗부터 바벨론으로 사로잡혀 갈 때까지 열네 대요'라는 말은 이스라엘 역사상 가장 수치스러운 패배와 외세의 침략으로 멸망을 보여 주었던 바벨론 포로시대까지를 의미합니다.

다윗 왕까지는 이스라엘 최고의 영광을 보여 주었습니다. 그러나 다윗 왕 후에 솔로몬을 지나 남유다와 북이스라엘이 갈라지면서부터 피비린내 나는 쿠데타와 왕족 싸움, 앗수르와 바벨론의 공격, 70년 동안의 포로 생활을 통해서 이스라엘이 밑바닥까지 내려가는 수치를 당한 역사가 바로 바벨론 포로시대까지의 역사입니다.

그리고 '바벨론으로 사로잡혀 간 후부터 그리스도까지 열네 대더라'는 말은 포로 해방 이후 예수 그리스도의 출현까지 이르는 역사로서, 이 그리스도의 역사 개입과 출현이야말로 진정한 인류의 메시아, 참된 왕으로 인한 전 인류의 구원과 참된 소망을 보여 주는 역사를 요약하는 것입니다.

그러면 이 이야기를 세 가지로 다시 쉽게 정리할 수 있습니다. 첫째로 마태는 이 계보에서 왕권을 받은 '약속의 역사'를 말했고, 둘째로 그 약속과 축복을 상실한 '비극의 역사'를 말했고, 셋째로 그리스도의 출현으로 다시 영광과 축복을 회복하는 하나님의 '은혜의 역사'를 말한 것입니다. 그래서 우리는 이 말씀에서 예수 그리스도야말로 진실로 역사의 중심임을 고백하게 됩니다. 마태는 우리가 믿는 이 예수가 역사의 처음이요 마지막이며 오늘 이 시대의 참된 소망임을 보여 주고 싶었던 것입니다.

우리의 과거를 잊으시는 분

이 계보에서 한 가지 재미있는 사실은 이상한 여자가 몇 명 끼어 있다는 것입니다. 당시 문화나 사회 여건으로 볼 때 법률상의 권리도 주어지지 않았고 인격보다는 하나의 물건으로 간주되었던 여자 몇 사람이 거룩하신 예수의 계보에 끼어 있습니다. 이는 오늘 우리 시대에서는 별로 놀랄 일이 아니지만 그 시대의 문화적인 여건으로 보면 충격적인 사건이라고 말씀드릴 수 있습니다. 여자가 계보에 끼어 있다고 해서 나쁠 게 뭐 있겠습니까마는 그분들이 거룩하고 믿음 있는 순결한 여자들이 아니라 한결같이 모두가 이상한 경력이 있는 여자들이기 때문에 조금 문제가 됩니다.

첫째, 3절에 나타난 다말을 보십시오. 다말은 시아버지 유다와 관계해서 아이를 낳은 여자입니다. 둘째, 라합이라는 여자가 나옵니다. 그녀는 여리고 성의 기생입니다. 셋째, 룻이 나옵니다. 룻은 그 당시 이스라엘에서 개처럼 취급받았던 이방 여자입니다. 넷째, 우리야의 아내가 나옵니다. 우리야의 아내인 밧세바는 다윗과 간

통한 여자입니다.

그러면 마태가 이 모든 사실을 모르고 기록했을까요? 구약 성경에 좋은 여자들이 얼마나 많습니까? 그러나 여기에 놀라운 메시지가 숨겨져 있음을 알아야 합니다. 하나님의 섭리가 이 계보 속에 있다는 말입니다.

여기에 나타난 네 여자는 과거에 허물과 실수가 많던 여자들이지만 모두 하나같이 하나님 앞에 돌아와서 변화 받고 새로워졌습니다. 이것은 인간의 모든 죄악과 허물과 실수가 예수 그리스도 안에서 모두 허물어지고 용서받는다는 복음의 진수를 보여 주는 것입니다. 유대인과 이방인의 장벽이 무너지고, 남자와 여자의 장벽이 무너지고, 성도와 죄인의 장벽이 무너지는 것을 봅니다. 비록 그들의 과거는 어두웠을지라도 이 네 여자들은 축복받은 사람들로 변했습니다. 하나님의 은혜로 선택 받고 예수의 계보에 기록될 수 있는 거룩한 여자들로 변했다는 사실입니다.

사랑하는 성도 여러분! 우리의 과거가 그렇게 중요하지 않음을 아십시오. 과거는 땅에 묻으십시오. 우리가 주님 앞에 서 있기만 한다면 우리가 지은 과거의 허물과 실수, 과거의 그 어떤 것도 우리 주 예수 그리스도의 보혈로 깨끗이 씻어 주십니다. 그리고 우리를 예수의 계보의 주인공으로 세워 주십니다. 이 계보는 어떤 인간이라 할지라도, 어떤 죄를 지은 사람이라 할지라도 그 모두가 하나님의 백성이며 구원받은 백성임을 보여 주는 것입니다.

생명을 주시는 분

마지막으로 이 계보에서 재미있는 것 하나를 더 이야기하고 마치고자 합니다. 마태복음을 읽어 보면 무슨 말이 가장 많이 나옵니까? "낳고, 낳고, 낳고…." 이것을 무심히 보지 마십시오. 구약에서 족보를 이야기할 때는 "죽고, 죽고, 죽고…."로 표현하기 때문입니다. 여러분, 몇 살 더 살다가 죽는 것이 복음이 아닙니다. 새로 태어나는 것이 복음입니다. 당신의 나이가 60세입니까? 지금 다시 태어나십시오. 혹시 아직 예수 그리스도를 완전히 영접하지 못한 사람이 있습니까? 이 시간에 예수 그리스도를 영접하십시오. 우리 안에 새 생명이 잉태됩니다. 이것을 가리켜 우리는 '영원한 산출(産出)'이라고 말합니다.

그리스도인은 죽음이 없습니다. 계속해서 생명을 잉태하는 것입니다. 예수님이 "나는 부활이요 생명이니 나를 믿는 자는 죽어도 살겠고 무릇 살아서 나를 믿는 자는 영원히 죽지 아니하리니"(요 11:25-26)라고 말씀하신 것을 기억하십시오.

죽고 싶습니까, 살고 싶습니까? 저는 당신의 살기를 원합니다. 영원히 살기를 원합니다. 아브라함의 자손이요 다윗의 자손이며 우리의 영원한 왕이신 예수 그리스도를 이 시간 당신의 마음에 구주로 영접하십시오. 그리고 생명을 얻으십시오.

2

하나님의 아들이
사람의 몸으로 오셨다

마태복음 1:18 - 25

구약 성경을 보면 임신할 수 없었던 여자들이 하나님의 특별한 도움으로 기적같이 해산한 경우를 몇 가지 찾아볼 수 있습니다.

첫째는 이삭입니다. 창세기 18장 11-14절을 보면 이삭이 태어나기 전 아브라함의 나이는 100세였고 사라의 나이는 90세였습니다. 특별히 사라는 생리가 이미 끊어져 임신이 불가능한 상황이었는데, 그때 하나님이 아브라함에게 "네 아내 사라에게 아들이 있으리라"고 하시니 그들은 믿지 못하고 비웃었습니다. 이때 하나님은 "여호와께 능하지 못한 일이 있겠느냐"(창 18:14)고 말씀하시며 친히 이름까지 지어 주셨습니다. 그 사람이 바로 이삭입니다.

두 번째 경우는 삼손입니다. 사사기 13장 2-3절을 보면 소라 땅에 단 지파의 가족 중 마노아라는 사람이 있었습니다. 그 아내는 임신할 수 없는 여자였습니다. 그런데 어느 날 "여호와의 사자가 그 여인에게 나타나서 그에게 이르시되 보라 네가 본래 임신하지 못하므로 출산하지 못하였으나 이제 임신하여 아들을 낳으리니"(삿 13:3)라는 말씀을 주셨습니다. 그리고 나실인으로서 특별히 포도주와 독주를 마시지 못하게 하고 부정한 것을 먹지 못하도록 주의까지 주셨습니다. 바로 이 사람이 그 유명한 삼손입니다.

세 번째 경우는 사무엘입니다. 사무엘상 1장을 보면 임신할 수 없었던 엘가나의 처 한나가 눈물 흘리며 금식하고 하나님에게 나아와서 아이를 가질 수 없는 서러움과 고통을 이야기하고 기도할 때, 하나님의 은혜를 입게 되어 임신하게 됩니다. 그리고 이스라엘 역사상 가장 위대한 하나님의 종인 사무엘을 낳게 됩니다(삼상 1:19-20).

네 번째 경우는 신약에 나오는 세례 요한입니다. 어느 날 천사가 제사드리는 사가랴에게 나타나서 네 아내가 아들을 낳을 것이라는 말을 했습니다(눅 1:13-17). 그때 사가랴는 이런 질문을 합니다.

내가 이것을 어떻게 알리요 내가 늙고 아내도 나이가 많으니이다
(눅 1:18).

믿음 없는 사가랴에게 하나님은 그의 아들 세례 요한이 태어날 때까지 벙어리가 되는 벌을 내리셨습니다. 그 후 열 달 만에 예수님의 길을 예비했던 세례 요한이 태어났고 사가랴는 혀가 풀리며 말하게 되었습니다.

이사야 54장 1절을 보면 "잉태하지 못하며 출산하지 못한 너는 노래할지어다 산고를 겪지 못한 너는 외쳐 노래할지어다 이는 홀로 된 여인의 자식이 남편 있는 자의 자식보다 많음이라 여호와께서 말씀하셨느니라"는 말씀이 있습니다. 임신할 수 없던 한 여자에게 하나님이 특별한 은혜로 임신하게 하신 이 사실은 우리의 구원과도 깊은 관계가 있는 말씀입니다.

그리스도의 탄생 사건

사람에게는 불가능이 있습니다. 그 불가능은 여러 가지 면에서 많이 나타납니다. 그러나 하나님에게는 불가능이 없습니다. 세계 2차 대전 때 유대인 60만 명이 나치에게 죽임을 당하면서 "하나님, 당신은 살아 계십니까? 살아 계시다면 왜 침묵하고 계십니까?"라고 외쳤습니다. 하나님은 나치가 60만 명의 유대인을 죽이는 것을 못 보신 것이 아닙니다. 애굽에서 400년의 세월 동안 고통 당하던 이스라엘 백성의 호소를 모르신 것이 아닙니다.

하나님이 능력이 없어서 그대로 두신 것입니까? 신체의 조건도 나이도 상관없이 하나님이 원하시면 하십니다. 하나님은 천지를 창조하신 창조주일 뿐 아니라 전능하신 분이기 때문입니다.

예수 그리스도의 동정녀 탄생 그리고 성령에 의한 잉태는 2천 년 동안 무신론자들과 불가지론자들과 이단들에게 무수히 공격받아 왔던 교리 중 하나입니다. 고대 바벨론이나 수메르나 아카디아 설화 그리고 로마 신화를 보면 접신하여 잉태된 아이 이야기가 많이 나옵니다. 석가모니가 탄생할 때 그의 어머니 배 속에 흰 코끼리가 들어왔다든지, 사람이 죽으면 개도 되고 소도 된다는 불교 윤회설에 의한 잉태라든지, 알렉산더 대왕이 제우스 신에 의해 잉태됐다든지 하는 이야기는 예수 그리스도의 동정녀 탄생과 성령의 탄생을 혼동시키기 위한 사탄의 작전입니다. 신화에는 이런 내용이 너무나 많습니다.

그래서 많은 믿음 없는 신학자들이 "그것 보아라. 고대 근동에 이런 이야기가 많은 걸 보니까 예수의 탄생 이야기도 그런 영향을 받은 것 중의 하나임에 틀림없다"라고 말합니다. 예수 그리스도의 동정녀 탄생과 성령의 잉태가 인간의 이성과 자연과학적 지식에 맞지 않는다는 이유로 그렇게 간주해 버리는 것을 우리는 오랫동안 봐 왔습니다.

과학의 세계에서도 진화론적 사고의 영향을 받은 사람들이 하나님의 존재뿐만 아니라 이 사실을 부인하려 듭니다. 그래서 인간을 하나님의 자리에 놓아두고, 휴머니즘을 보혈과 구속의 자리에 대치하고, 심리학을 성령의 자리에 대치하고 최면술을 종교의 체험과 비슷하게 설명하면서 잘난 척하는 지성인들을 우리 주위에서 많이 볼 수 있습니다. 또한 이런 사람들 때문에 신앙에 깊이 들어오지 못하고 중간에서 방황하는 사람들을 보게 됩니다.

그러면 왜 예수의 동정녀 탄생과 함께 성령의 잉태가 우리의 구원에 있어서 그처럼 중요한지 본문을 중심으로 생각해 보겠습니다.

영적이고 신적인 탄생

예수의 동정녀 탄생과 성령의 잉태가 매우 중요한 이유는 예수님이 하나님이시라는 사실에 있습니다. 그분은 인간이 아닙니다. 인간이었다면 인간이 태어나는 그 여러 가지 필수적 과정을 통해 태어났어야 합니다. 그러나 예수는 하나님이시요 동시에 하나님의 아들로서 인간의 몸을 입고 세상에 오셔야 할 분이기 때문에 동정녀를 통해서 탄생해야만 했고 성령으로 잉태해야만 했습니다.

슈바이처를 포함해서 많은 사람이 예수가 하나님의 아들 됨을 믿지 못하고 예수를 위대한 성자요 스승이요 인류 역사상 최고의 인간으로 설명합니다. 그러나 예수는 결코 그런 인간이 아닙니다. 예수는 바로 하나님 자신이십니다.

마태는 예수를 '아브라함과 다윗의 자손'이라고 설명했습니다. 이것은 예수의 인간적 기원에 대한 설명입니다. 예수의 인생 계보가 한 번 더 나오는 누가복음을 보면 여기에 조금 더 소급해서 아브라함과 다윗을 넘어서서 아담까지 이야기합니다. 이것을 바울이 로마서 1장 3-4절에서 "그의 아들에 관하여 말하면 육신으로는 다윗의 혈통에서 나셨고, 성결의 영으로는 죽은 자들 가운데서 부활하사 능력으로 하나님의 아들로 선포되셨으니 곧 우리 주 예수 그리스도시니라"고 인간적 기원과 신적 기원, 두 가지로 소개한 것입니다. 이처럼 마태복음 1장 1-17절까지는 예수 그리스도의 인간적인 계보를 그린 것이고, 그 다음부터는 예수의 신적 기원을 설명하는 것입니다.

여러분, 육신의 인간이 부활한 일이 역사상 있습니까? 물론 나사로처럼 죽었다가 살아난 경우도 있고 에녹처럼 직접 승천한 경우도 있지만 이것은 엄밀한 의미에서 예수의 부활과 같은 사건이 아닙니다. 예수의 부활은 인류 역사상 오직 한 번 있었습니다. 그래서 예수님도 친히 "나는 부활이요 생명"이라고 말씀하셨습니다. 이런 말씀을 하실 수 있는 분은 역사 이전이나 이후나 오직 예수 그리스도 한 분뿐이십니다.

예수님은 분명히 인간의 기원 속에서는 육신의 몸을 입고 태어나신 분이지만, 그분의 탄생은 또한 영적이고 신적이어야 합니다. 다시 말하면 하나님이신 예수의 탄생은 동정녀에게서 이루어져야 하며 성령으로 잉태되어야만 합니다.

요셉의 의로운 행동

예수 그리스도의 나심은 이러하니라 그의 어머니 마리아가 요셉과 약혼하고 동거하기 전에 성령으로 잉태된 것이 나타났더니(마 1:18).

유대 결혼예식은 세 가지 과정을 치릅니다. 첫 번째는 약혼의 과정, 두 번째는 정혼의 과정, 세 번째는 결혼의 과정입니다.

약혼은 본인이 어렸을 때 부모끼리 결정하는 것입니다. 그 이유는 결혼이 너무 중요하기 때문에 본인의 애정만으로 다 이루어질 수 없다는 생각 때문입니다. 그래서 부모가 미리 결혼을 약속합니다. 그러나 이 약혼은 법적 효력이 없습니다.

그 다음 과정인 정혼은 본인의 승낙과 함께 부모의 승낙이 동시에 이루어지는 과정으로, 결혼과 똑같은 법적 의미가 있습니다. 그래서 정혼 때는 파혼하지 못합니다. 그때는 이혼이 됩니다. 그리고 정혼을 하면 결혼처럼 구약 율법의 제한을 받게 됩니다.

요셉과 마리아의 경우는 정혼한 사이입니다. 정혼했을 때 마리아가 갑자기 임신한 것입니다. 앞에서 말한 대로 이것은 율법에 저촉됩니다. 신명기 22장 21-24절에 의하면 이런 사람은 돌로 쳐서 죽여야 했습니다.

그러나 마태복음 1장 19절을 보십시오. "그의 남편 요셉은 의로운 사람이라 그를 드러내지 아니하고 가만히 끊고자 하여 이 일을 생각했다"고 했습니다. 요셉은 부인을 참 사랑했던 것 같습니다. 정말 개인적으로 보면 엄청난 배신으로 그 분노가 이루 말할 수 없고 돌로 쳐 죽일 수 있는 법적 근거도 있었지만, 그는 '가만히' 끊고자 했습니다. 여러분! 이런 경우라면 당신은 어떻게 하시겠습니까?

사실 우리는 많은 실수를 저지르며 삽니다. 어떤 이는 성적으로 실수를 하고, 어떤 이는 성격적으로 실수를 하고, 어떤 이는 인격적으로의 실수를 합니다. 이것이 허물 많은 인간의 모습입니다. 그러나 베드로전서 4장 8절에 보면 "사랑은 허다한 죄를 덮느니라"는 말씀이 있습니다. 가끔 보면 자기의 남편이나 부인을 습관적으로 흉보는 사람들이 있는데 이것은 결국 자기 얼굴에 침뱉기입니다. 오늘 우리는 자기 부인이 자기도 모르게 임신했는데 드러내지 않고 조용히 끊고자 했던 요셉의 인격을 배울 필요가 있습니다.

그런데 어떤 분이 "말도 안 되는 소리 말아요. 어떻게 남자 없이 여자가 임신을 해요"라고 말한다면 저는 그분에게 이렇게 묻고 싶습니다. "왜 그렇게 흥분하십니까? 남편인 요셉도 흥분을 안 하는데! 남편이 받아들였다면 당신이 흥분할 것 없지 않습니까?"

요셉은 가만히 끊고자 '생각'했습니다. 여기서도 중요한 교훈을 찾을 수 있습니다. 가만히 끊은 것이 아니라 끊고자 생각했다고 했습니다. 요셉이 생각하지 않고 바로 행동했다면 우리의 구원은 어찌 될 뻔했습니까?

무슨 일이든지 내 판단과 내 생각으로 섣불리 행동해서는 안 됩니다. 우리가 그렇게 느낄 수밖에 없는 상황이라도 한 번 더 기도하고 생각한 뒤 행동할 필요가 있습니다. 분명하게 이해할 수 없는 사건도 어떤 의미가 있을 수 있습니다.

우리의 신앙생활을 돌이켜 볼 때 너무 속단하고 판단하므로 일을 그르치는 경우가 많습니다. 교회에 한두 번 와 보고 어찌 교회를 다 알 수 있겠습니까? 성경을 귀동냥, 눈동냥으로 몇 번 좀 듣고 보았다고 어찌 성경을 다 알았다고 말할 수 있겠습니까? 인생사에 일어나는 수많은 모순을, 이해할 수 없는 일들을 우리가 어찌 다 알았다고 속단할 수 있겠습니까? 하나님에게 기회를 드려야 합니다. 왜냐하면 하나님은 더 놀라운 계획을 우리가 알 수 없는 사건을 통해서 이루시기 때문입니다. 20절에 보면 적절한 시기에 천사가 나타나는 것을 볼 수 있습니다. "주의 사자가 현몽하여 이르되 다윗의 자손 요셉아 네 아내 마리아 데려오기를 무서워하지 말라 그에게 잉태된 자는 성령으로 된 것이라"는 음성이 깊은 회의와 갈등에 빠져 있는 요셉에게 들린 것입니다.

그런데 한번 이렇게 했으면 어땠을까요? "요셉아, 이제 곧 네 아내가 임신할 텐데 그래도 걱정하지 마라"고 미리 일러 주었더라면 얼마나 간단했겠습니까? 그러나 하나님은 그렇게 하지 않으십니다. 아브라함에게 이삭을 바치라고 하실 때도 양을 준비해 놓았다고 미리 말씀하셨으면 얼마나 좋았겠습니까? 여리고 성이 무너질 때 한두 번쯤 돌면 구름이 끼고 다섯 번쯤 돌면 우르릉 폭풍 소리가 나고, 그래야 신나게 예수 믿을 것 아닙니까? 그러나 여섯 바퀴 돌 때까지도 아무 기척이 없었습니다. 나아만 장군이 나병으로 요단강에 일곱 번 들어가야 했을 때 세 번째쯤에 고름이 좀 터지고 다음에는 헌 데가 벗겨지거나 하는 몸의 흔적이 있어야 들어갈 재미가 있을 것 아니겠어요? 그러나 하나님은 우리가 믿음에 따른 온전한 행동을 할 때까지 기다리십니다.

아브라함과 롯과의 싸움도 마찬가지입니다.

"네가 좌하면 나는 우하고 네가 우하면 나는 좌하리라"(창 13:9).

그때까지 하나님이 안 나타나십니다. 얼마나 고독하고 외로워요. 그러나 롯이 소돔과 고모라를 택하여 떠나고 아브라함이 허허벌판에서 홀로 섰을 때 하나님이 아브라함에게 나타나셔서 "아브라함아, 동서남북을 바라보라. 이것이 다 네 것이다"라고 말씀해 주셨습니다.

예수님이 "나의 하나님, 나의 하나님, 어찌하여 나를 버리셨나이까"(마 27:46)라고 부르짖을 때도 하나님은 침묵하셨습니다. 예수님은 죽으셨고 무덤에 갇히셨습니다. 그러나 하나님은 계속 침묵하지는 않으십니다. 그분은 부활로 자기 아들을 다시 살리셨습니다. 하나님은 결코 늦게 오시는 법이 없습니다. 그분은 정확한 때에 우리에게 찾아오십니다.

'그때'라고 하는 것은 여러분의 믿음과 관계가 있습니다. 당장 어려운 문제가 해결되지 않고 모든 일이 이루어지지 않더라도 안심하십시오. 하나님은 여러분을 사랑하시고 가장 정확한 때에 일하십니다. 나중에 돌이켜 보면 모든 것이 하나님의 은혜였다고 간증하게 될 것입니다.

죄인을 구원하려고 오신 분

만일 남자로 인하여 예수가 잉태되었다면 그분도 역시 죄인일 것입니다. 소크라테스, 석가모니, 공자가 아무리 훌륭해도 그들은 인간의 육신을 입고 난 죄인입니다.

모든 사람이 죄를 범하였으매 하나님의 영광에 이르지 못하더니(롬 3:23).

　죄인은 죄인을 구원할 수 없습니다. 죄인을 구원할 수 있는 분은 죄인이 아니어야 합니다. 예수님은 "죄를 범하지 아니하시고 그 입에 거짓도 없으시며 욕을 당하시되 맞대어 욕하지 아니하시고 고난을 당하시되 위협하지 아니하시"(벧전 2:22-23)는 분입니다.

　여기서 성령으로 잉태되었다는 말은 삼위일체적으로 보면 하나님으로 잉태되었다는 것이요, 이것은 곧 하나님 자신이 인간의 몸에 성육신하신 것을 의미합니다. 여러분, 예수님이 하나님이시란 사실을 믿을 수만 있다면 그가 하신 모든 일을 못 믿을 것이 무엇이겠습니까? 물 위를 걸었다든지, 폭풍을 잠잠하게 했다든지, 귀신을 쫓고 앉은뱅이를 일으키고 죽은 자를 살렸다든지, 이런 일들이 하나님이신 그분에게 어려운 일일까요? 온 우주 만물을 창조하시고 인간을 지으신 분이 바로 예수 그리스도 그분 자신이라면 못하실 일이 무엇이겠습니까? 그러므로 예수에게 근본적인 문제의 해답이 있습니다.

　성령의 잉태와 함께 또 하나 생각할 문제는 마리아가 동정녀여야 한다는 사실입니다. 순수하지 못한 그릇에 순수한 것을 넣으면 더러워질 뿐입니다. 예수가 성령으로 잉태되기 위해서는 깨끗하고 거룩한 동정녀 마리아라는 그릇이 필요한 것입니다.

　성경 전체를 볼 때 사실 마리아는 참으로 귀한 믿음이 있는 순결한 여자였습니다. 로마 가톨릭에서 마리아를 너무 우상화했기 때문에 그 고상함을 개신교 사람들이 깊이 생각하지 못하는 안타까움이 있습니다만 마리아는 귀한 여성입니다.

여성에는 세 가지 유형이 있다고 합니다. 첫째, 하와 같이 죄의식으로 고민하는 형입니다. 둘째, 비너스 같이 성적인 갈등으로 고민하는 형입니다. 셋째, 마리아 같이 하늘의 신비를 잉태하고 박해와 오해 속에서도 순종과 인내로 하나님의 뜻을 이루는 형입니다.

기독교의 최대 관심은 죄에 있습니다. 이 죄 문제를 어떻게 해결하느냐가 가장 중요한 문제입니다. 그러므로 예수 그리스도가 죄인이 아니기 위해서는 동정녀로 탄생해야 했습니다.

'임마누엘'의 예수

성령으로 잉태된 예수야말로 우리의 구원자이십니다.

> 아들을 낳으리니 이름을 예수라 하라 이는 그가 자기 백성을 그들의 죄에서 구원할 자이심이라 하니라(마 1:21).

천사가 "성령으로 동정녀에게 잉태된 분이 예수"이신데 이분이 친히 "자기 백성을 그들의 죄에서 구원할 자"라고 말했습니다.

요즘 자칭 '예수'라는 사람이 많은데 특별히 우리나라에 많은 것

같습니다. 이들은 모두 거짓말쟁이요 사탄의 하수인입니다. "자기 백성을 그들의 죄에서 구원할 자"이신 예수는 오직 한 분이십니다. 그분은 죄를 씻어 주시는 분이요 죄를 용서해 주시는 분이요 죄를 덮어 주시는 분입니다.

사도행전 4장 12절에 보면 "다른 이로써는 구원을 받을 수 없나니 천하 사람 중에 구원을 받을 만한 다른 이름을 우리에게 주신 일이 없음이라 하였더라"고 했습니다. 그리고 예수님도 직접 "내가 곧 길이요 진리요 생명이니 나로 말미암지 않고는 아버지께로 올 자가 없느니라"(요 14:6)고 말씀하셨습니다. 이분이 바로 우리의 그리스도이십니다.

'성령으로 동정녀를 통해 탄생된 예수'라는 말에는 어떤 의미가 있을까요? 그것은 구약의 응답인 '임마누엘'이라는 의미입니다. 22절을 보십시오. "이 모든 일이 된 것은 주께서 선지자로 하신 말씀을 이루려 하심이니"라고 하면서 이사야 7장 14절 말씀을 인용합니다.

마태복음 1장 23절을 보십시오.

"보라 처녀가 잉태하여 아들을 낳을 것이요 그의 이름은 임마누엘이라 하리라 하셨으니 이를 번역한즉 하나님이 우리와 함께 계시다 함이라."

예수는 우리의 구원자이실 뿐만 아니라 지금 이 시간 우리와 함께 계시는 분입니다. '임'은 '함께', '마누'는 '우리와', 그리고 '엘'

은 '하나님'이라는 뜻입니다.

여러분은 결코 혼자가 아닙니다. 부모가 없고 자식이 없고 남편이나 아내가 없다고 외로워하지 마십시오, 하나님이 여러분과 함께 계십니다. 믿음 있는 사람은 믿음의 눈으로 볼 것이요 믿음 없는 사람은 하나님이 함께 있음에도 불구하고 보지 못할 뿐입니다.

여러분! 예수 그리스도는 하나님이시요, 성령으로 동정녀에게 잉태한 우리의 구원자시요, 뿐만 아니라 우리와 함께 계시는 분입니다. 이 사실 앞에서 요셉은 어떻게 했습니까?

> 요셉이 잠에서 깨어 일어나 주의 사자의 분부대로 행하여 그의 아내를 데려왔으나 아들을 낳기까지 동침하지 아니하더니 낳으매 이름을 예수라 하니라(마 1:24-25).

결론은 요셉의 순종입니다. 순종을 통해서 예수 그리스도는 여러분의 구원자가 되십니다. 순종을 통해서 예수는 여러분의 임마누엘의 주님이 되십니다. 순종을 통해서 여러분의 구원은 확실해집니다.

3

순종의 별을 따라
메시아를 맞으라

마태복음 2:1-12

예수님이 태어나신 곳은 유대의 작은 도시 베들레헴입니다. 베들레헴은 '떡집'이라는 뜻인데, 아마 그곳이 기름진 곳이었기 때문에 붙여진 이름인 것 같습니다. 구약에서는 '에브랏' 또는 '에브라다'라고 불렀습니다.

그런데 이 작은 도시는 역사적으로 의미 있던 마을입니다. 야곱이 라헬을 장사 지낸 곳이 베들레헴이었고(창 35:19-20), 룻이 보아스와 결혼해서 살던 곳도 바로 그곳이었습니다(룻 1:2). 그러나 무엇보다도 중요한 의미는 그곳이 다윗의 고향이라는 점입니다. 그래서 사람들은 베들레헴을 가리켜 '다윗의 성'이라고 불렀습니다.

다윗의 혈통에서 메시아가 태어난다는 약속과 함께 다윗의 성인 베들레헴에서 예수 그리스도가 태어났다는 것은 아주 의미 깊은 사건입니다. 구약에서 미가는 이렇게 말했습니다.

베들레헴 에브라다야 너는 유다 족속 중에 작을지라도 이스라엘을 다스릴 자가 네게서 내게로 나올 것이라 그의 근본은 상고에, 영원에 있느니라(미 5:2).

헤롯 왕 때에 태어나시다

계속해서 1절을 보면 예수가 태어나던 '때'에 대한 기록을 발견하게 되는데 바로 '헤롯 왕 때에'입니다.

'사람'과 '시대'는 중요한 상관관계가 있습니다. 예수가 태어나실 당시 왕이었던 헤롯은 여러 면에서 연구 대상이 되는 세상의 왕을 대표하는 인물입니다. 유대인이 아니었고 에돔 사람 안티파텔의 아들이었습니다.

정치적으로나 군사적으로 탁월한 지략과 용기가 있던 그는 동시에 상상할 수 없는 정신병적인 폭군의 모습도 있었던 두 얼굴의 사람입니다. 그는 로마의 시저에 의해서 B.C. 47년에 유대의 총독으로 임명되었고 B.C. 40년에 분봉 왕으로 임명되어 예수가 탄생할 무렵인 B.C. 4년까지 통치하면서 오랜 세월을 권좌에서 지냈습니다. 예수가 태어나실 무렵 그의 나이는 약 70세였습니다.

또한 그는 예루살렘에 헤롯 대성전을 지어서 명성을 날렸을 뿐만 아니라 굶주린 백성을 위해서 세금을 감면해 주고 또 자기의 금접시를 녹여서 백성의 식량을 사들이기도 하는 등 정치적 수완도 좋은 사람이었습니다. 그러나 그의 인격과 성격은 연산군 이상으로 못된, 거의 정신병적인 질환이 있는 사람이기도 했습니다. 그는 자기 아내와 장모를 죽였을 뿐 아니라 장남과 다른 두 아들도 죽였고, 열 명을 헤아리는 아내가 있었으나 근친상간까지 했던, 이루 말할 수 없을 정도의 비인격적인 왕이었습니다.

성경학자 바클레이에 따르면, 헤롯 왕이 최후를 맞았을 때 유언은 예루살렘 시민 중에서 가장 존경받는 한 사람을 택하여 감옥에 가두어 두었다가 자기가 죽는 순간에 같이 죽이라는 것이었다고 합니다. 그 이유는 자기의 죽음에 눈물 흘리고 애곡할 사람이 아무도 없을 테니까 자기가 죽는 순간에 그 사람을 죽게 함으로 이스라엘 백성이 눈물을 흘리게 하기 위해서였다고 합니다.

바로 이러한 왕이 통치하는 시대에 예수가 태어난 것입니다. 이것은 실로 우리에게 대조적인 두 왕의 모습을 보여 줍니다. 세상 왕을 대표하는 헤롯과 우주의 왕이시며 인류의 참된 왕이신 예수가 동시대에 같이 공존하게 되었다는 것은 역설입니다.

이러한 헤롯 왕이기에 동방 박사들에게서 예수의 탄생 소식을 들었을 때 그는 결코 가만히 있을 수 없었습니다. 이것이 3절에서 8절까지 나타난 사건입니다. 이 부분을 보면 "헤롯 왕과 온 예루살렘이 듣고 소동한지라 왕이 모든 대제사장과 백성의 서기관들을 모아 그리스도가 어디서 나겠느냐 물으니 이르되 유대 베들레헴이오니 이는 선지자로 이렇게 기록된 바 또 유대 땅 베들레헴아 너는 유대 고을 중에서 가장 작지 아니하도다 네게서 한 다스리는 자가 나와서 내 백성 이스라엘의 목자가 되리라 하였음이니이다 이에 헤롯이 가만히 박사들을 불러 별이 나타난 때를 자세히 묻고 베들레헴으로 보내며 이르되 가서 아기에 대하여 자세히 알아보고 찾거든 내게 고하여 나도 가서 그에게 경배하게 하라"는 헤롯 왕과 박사들의 대화가 나옵니다.

여러분, 여기서 헤롯 왕이 한 말은 예수를 경배하기 위해서 한 말이 아님을 삼척동자라도 알 수 있습니다. 결국 우리는 헤롯 왕이 우주의, 인류의 왕이 태어났다는 사실 때문에 무서운 대살인극을 펼치는 것을 볼 수 있습니다.

시대를 향한 하나님의 뜻

예수가 태어난 때는 인간의 눈으로 보면 가장 불행하고 어두운 때지만 영적인 눈으로 보면 그때가 가장 성숙한 때였다는 사실을 알아야 합니다.

어떤 사람들은 우리가 살고 있는 이 시대를 탓합니다. 그러나 하나님은 우리를 사랑하셔서 이 시대를 살게 하신다는 것을 기억해야 합니다.

하나님이 이 교회를 이 시대에 두신 깊은 뜻을 깨달아야 합니다. '왜 하나님은 우리를 한국 땅에 두셨을까? 다른 곳에 있게 하지 않고 왜 여기에 있게 하셨을까? 왜 나를 500년 전에 태어나게 하지 않으시고 지금 이 시간대에 살게 하시는 것일까?'

'시대와 사람', '헤롯 왕과 예수.' 여기에는 중요한 의미가 있습니다. 시대가 어둡다고 시대를 탓하지 마십시오. 잘못 태어났다고 말해서도 안 됩니다. 거기에는 오묘한 하나님의 섭리가 있습니다.

이 시대를 향한, 여러분을 향한, 우리 교회를 향한 하나님의 놀라운 뜻이 있습니다. 이것을 발견하지 못한 사람은 시대를 탓합니다. 그리고 원망과 비판으로 괴로운 삶을 살 수밖에 없습니다.

에스더 4장 14절에 보면 모르드개가 에스더에게 이렇게 말합니다. "네가 왕후의 자리를 얻은 것이 이때를 위함이 아닌지 누가 알겠느냐." 여러분을 지금 이 시간까지 살게 하시는 것에는 하나님의 뜻이 있음을 알아야 합니다. 우리는 그 뜻을 이루도록 기도하며 위로부터 신령한 힘을 얻어서 이 어두운 시대에 하나님이 원하시는 삶을 살아야 합니다.

왜 하나님이 이 가정에 시집보내셨는지 아십니까? 왜 하나님이 그 직장에 당신을 보내 주셨는지 아십니까? 왜 하나님이 오늘 이 시대에 우리를 두셨는지 아십니까? 무의미하다고만 생각하지 마십시오. 예수님은 어두운 헤롯 왕 시대, 그 말년에 태어나셨습니다.

영과 진리로 드리는 예배

누가복음에 의하면 예수가 태어났을 때 최초의 방문자는 양 치는 목자였다고 합니다.

천사들이 떠나 하늘로 올라가니 목자가 서로 말하되 이제 베들레헴으로 가서 주께서 우리에게 알리신 바 이 이루어진 일을 보자 하고 빨리 가서 마리아와 요셉과 구유에 누인 아기를 찾아서 보고 천사가 자기들에게 이 아기에 대하여 말한 것을 전하니(눅 2:15-17).

그리고 오늘 본문인 마태복음에 의하면 동방에서 온 박사들이 예수님을 경배한 것으로 기록되어 있습니다. 이 두 기록을 종합해 보면 우주의 왕이신 예수 그리스도는 가장 낮고 천한 곳에 오셨습니다. 그러나 그는 밤새도록 양을 지키는, 소위 프롤레타리아 그룹을 대표하는 목자에서부터 가장 존경받는 엘리트 그룹의 대표인 동방 박사에 이르기까지 그들의 경배를 받으신 분이었습니다.

교회는 가장 가난한 사람이 올 수도 있고, 가장 부유한 사람이 올 수도 있습니다. 가장 못 배운 사람도 숨 쉴 수 있는 곳이고, 가장 많은 학문을 한 사람도 숨 쉴 수 있는 곳입니다. 목자냐 동방 박사냐가 중요한 것이 아닙니다. 여기서 중요한 것은 우리 주님이 하나님의 아들로서 인간의 몸을 입고 인류의 죄를 대속하기 위해서 오신 분으로 온 인류의 찬양과 경배, 존귀와 영광을 받으셔야 할 분이라는 데 있습니다.

'하나님이 인간이 되어 이 세상에 오셨다'는 이 간단한 말은 생각해 볼수록 큰 충격입니다. 다시 한번 그 말씀을 곰곰이 생각해 보십시오. 묵상할수록 충격이 점점 더 커지는 것을 느끼게 될 것입니다. 진정으로 하나님을 발견한 사람은 그 입술이 찬양으로, 그 마음이 경배로 가득 차게 됩니다. 지금은 갓 태어난 어린아이에 불과하지만 인류의 왕이신 예수 그리스도를 목격한 자의 마음이 그러했습니다.

진정한 신앙적인 태도란 마음과 영으로 드리는 예배를 의미합니다. 예수님도 요한복음 4장 23-24절에서 "아버지께 참되게 예배하는 자들은 … 영과 진리로 예배할지니라"고 말씀하셨습니다.

요즘 현대 교회의 비극이 무엇입니까? 그것은 영과 진리로 하나님에게 드려야 할 예배가 일종의 영적 쾌락을 추구하는 신비주의적인 예배나, 아니면 사회 참여나 민주화를 부르짖는 정치적인 예배로 전락해 버린 데 있습니다.

주일 예배 속에서 과연 우리는 하나님을 만나고 경배하고 있습니까? 여러분은 예수 그리스도를 지금 심령에서 만나고 있습니까? 교회의 위기는 세상적인 사고방식, 세상적인 방법, 세상적인 태도가 교회 안에 그대로 들어와서 하나님을 대신하고 성경을 비판하고 하나님을 경외하는 일을 소홀히 생각하게 하는 데 있습니다.

예배는 정치도 아니고 어떤 신비주의적인 황홀감을 경험하는 것도 아닙니다. 예배는 오직 거룩하신 하나님을 경배하고 찬양하기 위하여 모인 것입니다. 예배 가운데서 우리는 반드시 하나님을 만나고 돌아가야 합니다.

참된 예배 속에 참회와 감격의 눈물이 있어야 합니다. 참된 예배는 기쁨과 승리에 가득 찬 십자가와 부활의 용광로가 되어야 할 것입니다. 오늘날 대부분의 그리스도인이 능력 없이 세상을 살아가는 이유는 진정한 예배를 드려 본 일이 없기 때문입니다. 진정으로 하나님을 발견한 사람은 그 입술이 찬양으로, 그 마음이 경배로 가득 차게 됩니다.

사람들의 반응

성경 본문을 통해 예수 그리스도의 탄생이라는 엄청난 사실 앞에서 각기 다르게 반응하는 세 종류의 사람을 볼 수 있습니다.

첫째, 헤롯 왕처럼 겉으로는 환영하나 속으로는 저주하고 적의에 찬 태도를 보여 주는 사람입니다. 오늘날 교회에 대해서, 기독교에 대해서 적의에 찬 비판을 하는 사람들이 부쩍 많아졌습니다. 예수님에 대해서도 불경스러운 태도를 아무런 양심의 거리낌 없이 취합니다. 십자가를 불태우고 사탄 숭배, 돈 숭배, 붉은 사상 숭배를 복음 대신 외쳐 대는 일들이 점점 많아지고 있습니다. 그러나 결과적으로 그들은 예수의 탄생에 대해서 헤롯 왕과 같은 반응을 보이는 사람들이라는 것입니다.

둘째, 종교적으로 전문직업인인 제사장과 서기관들처럼 무관심으로 반응하는 사람입니다. 신앙의 태도에서 제일 무서운 것은 무관심한 태도입니다.

습관적으로 헌금하고, 습관적으로 나와서 설교 듣고 봉사하는 것입니다. 무관심, 이것은 가장 무서운 신앙의 적입니다. 이 사람은 교회에 잘 나오니까 회개할 것도 없습니다. 이 사람은 헌금도 열심히 하고 제직 일도 열심히 하니까 반성할 게 없습니다. 그러나 이러한 종교적인 습관에 파묻힌 그들은 바로 헤롯 왕이 시키는 대로 예수의 행적을 조사하는 정도의 반응만 보일 뿐입니다. 하나님이 인간이 되어 오늘 이 땅에 오셨다는 사실에 대해서 그들은 결코 흥분하지 않습니다. 그것은 종교적으로 그럴 수 있는 일이라고 담담하게 표현했던 것입니다.

오늘날 교회 와서 제일 불행한 사람은 한 번도 은혜에 감격해 보지 못한 사람입니다. 예수 믿은 오랜 세월만 자랑하고 훈장만 자랑하는 사람, 한 번도 회개의 눈물을 흘려 보지 못하고 주님의 피 묻은 손을 만져 보지 못한 사람, 부활하신 예수 그리스도에게 자기 생애의 전부를 헌신해 보지 못한 사람, 이런 불행한 사람들이 늘고 있습니다. 종교를 하나의 사치, 주일을 으레 행하는 하나의 행사로밖에 생각하지 않는 그런 사람들이 요즘 많아지는 것 같아 안타깝습니다.

제사장과 서기관들, 이런 사람들이 어쩌면 저 같은 목사 그룹에 있을지도 모르겠습니다. 어쩌면 장로님들 속에 있을지도 모르겠습니다. 어쩌면 교회에 열심히 봉사한다는 사람들 속에 있을지도 모르겠습니다. 그들은 이 땅의 말구유에 태어난 하나님이신 예수 그리스도 앞에서 이처럼 종교적인 전문가의 태도로 무관심하게 반응했습니다. 여러분, 예수 오래 믿은 것을 자랑하지 말고 예수 만난 것을 자랑하십시오. 훈장을 자랑하지 말고 주님과 동행하는 것을 자랑할 수 있기를 바랍니다.

셋째, 먼 길을 생명을 바쳐 반응하고 찾아온 동방 박사들 같은 사람입니다. 그들은 감격과 기쁨의 경배를 드릴 수 있었습니다. 그러나 동방 박사가 예수 앞에 무릎을 꿇고 예물을 드려 진정으로 경배했지만 누구도 잘했다고 박수 치는 사람이 없었습니다. 아무도 흥분하는 사람이 없었습니다. 단순한 한 사건에 불과한 것입니다. 세 사람이 왔다가 경배하고 돌아가는 것뿐이었습니다.

동방 박사들에 대해서는 정확한 기록이 없습니다. 마기(Magi)라고 표현하는데 이것은 전설이나 추측으로 표현되어 있을 뿐 성경에 나타난 것 이상의 정확한 기록은 찾아볼 수 없습니다. 어떤 사람은 동방 박사들이 메대 사람, 바사 사람, 아니면 아라비아 사람, 발티아 사람, 혹은 동방 전역에서 온 사람일지도 모르겠다고 합니다. 어쩌면 그리스 사람, 애굽 사람, 최근에 유행하는 말처럼 인도에서 온 사람일지도 모릅니다. 그러나 이것은 하나의 전설입니다. 전설에 의하면 그들의 이름은 가스파르, 메르키오르, 바르타사르라고 합니다. 이들이 경건한 점성술을 겸비한 학자라 말하기도 하고 선지자라 말하기도 하지만 여기에는 정확한 근거가 없습니다. 그러나 분명한 것이 하나 있습니다.

헤롯 왕 때에 예수께서 유대 베들레헴에서 나시매 동방으로부터 박사들이 예루살렘에 이르러 말하되 유대인의 왕으로 나신 이가 어디 계시냐 우리가 동방에서 그의 별을 보고 그에게 경배하러 왔노라 하니(마 2:1-2).

분명한 것은 그들이 동방에서 온 박사들이고 그들에게 이상한 별이 하나 나타나서 그 별을 보고 지금 여기까지 죽을 고생을 하고 왔다는 사실입니다.

참된 헌신

오늘 우리는 이 동방 박사를 통해서 어떻게 예수님에게 경배해야 하는가를 배울 수 있습니다.

첫째, 동방 박사들은 죽음을 무릅쓰고 모든 것을 포기하고 먼 길을 찾아왔습니다. 예배란 하나의 종교의식이 아니고 생명을 바쳐 하나님을 만나는 결단이요, 헌신입니다. 동방 박사들은 예언대로 유대인의 왕으로 나신 인류의 메시아를 경배하기 위해 생명을 바치고 모든 것을 다 포기하고 먼 길 베들레헴까지 왔습니다. 그들의 목적은 오직 하나였습니다. 무엇입니까? 2절에서 말하듯 '경배'하기 위해서입니다.

하나님을 만나는 것은 이러한 헌신 없이, 참된 경배 없이는 불가능합니다. 높으신 보좌 위에서 인간의 죄를 씻어 주기 위해 이 땅에 찾아오신 예수, 그 예수를 만나기 위해서 치르는 희생의 대가는 더 이상 희생이 아닙니다.

오늘날 교회에 수많은 사람이 나옵니다. 그러나 하나님을 경배하는 태도에 따라 은혜 받는 양이나 질은 각각 다를 것입니다. 목사가 설교를 얼마나 잘하느냐에 따라서 은혜 받는 것이 아닙니다. 여러분이 어떤 태도로 하나님을 만나러 오느냐에 따라서 결정됩니다.

동방 박사들이 별을 따라 그 먼 길을 올 때 그들은 죽을지도 모르고, 중간에 도둑 떼를 만나서 가진 것을 다 빼앗길지도 모릅니다. 더구나 그들은 그들의 목적지, 곧 예수가 태어난 곳이 어디인지도 모릅니다. 무작정 별 하나를 보고 생명을 다해 길을 찾아 떠났습니다. 그래서 만난 분이 예수였습니다.

어떤 태도로 교회에 나갑니까? 혹시 성가대 찬양을 구경하러 가는 사람은 없습니까? 혹시 친구 만나러 또는 자기를 과시하려고 가는 사람은 없습니까? 그리고 설교 한 번 들으면 안 듣는 것보다 낫지 않겠느냐고 덩달아 앉아 있는 분은 안 계십니까? 이런 분의 마음속에 어떻게 하나님이 만나지겠습니까? 하나님을 만나려는 태도, 이것이 경배의 첫 번째 요건입니다.

생명을 걸고 하나님을 만나 보려고 애써 보십시오. 어떤 희생의 대가를 치르더라도 나는 하나님을 만나고야 말겠다고 결심해 보십시오. 하나님이 만나주실 것입니다. 왜 그 많은 세월을 사는 동안에 여러분에게 하나님이 멀리 느껴지는지 아십니까? 바로 하나님을 만나고자 하는 강렬한 욕구가 없었기 때문입니다.

참된 예물

둘째, 동방 박사들은 예물을 준비했습니다. 여기서 우리는 예배의 태도를 배울 수 있습니다. 참된 예배는 정성 어린 예물을 드림으로써 하나님에게 영광을 돌리게 합니다. 시편 51편 17절을 보면 "하나님께서 구하시는 제사는 상한 심령이라"는 말이 있습니다. 로마서 12장 1절을 보십시오.

"그러므로 형제들아 내가 하나님의 모든 자비하심으로 너희를 권하노니 너희 몸을 하나님이 기뻐하시는 거룩한 산 제물로 드리라 이는 너희가 드릴 영적 예배니라."

구약에서는 이사야 1장 1-17절에 타락한 제물, 정성 없는 제물, 마음에 없는 안식일에 대해 하나님이 진노하시는 모습이 나옵니다.

동방 박사들은 그 먼 길을 생명을 바쳐서 찾아왔을 뿐만 아니라 보배합 속에 그들이 가장 귀히 여기는 예물을 준비하고 예수님에게 나왔습니다. 그들이 준비한 예물은 황금과 유향과 몰약입니다. 황금은 예수님의 왕 되심을 표현해 주기 위한 예물이요, 유향은 예수님의 신성을 표현해 주기 위한 예물이요, 몰약은 사람을 장사할 때 쓰는 것으로서 예수님의 인성을 보여 주는 예물이었습니다.

오늘날 우리의 예배가 능력이 없고 감격과 기쁨이 없는 것은 진정한 예물이 없어서인지도 모릅니다. 자존심만 강하고 욕심과 허영으로 가득 찬 뻔뻔한 그리스도인이 많습니다. 그들이 드릴 예물이 어디 있겠습니까? 없지요. 혹시 아까워하면서 다른 사람과 비교하며 드린, 인간적으로 계산된 예물은 아닌지 모르겠습니다.

예물은 오늘날 헌금이라는 형태로 나타납니다. 헌금을 드릴 때 참으로 많이 내느냐 적게 내느냐가 문제가 아닙니다. 그 헌금에 눈물이 있느냐가 문제입니다. 여러분의 헌금에 기도가 있고 감격이 있고 기쁨이 있습니까? 아니면 등록금 내는 식으로 그렇게 헌금하십니까? 예물이 있는 곳에 진정한 예배가 있었던 것을 우리는 동방 박사들을 통해서 보게 됩니다.

헌금하는 것, 봉사하는 것, 모임에 참여하는 것, 교회 일 열심히 하는 것 등 겉모습을 보고는 아무도 무엇이라 말할 수 없습니다. 그러나 목사의 눈으로 보면 안타까울 때가 한두 번이 아닙니다. 목사의 눈에도 허식이 빤히 보이는데 하나님 눈에는 어떻겠습니까.

참된 순종

셋째, 동방 박사들은 하나님의 말씀에 순종했습니다. 우리는 여기서 예배의 본질에 대해 배울 수 있습니다.

꿈에 헤롯에게로 돌아가지 말라 지시하심을 받아 다른 길로 고국에 돌아가니라(마 2:12).

동방 박사들은 드디어 별이 인도하는 대로 따라서 예수님이 탄생하신 장소까지 왔습니다. 그들은 예수님에게 경배하고 찬양하고 하나님이 인간에게 오신 이 사실 앞에 무릎을 꿇고 보배합을 열어서 황금과 유향과 몰약을 드렸습니다. 이 기쁨은 우리의 것이 아니라 동방 박사들의 것입니다. 참된 예배란 드리는 자의 것이지 구경하는 자의 것이 아닙니다.

하나님을 만난 자만이 환호성을 지릅니다. 누가 뭐라 해도 펄쩍펄쩍 뛰면서 나는 하나님을 만났다고 감격의 눈물을 흘립니다. 내 죄를 용서받았다고 말합니다. 이것이 예배입니다. 그러나 교회를 나와도 하나님을 만난 경험이 없기 때문에 세상 모든 일이 다 시시하고 교회 일도 그저 그런 것입니다. 그 이상의 감동도 있을 수 없고 그 이하의 감동도 없습니다. 그렇게 우리는 평생 동안 예배드리는 데 길들여진 사람들입니다. 그러나 예배는 그 이상의 것입니다.

동방 박사들을 통해서 발견하는 마지막 예배의 요건은 순종입니다. 헤롯 왕이 그들에게 경배를 마치고 나서 자기에게 오라고 했습니다. 그런데 꿈에 한 지시가 내려졌습니다. 그래서 그들은 그대로 했습니다.

순종은 제사보다 낫습니다. 참된 예배는 순종으로 표현되고 순종으로 완성됩니다. 예수를 내 성격대로, 내 마음대로 믿으려는 사람이 있습니다. 내 식으로 교회를 섬기고 봉사하려는 사람은 여러 사람과 부딪치고 시끄럽고 말이 많습니다. 그러나 자기 식으로 예수 믿는 것을 포기하고 순종하기로 결심한 사람에게는 어떤 상황에서 어떤 일이 맡겨지든지 순종하기로 결심한 평화가 있습니다. 바보 같아 보이고 줏대도 없는 사람처럼 보일지 모르나 그 사람을 보면서 많은 사람이 감동 받습니다. '저렇게 형편없고 말도 안 되는 일에도 순종하는구나.' 순종 그 자체가 큰 능력을 주기 시작합니다.

여러분, 신앙생활의 결론은 여러분의 인격에 순종이 있느냐 없느냐로 결론이 납니다. 어떤 사람이 봉사하고 헌신하는 것을 보면 참 눈물이 납니다. '어떻게 저럴 수 있을까? 저런 대우를 받고도 저럴 수가 있을까?' 그러나 그는 상관하지 않습니다. 그가 생각하는 것은 오직 충성뿐입니다. 맹종하다시피 하는 충성뿐이지요. 그러나 그것은 결코 맹종이 아닙니다. 그가 몰라서 그러는 것이 아니고 느끼지 못해서 그러는 것이 아닙니다. 그러한 일들보다 주님을 사랑하는 마음이 더 크기 때문에, 주님에게 순종하고 싶은 마음이 더 크기 때문에 순종하는 것입니다. 여러분, 동방 박사는 꿈에서의 지시대로 다른 길로 갔습니다.

우리는 오늘 동방 박사를 통해서 참된 예배의 모습 세 가지를 배웠습니다. 헌신 없는 예배는 예배가 아닙니다. 예물이 없는 예배는 예배가 아닙니다. 순종이 없는 예배는 예배가 아닙니다. 물론 이것이 전부는 아닙니다. 어떤 때는 우리가 드릴 예물이 없어서, 아무것도 드릴 것이 없어서 빈 마음으로 교회에 나올 수 있습니다. 하지만 하나님은 우리의 중심을 보고 계십니다. 참된 예배는 여기에서부터 시작됩니다. 여러분에게 동방 박사와 같이 주님을 섬기고, 경배하고, 예배하는 축복이 있기를 바랍니다.

4

모든 예언은
예수로 통한다

마태복음 2:13-23

사도행전 9장을 보면, 예수를 심히 박해하던 사울에게 갑자기 하늘에서 홀연히 빛이 나타나서 그를 둘러 비춥니다. 그 순간 땅에 엎드린 사울에게 "사울아, 사울아, 네가 어찌하여 나를 박해하느냐?"라는 음성이 들렸습니다. 이때 충격을 받은 사울은 다음과 같이 대답합니다.

"주여, 누구시니이까?"

"나는 네가 박해하는 예수라."

바로 이 순간 사울이 바울로 변화되는 계기가 된 것입니다.

누구든지 예수 그리스도를 진심으로 만나면 그 인생이 송두리째 변하지 않을 수 없습니다. 레위인이었고 세리였던 마태도 한순간 예수를 만나고 은혜의 부름을 받아 그의 인생이 전적으로 변하게 되었습니다. "예수를 믿는다"는 말은 "예수에 대한 태도가 바뀌었다"는 말로도 볼 수 있습니다. 마태는 예수에 대한 생각과 태도가 변하게 된 것입니다.

구약 예언의 성취자

마태는 지금까지 우리가 공부한 대로 예수를 이렇게 소개했습니다.

"예수야말로 다윗과 아브라함의 자손이요 성령으로 동정녀에게서 태어나신 진정한 하나님의 아들이다. 그리고 동방 박사를 통해서 우리에게 보여 주신 또 하나의 사실은 그가 온 인류의 경배와 찬양을 받으실 약속의 메시아라는 것이다. 바로 인류의 참된 왕이 예수 그리스도다."

유대인이었고 특별히 레위인이었던 마태는 구약을 믿는 정통 유대인들에게 이 약속의 메시아, 그리스도를 소개하기 위해서 각별히 신경 쓰는 것을 본문에서 발견하게 됩니다. 그것은 예수가 바로 구약 예언의 성취자라는 주제입니다. 그는 이 부분에서 다른 복음서에서는 발견할 수 없을 만큼 강하게 예수가 구약 예언의 성취자라는 사실을 강조하고 있습니다.

특별히 2장에서는 네 번씩이나 강조합니다. 첫 번째로 예수가 베들레헴에서 탄생했다는 것이 구약 미가서 예언의 성취였다고 말합니다(미 5:2). 두 번째로는 예수가 어렸을 때 애굽으로 피난을 가야 했고 거기서 다시 나온 것이 호세아서 예언의 성취였다는 것이고(호 11:1), 세 번째는 16-18절의 말씀으로 예수 때문에 베들레헴의 어린아이들이 많이 죽게 된 것이 라마의 통곡에 대한 예레미야서 예언의 응답이었다고 설명합니다(렘 31:15). 그리고 마지막으로 애굽에서 다시 나오게 된 예수가 베들레헴으로 돌아가지 아니하고 나사렛으로 가는 것 역시 구약 예언의 응답이라고 말합니다(사 11:1).

구약은 예수의 탄생, 성장, 죽음, 부활을 수없이 예언하고 있습니다. 그러나 우리는 구약을 보면서 이를 빨리 깨닫지 못합니다. 우리뿐만 아니라 구약 시대 사람들도 깊이 깨닫지 못했습니다. 왜냐하면 구약에 나타난 예수에 관한 모든 예언과 기록은 실체에 대한 하나의 그림자였기 때문입니다.

예수 그리스도를 통해 세상을 보라!

그림자를 가지고 실체의 모습을 정확하게 이해한다는 것은 불가능합니다. 여기 한 사람이 서 있는데 그를 향하여 빛이 비춥니다. 그러면 곧 그 사람에 대한 그림자가 생깁니다. 우리가 그 그림자를 보고 그의 코와 눈과 입 그리고 전체 모양새를 정확하게 이해하기란 불가능합니다.

진리는 몇몇 사람들을 제외하고서는 감추어진 비밀이었습니다. 그러나 성령을 받은 통찰력 있는 하나님의 사람들은 구약의 그 부분들을 보면서 그것이 메시아에 대한 예언의 기록임을 알았습니다. 그러나 바리새인과 서기관을 포함한 많은 사람이 이 사실을 깨닫지 못하고 하나의 종교의식 속에서 하나님을 섬겨 왔습니다. 이것을 고린도전서 13장에서 아주 쉽게 말해 주고 있습니다.

우리가 지금은 거울로 보는 것같이 희미하나 그때에는 얼굴과 얼굴을 대하여 볼 것이요 지금은 내가 부분적으로 아나 그 때에는 주께서 나를 아신 것같이 내가 온전히 알리라(고전 13:12).

이 말씀은 물론 현재와 앞으로 우리가 주와 동행할 그 영원한 천국의 미래와의 관계에서 설명된 말씀입니다만, 신약과 구약의 관계에도 적용할 수 있는 말씀입니다. 예수 그리스도라는 실제 인물이 탄생하고 그분의 삶과 죽음, 부활을 놓고 볼 때 그림자처럼 보였던 구약의 모든 말씀과 예언이 정확하게 살아 움직이기 시작했던 것입니다.

사실 그렇습니다. 예수 그리스도라는 분을 통해서 나 자신을 볼 때 희미했던 자신이 분명해지기 시작합니다. 아무런 삶의 의미와 목적이 없었던 사람, "내가 왜 사는가?", "어떻게 살아야 하는가?", "무엇을 위해 살아야 하는가?"를 외치며 방황하던 한 사람이 어느 날 예수 그리스도를 만나게 되었습니다. 그 마음에 예수를 영접하고 십자가의 보혈 앞에 서게 되었을 때, 그리고 성령이 그에게 임했을 때 그는 자기 삶의 의미를 똑똑하게 발견하기 시작합니다. 그리고 자기에게 주어진 모든 환경, 곧 고난과 어려움에 의미가 있음을 알게 됩니다. "아! 하나님의 은혜로 이 쓸데없는 자 왜 구속하여 주는지 난 알 수 없도다"(새찬송가 310장). 이제 그는 구원의 감격과 기쁨 속에서 새로운 삶을 살게 되는 것입니다.

'예수'라는 분을 내가 믿음으로 말미암아 그분이 내 안에 들어오고, 그분을 통해서 세상을 볼 때 이 세상의 부조리가 이해되기 시작합니다. 그제야 비로소 이 세상의 고난과 역경, 그 모든 상황이 이해되기 시작하는 것입니다. 또한 "세계 역사는 바로 선교와 복음의 역사다. 이 세계 역사엔 종말이 있다. 이 종말 앞에서 우리는 복음을 전해야 하며, 그리고 마지막엔 주님이 다시 오실 것이다"라는 사실을 예수를 통해 분명하게 깨닫게 됩니다. 그는 역사의 미래에 대해서 불안해하지 않습니다. 오늘 역사의 현장에서 내가 무엇을 하며 살아야 할 것인가를 정확하게 깨닫고, 사는 것과 죽는 것을 이해하고, 이 세상을 기쁨과 승리로 살아가게 되는 것입니다. 그래서 고린도후서 5장에 이런 말씀이 있습니다.

그런즉 누구든지 그리스도 안에 있으면 새로운 피조물이라 이전 것은 지나갔으니 보라 새것이 되었도다(고후 5:17).

모든 사건을 예수 그리스도를 통해서 관찰하고 해석하십시오. 그리고 그분을 통해서 적용해 보십시오. 희미하던 그림자가 분명하게 살아나고 무의미하던 인생이 가치 있는 인생으로 변화되며 무능하던 사람들이 능력을 받게 될 것입니다. 진정 우리의 삶에 놀라운 기적이 일어나기 시작할 것입니다.

구약을 어떻게 보아야 합니까? 예수 그리스도를 통해서 보아야 합니다.

구약을 어떻게 이해해야 합니까? 신약을 통해서 구약을 이해해야 합니다. 그렇게 될 때 구약은 단순히 이스라엘의 한 역사가 아니고, 히브리라는 한 종족의 기술(記述)이 아님을 알게 될 것입니다. 구약의 역사는 나와 상관이 있는, 가장 기초가 되는 말씀임을 우리는 새삼스럽게 이해하게 될 것입니다.

예수님의 사역에 대한 기록

마태복음 1장부터 3장까지 연구해 보면 예수님이 구약 예언의 성취였다는 사실 이전에 한 가지 생각해야 할 일이 있습니다. 그것은 예수님의 30세 때까지의 기록이 극히 적다는 사실입니다. 누가복음을 보면 우리가 이제껏 공부해 왔던 것에 몇 가지 사실이 더 보완됩니다.

첫째, 누가복음 2장 21절을 보면 예수님이 태어나신 지 8일 만에 할례를 받으셨다는 짤막한 기록이 있습니다.

둘째, 누가복음 2장 40절을 보면 예수님이 어린아이였을 때의 모습을 역시 간단하게 묘사하고 있습니다. "아기가 자라며 강하여지고 지혜가 충만하며 하나님의 은혜가 그의 위에 있더라."

이것이 예수님의 어린 시절에 대한 묘사의 전부입니다.

셋째, 누가복음 2장 41-51절을 보면 예수님의 열두 살 때 기록이 한 번 나오는데 그가 절기를 맞아 부모를 따라 예루살렘에 가서 제사를 드린 기록이 있습니다.

넷째, 누가복음 2장 52절을 보면 예수님의 열두 살부터 서른 살까지의 이야기를 한 구절로 요약하고 있습니다. "예수는 지혜와 키가 자라가며 하나님과 사람에게 더욱 사랑스러워 가시더라."

그리고는 예수님에 대한 기록이 없습니다. 4복음서를 보면 예수님의 30년 삶에 대한 기록보다 예수님의 3년 삶에 대한 기록에 집중하고 있는 것을 발견하게 됩니다. 여기서 우리는 많은 질문을 하고 또 여러 가지 의심을 하게 됩니다. 그러나 그 모든 질문에 대해서 성경은 아주 간단하게 그리고 분명하게 다음과 같은 해답을 주고 있습니다.

오직 이것을 기록함은 너희로 예수께서 하나님의 아들 그리스도이심을 믿게 하려 함이요 또 너희로 믿고 그 이름을 힘입어 생명을 얻게 하려 함이니라(요 20:31).

이것이 바로 4복음서를 기록한 목적입니다.

그렇기 때문에 예수의 30년에 대한 기록보다는 3년에 대한 기록이 성령을 받은 성경의 기록자들에게는 더 중요한 관심사였습니다. 예수가 어디서 어떻게 살았느냐는 생의 스토리에 대한 관심보다 예수가 무엇을 했느냐는 사역에 대한 관심이 더 깊었다는 말입니다.

그렇습니다. 이것은 우리가 얼마나 오래 살았느냐보다는 우리가 얼마나 값지고 보람 있게 살았느냐가 더 중요한 것과 마찬가지입니다. 나이가 많고 오래 산 것을 자랑하지 마십시오. 우리가 어떻게 바르고 의미 있고 가치 있게 하나님의 영광을 위해서 살았느냐가 더 중요한 것입니다. 그래서 복음서 중에서도 마가복음과 요한복음에는 아예 예수님의 30년 생의 기록이 전혀 없고 바로 3년의 공생애 사역부터 기록되어 있는 것을 보게 됩니다. "예수가 하나님의 아들로서 이 세상에 오셔서 우리의 구원을 위해 십자가를 지시고 부활하셨다"는 사실이 더 중요했던 것입니다. 그래서 사도 바울은 "모든 것을 해로 여김은 내 주 그리스도 예수를 아는 지식이 가장 고상하기 때문이라"고 말했습니다.

예수를 참으로 만난 사람은 예수밖에는 할 말이 없습니다. 인간관계 문제나 사소한 문제로 자기 인생을 낭비하지 않습니다. 왜냐하면 별일 아니기 때문입니다. 오직 예수 그리스도, 그분만을 위해서 생애 전체를 바쳐도 시간이 부족하기 때문에 다른 문제는 다 그냥 지나가게 만듭니다. 내 안에 깨끗하게 남을 것은 예수 그리스도뿐이어야 합니다. 이것이 성경 기자들의 관심이었습니다. 이제 이것이 바로 오늘 우리의 관심이어야 합니다.

믿음의 선배 가운데 최권능 목사님이 계신데, 그의 별명이 "예수 천당"이었다고 합니다. 그는 그 말밖에 할 줄 몰랐다고 합니다. 일본 순사가 때릴 때도 그는 한 대 때리면 "예수", 또 한 대 때리면

"천당"이라고 말했다고 합니다. 얼마나 좋은 말인지 모르겠습니다. 우리는 누군가 우리를 비난할 때 "예수", 누군가 모욕할 때 "천당"이라고 말할 수 있어야겠습니다. 내 안에 온전히 예수로만 가득 찬 그런 삶이 바로 성경이 원하는 삶입니다.

애굽으로의 피난

이제부터는 세 가지 예언의 성취에 대해 말씀을 나누고자 합니다.

첫 번째 예언의 성취는, 예수님이 애굽으로 피신하시는 사건입니다. 이것은 13-15절까지 나온 말씀인데, 특별히 마태는 이 사건을 호세아 11장 1절의 응답으로 보았습니다.

13절을 보면, 동방박사들이 떠난 후에 하나님의 사자가 요셉에게 꿈을 통해 나타나 "헤롯이 아기를 찾아 죽이려 하니 일어나 아기와 그의 어머니를 데리고 애굽으로 피하여 내가 네게 이르기까지 거기 있으라"고 말합니다. 여기서 우리는 아주 유익한 몇 가지 영적 교훈을 얻게 됩니다.

첫째, 하나님이 예수 그리스도를 보호하고 계시다는 사실입니다. 위기와 절망에서 보호해 주시고 선한 길로 인도하시는 하나님의 손길을 우리는 보게 됩니다. 하나님의 백성을 하나님이 보호해 주신다는 이 놀라운 사실, 마귀가 그렇게 예수를 죽이려고 했지만 때가 되지 않으면 결코 예수에게 손댈 수 없다는 사실을 여기에서 발견하게 됩니다.

하나님은 우리를 보호하고 인도해 주실 것입니다. 위기를 미리 막아 주실 것입니다. 우리에게 작은 위기가 있는 것이 무슨 이유에서인지 아십니까? 큰 위기를 막기 위해서입니다. 우리에게 작은 고통이 있는 것은 큰 고통을 예방하기 위해서 하나님이 허락하신 것입니다.

둘째, 애굽으로 피난 가는 사건을 통해서 우리가 배울 교훈은 하나님은 필요하실 때는 꿈으로도 역사하시고, 천사를 사용하셔서 급한 위기를 극복하게 하신다는 사실입니다. 보통 하나님은 성경을 통해서 우리에게 말씀해 주십니다. 그러나 어떤 때는 하나님이 이러한 방법으로 우리를 인도해 주시기도 합니다. 놀랍게도 지금도 그런 일들이 종종 있습니다.

우리는 하나님이 하시는 일을 인간적인 생각으로 제한할 때가 많습니다. 자연을 창조하신 하나님은 가끔 초자연적으로도 역사하십니다. 그러나 우리가 착각하면 안 될 것은, 하나님이 항상 꿈으로만 역사하시지 않는다는 것입니다. 하나님은 말씀으로 역사하십니다. 하지만 특별한 경우에 하나님이 초자연적인 방법을 쓰실 수도 있다는 사실을 우리는 믿어야 합니다. 거룩한 성도가 죽음 앞에 섰을 때 천사가 자기를 인도하러 왔다는 간증을 많이 듣습니다. 그렇습니다. 천사가 우리를 보호하고 있다는 사실 역시 믿어야 합니다.

셋째, 이 사건을 통해서 배우는 교훈은 요셉과 마리아의 순종입니다. 태어난 지 6개월도 채 안 되는 아기를 데리고 애굽으로 피난을 간다는 것은 모험이 뒤따르는 일입니다. 그러나 요셉과 마리아는 조용히 믿음으로 순종했습니다.

전설에 의하면, 헤롯이 너무 철저하게 추적했기 때문에 교통수단이 불편했던 그 당시에 아기 예수를 데리고 이곳저곳으로 피신하던 밤에 한 굴로 들어갔다고 합니다. 그 굴에는 거미 한 마리가 있었는데, 그 거미가 성령의 감동을 받아서 밤 추위를 막아 주느라 굴 어귀에 거미줄을 쳤다고 합니다. 헤롯의 부하들이 이곳까지 추적해서 굴마다 조사하러 다니는데, 새 거미줄이 쳐진 굴 앞에 와서는 설마 사람이 들어갔으랴 싶어 그냥 통과했다고 합니다. 이것은 전설로 내려오는 한 이야기일 뿐이지만 애굽으로 피난하는 과정이 그만큼 힘들었다는 것을 알려 주는 이야기이기도 합니다. 크리스마스트리에 금줄이나 은줄을 장식하는 것도 바로 이 전설의 거미줄을 상징하는 것이라고 합니다.

하나님은 예수의 피난을 신실하게 도우셨습니다. 요즘에 외국한 번 가려면 돈도 들고 여러 가지 준비와 복잡한 수속을 거쳐야합니다. 여러분, 여기 꿈에 천사가 나타나서 밤에 빨리 떠나라고 했는데 요셉과 마리아에게 떠날 준비가 되어 있었겠습니까? 먹을 것이나 마차를 준비했겠습니까? 오직 모든 것을 하나님이 준비해 주실 것이라는 믿음과 확신만을 가지고 정말 말 그대로 정처 없이 떠나는 그들에게서 우리는 순종을 배울 수 있습니다.

넷째, 이 사건을 통해 구약의 모세가 이스라엘 백성을 애굽에서 탈출시키는 해방과 구원의 사건을 보게 됩니다. 바로 그것은 호세아 11장 1절의 "내 아들을 애굽에서 불렀다"는 말씀의 성취였습니다. 음란하고 타락한 이스라엘 백성을 구원하시는 하나님의 은혜의 손길이 예수 그리스도를 통해서 성취되었으므로 마태는 이를 연결해서 해석하는 것입니다.

베들레헴의 통곡

두 번째 예언의 성취는, 16-18절에 나타난 베들레헴의 통곡 사건입니다. 마태는 이것을 예레미야 31장 15절 말씀의 성취로 기록하고 있습니다.

헤롯은 결코 예수의 탄생을 귓전으로 흘려버릴 위인이 못 됩니다. 그래서 두 살 이하의 남자아이를 대학살하는 끔찍한 사건을 벌입니다. 16절을 보면 "이에 헤롯이 박사들에게 속은 줄 알고 심히 노하여 사람을 보내어 베들레헴과 그 모든 지경 안에 있는 사내아이를 박사들에게 자세히 알아본 그 때를 기준하여 두 살부터 그 아래로 다 죽이니"라는 기록이 나타납니다.

우리는 여기서 이런 사실 하나를 발견할 수 있습니다.

"인간의 분노는 살인을 낳는다."

어떤 경우든 간에 미움과 분노는 좋지 않습니다. 미움과 분노를 품은 지도자 밑에는 죽음과 복수가 있을 뿐입니다. 헤롯은 미움과 분노로 가득 찼습니다. 그래서 무고한 어린아이들을 그처럼 잔인하게 죽인 것입니다.

마태는 이 사건을 예레미야서의 한 예언적 사건을 인용해서 말합니다. 옛날에 예루살렘 백성이 바벨론으로 끌려가는 것을 보면서 라마의 통곡 소리는 점점 높아져 갔습니다. 마태는 바로 이 라마의 통곡 소리와 베들레헴의 통곡 소리를 비교한 것입니다. 또한 마태는 베들레헴의 통곡을 야곱의 아내였던 라헬의 통곡과도 연결해서 해석했습니다. 우리는 예수님이 성장한 후에 예루살렘을 바라보면서 "예루살렘아, 예루살렘아" 하며 우시던 그 통곡과도 연결해 생각할 수 있습니다.

나사렛 사람 예수

세 번째 예언의 성취는, 나사렛 사람으로 나타납니다.

> 헤롯이 죽은 후에 주의 사자가 애굽에서 요셉에게 현몽하여 이르되 일어나 아기와 그의 어머니를 데리고 이스라엘 땅으로 가라 아기의 목숨을 찾던 자들이 죽었느니라 하시니 요셉이 일어나 아기와 그의 어머니를 데리고 이스라엘 땅으로 들어가니라 그러나 아켈라오가 그의 아버지 헤롯을 이어 유대의 임금 됨을 듣고 거기로 가기를 무

서워하더니 꿈에 지시하심을 받아 갈릴리 지방으로 떠나가 나사렛
이란 동네에 가서 사니 이는 선지자로 하신 말씀에 나사렛 사람이
라 칭하리라 하심을 이루려 함이러라(마 2:19-23).

여기에서도 놀라운 하나님의 인도하심을 보게 됩니다. 그것은
헤롯이 죽은 후에 다시 천사를 통하여 아기 예수를 이스라엘 땅으
로 돌아오도록 하나님이 역사하셨고, 특별히 꿈에 지시하심으로
갈릴리 지방에 와서 사시게 되었던 섭리입니다.

22절에 보면 '아켈라오'라는 왕이 등장합니다. 그는 아주 잔인
한 왕입니다. 그 아버지 헤롯도 잔인한 왕이었습니다. 자식도 죽
였고 부인도, 장모도 죽였던 헤롯이었으나 그도 죽을 때는 어쩔 수
없이 자녀들에게 땅을 분배할 수밖에 없었습니다. 그가 땅을 세 아
들에게 나누어 주었는데 유대와 그 주변은 아르켈라오스에게, 갈
릴리는 안티파스에게, 바다네아는 빌립에게 주었습니다. 그런데
이 셋 중에서 가장 악독한 왕이 바로 아켈라오스입니다. 그는 왕이
되자 백성을 3천 명이나 학살했습니다. 그야말로 아버지 못지않은
잔인한 왕이었습니다.

이 사실을 알았던 요셉과 마리아는 다시 유대 땅으로, 예수가 태
어난 고향 베들레헴으로 돌아갈 수 없었습니다. 이때 꿈에 천사가
나타나서 지시한 곳이 갈릴리 지방의 나사렛입니다. 그래서 '나사
렛 예수'가 된 것입니다. 이곳에서 그는 30년의 생애를 준비하고

신앙과 인격을 키웠습니다.

그런데 우리는 이 나사렛이라는 곳에서 예수가 30년 동안 살았다는 사실에 주의를 기울여야 합니다. 나사렛은 결코 화려한 도시가 아니었습니다. 갈릴리 남쪽 분지에 위치한 작은 동네였습니다. 그곳에서 서쪽으로는 지중해 푸른 물결을 볼 수가 있었고, 동쪽으로는 대제국 로마로 가는 길이 있었습니다. 바로 이런 지역에서, 도시는 아니었지만 아주 중요한 지역에서 예수는 한 인간으로서, 한 자녀로서 성실하게 하나님을 경외하며 조용히 공생애 준비를 하게 된 것입니다.

이사야 11장 1-5절을 보면 이런 말씀을 발견하게 됩니다.

이새의 줄기에서 한 싹이 나며 그 뿌리에서 한 가지가 나서 결실할 것이요 그의 위에 여호와의 영 곧 지혜와 총명의 영이요 모략과 재능의 영이요 지식과 여호와를 경외하는 영이 강림하시리니 그가 여호와를 경외함으로 즐거움을 삼을 것이며 그의 눈에 보이는 대로 심판하지 아니하며 그의 귀에 들리는 대로 판단하지 아니하며 공의로 가난한 자를 심판하며 정직으로 세상의 겸손한 자를 판단할 것이며 그의 입의 막대기로 세상을 치며 그의 입술의 기운으로 악인을 죽일 것이며 공의로 그의 허리띠를 삼으며 성실로 그의 몸의 띠를 삼으리라.

이것이 한 싹 곧 나사렛 동네에서 자라나신 예수 그리스도에 대한 묘사입니다. 이사야 11장에는 예수에 대한 아주 놀라운 기록이 하나 더 있습니다.

그때에 이리가 어린 양과 함께 살며 표범이 어린 염소와 함께 누우며 송아지와 어린 사자와 살진 짐승이 함께 있어 어린아이에게 끌리며 암소와 곰이 함께 먹으며 그것들의 새끼가 함께 엎드리며 사자가 소처럼 풀을 먹을 것이며 젖 먹는 아이가 독사의 구멍에서 장난하며 젖 뗀 어린아이가 독사의 굴에 손을 넣을 것이라(사 11:6-8).

이 세계가 바로 예수 그리스도가 통치하시는 세계입니다.

마태가 발견한 예수 그리스도

오늘 우리는 구약 예언의 성취이신 예수 그리스도를 보았습니다. 다윗과 아브라함의 자손 예수 그리스도, 성령으로 동정녀에게 잉태하신 예수 그리스도, 온 인류에게서 경배를 받으시는 예수 그리스도, 바로 마태가 발견한 예수 그리스도였습니다.

여러분이 발견한 예수는 어떤 분이십니까? 여러분, 예수 그리스도를 깊이 생각하십시오. 그리고 예수 그리스도만을 말하십시오. 예수 그리스도를 위해서 여러분의 생애를 헌신하십시오.

5

인생의 광야에서
천국을 맛보라

마태복음 3:1-6

이번 장에서는 정말로 위대한 사람, 예수님이 "여자가 낳은 자 중에 요한보다 큰 자가 없도다"(눅 7:28)라고 직접 말씀해 주셨던 한 사람을 소개하고자 합니다. 그 사람은 세례 요한입니다. 그는 구약의 어떤 인물보다 위대했고, 신약의 어떤 인물보다 뛰어났으며, 인류사의 어떤 인물보다 거룩했던 사람입니다. 그는 하나님의 아들 예수가 이 세상에 오실 때 선구자로 미리 와서 주의 길을 예비했던 사람이었으나 결코 오래 살지 못하고 불의와 부정에 항거하다가 일찍 처형을 당했습니다.

왕은 어디서나 혼자 나타나지 않습니다. 반드시 수행원이 따릅니다. 그래서 그 길을 예비하는 행렬이 먼저 나타나고, 모든 준비가 끝나면 팡파르가 울리는 가운데 왕이 등장하는 법입니다. 그러나 인류의 왕이신 예수님이 이 세상에 등장하실 때는 아무도 주의를 기울이지 않았으며 어느 누구도 그분의 오심을 준비하지 않았습니다.

그런데 세인의 눈에 감춰졌고 인구에 회자되지 않았지만 예수님의 길을 닦고 준비한 예외의 인물이 있었습니다. 그가 바로 세례 요한입니다.

이사야의 예언대로 "외치는 자의 소리여 이르되 너희는 광야에서 여호와의 길을 예비하라 사막에서 우리 하나님의 대로를 평탄하게 하라"(사 40:3)는 말씀에 응한 것입니다(마 3:3).

사람의 가장 큰 행복은 가치 있는 일을 위해서 봉사하는 데 있습니다. 얼마나 오래 살며 얼마나 많은 것을 소유하며 얼마나 많은 사람을 지배할 수 있는가에 인간의 의미와 가치가 있는 것이 아닙니다. 이런 의미에서 세례 요한은 짧은 생애를 살았으나 그 생애 동안 가장 가치 있는 삶을 살았던 사람입니다. 여러분, 오래 사는 것에 연연하지 않기 바랍니다. 과연 내가 하는 일이 정말 이 세상 무엇과도 바꿀 수 없이 값진 것인가를 자신에게 물어봐야 할 것입니다.

세례 요한은 세 가지 측면에서 예수님의 길을 예비한 사람이었습니다. 첫 번째는 탄생이요, 두 번째는 사역이요, 세 번째는 그의 죽음입니다.

주의 길을 예비한 출생

먼저, 세례 요한이 어떻게 선구자적인 역할을 하면서 예수님의 길을 닦았는지 그 출생에 대해서 생각해 보겠습니다. 누가복음에 의하면 세례 요한은 예수님보다 6개월 먼저 세상에 태어났습니다. 그리고 놀랍게도 그의 출생에서도 예수님처럼 기적이 있었습니다.

그의 부모는 경건하고 거룩한 사람들이었습니다. 그러나 세례 요한의 어머니인 엘리사벳은 잉태할 수 없는 불임 여성이었습니다. 누가복음 1장 7절에 "엘리사벳이 잉태를 못하므로 그들에게 자식이 없고 두 사람의 나이가 많더라"고 했는데 이런 불가능한 상황 가운데 그들에게 하나님의 천사가 나타나서 아기를 낳을 것이라고 일러 주었습니다. 이때 그녀의 남편이 그 말을 믿지 못해 일시적으로 벙어리가 되는 벌을 받기도 했으나 하나님은 엘리사벳이 세례 요한을 잉태하게 하셨습니다.

그리고 누가복음 1장 41절에는 세례 요한이 태중에 있을 때 예수님을 만나는 장면이 나옵니다. "엘리사벳이 마리아가 문안함을 들으매 아이가 복중에서 뛰노는지라 엘리사벳이 성령의 충만함을 받아"라는 표현이 있습니다. 다시 말하면 세례 요한은 태중에서부터 성령의 충만함을 입은 사람입니다. 그는 세상에 태어나서도 계속해서 성령이 충만하고, 그 영이 강건한 사람으로 훈련받는 것을 볼 수 있습니다. 지금 임신 중인 분들은 성령 충만하시기 바랍니다. 부모가 성령 충만하면 아이까지 영향을 받아 성령 충만해짐을 세례 요한을 통해서 볼 수 있습니다.

성경은 세례 요한이 이스라엘 자손을 주 앞에 돌아오게 하며 엘리야의 심령과 능력을 소유하고 있다(눅 1:16-17)고 설명하고 있습니다. 그런데 이러한 세례 요한의 출생은 바로 예수 그리스도가 성령으로 동정녀에게 잉태하여 태어나실 것에 대한 선구자적인 준비였습니다.

누가복음 1장 36절을 봅시다. 이 구절은 예수를 잉태하게 될 마리아에게 천사가 나타나서 '네가 이제 성령으로 잉태할 것'이라는 예언의 말씀을 전하는데, 마리아가 그 말씀을 믿지 못하고 불안해하자 바로 세례 요한의 사건을 설명해 주는 것입니다.

> 보라 네 친족 엘리사벳도 늙어서 아들을 배었느니라 본래 임신하지 못한다고 알려진 이가 이미 여섯 달이 되었나니 대저 하나님의 모든 말씀은 능하지 못하심이 없느니라(눅 1:36-37).

이렇게 천사가 마리아를 격려하는 모습을 보게 됩니다. 이것을 보면 분명히 세례요한의 잉태는 예수님의 탄생에 대한 준비였다는 것을 알 수 있습니다. 또 예수님이 자라시던 모습과 세례 요한이 자라던 모습이 대조됩니다. 누가복음 1장 80절의 "아이가 자라며 심령이 강하여지며"라는 말씀을 예수님이 "자라며 강하여지고 지혜가 충만하며 하나님의 은혜가 그의 위에 있더라"(눅 2:40)는 말씀과 비교해 보면, 정말로 세례 요한은 그 생애 자체가 예수님의 길을 예비하고 준비했던 사람임에 틀림없습니다.

주의 길을 예비한 삶

둘째, 세례 요한은 그의 삶과 사역에서 선구자적 역할을 했습니다. 세례 요한의 첫 번째 메시지는 "회개하라 천국이 가까이 왔느니라"(마 3:2)와 "독사의 자식들아 … 회개에 합당한 열매를 맺고"(눅 3:7-8)였습니다. 이것은 예수님의 공생애 첫 번째 메시지와 서로 통하는 것입니다.

> 이때부터 예수께서 비로소 전파하여 이르시되 회개하라 천국이 가까이 왔느니라 하시더라(마 4:17).

> 요한이 잡힌 후 예수께서 갈릴리에 오셔서 하나님의 복음을 전파하여 이르시되 때가 찼고 하나님의 나라가 가까이 왔으니 회개하고 복음을 믿으라 하시더라(막 1:14-15).

바로 예수님의 이 메시지에 대한 선구자적인 준비를 요한이 했던 것입니다.

세례 요한은 그 이름처럼 세례를 베푸는 것이 그의 중요한 사역 중 하나였습니다. 그러나 그의 세례는 회개의 세례였고 주님의 세례는 성령 세례, 불 세례였습니다. 세례 요한은 참으로 여러 면에서 예수님의 사역을 준비했던 사람입니다.

그는 유대 광야에서 메뚜기와 석청을 먹고 낙타 털옷을 입고 가죽띠를 띤, 무소유의 단순하고 청결한 삶을 살았습니다. 예수님의 삶이 그러했습니다. "여우도 굴이 있고 공중의 새도 거처가 있으되 인자는 머리 둘 곳이 없다"(마 8:20)고 하신 예수님의 생애를 그가 미리 보여 준 것입니다.

세례 요한의 삶은 겸손했습니다. 그는 불의와 타협하지 않았기 때문에 죽어야 했습니다. 진정한 겸손은 진정한 용기임을 세례 요한을 통해서 볼 수 있습니다. 예수님의 삶도 겸손했습니다. 그분은 참으로 깨끗한 무소유의 삶을 사시다가 최후에는 인류의 죄를 대신하여 십자가에 못 박혀 죽을 수밖에 없었던 삶이었습니다. 여기서도 예수님 생애의 예비적 역할을 한 사람이 세례 요한임을 볼 수 있습니다.

주의 길을 예비한 죽음

셋째, 세례 요한은 죽음에서도 선구자적인 길을 닦아 놓았습니다. 그는 자기 명대로 죽지 못했습니다. 불의에 대항하고 부정에 항거하다가 감옥에 갇히게 되었고 결국에는 쟁반에 그의 목을 얹게 되는 최후를 맞았습니다.

그것이 세례 요한의 생애였습니다. 그러나 성경은 말합니다.

여자가 낳은 자 중에 요한보다 큰 자가 없도다(눅 7:28).

오래 사는 것만이 꼭 축복은 아닙니다. 잘사는 것만이 축복은 아

닙니다. 비록 쟁반에 자기 목이 담겨진다 할지라도 세례 요한은 불
의와 타협하지 않았기 때문에 죽어야 했습니다. 진정한 겸손은 진
정한 용기임을 보여 주었습니다.

우리는 진리에 따라 사는 삶이 복된 삶이며, 의롭고 정직하게 사
는 사람이 위대한 사람임을 성경을 통해서 알 수 있습니다. 예수님
도 33세에 인류의 죄를 대신하여 십자가에서 처형당하셨습니다.

자기 위치를 잘 알았던 사람

세례 요한은 이처럼 예수의 탄생과 삶을 가까이에서 봐 왔고 그분
과 거의 비슷한 시기에 살았던 사람이지만, 예수 그리스도에 대한
신앙 고백과 태도가 분명했던 사람입니다.

나는 그의 신을 들기도 감당하지 못하겠노라(마 3:11).

나는 그의 신발 끈을 풀기도 감당하지 못하겠노라(요 1:27).

이것이 바로 세례 요한이 예수님에 대해 가진 태도입니다. 또 세
례 요한은 예수님에 대해서 다음과 같이 말합니다.

그는 흥하여야 하겠고 나는 쇠하여야 하리라(요 3:30).

이것이 진정 주님을 따르는 자의 모습입니다. 자기 삶과 죽음을 송두리째 맡기고도 기뻐하고 감사하며 그 어떤 대가도 바라지 않는 세례 요한의 모습 속에서 우리는 진정으로 주님을 섬기는 자의 모습을 발견할 수 있습니다. "예수님은 어떤 경우에도 영광을 받으셔야 하고 나는 어떤 경우에도 그 영광의 그늘에 숨겨져야 한다." 이것이 진정한 성도의 모습입니다.

세례 요한은 자기의 위치와 사역이 무엇인지를 정확하게 깨달았던 사람입니다. 그는 사역의 월권도 없었고, 사역의 포기도 없었습니다. 어떤 사람은 일을 시키면 월권 아니면 포기합니다. 자기의 위치와 사역을 정확하게 파악하고 그 일을 감당하기는 참으로 어렵습니다. 세례 요한은 누구보다도 자기 위치를 잘 알았던 사람입니다.

요한복음 1장 19절을 보면, 제사장과 레위인들이 세례 요한의 능력과 인기와 그 모든 것이 예수를 방불케 하는 것을 느끼고는 이렇게 질문합니다. "네가 누구냐." 그때 세례 요한은 숨김없이 큰소리로 "나는 그리스도가 아니라"(요 1:20)고 대답합니다. 놀라운 말입니다. 많은 사람은 그가 그리스도인 줄 알았습니다. 그만큼 그가 불같은 메시지와 하늘의 음성을 들려주었던 것입니다. 그러나 그는 숨기지 아니하고 '나는 그리스도가 아니라'라고 분명히 말했습니다.

그러고 나서, 요한복음 1장 23절을 보면 "나는 선지자 이사야의 말과 같이 주의 길을 곧게 하라고 광야에서 외치는 자의 소리로라"고 대답했습니다. 사람들은 조금만 능력을 받고 은사가 있으면 착각합니다. 자기 위치를 파악하지 못하고 포기해버리는 행동을 극단적으로 하는 것이 보통입니다. 그러나 세례 요한은 "나는 소리다"라고 했습니다. 말씀을 위해 지나가는 한 '소리'에 불과하다고 자기의 위치를, 자기 사역의 본질을 분명하게 말했던 것입니다.

회개하라

그러면 이 위대한 세례 요한의 메시지가 무엇인가를 본문을 통해 생각해 봅시다.

> 그때에 세례 요한이 이르러 유대 광야에서 전파하여 말하되 회개하라 천국이 가까이 왔느니라 하였으니(마 3:1-2).

마태복음 2장과 3장 사이에는 무려 30년의 시간이 있습니다. 사역이 시작된 '그때에' 세례 요한은 유대 광야에서 설교하기 시작했습니다.

그런데 우리는 이 세례 요한의 설교를 들으면서 오늘날의 설교와 다른 것을 한 가지 발견합니다. 세례 요한의 설교 강단은 화려한 건물이 아니라 거친 광야입니다. 그의 설교는 화려한 미사여구나 완벽한 논리가 아니라 아주 솔직하고 단순하고 직설적입니다. "회개하라, 천국이 가까이 왔느니라." 그의 비전은 '천국'이고 메시지는 '회개하라'였습니다.

오늘 우리는 '회개하라'는 세례 요한의 메시지를 깊이 새겨들어야 합니다. 여러분도 들어야 하고 목사인 저도 들어야 합니다. 사실 현대 기독교는 처음에 성경이 말했던 기독교와는 달리 이미 변질되어 있는지도 모르겠습니다.

'회개'(metanoeo)라는 말은 두 단어의 합성어입니다. '다르다'는 뜻의 '메타'와 '생각'이라는 뜻의 '노에오'가 합쳐져서 된 말로 원뜻은 '생각을 다르게 하라', '생각을 고쳐라'가 됩니다. 따라서 회개란 단순히 어떤 사건에 대해 후회하거나 슬퍼하는 것만을 의미하지 않고, 보다 더 깊은 뜻이 그 안에 있는 것입니다. 곧 잘못된 것에서 돌아서는 것이요, 방향을 바꾸는 것이요, 결정된 마음과 뜻에서 돌이키는 것입니다. 그러므로 회개에는 행동이 뒤따라야 합니다. 교회에서 성도들이 그렇게 많이 회개에 대한 설교를 듣고도 삶이 변하지 않는 것은 회개가 아니라 '후회'했기 때문입니다. 회개란 행동의 변화입니다.

어떤 사람은 부흥회 때마다 눈물을 흘리며 가슴을 치고 회개하기도 합니다. 그런데 이런 사람이 문제입니다. 왜냐하면 자기 눈물에 자기가 속기 때문입니다. 눈물 흘리는 것으로 자신이 거룩해진 줄 착각합니다. 그러나 거기서 끝나고 맙니다. 그것은 회개가 아니라 감상이요 낭만입니다. 회개에는 죄를 후회하고 슬퍼하는 애통이 뒤따르지만 슬픔 자체가 나의 행동을 바꾸는 것은 아닙니다. 세례 요한이 말하는 회개란 사고와 태도와 행동의 일대 전환을 뜻합니다.

8절에서 세례 요한은 "회개에 합당한 열매를 맺으라"고 합니다. 즉 눈물로, 입으로 하는 회개가 아니라 열매 있는 회개를 말합니다. 예수님은 잎만 무성한 나무는 찍어 버리라고, 불태우라고 하셨습니다.

폼(form)만 좋은 그리스도인이 참 많습니다. 예수를 잘 믿을 것 같이 생긴 사람들이 많습니다. 그런데 문제는 그들에게 회개에 합당한 열매가 있느냐는 것입니다. 변화되지 않는 그리스도인, 열매가 없는 그리스도인은 불에 타다 남은 숯덩이처럼 아주 불쌍하고 보기 흉합니다.

세상에서 제일 불쌍한 사람은 예수 안 믿는 사람이라기보다는 예수 믿다가 그만둔 사람, 회개하면서도 열매가 없는 사람입니다. 그 사람들은 믿는다고 말하니까 전도할 길도 없습니다. 차라리 안 믿는다고 하면 전도라도 할 수 있지만 믿는다고 하니까 화입니다. 그저 교회나 왔다 갔다 하고, 찬송가나 높이 부르고, 마치 그것이 다인 양 다니지만 그 생활을 보면 회개의 열매가 없습니다. 회개란 열매입니다.

속으로 아브라함이 우리 조상이라고 생각하지 말라(마 3:9).

이 말은 회개에는 전통이나 지위나 문벌이 중요하지 않다는 뜻입니다. 높은 사람이라고 회개를 덜 해야 하는 법은 없습니다. 또 돈 많은 사람이라고 하나님이 봐주시지도 않습니다. 누구든지 회개해야 합니다. 이것이 세례 요한의 메시지입니다. 그런데 그는 그 말에 아무런 수식어를 붙이지 않고 단순히 회개하라고만 말했는데 그 말이 불처럼 역사했던 것입니다.

회개는 성경 전체의 중심 메시지입니다. 예수님도 "회개하라, 천국이 가까이 왔다, 회개하고 복음을 믿으라"고 말씀하셨습니다. 마가복음 6장 12절을 보면 예수님의 제자들도 밖에 나가서 전도할 때 회개하라고 먼저 말하고 귀신을 쫓고 병을 고쳐 주었습니다. 초대교회 오순절에 성령이 임했을 때 베드로가 한 말이 무엇입니까? "너희가 회개하여 각각 예수 그리스도의 이름으로 세례를 받고 죄 사함을 받으라 그리하면 성령의 선물을 받으리니"(행 2:38)였습니다. 사도 바울도 사도행전 26장 20절에서 회개를 정확하게 요약했습니다.

"회개하고 하나님께로 돌아와서 회개에 합당한 일을 하라."

눈물 안 흘려도 좋습니다. 폼 안 잡아도 좋습니다. 열매만 있으면 됩니다. 변화만 받으면 됩니다. 이것이 더 중요합니다.

우리 교회의 영적 대부흥은 진정한 회개에서 시작될 것입니다.

교회당이 아름답다고 해서 부흥하는 것이 아닙니다. 사람이 많이 모인다고 해서 부흥하는 것이 아닙니다. 한 사람 한 사람이 정말로 회개하고, 회개에 합당한 열매가 가정과 사회, 직장과 교회에서 보일 때 이것이 영적 대부흥입니다.

어떤 분이 "교회가 불이 붙고 있다지요? 부흥한다지요? 얼마나 부흥하고 있습니까?"라는 질문에 이렇게 대답했다고 합니다. "예, 부흥하고 있습니다. 교인의 반이 떠났습니다." 이것도 부흥입니다. 정말로 부흥입니다. 싫은 소리를 들어야 합니다. 회개가 좋을 것이 무엇이 있겠습니까? 자존심 상하는 것이고, 자기를 깨뜨려야 하고 자기의 잘 살던 스타일을 바꿔야 하는 것인데 기분 좋을 리가 없습니다. 그러나 회개 없는 부흥은 없습니다. 현대 성령주의의 치명적인 약점이 무엇입니까? 바로 회개가 없다는 점입니다.

삶의 변화가 없다는 점입니다.

진정한 부흥의 비결은 회개에 있습니다. 가슴을 치며 하나님에게 회개하고 생활의 변화를 받아 새사람이 되어야 합니다. 제일 큰 죄는 하나님을 믿지 않고 살아온 죄요, 예수 믿는다고 하면서도 변화되지 않은 죄입니다.

천국이 가까이 왔다

다음으로 '천국'에 대해 생각해 보겠습니다. 그렇게 회개하라고 외친 세례 요한의 메시지의 동기가 무엇이겠습니까? 그것은 천국 때문입니다. 천국이 가까이 왔으니 회개하라고 했던 것입니다. 천국 없는 회개는 회개가 아닙니다. 요한의 메시지는 천국의 왕이신 예수님이 바로 지금 여기에 등장하실 것이니 준비하라는 뜻입니다. 이때 최대의 준비는 꽃다발이나 대합창이 아니라 회개입니다.

천국은 하나님 나라입니다. 그런데 마태는 하나님 나라라는 말을 조심해서 쓰고 있습니다. 그 이유는 유대인들이 하나님이라는 말을 불경하게 여겼기 때문입니다. 그래서 하나님 나라 대신에 천국이라는 말을 쓴 것입니다.

하나님 나라는 이미 구약에서 약속했고 예언했던 개념입니다. 그리고 메시아의 출현도 예언했습니다. 그러나 구약 말라기가 끝나고 세례 요한의 출현까지 400년 동안의 침묵 후에 하나님의 사람을 통해서 불같은 하나님의 말씀이 나타날 줄 아무도 기대하지 못했습니다. 그 400년 동안 가뭄에 메마른 땅같이 하나님의 말씀을 듣지 못한 이스라엘 백성의 심령은 갈급하기가 이루 말할 수 없었습니다. 정치적으로, 경제적으로, 사회적으로 혼란했으며 종교적으로 혼돈과 방황에 휩싸여 있었습니다. 이런 칠흑 같은 암흑 가운데 광야에서 불같은 메시지가 나온 것입니다.

그런데 그 메시지는 너무도 충격적인 것이었습니다. 이스라엘 백성이 믿었던 구약의 그 메시지가 지금 출현한다는 것입니다. 그 천국이 지금 왔다고 하는 것입니다. 그러니 준비되어 있지 못한 사람에게는 얼마나 큰 충격이겠습니까? 이 사실은 유대인들에게 실로 커다란 충격이 아닐 수 없었습니다.

그들은 기대하지도 않았고, 그 말을 믿을 수도 없었으며, 설혹 왔다고 하더라도 수용할 준비가 전혀 되어 있지 않았습니다. 그래서 이 충격적인 메시지 앞에서 사람들은 구름 떼처럼 광야의 세례 요한에게 몰려간 것입니다.

천국은 장소의 개념이 아니라 통치의 개념입니다. 장소보다는 누가 통치하느냐가 더 중요한 의미가 있습니다. 세례 요한은 예수님이 오셨다는 말을 천국이 임했다는 말로 직접 해석한 것입니다.

천국의 지배자요 통치자이신 성자 하나님이 이 땅에 오셨습니다. 이것은 천지가 진동할 사건입니다. 예수가 계신 곳이 천국이요 예수가 지배하는 곳이 바로 천국입니다. 예수는 구약의 예언대로 이 세상에 메시아로 오셨고 십자가와 부활을 통해 구원을 완성해 주셨습니다. 이제 그분은 다시 오셔서 완전한 심판을 하실 것입니다.

천국은 이미 우리에게 와 있습니다. 초막이나 궁궐이나 내 주 예수 모신 곳이 그 어디나 하늘나라입니다. 지금 우리는 천국을 누릴 수 있습니다. 매일매일 천국을 살 수 있는 특권을 우리에게 주신 것을 감사하십시오. 구원을 노래하십시오. 의롭게 된 것을 감사하십시오. 천국은 지금 우리 가운데 있습니다. 이것이 임마누엘입니다. 주님이 우리와 함께 거하시기 때문입니다. 이것이 '성화'의 과

정입니다. 그리고 천국은 앞으로 완전히 임하게 될 것인데 이것이
바로 '영화'입니다. 다시 오실 예수를 바라보며 사는 사람이 참된
성도입니다. 주님이 다시 오실 것을 믿으며 기다리는 성도가 되시
기 바랍니다. 이것이 바로 천국을 소유한 사람의 삶입니다.

주의 길을 예비하라

마지막으로 세례 요한의 사명과 사역에 대해서 생각해 보겠습니
다. 그의 사명은 3절 말씀에 나타납니다.

"그는 선지자 이사야를 통하여 말씀하신 자라 일렀으되 광야에
외치는 자의 소리가 있어 이르되 너희는 주의 길을 준비하라 그가
오실 길을 곧게 하라 하였느니라."

누가복음 3장 5-6절에는 "모든 골짜기가 메워지고 모든 산과
작은 산이 낮아지고 굽은 것이 곧아지고 험한 길이 평탄하여질 것
이요 모든 육체가 하나님의 구원하심을 보리라"고 했습니다. 세례
요한의 사명은 간단합니다. 주의 길을 예비하고, 주의 길을 평탄하
게 하는 것입니다.

그러면 우리의 사명은 무엇입니까?

설교 들으러 왔다 갔다 하는 사람은 사명 받은 자가 아니라 구경
하러 온 사람입니다. 우리는 하나님의 사명을 받은 자입니다. 직장
에서도, 가정에서도, 교회에서도 누가 뭐라고 하든 해야 할 일이

있는 사람입니다. 자기 사명을 알고 설교 듣고, 사명을 알고 행동하는 삶에는 능력이 있습니다. 사역에 앞서 먼저 교만한 마음을 꺾고 회개하며 겸손히 주님을 영접하는 것이 중요합니다. 이것이 주의 길을 예비하는 것입니다.

'골짜기가 메워지고'라는 말은 주님을 영접하기 위해서 우리 안에 있는 낮은 골짜기를 채워야 한다는 뜻입니다. 즉 우리 속의 열등감, 낮은 자존감을 치료해야 합니다. 열등감이 많은 삶은 예수를 믿는 데 어려움이 많습니다. 왜냐하면 열등감이 있으면 예수를 믿어도 기쁨이 없기 때문입니다. '높은 산이 낮아진다'는 말은 우월감을 깎아내려야 한다는 뜻이고, '굽은 것이 곧아진다'는 말은 못된 성격을 바르게 만든다는 뜻이요, '험한 길이 평탄하여진다'는 말은 우리의 부정적인 과거를 깨끗이 청소한다는 뜻입니다. 물론 이것은 사회적으로도 적용할 수 있습니다.

주의 길을 예비한다는 말의 또 다른 의미는 아직 복음을 듣지 못한 공산권, 이슬람교권, 불교권, 힌두교권에 복음이 거침없이 들어가도록 준비하는 사명을 의미합니다. 개인적으로는 주님을 영접하기에 부족함이 없도록 준비하는 것이고, 넓은 의미에서는 주의 복음이 어디든지 거침없이 들어갈 수 있도록 선교하는 것입니다.

우리는 공산권에 선교해야 합니다. 누가 할 것입니까? 주님이 기적을 일으키셔서 할 것입니까? 아닙니다. 우리를 통해서 하실 것입니다. 이슬람교권에, 불교권에, 그리고 복음을 듣지 못한 많은 사람에게 주의 복음이 들어갈 수 있도록 길을 닦는 작업을 해야 합니다. 이것이 우리의 사명입니다. 이 때문에 우리를 지금까지 살려 두셨다는 것을 기억해야 합니다.

그러면 사명을 이루기 위한 세례 요한의 삶을 살펴보겠습니다.

> 이 요한은 낙타털 옷을 입고 허리에 가죽 띠를 띠고 음식은 메뚜기
> 와 석청이었더라(마 3:4).

오늘날에는 이런 것들이 최고가품으로 보통 사람은 가질 수 없는 것입니다. 낙타 털옷은 모피이며 메뚜기와 석청은 보약이니까 아무나 입고 먹는 것이 아닙니다. 하지만 그 당시에는 달랐습니다. 낙타 털옷, 가죽띠, 메뚜기, 석청 등은 그 당시 종교 전문가들의 의상과 음식과는 전혀 대조적인 것이었습니다. 바리새인과 서기관들, 제사장들의 그 화려한 가운과 세례 요한의 모습은 완전히 대조를 이룹니다. 또 그들이 살고 있는 저택과 세례 요한이 살고 있는 집도 그렇습니다.

세례 요한의 이러한 모습은 오늘날 교회 지도자들의 모습과도 전혀 다릅니다. 지금 우리 성직자들은 본래의 모습을 너무 많이 잃어 가고 있습니다. 화려하고 말 잘하고 인기 중심이고 세속적입니다.

자신의 사명을 감당하는 세례 요한의 삶은 오늘 우리에게 심각한 도전을 줍니다. 여기서 그가 보여 주는 것은 단순성, 겸손, 솔직함입니다. 그리스도의 삶은 이렇게 단순해야 합니다. 필요한 것 외의 낭비가 없어야 합니다. 돈과 시간을 선교와 봉사와 구제에 투자해야 합니다.

세례 요한이 설교한 후에 어떤 일이 일어났습니까?

이 때에 예루살렘과 온 유대와 요단 강 사방에서 다 그에게 나아와 자기들의 죄를 자복하고 요단 강에서 그에게 세례를 받더니(마 3:5-6).

즉 세례 요한의 설교 효과가 컸다는 말입니다. 세례 요한이 "회개하라, 천국이 가까이 왔느니라" 하며 이상한 옷을 입고 설교했는데도 그 설교를 듣고 많은 사람이 죄를 자복하고 세례를 받았습니다.

영적 부흥이란 숫자가 불어난다는 뜻이 아닙니다. 죄를 회개하고 세례 받는 것을 의미합니다. 오늘날 교회가 해야 할 일이 무엇입니까? 사회 개혁입니까? 교육 사업입니까? 아니면 정치 참여나 노사 문제입니까? 물론 이런 것들도 중요할 수 있습니다. 그러나 이 모든 것들은 다 이차적입니다. 이것보다 더 중요하고 다른 모든 것이 다 잘될 수 있는 근본적인 것은 바로 죄를 회개하고 세례 받는 일입니다. 이것이야말로 천지가 진동하는 사건이요, 영혼이 거듭나고 마귀가 떠나가는 영적 대부흥입니다. 오늘 우리에게 이런 기적이 일어나길 바랍니다. 만약 우리가 죄를 자복하고 진정으로 회개한다면, 우리의 삶에 기적이 일어날 것입니다.

6

물보다 진한
불 세례를 받으라

마태복음 3:5-12

세례 요한은 매서운 그리고 진실하게 설교하는 사람입니다. 본문은 그러한 세례 요한의 설교 내용을 보여 주고 있습니다. 먼저 이 설교를 듣고 있는 청중을 살펴보겠습니다.

> 이 때에 예루살렘과 온 유대와 요단 강 사방에서 다 그에게 나아와 자기들의 죄를 자복하고 요단 강에서 그에게 세례를 받더니(마 3:5-6).

당시 유대의 광야는 모이기에 편한 장소가 아니었습니다. 그런데도 각처로부터 많은 사람이 다 그에게로 나아왔다고 했습니다. 무엇 때문입니까? 병 고치는 것도 아니요, 귀신 쫓는 것도 아니요, 또 요즘 흔히 볼 수 있는 축복 성회도 아닌데 그처럼 많은 사람이 자리조차 불편한 그곳에 몰려오는 이유는 무엇 때문일까요? 그것은 세례 요한이 하나님의 음성을 전해 주고 있었기 때문입니다. 기교를 부리지 않고 어떻게 보면 논리성도 없이 단순하고 정직하고 솔직하게 있는 그대로 하나님의 음성을 토했기 때문에 그들이 그에게 찾아와서 귀를 기울이고 말씀을 들은 것입니다.

하나님의 말씀은 자력 있는 쇠붙이처럼 무섭게 사람들의 영혼을 끌어당깁니다. "양식이 없어 주림이 아니며 물이 없어 갈함이 아니요 여호와의 말씀을 듣지 못한 기갈이라"(암 8:11)는 말씀처럼, 그들은 400년 동안 하나님의 말씀을 듣지 못한 기갈 속에서 정치적 방황과 사회적, 경제적 갈등을 겪으며 심령이 메마를 대로 메말라 있었던 것입니다.

그리스도인의 삶의 시작, 회개와 세례

세례 요한의 설교를 듣고 난 청중의 반응이 어떠했는지 보겠습니다. 6절에 의하면 "자기들의 죄를 자복하고 요단 강에서 그에게 세례를 받았다"고 합니다. 하나님의 음성을 들으면 먼저 죄가 드러나게 되어 있습니다.

죄는 하나님이 가장 싫어하십니다. 로마서 6장 23절에 "죄의 삯은 사망"이라고 했습니다. 어둠 속에 묻혀 있는 죄, 다른 사람은 알 수 없고 본인 자신도 꺼내기 싫은 죄들이 있습니다. 우리가 죄라고 인정하고 고백하는 것들은 극히 가볍습니다. 내놓아도 부끄럽지 않은 것들만 죄라고 인정할 뿐이지 진짜 깊은 죄들은 숨겨 있습니다. 그것은 다른 사람도 끄집어내지 못하고 자기 자신도 무서워서 꺼내지 못합니다. 그러나 하나님의 말씀이 그 죄를 비추면 죄들은 스스로 껍질을 깨고 나올 수밖에 없습니다. 말씀 앞에 죄는 여지없이 폭로되고 노출되어서 마치 봇물이 터지듯 나오게 됩니다. 그리고 이 죄를 눈물 콧물 흘리면서 자신도 모르게 입술을 통해서 고백하기 시작합니다.

진정한 영적 부흥은 바로 이러한 죄의 고백에서 시작합니다. 속에 감추어진 죄가 빠져나오기 전에는 아무리 은혜 받고 싶어도 은혜 받을 수 없고, 하나님을 만나 보고 싶어도 만나지지 않습니다. 그러나 하나님의 말씀이 비추어지면 누가 지적한 것도 아닌데 빛 앞에 어둠이 물러가듯이 숨겨진 죄들이 모두 드러나게 되어 있습니다. 세례 요한의 설교를 들은 청중은 너 나 할 것 없이, 빈부귀천을 막론하고 속에 숨어 있던 죄들이 다 드러나기 시작했습니다.

죄를 고백한 사람에게는 죄 씻음 받는 축복이 있습니다. 상처는 노출되어야 치료됩니다. 환자가 아픈 증상을 감추면 치료받을 수 없습니다. 이 말은 곧 죄 때문에 고민하고 방황하고 몸부림치는 것은 치료받을 가능성이 있다는 것입니다. 죄를 짓고도 무감각한 것이 문제입니다. 나병은 아무런 감각이 없다고 합니다. 코가 떨어져도, 손가락이 떨어져도 아프지 않다고 합니다. 제일 무서운 것은 '죄에 대한 무감각증'입니다. 죄가 노출되면 씻음 받을 수 있습니다. 이것이 세례입니다.

그런데 요즘 교회는 세례의 위기에 처했습니다. 세례 교인을 많이 만들기 위해서 아직 세례 받아서는 안 되는 사람에게 세례 주는 현상이 일어나고 있습니다. 그 사람은 죄를 고백한 일도, 죄씻음 받은 경험도 없이 세례를 받았기 때문에 감격이 없습니다. 그래서 '세례라는 것이 그저 그렇고 그런 거구나'라고 생각합니다. 군대에서, 대학에서 분위기에 따라 무더기로 세례를 받고, 그렇게 세례 받은 자들이 그리스도인인 줄 착각하고 있습니다. 세례는 꼭 받아야 합니다. 그러나 진정으로 받아야 합니다. 세례를 쉽게 받으려는 것이 세례의 위기입니다. 또한 숫자 채우는 데만 급급해서 아무런 교육 없이 그냥 세례를 주는 것도 세례의 위기입니다.

세례의 위기가 왔기 때문에 성만찬의 위기가 왔습니다. 진정으로 구원 받지 못한 사람들이 어찌 성만찬 앞에 감격하며, 십자가 앞에 눈물을 흘리겠습니까? 회개 없이 세례 받고 진정한 세례에 참여한 일 없이 성만찬을 받기 때문에 신앙생활을 자기 스스로가 무시하고 포기할 만큼 아무것도 아닌 것으로 만들어 버렸습니다.

오늘날의 교회는 세례와 성만찬을 하나의 형식으로 처리해 버리고 말았습니다. 그러나 본문을 보면 세례 요한의 설교의 열매는 참된 회개와 참된 세례로 나타납니다. 여기부터 진정한 그리스도인의 삶이 시작되는 것입니다.

교회가 경계해야 할 사람들

그런데 문제는 7절에 있습니다. 이러한 무리 속에 바리새인들과 사두개인들이 함께 온 것입니다. 적어도 바리새인, 사두개인이라고 하면 그 당시 최고의 지식 계급이요 권력 계급입니다. 자, 이들이 왜 여기에 왔겠습니까?

예수님 당시에는 세 그룹의 중요한 종교 분파가 있었습니다. 첫 번째 그룹은 에세네파입니다. 에세네파는 결혼하지 않고 은둔과 경건주의의 삶을 사는 사람들입니다. 그들은 결혼하지 않았기 때문에 양자를 두었고 주로 성경을 베끼는 사본 작업을 했습니다. 그리고 특별히 사해 근방에서 집단적으로 모여 경건하게 생활했습니다.

두 번째 그룹은 바리새파인데, 에세네파와는 달리 도시에 살면서 하나님의 율법을 누구보다도 잘 지키기 위해 적극적으로 헌신했던 자들입니다. 이들은 지나치게 하나님의 말씀대로 살려고 애썼기 때문에 '분리주의자'라고 불렸습니다. 이들은 유대 사회에서 전통적인 단체를 형성했고, 율법의 형식과 외모 그리고 의식을 아주 중요하게 여겼습니다. 육체의 부활도 믿었고, 천사의 존재도 믿었습니다. 이들은 자기들 이상으로 하나님을 잘 섬기고 자기들 이상으로 율법을 잘 지키는 사람이 없다고 생각하는 아주 철저한 종교인들이었습니다. 더 무서운 것은 자기들만이 하나님을 제일 잘 믿는다는 오만과 교만에 빠져 있었습니다. 그래서 성경을 보면 예수님이 아주 싫어하셨던 형식적인 종교 전문가들입니다.

또 한 그룹이 있는데 사두개파입니다. 이들은 바리새파와 아주 다른 입장을 취했습니다. 다윗과 솔로몬 시대의 제사장 '사독'에서 그 이름을 땄는데, 이들은 특별히 제사장 그룹이면서도 공회원 그룹으로서 정치적 권력이 있던 자들입니다. 그러기에 이들은 종교적이면서도 정치적으로 타협하는 실리적인 그룹입니다. 이들은 모세오경만을 믿고 부활과 천국을 믿지 않았습니다. 예수님은 이 사람들 역시 비판하셨습니다.

이 두 그룹은 서로 양극성이 있습니다. 한쪽은 종교적으로 철저한 외식주의자들이요 또 한쪽은 예수를 믿으면서도 정치적으로 자유주의자들입니다. 오늘날도 이러한 신앙의 양극화 형태를 봅니다. 극단적으로 형식적이고 외식적인 신앙의 형태가 있는 사람들과 동시에 성경을 자유롭게 해석하고 정치적인 행동을 종교화하고 권력 구조에 관심이 많은 사람들이 있습니다. 그런데 이런 사람들이 지금 기독교를 대표하고 있습니다. 그래서 참다운 예수, 참다운 성경, 참다운 기독교의 모습을 흐려 놓고 있습니다.

이렇게 지도자적 영향력이 있는 사람들이 왜 아무 힘도 없고 볼품도 없는 세례 요한에게 찾아왔겠습니까? 어떤 사람은 와 주니 얼마나 고마우냐고 할지도 모르겠습니다. 교회에 '와 주는' 사람도 있습니다. 그런데 세례 요한은 고맙게 여기지 않았습니다. 오히려 그들에게 "독사의 자식들아!"라고 소리 질렀습니다.

어떤 사람은 헌금을 동냥 주듯 합니다. 하나님은 거지가 아닙니다. 하나님이 사람이 없어서 여러분 보고 여기 앉아 있으라고 하신 것이 아닙니다.

'와 주는' 것은 원하시지 않습니다

세례 요한을 찾아온 바리새인과 사두개인은 겸손하게 하나님의 음성을 듣고 회개하러 온 것이 아니었습니다. 다른 목적으로 왔습니다. 하나님의 나라는 다른 목적으로 온 사람들을 필요로 하지 않습니다. 오히려 그런 사람들은 우리를 착각하게 만듭니다. 기독교인이 1천 만이라는 착각 말입니다. 그 사람들은 이 사회를, 이 세계를 변화시킬 수 없습니다.

그들은 세례 요한을 찾아온 기회주의자들이었습니다. 지금 세례 요한의 인기가 높고 인구에 회자되고 있으니까 여론에 밀려서 온 것입니다. 세례 요한이 정말 하나님의 사자인지 아닌지 구경하러 온 것입니다.

오늘날도 교회에 이런 태도로 오는 사람들, 즉 교회를 이용하기 위해 오는 사람들이 있습니다. 교회를 표밭으로 생각하고 오는 정치인, 장사를 위해 오는 사업가, 좋은 교육의 기회나 사교 단체로 생각하고 오는 사람들이 있습니다. 이들은 거듭나서 새사람이 되는 데는 관심이 없고 자기 목적 달성에만 관심이 있습니다. 목적만 달성하면 교회에 안 나옵니다.

그래서 세례 요한은 그런 사람들을 가리켜 "독사의 자식들아!"라는 무서운 말을 했던 것입니다. 이 말은 그들의 악한 본성을 향하여 던진 것입니다. "누가 너희를 가르쳐 임박한 진노를 피하라 하더냐." 세례 요한은 바리새인의 종교적인 위선, 사두개인의 정치적인 교활한 본성을 꿰뚫어 본 것입니다.

교회는 두 가지 그룹을 경계해야 합니다. 한 그룹은 바리새인과 같은 종교적인 위선과 허구의 사람들이고, 다른 한 그룹은 사두개인과 같이 정치적이고 이기적이고 세속적인 사람들입니다. 다른 동기와 목적이 있는 사람들이 교회에 들어오지 못하게 해야 합니다. 교회에 사람들이 불어나는 것은 그리 중요하지 않습니다. 단 한 사람이라도 진정으로 거듭나고 변화된 사람이 필요합니다. 이런 사람들이 결국 세상을 변화시킬 것입니다.

왜 오늘날 교회가 타락했는지 아십니까? 왜 교회나 세상이 다 같아진 줄 아십니까? 이것은 우리의 책임입니다. 교회는 끝까지 순수해야 합니다. 진실해야 합니다. 교회는 하나님 백성의 집단이기 때문입니다.

회개에 합당한 열매

두 번째로 본문에서 생각해야 할 부분은 요한의 메시지입니다. 이 메시지는 두 가지 내용으로 구성되어 있습니다. 첫 번째는 책망이요, 두 번째는 약속입니다.

그러므로 회개에 합당한 열매를 맺고(마 3:8).

그렇습니다. 본질이 바뀌어야지 껍질은 아무리 바뀌어도 소용이 없습니다. 옷을 바꾸어 입는다고 해서, 화장을 바꾼다고 해서 그 사람이 바뀌지는 않습니다. 본질이 문제입니다.

누가복음 3장 10절 이하에 보면, 세례 요한의 이 불 같은 메시지를 듣고 난 다음에 사람들이 질문합니다. "그러면 우리가 무엇을 하리이까?" 곧 "회개에 합당한 열매란 무엇입니까?"라는 질문입니다. 이때 세례 요한이 유명한 대답을 합니다.

옷 두 벌 있는 자는 옷 없는 자에게 나눠 줄 것이요 먹을 것이 있는 자도 그렇게 할 것이니라(눅 3:11).

그 말을 듣던 당시 유명한 세리들이 질문했습니다. "선생이여, 우리는 무엇을 하리이까?", "부과된 것 외에는 거두지 말라"(눅 3:13). 이 대답은 여러 직업에 다 적용되는 말입니다. 받을 것만 받고 사기 치지 말라는 뜻입니다. 그랬더니 군인들도 어떻게 하느냐고 묻습니다.

사람에게서 강탈하지 말며 거짓으로 고발하지 말고 받는 급료를 족한 줄로 알라(눅 3:14).

여기서 '강탈하지 말며'는 힘으로 다른 사람의 돈을 억지로 빼앗지 마라, 힘으로 인권을 유린하지 마라, 힘으로 권력을 갖지 마라, 힘으로 착취하지 마라는 뜻입니다. 그리고 '고발하지 말고'는 거짓으로 다른 사람을 고소하지 말라는 뜻이고, '받는 급료를 족한 줄로 알라'는 받는 월급으로 족한 줄 알라는 뜻입니다. 이것이 회개에 합당한 열매라고 했습니다. 이 말은 목사, 의사, 노동자, 직장인, 사업가 등 모든 사람에게 다 적용되는 말입니다.

얼마나 놀라운 말씀입니까? 사도 바울도 "회개하고 하나님께로 돌아와서 회개에 합당한 일을 하라"(행 26:20)고 말했고, 야고보도 "행함이 없는 믿음은 그 자체가 죽은 것이라"(약 2:17)고 했습니다. 사도 요한은 "누구든지 하나님을 사랑하노라 하고 그 형제를 미워하면 이는 거짓말하는 자니 보는 바 그 형제를 사랑하지 아니하는 자는 보지 못하는 바 하나님을 사랑할 수 없느니라"(요일 4:20)고 했습니다.

'회개에 합당한'(Axios)이란 말은 그 무게와 가치에 상응하는 것을 뜻합니다. 즉, 회개의 무게와 가치에 상응하는 행동을 하라는 뜻입니다. 참 회개는 내게 그렇게 해야 한다는 당위성도 있습니다만, 내가 그렇게 하지 않으면 견딜 수 없는 자발적인 것도 있습니다. 그러므로 지적으로 죄를 인정하고, 감정적으로 죄에 대해서 애통해하고, 의지적으로 죄에서 돌이키는 구체적인 행동을 하는 것, 이것이 바로 회개에 합당한 일을 행하는 것입니다.

그래서 성경에 보면 회개는 사람이 하는 것이 아니라 하나님이 주시는 은혜의 선물이라고 했습니다. 그렇습니다. 회개는 자기가 하는 것이 아니고 성령이 임해야 합니다. 자기가 아무리 회개하고자 해도 무엇부터 해야 할지 모를 때가 있습니다. 그래서 성경에 "혹 하나님이 그들에게 회개함을 주사 진리를 알게 하실까 하며"(딤후 2:25)라고 했습니다.

하나님이 회개할 기회를 주실 때 회개하십시오. 기회는 다시 오는 것이 아닙니다. 하나님의 회개 사인은 건강이나 환경으로도 올 수 있고 심리적인 현상으로도 올 수 있습니다. 우리에게 있는 갈등을 회개의 기회로 삼는 것이 제일 유익합니다.

심판의 긴급성

세례 요한은 바리새인과 서기관들이 오해하는 부분을 한 가지 더 가르쳐 줍니다. 9절을 보십시오.

"속으로 아브라함이 우리 조상이라고 생각하지 말라 내가 너희에게 이르노니 하나님이 능히 이 돌들로도 아브라함의 자손이 되게 하시리라."

바리새인과 사두개인들은 구원이 자기들의 '전매특허'라고 생각했습니다. 세례 요한은 이런 상식을 뒤흔들어 놓았습니다. 세례 요한의 이 말에는 두 가지 의미가 내포되어 있습니다.

첫째, 신앙의 자만심에 빠지지 말라는 것입니다. 특히 모태 교인, 배속에서부터 예수 믿은 사람이라고 해서 으레 천국 간다는 착각을 하지 마십시오. 아내가 예수 잘 믿는다고 남편이 자동으로 천국 가는 것이 아닙니다. 아브라함의 자손이라고 착각하지 마시기 바랍니다. 그것은 구원의 표가 아닙니다.

둘째, 하나님이 우리를 사용하시는 것을 감사하라는 것입니다. 우리가 잘나서 하나님이 사용하시는 것이 아닙니다. 우리를 사랑하셔서 사용하시는 것뿐입니다. 아브라함의 자손이라서 나를 사용하시는 것이 아니라 나를 너무나 사랑하시기 때문에 사용하신다는 것입니다. 바로 감사하라는 뜻입니다.

세례 요한의 책망의 메시지는 10절에서 절정을 이룹니다.

"이미 도끼가 나무 뿌리에 놓였으니."

이는 심판의 긴급성을 말합니다. 복음은 오늘 믿어도 좋고 내일 믿어도 좋은 것이 아닙니다. 오늘 이 말씀을 들을 때 믿어야 합니다. 지금 결정하십시오. 도끼가 이미 나무 뿌리에 놓였습니다. 오늘 오후에 내가 죽을지도 모른다는 이 현실을 인정해야 합니다. 사람들은 시간과 기회가 아직 많이 남아 있는 줄로 착각합니다. 그러나 이 시간을 놓치면 다시 돌아오지 않습니다. 좋은 일을 결코 뒤로 미루지 마십시오. 미련한 다섯 처녀와 지혜로운 다섯 처녀 이야기(마 25장)를 기억하십시오.

세례 요한은 계속해서 "좋은 열매를 맺지 아니하는 나무마다 찍혀 불에 던져지리라"고 말합니다. 일을 당하면 이미 때는 늦습니다. 여유가 있을 때 준비해야 합니다. 죄를 버리고 천국으로 가시겠습니까? 아니면 죄와 함께 지옥으로 가시겠습니까?

> 주의 약속은 어떤 이들이 더디다고 생각하는 것같이 더딘 것이 아니라 오직 주께서는 너희를 대하여 오래 참으사 아무도 멸망하지 아니하고 다 회개하기에 이르기를 원하시느니라 그러나 주의 날이 도둑같이 오리니(벧후 3:9-10).

성령 세례를 주신다는 약속

세례 요한이 마지막으로 우리에게 제시하는 메시지는 예수 그리스도입니다. 지금까지 엄청나고 무서운 메시지를 주고 심판의 긴급성을 말하고 책망한 것은, 결과적으로 마태복음 3장 11절의 말씀을 하기 위해서였습니다.

> 나는 너희로 회개하게 하기 위하여 물로 세례를 베풀거니와 내 뒤에 오시는 이는 나보다 능력이 많으시니 나는 그의 신을 들기도 감당하지 못하겠노라 그는 성령과 불로 너희에게 세례를 베푸실 것이요.

여기서 세례 요한은 자신이 예수님의 종보다 더 못한 위치에 있는 사람이라고 고백합니다. 그 당시 다른 사람의 신을 드는 사람은 종이었습니다. 세례 요한은 자기를 가리켜 예수님의 신을 들기도 감당하지 못할 자라고 말했습니다. 그러면서 "예수님은 불과 성령으로 세례를 주실 것이다. 그래서 내가 주는 이 회개의 물 세례는 진짜 오실 그분의 성령과 불 세례를 위한 준비 작업에 불과하다"고 말합니다.

그러면 성령 세례와 불 세례는 무엇입니까? 이것은 구약의 두 말씀을 인용한 것인데 성령 세례는 요엘 2장 28-29절 말씀을 인용한 것이고, 불 세례는 말라기 3장 2-5절 말씀을 인용한 것입니다. 세례 요한은 우리에게 회개의 세례, 물 세례를 주려고 왔지만 이 물 세례를 통해서 우리가 진짜 받아야 할 세례는 성령 세례요, 불 세례라고 말합니다.

오늘날 교회가 능력이 없는 것은 물 세례만 알기 때문입니다. 머리로만 예수를 믿기 때문입니다. 성령 세례와 불 세례를 받지 않기 때문에, 이에 대해 무지하기 때문에 교회가 무능하고 방황하는 것입니다.

요엘서에 의하면 성령 세례란 이러합니다.

그 후에 내가 내 영을 만민에게 부어 주리니 너희 자녀들이 장래 일을 말할 것이며 너희 늙은이는 꿈을 꾸며 너희 젊은이는 이상을 볼 것이며 그 때에 내가 또 내 영을 남종과 여종에게 부어 줄 것이

며 내가 이적을 하늘과 땅에 베풀리니 곧 피와 불과 연기 기둥이라

(욜 2:28-30, 행 2:17-19 참조).

성령이 임하면 이런 역사들이 일어날 것입니다. 또 다른 성령은 보혜사인데 우리를 진리 가운데로 인도하시고 거듭나게 하시며 변화시켜 주시는 하나님의 영입니다. 이 성령이 누구입니까? 바로 예수 그리스도십니다. 예수 그리스도가 바람처럼, 숨결처럼 영으로 내 안에 들어오는 것이 성령입니다.

우리는 33년간의 예수님의 생애를 압니다. 지식적으로 그것을 이해합니다. 예수님이 우리 죄를 위하여 십자가에 못 박혀 돌아가신 것을 압니다. 예수님이 부활하신 것도 믿고 사도신경도 다 믿습니다. 그런데 이 예수님이 영이 되어서, 바람이 되어서, 하나님의 호흡이 되어서 나에게 부는 것입니다. 이것은 체험입니다. 이것이 성령 세례입니다.

불 세례는 오순절에 불의 혀처럼 갈라지는 것이 그들에게 보였다고(행 2:3) 했던 그것입니다. 말라기서에 보면 이 불은 영적인 정결과 거룩함을 보여 주는 것입니다. 이것은 구원받은 성도들에게 임하는 하나님의 한 방법입니다.

불 자체가 아니라 불처럼 보이는 것입니다. 그러나 이 불은 태우는 것이요 깨끗하게 하는 것입니다. 성령 세례나 불 세례는 같은 의미입니다. 성령 세례를 사모하십시오. 불 세례를 사모하십시

오. 우리 인격 속에 성령의 바람이 불어야 하고 불의 바람이 불어야 합니다.

이러한 일들은 예수 그리스도를 믿을 때 일어난다고 했습니다. 어떤 사람은 성경을 읽을 때 가슴이 뜨거워지고 자기도 모르게 눈물이 쏟아진다고, 웬일인지 모를 어떤 힘이 자기를 사로잡고 있다고 말합니다. 바로 성령의 바람이 부는 것입니다. 바람이 안 불면 모릅니다. 그런데 바람이 불면 옷깃도 날리고 머리도 흐트러집니다. 이렇게 성령의 바람이 우리 속에 역사해야 합니다. 움직여야 합니다. 나아가서 복음을 외치지 않으면 견딜 수 없는 뜨거움이 있어야 합니다.

신앙은 머리로만 믿는 것이 아니라 심령으로 거듭나는 것입니다. 율법으로 믿는 것이 아니라 은혜를 체험하는 것입니다. 성령 체험, 불 체험을 하십시오. 이것은 예수님이 밖에 계시다가 내 안에 들어오시는 사건입니다. 성령과 불로 거듭나서 이런 초자연적인 놀라운 삶이 여러분에게 있기를 바랍니다.

이제 마지막으로 세례 요한은 다음과 같은 사실을 일깨워 줌으로 결론을 내리고 있습니다.

손에 키를 들고 자기의 타작마당을 정하게 하사 알곡은 모아 곳간에 들이고 쭉정이는 꺼지지 않는 불에 태우시리라(마 3:12).

여러분의 신앙은 알곡 신앙입니까, 쭉정이 신앙입니까?

7

예수님도
세례를 받으셨다

마태복음 3:13-17

마태복음 3장 13-17절 말씀은 예수님이 오랜 침묵과 기다림을 깨시고 공생애 사역을 시작하시는 첫 번째 행적입니다. 그런데 그 행적이 굉장히 인상적입니다. 그것이 우리의 기대를 뒤엎고 세례 요한에게 세례를 받으러 오시는 예수님의 겸손에서 시작되기 때문입니다. 13절을 보십시오.

"이때에 예수께서 갈릴리로부터 요단 강에 이르러 요한에게 세례를 받으려 하시니."

첫 번째 생각할 주제는, 맨 먼저 나오는 유명한 시간적 접속사 '이때에'입니다. 이것은 예수님 자신이 자랐던 갈릴리에서 요단 강으로 오신 그때를 말합니다. 누가복음 3장 23절을 보면 "예수께서 가르치심을 시작하실 때에 삼십 세쯤 되시니라"는 말씀이 있습니다. 그러니까 바로 이때에 예수님이 30년 동안의 기다림, 침묵, 준비를 마치고 때가 되어 요단 강에서 그의 첫 공적인 행동을 시작하신 것입니다. 이것은 우리에게 중요한 한 가지 진리를 보여 줍니다. 즉 하나님은 언제나 정확한 때에 일을 행하신다는 사실입니다. 결코 늦는 법도 없고, 이른 법도 없습니다. 그리고 하나님은 기분 내키는 대로 상황에 따라 행동하시지 않습니다. 또한 우연히 행하시지도 않으며 운명에 따라 행동하시지도 않는 분입니다. 그러나 많은 그리스도인이 이러한 하나님을 믿으면서도 이와는 반대로 기분 내키는 대로 상황에 따라 행동하거나 하나님의 놀라운 섭리를 우연으로 생각하는 경우가 많습니다. 하나님은 정확한 목표가 있으시며, 인격적인 의지가 있으시며, 또 그것과 함께 항상 정확한 때를 가지고 우주 만물과 인생을 다스리고 계십니다.

예수님의 경우를 봐도 결코 자기 때가 아니면 행동하지 않으셨습니다. 요한복음 2장 4절에 보면 "내 때가 아직 이르지 아니하였다"고 하면서 기적 베풀기를 거부하신 적도 있습니다. 그러나 동시에 자기 때에는 모든 사람이 다 도망을 가도 피하지 아니하시고 십자가를 지셨습니다. 이것이 바로 예수님의 때에 대한 이해입니다.

그러므로 신앙생활에서 때를 이해하고 안다는 것은 아주 중요한 열쇠가 됩니다. 어떤 의미에서 신앙 이해란, 시간 이해라고도 말할 수 있습니다. 말할 때와 침묵할 때, 기다릴 때와 행동할 때를 아는 것입니다. 그렇기 때문에 때를 이해한 신앙인은 초조해하지도 조급해하지도 않습니다. 더욱이 참 신앙이 있는 사람은 게으르거나 무관심하지도 않습니다. 반대로 예수 믿는 사람이 시간, 곧 때를 잘 이해하지 못하면 수치를 당하고 낭패를 가져오게 됩니다.

구약에 보면 하나님은 사람의 믿음을 키우는 데 있어서 특별히 시간 훈련을 시키셨던 것 같습니다. 그 대표적인 예가 모세입니다. 하나님은 모세를 40년간 광야에서 철저하게 훈련시키셨습니다. 또한 아브라함에게도 약속하신 후 25년의 세월 동안 약속을 이루어 주지 않고 훈련 시키셨던 것을 볼 수 있습니다.

신앙이란 약속에 대한 기다림이요, 그 기다림은 이미 성취된 기다림입니다. 따라서 신앙인은 기다릴 줄 아는 용기와 지혜를 배워야 합니다. 여러분 가운데 요즘 초조하고 조급해진 사람이 있다면 이 말씀을 다시 새롭게 생각하십시오. 예수님은 때가 되어서 침묵을 깨고 행동하셨습니다.

세례를 받으러 오시다

두 번째로 생각할 주제는, 13절의 "예수께서 갈릴리로부터 요단 강에 이르러 요한에게 세례를 받으려 하시니"입니다. 문제는 예수님이 세례 요한에게 거꾸로 세례를 받겠다고 자청하신 점에 있습니다. 우리가 지금까지 공부한 대로 세례 요한은 주의 길을 예비하러 온 사람입니다. 그는 자신을 가리켜 그분의 신발끈을 풀기도, 신을 들기도 감당하기 어려운 자라고 했고, 또 광야에서 외치는 자의 '소리'라고 말했습니다. 그렇다면 예수님은 세례 요한이 마련해 놓고 준비해 놓은 그 길을 걸어가시는 것이 마땅합니다. 또 세례 요한이 예수님에게 세례를 받아야 마땅합니다. 그런데 성경에 정반대의 사건이 벌어진 것입니다.

세례란 무엇입니까? 원뜻은 세 가지가 있습니다. 첫째는 '물에 잠긴다'는 뜻이고, 둘째는 '물로 씻는다'는 뜻이고, 셋째는 비유적인 의미로 '쇄도하다, 충만하다'라는 뜻입니다. 다시 한마디로 정리하면 세례란 죄를 씻는 행위입니다. 죄인이 하나님 앞에 회개하고 그 회개의 표로서 죄를 씻어 정결하게 하는 것이 바로 세례입니다. 따라서 세례는 회개의 열매에 합당한 예식입니다.

특별히 그리스도인에게 세례란 그리스도의 죽음과 함께 죽는 것이며, 그리스도의 부활과 함께 다시 사는 것을 말합니다. 그러므로 그리스도의 죽음과 부활에 동참하여 새사람이 되는 것이 세례라면, 세례는 반드시 죄인이 받아야 하는 것을 의미합니다. 그런데 죄가 없으신 예수님이 자기에게 세례를 받으러 오신다는 사실에 요한은 충격을 받은 것입니다.

> 요한이 말려 이르되 내가 당신에게서 세례를 받아야 할 터인데 당신이 내게로 오시나이까 예수께서 대답하여 이르시되 이제 허락하라 우리가 이와 같이 하여 모든 의를 이루는 것이 합당하니라 하시니(마 3:14-15).

세례 요한은 예수님의 공생애 사역의 첫 번째 행동에 당황하여 예수님의 요청을 거부했습니다. "어찌 당신이 나에게 세례를 받을 수 있다는 말입니까?" 이때 예수님이 조용히 세례 요한을 설득하셨습니다. "세례를 허락하라. 이렇게 하는 것이 하나님의 의를 이루는 것이다."

여기에서 예수님이 세례를 받으시는 분명한 목적과 이유를 발견하게 됩니다. "이와 같이 하여 모든 의를 이루는 것이 합당하니라."

이 말씀 속에 아주 중요한 구원의 진리가 내포되어 있습니다. 예수님은 본래 하나님이셨는데 하나님이심을 버리고 인간의 몸을 입고 인류의 죄를 대속하기 위하여 세상에 오셨습니다. 그러므로 예수님은 사람이 아닙니다. 하나님이십니다. 동정녀에게 성령으로 잉태되었기 때문에 그분에게는 죄가 없습니다. 그러나 무죄하신 예수 그리스도는 인류의 죄를 위하여 죄인으로 죽으셔야만 했습니다. 우리의 죄를 위하여 죽으심으로 말미암아 우리를 의롭다 하시고 하나님의 의를 이루게 되는 것입니다. 그러므로 본문에서 예수님은 자기 죄 때문에 세례를 받으려고 하신 것이 아니라 인류의 모든 죄를 대신하여 세례를 자청하신 것입니다. 이것을 이사야 53장 5절에서 더 자세히 말해 주고 있습니다.

그가 찔림은 우리의 허물 때문이요 그가 상함은 우리의 죄악 때문이라 그가 징계를 받으므로 우리는 평화를 누리고 그가 채찍에 맞으므로 우리는 나음을 받았도다.

이것이 바로 예수 그리스도가, 하나님이신 그분이 우리를 위하여 인간의 몸을 입고 세상에 오셔서 우리를 구원하시려는 사역의 목적입니다.

이것을 이사야 53장 12절에서 좀 더 분명하게 기록했습니다.

> 이는 그가 자기 영혼을 버려 사망에 이르게 하며 범죄자 중 하나로 헤아림을 받았음이니라 그러나 그가 많은 사람의 죄를 담당하며 범죄자를 위하여 기도하였느니라.

이에 대해서 로마서 8장 3절에는 "율법이 육신으로 말미암아 연약하여 할 수 없는 그것을 하나님은 하시나니 곧 죄로 말미암아 자기 아들을 죄 있는 육신의 모양으로 보내어 육신에 죄를 정하사"라고 했고, 고린도후서 5장 21절에서는 "하나님이 죄를 알지도 못하신 이를 우리를 대신하여 죄로 삼으신 것은 우리로 하여금 그 안에서 하나님의 의가 되게 하려 하심이라"고 했습니다. 예수님은 세례를 대신 받으심으로써 그분의 구원 사역을 시작하신 것입니다.

우리를 위한 세례

세 번째로 생각할 주제는, 세례를 받으시는 예수님의 모습에서 겸손과 온유를 발견하게 됩니다. 특히 예수님이 세례 받으시기 전에 바리새인과 사두개인들이 왔는데, 그들이 오는 장면과 예수님이 세례 받으러 나오시는 장면이 대조를 이룹니다. 구경하고 시험하러 왔던 그들의 모습과 예수님의 모습을 비교해 보십시오.

세례 요한은 바리새인들과 사두개인들에게 "독사의 자식들아!"라는 무서운 말을 했습니다. 반면에 예수님이 세례 받으러 오시자 세례 요한은 두려움과 떨림, 존경과 감격으로 가득 차서 그분을 맞이합니다.

하나님의 아들인 예수님이 자신을 오히려 종의 모습으로 표현함으로써 사역을 시작하신 것은 우리에게 굉장히 놀라운 충격을 줍니다. 이것이 바로 예수 그리스도의 겸손입니다. 예수님이 최후의 만찬 때 갑자기 일어나셔서 수건을 허리에 두르시고 제자들의 발을 씻어 주셨던 모습(요 13장)과 이 모습은 일맥상통합니다.

많은 그리스도인이 교회나 교회 밖에서 대접을 받지 못한다고 화를 내는 경우가 있습니다. 체면에 손상을 받았다든가 정당한 대우, 예컨대 나이만큼의 대접을 못 받았다든가 직업에 맞는 대접을 못 받았다고 화를 냅니다. 교회에서 시끄러운 부작용이 생기는 것은 바로 이런 이유 때문입니다. 자기의 지위를 알아주지 않는다고 해서, 자기의 존재를 알아주지 않는다고 해서 생기는 문제들이 비일비재합니다.

그러나 예수님은 전혀 다른 모습을 보여 주십니다. 하나님이신 그분이 그의 길을 예비하러 온 세례 요한에게 오히려 나아가 "나에게 세례를 베풀어 주시오"라고 겸손히 부탁하셨습니다. 그리고 대접을 받아야 할 분이 오히려 제자들의 발 앞에 무릎을 꿇고 사람의 몸에서 가장 더러운 발을 몸소 씻어 주셨습니다.

이것이 기독교입니다. 이것이 바로 예수 그리스도이며 이것이 바로 교회입니다. 그러나 우리가 때로 이런 가장 기본적인 그리스도의 모습을 착각하는 것을 우리 자신 속에서 발견하게 됩니다.

마가복음 10장 38절에서 예수님은 서로 높아지기 원하는 제자들에게 다음과 같이 말씀하십니다.

"내가 마시는 잔을 너희가 마실 수 있으며 내가 받는 세례를 너희가 받을 수 있느냐."

예수님은 죄가 없으신 분입니다. 자기의 죄 때문이 아니라 인류의 모든 죄를 대신하여 세례를 자청하신 것입니다.

여기서 말하는 예수님의 세례란 예수님이 십자가를 지셔야 하는 세례를 말합니다. 그것은 세례의 본질인 십자가를 통해서 부활해야 하는, 즉 그리스도와 함께 죽고 그리스도와 함께 사는 세례를 말합니다. 간단히 물을 뿌리거나 단순히 물속에 들어가는 그런 세례가 아니라 십자가를 지는 이런 세례까지 받을 수 있겠느냐고 물으신 것입니다.

그래서 예수님은 누가복음 12장 50절에서 "나는 받을 세례가 있으니 그것이 이루어지기까지 나의 답답함이 어떠하겠느냐"라고 말씀하십니다.

예수님은 이 세례를 완성시키기 위해서 스스로 십자가를 지셔야만 했습니다. 왜냐하면 십자가와 함께 죽는 것이 세례이기 때문입니다. 그래서 "너희가 앞으로 내가 져야 할 십자가를 질 수 있겠느냐? 내가 이 십자가를 지기까지 나의 답답함이 얼마나 크겠느냐?"고 말씀하신 것입니다.

이 두 성경 구절을 종합해 보면 세례 요한의 물 세례부터 시작되어 십자가의 죽음까지 이 모든 과정은 예수님 자신을 위해 있는 것이 아니라 철저하게 우리를 위해서 그가 겪으셔야만 했던 세례였습니다. 예수님도 겸손히 세례 요한에게 가서 세례를 받으셨는데 아직까지 세례를 받지 않으신 분들은 더 이상 세례를 안 받고 있을 이유가 없습니다.

그러나 많은 사람이 세례 받는 것에 주춤거립니다. 세례를 받으라고 권면하면 아직 세례 받을 때가 안 되었다고, 준비가 안 되어 있다고 합니다.

그러면 준비란 무엇입니까? 세례 요한에 의하면 '회개하고' 세례를 받으라고 했습니다. 준비가 안 되었다는 말은 곧 회개가 아직 안 되었다는 말입니다. 회개가 안 된 것입니까? 아니면 회개를 못하겠다는 것입니까? 하나님 앞에 아직 항복하지 못하겠다는 자존심 아닙니까? 그래서 준비가 안 됐다는 것은 아닙니까? 그 말 속에는 '아직도 하나님 앞에 항복하기 싫다', '아직도 내 죄를 인정하기 싫다', '아직도 내 인생을 바꿀 마음이 전혀 없다'는 내용이 들어 있는 것은 아닙니까?

그렇습니다. 진정한 세례의 준비는 회개입니다. 내가 잘못한 것을 인정하고 하나님 앞에 두 손 들고 항복하면서 "주여, 내 인생이 잘못되었고 내 삶이 잘못되었으니, 이제 나를 고치기를 원하며 내 인생의 방향을 수정하기를 원합니다"라고 고백하는 것이 세례입니다. 지식으로 세례 받는 것이 아닙니다. 중심으로 회개했다면 세례 받을 자격이 있습니다. 눈물을 흘리면서 하나님에게 두 손 들고 항복하고 회개하면서, 보혈로 죄를 씻고 그리스도의 피 묻은 손으로 치유받는 축복이 여러분에게 있기를 바랍니다. 이것이 진정으로 구원의 문에 들어가는 축복입니다.

세례 요한의 순종

네 번째로 생각할 주제는, 세례 요한의 순종입니다. 예수님이 "이제 허락하라" 하시면서 "이와 같이 하여 모든 의를 이루는 것이 합당하니라"고 말씀하셨습니다. 그러자 그처럼 두려워하고 어쩔 줄 몰라 하던 세례 요한이 즉시 허락했습니다. 참으로 어렵고 송구스러운 허락입니다.

저는 이 말씀을 보면서 입장을 바꿔 놓고 생각했습니다. 지금 이곳에 예수님이 오셔서 저에게 세례를 베풀라고 하신다면 제 심정이 어떻겠습니까? 참 어려운 시간이었을 것으로 생각합니다. 감히 제가 어찌 세례를 베풀 수 있겠습니까? 제가 만약 설교하다가 갑자기 여러분의 발을 씻어 준다면 여러분은 과연 어떤 심정이겠습니까?

베드로가 당황했던 것이 바로 이것입니다. 베드로가 예수님의 발을 씻어 드렸으면 아무 문제가 없었을 것입니다. 예수님이 베드로의 발을 씻어 주시니 베드로가 견딜 수 없었던 것입니다. 왜 그런 줄 아십니까? 그것은 교만 때문입니다. 예수님이 우리의 발을 씻어 주신다고 하실 때 우리는 더럽지만, 고통스럽지만 그 발을 내놓아야 합니다. 이것이 믿음이요 순종입니다.

많은 사람에게 예수 그리스도를 믿으라고 설교하고 오늘 믿기로 결정하라고 할 때, 사람들이 주저하는 것은 이 발을 내놓지 못하기 때문입니다.

예수님이 발을 씻어 주실 때 제자들이 발을 내놓은 것이나, 세례 요한에게 세례를 베풀라고 하실 때 그가 세례를 베풀 입장이 아니지만 그럼에도 불구하고 주님이 하라고 하시니 그대로 행했던 그것이 순종이요, 믿음인 것입니다.

우리의 신앙은 언제나 자존심이나 교만에 걸려 넘어집니다. 자존심을 버리지 못하고 콧대를 꺾지 못하고 믿으려 하기 때문에 수많은 장애물이 주위에 그대로 있습니다. 그래서 교회에 불평과 원망, 시비와 비판이 많은 것입니다. 하나님이 원하시면 나의 생각, 습관, 전통, 자존심을 버리고 그것을 허락해야 합니다. 왜냐하면 그렇게 함으로써 하나님의 의가 이루어지기 때문입니다. 여러분의 자존심과 교만의 걸림돌이 오히려 불신앙의 강을 건너는 디딤돌이 되게 하십시오. 스스로 겸손하고 낮추지 아니하면 하나님이 강제로 낮게 만드십니다.

자기 기준에서 모든 것을 생각하지 마십시오. 내가 이해할 수 없을 때는 기다리는 것이 중요합니다. 시간이 지나면 이해되기 때문입니다. 그러나 이해되지 않는 그 시간에 거기서 비판하고 소리 지르고 나면 그 다음엔 꼭 후회할 시간이 찾아옵니다.

하늘이 열리다

이제 마지막으로 생각할 주제는 세례의 결과입니다. 16절에 보면 "예수께서 세례를 받으시고 곧 물에서 올라오실새 하늘이 열리고 하나님의 성령이 비둘기같이 내려 자기 위에 임하심을 보시더니" 라고 했습니다. 이것은 예수님의 세례를 성령님이 인치셨음을 보여 주는 말씀입니다.

에스겔서는 "서른째 해 넷째 달 초닷새에 내가 그발 강가 사로 잡힌 자 중에 있을 때에 하늘이 열리며 하나님의 모습이 내게 보이니"라면서 시작됩니다. 그러고 나서 먹구름 뒤에 있는 하나님의 은빛 광채를 보면서 네 생물과 수레와 바퀴들과 그리고 엄청난 하나님의 군대가 하늘에서 진을 치고 준비하는 모습이 환상 중에 보입니다(겔 1:1-19).

사도행전 7장 56절에도 스데반이 순교당하면서 눈을 들어 하늘을 보니 하늘이 열리고 예수님이 하나님 우편에 서 계셨다는 말씀이 있습니다. 요한계시록 4장 1절, 11장 19절, 19장 11절에도 요한이 여러 가지 하늘의 환상을 보았다고 합니다. 또 사도 바울은 고린도후서 12장 2-4절에서 셋째 하늘로 끌려간 것을 고백합니다. 이 말씀들을 종합해 보면 참으로 구원받은 성도들, 진정한 하나님의 세례를 경험한 사람들에게는 하늘이 열린다는 말입니다.

예수님이 인류의 죄를 대신해서 겸손히 세례를 받으실 때 하늘이 열렸다는 것을 우리는 다 이해할 수 없습니다. 아마 각자의 신앙 경험 정도로밖에는 이해가 안 될 것입니다. 신앙이 어린 사람들은 기껏해야 꿈꾸는 정도로 생각할지 모르겠습니다. 물질적으로 이해할지도 모르겠습니다. 그러나 신령하고 신앙이 깊은 사람들은 그날을 위해 예비하신 하나님의 축복, 그 하늘 보좌의 영광을 매일 보면서 살아갈 것입니다.

왜 많은 순교자가 그렇게 죽을 수 있었는지 아십니까? 그들은 하늘이 열린 것을 보았기 때문입니다. 하늘이 열린 것을 보면 피곤하지 않습니다. 낙심하거나 절망하지도 않습니다. 어떠한 경우에도 담대하게 성경이 약속한 그 세계를 향해 하나님이 약속하신 세계를 향해 나아가며 찬양할 수 있습니다.

성령이 비둘기같이 내리다

예수님이 세례를 받고 물 위로 건너오셨을 때 두 번째 사인이 있었습니다. 성령이 비둘기처럼 그분에게 임하는 경험입니다.

진정한 세례는 성령 체험을 경험합니다. 그것은 단순하게 하나의 형식이 아닙니다. 온몸을 통하여, 온 인격을 통하여, 영을 통하여 하나님이 임재하시는 성령의 임재를 경험하는 것입니다.

우리는 사도행전에 나오는 오순절 사건을 기억합니다. 오순절에 성도들이 모여서 합심하여 기도하고 회개하고 하나님의 말씀을 들을 때 성령이 불의 혀같이 갈라지는 것을 보았다고 했습니다. 홀연히 하늘에서 급하고 강한 바람 소리가 났다고 했습니다. 그들은 이 성령의 소리를 들었고 성령의 바람을 맞았고 성령의 불을 본 것입니다. 이것이 예수님의 세례 때 있었던 현상입니다.

바둘기라고 하면 온유와 겸손을 상징하지만 특별히 유대인에게는 제사를 생각나게 했을 것입니다. 그들이 제사 드릴 때 부자들은 소를, 중간 계급은 양을, 그리고 돈이 없는 가난한 자들은 비둘기를 제물로 드렸습니다. 예수님이 가난한 자들 속에 복음을 심어 주셨던 그 말씀과 연결해서 보면 이 비둘기처럼 성령이 임했다는 것을 새로운 시각에서 볼 수 있습니다.

주 여호와의 영이 내게 내리셨으니 이는 여호와께서 내게 기름을 부으사 가난한 자에게 아름다운 소식을 전하게 하려 하심이라 나를 보내사 마음이 상한 자를 고치며 포로 된 자에게 자유를, 갇힌 자에게 놓임을 선포하며 여호와의 은혜의 해와 우리 하나님의 보복의 날을 선포하여 모든 슬픈 자를 위로하되(사 61:1-2).

이것이 바로 성령이 임하시는 것입니다. 특별히 예수님에게 성령이 임재한 것은 아주 중요한 의미가 있습니다. 인간의 몸을 입고 오신 예수님은 귀신을 쫓아내고 기적을 행하고 병을 고치고 가르치기 위해서 이 성령의 능력이 필요했던 것입니다. 인간의 몸을 입지 않았더라면 이런 것이 필요하지 않았을 것입니다. 그러나 예수님은 인간의 몸을 입고 오셨기 때문에 그분 사역의 제일 첫머리에 성령의 충만함, 성령의 임재가 있어서 이 성령의 능력으로 모든 사역을 감당하셨습니다.

그는 육체에 계실 때에 자기를 죽음에서 능히 구원하실 이에게 심한 통곡과 눈물로 간구와 소원을 올렸고(히 5:7).

하나님의 아들인데 왜 눈물과 통곡으로 기도해야 합니까? 그것은 그분이 인간의 몸을 입으셨기 때문입니다. 인간의 몸을 입고 있는 동안에는 성령의 임재와 충만함이 필요합니다.

예수님도 성령의 임재와 충만함이 필요하셨다면 하물며 우리는 두말할 필요가 없지 않겠습니까? 어찌 성령의 임재와 능력 없이 주의 사역을 할 수 있겠습니까? 어떻게 봉사하며 가르칠 수 있겠습니까? 어떻게 기도할 수 있겠습니까? 인간의 의지와 책임만으로는 주의 일을 할 수 없습니다. 성령의 임재와 성령의 능력을 받아야만 주의 일을 감당할 수 있습니다.

두 가지입니다. 첫째로 하늘의 비전과 환상을 보아야 합니다. 둘째로 성령의 충만함을 입어야만 우리는 이 땅에서 주님이 우리에게 맡겨 주신 생의 사역을 감당할 수 있습니다.

하늘로부터 오는 소리

하늘로부터 소리가 있어 말씀하시되 이는 내 사랑하는 아들이요 내 기뻐하는 자라 하시니라(마 3:17).

마지막으로 하나님이 주신 것은 하늘에서의 확인입니다. 이 말씀은 시편 2편 7절과 이사야 42장 1절에서 온 말씀입니다. 처음에 예수님이 나오셔서 세례를 받으시고, 성령의 임재가 임하시고, 마지막으로 하나님의 음성이 있었습니다. 예수님의 세례, 성령님의 임재, 하나님의 소리, 여기서 우리는 삼위일체를 볼 수 있습니다.

예수님에게 있었던 이 일들이 오늘 우리에게도 그대로 나타나기를 바랍니다. 진정한 세례와 구원이 우리에게 있을 때 우리는 이 세상의 환상이 아니라 하늘의 환상을, 복음화의 환상을 가질 수 있을 것입니다.

사랑하는 성도 여러분! 하늘 문을 여시고 이 세상에 주님이 다시 오실 그날까지 이 천국의 환상을 보면서, 성령의 임재를 받으면서 "너는 내 사랑하는 자요 내 기뻐하는 자라" 하시는 하나님의 음성을 들으면서 확신 가운데 살아갈 수 있기를 바랍니다.

2부

그리스도가 걸으신 길

마태복음 4:1-25

예수님은 모든 인류를 위해서 대신 시험을 받으셨습니다.
마귀는 예수를 파괴하기 위하여 유혹의 손길을 펼쳤습니다.
그러나 하나님은 유혹을 가장 가치 있는 승리의 기회로 바꾸셨습니다.
예수님 안에 있는 생명의 빛 때문에 우리는 구원을 받았습니다.
참된 소망은 여기에서부터 시작합니다.

8

사탄의 시험에
예외는 없다

마태복음 4:1-2

예수님이 제자들에게 친히 가르쳐 주신 기도를 보면 "우리를 시험에 들게 하지 마시옵고 다만 악에서 구하시옵소서"라는 간구가 있습니다. 에덴동산에서 최초의 인간이 타락한 이후 지금까지 모든 인류가 당한 문제는 사탄의 시험이었습니다. 실제로 지상의 어떤 인간도 사탄의 유혹에서 제외된 사람은 한 사람도 없으며, 지금도 이 마귀가 뿌려 놓은 악의 시달림을 받지 않는 사람이 한 사람도 없습니다. 그것은 여러분이나 저나 예외가 없습니다.

우리 대신 시험받으시는 분

본문을 보면 예수님이 마귀의 시험을 겪으시는 장면이 나옵니다. 그의 공생애에서의 구원 사역을 시작하는 첫 번째 행동으로 세례를 받으시고 바로 그 다음에 마귀의 시험을 받으셨습니다. 여기에서 누구에게도 예외가 없는 마귀의 시험을 예수님도 똑같이 겪으실 수밖에 없었음을 보게 됩니다.

그러나 우리는 한 가지 의문을 품게 됩니다. 우리가 시험에 들고 악에 빠지는 것은 죄인이기 때문에, 연약한 인간이기 때문에 그럴 수밖에 없다고 하지만 예수님은 하나님의 아들인데 어떻게 마귀에게 시험을 받으시느냐는 질문입니다. 그 대답은 아주 간단합니다. 그것은 예수님이 세례를 받으신 것이 자신의 죄 때문이 아니라 우리의 죄 때문인 것처럼 그가 시험을 받으신 것도 약하시거나 죄가 있어서가 아니라 바로 인류를 위해서 대신 시험을 받아 주신 것입니다.

그런데 마태가 특별히 이 점을 기록한 데는 두 가지 목적이 있습니다. 첫째는 진실로 우주의 왕이요, 인류의 왕이신 예수님이 이 세상의 왕이요, 공중 권세 잡은 사탄의 세력을 꺾고 승리하셨다는 것을 보여 주기 위해서입니다. 둘째는 예수님이 겪으신 이 유혹은 아담과 하와가 겪었던 유혹, 우리가 지금 겪는 유혹과 똑같은 모습인데, 예수님이 이 유혹을 어떻게 이기실 수 있었는가를 구체적으로 제시해 줌으로써 우리도 이러한 종류의 시험에서 능히 이길 수 있다는 것을 보여 주기 위함입니다.

이제 예수님이 우리를 위해 겪으신 사탄의 시험은 어떤 것이었으며, 이 시험에 어떻게 승리하셨는가를 본문을 통해서 하나씩 배우고자 합니다. 이것은 너무나 중요한 주제입니다.

세례와 시험이라는 두 가지 사건

그때에 예수께서 성령에게 이끌리어 마귀에게 시험을 받으러 광야로 가사 사십 일을 밤낮으로 금식하신 후에 주리신지라(마 4:1-2).

마가복음과 누가복음에도 똑같이 예수의 시험을 기록하고 있습니다. 특히 마가복음에서는 좀 더 강력하게 표현하고 있습니다.

성령이 곧 예수를 광야로 몰아내신지라(막 1:12).

다른 복음서는 성령이 인도했다고 했으나 마가복음은 몰아냈다고 기록하고 있습니다. 이 세례와 시험이라는 두 사건 속에서 배워야 할 것이 있습니다. 그것은 큰 감격이 있고 나면 반드시 고난과 시험이 온다는 진리입니다. 승리 뒤에는 시련이 기다리고 있고 은혜 받고 난 다음에는 시험이 기다리고 있습니다. 이것은 우리 인생사에서도 배우는 진리입니다.

예수님이 성령을 충만하게 받으시고 하늘 문이 열리고 하늘에서 음성을 듣는, 영적으로 하늘 꼭대기까지 올라가는 기막히게 신령한 경험을 하고 난 바로 직후에 성령은 그분을 정반대의 현상으로, 즉 광야로 몰고 가셨습니다.

그렇습니다. 우리의 영적 생활에서도 똑같은 경우를 많이 겪게 됩니다. 사도 바울은 "그런즉 선 줄로 생각하는 자는 넘어질까 조심하라"(고전 10:12)고 말합니다. 특별히 최근에 은혜 받은 사람은 조심하시기 바랍니다. 왜냐하면 하늘의 높은 경험을 하고 난 다음에는 땅의 비참한 사건으로 하나님이 우리를 몰아가시기 때문입니다.

은혜의 때와 시험의 때

이것은 아브라함에게서도 볼 수 있습니다. 아브라함이 10년 동안 하나님의 약속을 기다렸지만 응답이 없었습니다. 이때 아브라함은 하나님에게 대항합니다. "믿을 수가 없습니다. 약속의 증거를 보여 주십시오."

그러나 하나님은 아무리 이야기해도 듣지 않으셨습니다. 다만 "하늘의 별을 보라. 바닷가의 모래알을 보라. 네 자손이 이렇게 많을 것이다"라고 위로하셨습니다. 그러나 아브라함은 믿지 않았습니다.

아브라함이 증거를 보여 달라고 떼를 쓰면서 하나님의 말씀대로 짐승들의 중간을 쪼개 한 쌍을 놓고 밤이 맞도록 기다리는데 이때 불이 내려와 쪼갠 고기 사이로 지나갔습니다(창 15:17). 이것이 바로 아브라함의 영적인 높은 체험, 즉 성령 체험이었습니다. 그날 밤 아브라함은 하나님과의 대결에서 이 귀한 체험을 얻고 신이 나서 집에 돌아옵니다. 집에 오니까 현실이 기다리고 있었는데, 아이를 낳지 못하고 신경질 많은 사라가 "내 종이나마 데리고 가서 아기를 낳으시오"라고 말합니다.

여러분, 이것은 현실입니다. 영적으로 높은 경험을 하게 되면 그 다음 순간 비참한 땅의 현실이 기다리고 있습니다. 여기서 대부분의 사람이 시험에 들고 넘어지고 좌절하고 맙니다. 예수님도 세례를 통한 신령한 경험을 하신 뒤 성령에게 이끌리어 광야로 나가셨다는 것이 바로 이것을 의미합니다.

구약의 예를 더 보겠습니다. 열왕기상 18장에 나오는 위대한 선지자 엘리야의 이야기입니다. 그는 갈멜 산에서 450여 명의 바알 선지자들과 대결했습니다. 1:450으로 모든 악한 세력과 대결해야 하는 엄청난 영적 전쟁 앞에 그는 홀로 선 것입니다. 이때 엘리야는 하늘에서 불을 내리게 해서 제물을 불태웠습니다. 그리고 3년 반 동안 비가 오지 않았던 하늘에서 엘리야가 일곱 번 무릎 꿇고 하나님에게 기도할 때 큰 비가 내렸습니다. 이것은 엘리야에게 있어서 영적으로 절정에 이른 사건입니다. 그는 기적을 보았습니다. 그리고 하나님의 음성을 들었습니다.

그러나 바로 다음 장인 19장을 보십시오. 비를 쏟아지게 하고 하늘에서 불을 내리게 했던 엘리야에게 기다리고 있었던 비참한 현실이 하나 있었습니다. 그것은 이세벨이라는 악한 왕비였습니다. "내가 엘리야의 생명을 취할 것이다"라는 이 악한 여자의 말에 영적으로 하늘을 경험한 그 위대한 엘리야가 즉시 도망갑니다. 로뎀 나무 밑에서 그가 기도한 것이 무엇입니까? "하나님, 절 죽여 주십시오." 이것이 엘리야였습니다.

또 모세의 경우도 마찬가지입니다. 그는 하나님의 명령을 받고 애굽 바로의 세력과 맞서 싸웁니다. 다른 응원군도 없었습니다. 그러나 열 번 싸워서 열 번 다 승리합니다. 마지막으로 바로의 입에서 "네 백성을 데리고 가라"는 승리의 소식을 들었습니다. 그는 이스라엘 백성을 이끌고 탈출을 시작했습니다. 그러나 앞에는 홍해요, 뒤에는 애굽 군대의 궁지에 몰리게 되었습니다. 이것이 신앙입니다. 높은 영적 경험을 하면 현실적으로는 어떤 시험 속에 들어가게 됩니다. 그러나 이 시험을 피해서는 안 됩니다. 그 속에서 훈련을 받아야 합니다. 이 훈련을 겪어야만 하나님이 진정한 출애굽을 주시며 진정한 축복을 주십니다.

시험을 이기는 비결

아브라함의 경우가 바로 그런 경우였습니다. "내가 지시한 땅으로 가라"는 하나님의 명령에 아브라함은 가족을 데리고 짐승을 이끌고, 하나님이 명령하신 그곳이 어딘지는 모르지만 그 땅으로 움직이기 시작했습니다. 오랜 시간이 걸려 하나님이 지시하신 땅으로 가 보니 거기엔 기근뿐이었습니다. 젖과 꿀이 흐르는 옥토가 아니라 박토가 있었습니다. 그러나 그는 그 기근 가운데 그대로 있어야만 했습니다. 왜냐하면 하나님의 훈련이었기 때문입니다.

영광 뒤에 오는 고난은 받아야 합니다. 시험도 받아야 합니다.

광야의 세월도 겪어야 합니다. 그러나 아브라함은 우리를 대표해서 실수해 주었습니다. 그는 애굽으로 갔습니다. 그래서 부인을 빼앗길 뻔한 큰 수치를 겪었습니다.

성령 충만 뒤에 시험이 기다린다는 사실을 기억하십시오. 그래서 누가복음 4장 1-2절에 "예수께서 성령의 충만함을 입어 요단강에서 돌아오사 광야에서 사십 일 동안 성령에게 이끌리시며 마귀에게 시험을 받으시더라"고 했습니다. 성공하고 축복을 받을수록 더욱더 하나님 앞에 나오시기 바랍니다.

요즘 사업이 잘되십니까? 자만하지 마십시오. 겸손히 무릎 꿇고 하나님 앞에 나와서 기도하십시오. 요즘 진급하셨습니까? 요즘 모든 일이 잘됩니까? 잘될수록 두렵고 떨리는 마음으로 하나님 앞에 자신을 낮추어야 합니다. 이것만이 우리가 광야에서의 시험을 이기는 비결이기 때문입니다. 바울은 "항상 복종하여 두렵고 떨림으로 너희 구원을 이루라"(빌 2:12)고 했습니다. 그리스도인의 싸움에는 휴식이 없습니다.

광야의 의미

두 번째 생각하고 싶은 주제는 '광야'라는 말입니다. 이 '광야'에는 아주 중요한 뜻이 있습니다. 광야는 불편한 장소입니다. 죽음의 땅입니다. 기록에 따르면 석회암과 자갈이 많고 칼날 같은 바위가 노출되어 있고 들짐승이 사는 곳이 광야입니다. 또 광야는 강한 햇빛을 받으면 순식간에 찜통같이 더우며 밤이 되면 아주 싸늘해져서 한마디로 사람 살 곳이 못 됩니다.

이 광야와 정반대 장소가 있는데 바로 에덴동산입니다. 지상에서 가장 아름다운 곳, 모든 것이 갖춰진 낙원입니다. 이런 최고의 에덴동산의 환경에서 첫 번째 아담은 마귀의 시험에 실패하고 말았습니다. 그러나 최악의 환경인 광야에서 둘째 아담이신 예수 그리스도는 마귀의 시험에서 승리하셨습니다.

여기에 광야라는 장소에서 배우는 두 번째 교훈이 있습니다. 그것은 성공과 실패는 좋은 환경이나 나쁜 환경 때문에 이루어지는 것이 아니라는 점입니다. 환경이 우리를 바꾸는 것이 아니라 사람이 문제입니다. 오히려 역경은 축복의 기회이며 승리의 자원이라는 것을 알아야 합니다.

집 한 칸 없는 것에 대해 너무 슬퍼하지 마시기 바랍니다. 예수님도 "여우도 굴이 있고 공중의 새도 집이 있으되 인자는 머리 둘 곳이 없도다"라고 하셨습니다. 오늘 잘 자리가 없어서 이 집 저 집 돌아다니는 것을 슬퍼하지 마시기 바랍니다. 이것은 환경입니다. 환경이 우리에게 승리를 주지 않습니다. 문제는 사람입니다. 오히려 역경 가운데 하나님이 우리를 더 축복하신다는 사실을 깨닫기 바랍니다. 어떤 경우든지 환경을 불평하지 않기를 바랍니다. 오히려 그 역경과 고통을 하나님에게 드림으로써 축복의 기회로 삼을 수 있기를 바랍니다.

금식의 의미

세 번째로 생각해 볼 것은 40일 동안 주야로 '금식'하신 것입니다. 주님은 40일 동안 금식하시면서 무엇을 하셨을까요?

육체적으로 고통을 겪으면서 예수님은 하나님과 깊이 교제하셨을 것입니다. 이것은 또한 영적 싸움을 위한 준비이기도 합니다. 하나님과 깊이 교제하는 사람은 환경의 고통이 문제가 되지 않습니다. 배고픈 것도 문제가 되지 않습니다. 못 입는 것도 문제가 되지 않습니다. 이것이 영적인 교제입니다.

구약에 보면 모세는 시내 산에서 하나님의 언약궤를 받을 때 40일 동안 전혀 먹지 않고 금식했습니다. 그러고 난 후 돌판 두 개를 받았습니다(출 34:28). 또 엘리야가 로뎀나무 아래에서 죽기를 구했을 때, 하나님이 잔뜩 먹여 주신 후에 호렙 산을 향해 사십 주야를 가게 하셨습니다. 그러고 나서 그는 하나님의 세미한 음성을 듣게 되었습니다(왕상 19:8-12). 사도 바울은 은혜 받고 곧바로 사역에 뛰어든 것이 아니라 3년 동안 아라비아로 가서 은둔 생활을 했습니다(갈 1:17-18).

위대한 사역 뒤에는 언제나 고통스러운 준비가 있습니다. 피아노를 연주할 때 청중은 연주회라는 화려함만 보지만 피아노를 연주하는 사람은 손에 피가 나도록 연습했다는 사실을 알아야 합니다. 영적 훈련을 통해 겪은 경험은 아주 소중합니다.

그러면 예수님이 그 기막힌 40일 금식기간 동안 하나님과의 깊은 영적 교제를 갖고 나신 후 얻은 결론이 무엇입니까? 배고팠다는 사실입니다. 무슨 환상을 보았다거나 능력을 체험한 것이 아닙니다. 굶으면 배고프다는 사실은 만고의 진리입니다. 배고프면 먹을 것밖에는 생각이 안 납니다. 먹을 수 없게 되었을 때는 먹을 수 있었던 것을 감사하게 됩니다. 육체보다 영혼이 중요하다고 생각하게 됩니다. 그리고 굶고 있는 사람을 불쌍히 여기는 마음이 생기기 시작합니다.

육체적으로 고통을 겪으면 영적으로 강해집니다. 금식하면 배고픈 사람을 더 많이 이해하고 어려운 사람을 더 긍휼히 여기게 됩니다. 자기가 배고파 봐야 남 배고픈 것을 이해하기 때문입니다. 이것이 진리입니다. 중요한 것은 다른 사람 배고픈 것을 이해하고 인간의 육신이 아무것도 아님을 깨닫는 것입니다. 이것이 좀 더 하나님 마음 속에 가까이 들어가는 길입니다.

마귀를 얕보지 마십시오. 마귀는 우리보다 훨씬 더 영악합니다. 마귀는 우리의 약점과 허점을 누구보다도 잘 알고 있습니다. 언제 화를 내게 해야 할지 너무 잘 알고 있다가 그 순간에 화나게 만듭니다. 가장 정확한 순간에 우리에게 돈을 내밀고, 쾌락을 내밀어 시험 들게 만듭니다. 마귀는 우리가 넘어질 수 있는 그 시간까지 기다리고 있습니다. 함부로 덤벼들지 않습니다. 정확한 때에 우리를 공격하는 것이 마귀의 특성인 것입니다.

예수님이 가장 시험받기 좋은 그때를 골라서 마귀는 공격하기 시작했습니다. 본문 1절은 "그때에 예수께서 성령에게 이끌리어 광야에 가셨는데 광야에 가셔서 영적인 훈련을 하고 계실 때 마귀에 의해서 시험을 받았다"고 읽는 것이 더 좋겠습니다.

마귀에게 시험을 받았다는 데서 우리는 두 가지 의미를 깊이 묵상할 수 있습니다.

실재하는 마귀

첫째, 마귀에 대해서입니다. 대부분의 사람, 특히 믿음이 없는 그리스도인은 마귀가 실제로 존재하지 않는다고 생각합니다. 마귀를 만화에 나오는 뿔 달린 괴물 정도로 생각합니다. 마귀는 비인격적이고 지금과 같은 과학 시대에는 존재하지 않는다고 여기며 무관심합니다.

반면에 예수 믿지 않는 자나 믿음 없는 그리스도인은 또 너무 지나치게 모든 것을 귀신적으로 해석하는 경우가 있습니다. 예전에 이런 일 때문에 물의를 일으킨 교단과 목사가 있었는데, 이것은 귀신 쫓는 일을 너무 극단적으로 해석해서 성경을 오도하는 경우입니다.

이 두 경우는 다 성경적인 교리에서 멀리 떨어진 마귀에 대한 잘못된 태도입니다. 본문에서처럼 분명한 사실은 마귀는 실재(實在)한다는 것입니다. 하나님이 실재하시는 것처럼 마귀도 실재한다는 사실을 성경을 통해서 볼 수 있습니다.

그러면 마귀는 어떤 존재일까요? 마귀는 타락한 천사 루시퍼입니다. 하나님과 동등하게 되려고 하나님에게 대적하여 반항하다가 쫓겨난 천사입니다. 마귀는 세상과 공중에 살면서 아래로는 인간을 유혹하며 위로는 끊임없이 하나님에게 반항하고 도전하는 세력입니다. 그러나 예수 그리스도의 십자가와 부활 사건을 통해서 마귀는 완전히 참패했고, 계시록에 따르면 앞으로 올 천년 왕국 때 궁극적으로 결박당할 것이며, 최후 심판 때 영원한 불못에 심판받을 운명으로 결정되어 있습니다. 마귀는 예수의 탄생 때부터 십자가에 이르기까지 끊임없이 예수를 대적했지만 한 번도 성공한 적이 없었고, 결국 완전히 패하고 말 것입니다.

성경을 보면 마귀는 여러 가지 별명이 있습니다. 시험하는 자(마 4:3), 바알세불 곧 더러운 존재(마 12:27), 귀신의 왕(막 3:22), 이 세상의 임금(요 14:30), 이 세상의 신(고후 4:4), 벨리알(고후 6:15), 공중 권세 잡은 자(엡 2:2), 어두움의 세상 주관자(엡 6:12), 악한 자(엡 6:16), 용 혹은 옛 뱀(계 12:9), 무저갱의 사자(계 9:11), 참소하던 자(계 12:10) 등입니다.

많은 현대인은 마귀의 존재를 부인하면서도 마귀에게 고통 받고 있습니다. 그러나 복음을 깨달은 진정한 그리스도인은 마귀의 존재는 인정하지만 마귀가 주는 어떤 공격에도 자유합니다. 그들에게 마귀는 아무런 의미가 없고 단지 종이호랑이에 불과합니다.

성경은 우리에게 마귀를 대적하라고 강력하게 권면하고 있습니다.

> 끝으로 너희가 주 안에서와 그 힘의 능력으로 강건하여지고 마귀의 간계를 능히 대적하기 위하여 하나님의 전신 갑주를 입으라 우리의 씨름은 혈과 육을 상대하는 것이 아니요 통치자들과 권세들과 이 어둠의 세상 주관자들과 하늘에 있는 악의 영들을 상대함이라 그러므로 하나님의 전신 갑주를 취하라 이는 악한 날에 너희가 능히 대적하고 모든 일을 행한 후에 서기 위함이라 그런즉 서서 진리로 너희 허리 띠를 띠고 의의 호심경을 붙이고 평안의 복음이 준비한 것으로 신을 신고 모든 것 위에 믿음의 방패를 가지고 이로써 능히 악한 자의 모든 불화살을 소멸하고 구원의 투구와 성령의 검 곧 하나님의 말씀을 가지라 모든 기도와 간구를 하되 항상 성령 안에서 기도하고 이를 위하여 깨어 구하기를 항상 힘쓰며 여러 성도를 위하여 구하라(엡 6:10-18).

> 근신하라 깨어라 너희 대적 마귀가 우는 사자같이 두루 다니며 삼킬 자를 찾나니 너희는 믿음을 굳건하게 하여 그를 대적하라(벧전 5:8-9).

마귀가 던지는 유혹

둘째, "시험을 받는다"라는 말입니다.

'시험하다'는 헬라어 원어로 '페이라제인'(peirazein)이라고 하는데 영어로는 두 가지 단어로 번역해 쓰이고 있습니다. 하나는 '유혹'(temptation)이라는 뜻이고, 다른 하나는 '테스트'(test)입니다.

그런데 '페이라제인'은 유혹보다 테스트의 의미가 더 강하게 내포되어 있습니다. 보통 '페이라제인'을 유혹, 시험이라는 말로 번역했을 때는 나쁜 의미가 있습니다. 유혹과 시험을 통해서 그 사람을 좋게 만들려는 것이 아니라, 그로 하여금 하나님에게 불신앙을 갖게 하고 죄를 짓게 하는 뜻이 있습니다. 그러나 테스트는 좋은 의미가 있습니다. 그 사람을 시험하여 안전하게 하기 위해서, 좋은 것을 선택해 주기 위해서, 잘못된 것을 미리 방지해 주기 위해서 하는 것입니다.

나쁜 의미의 유혹은 마귀가 쓰는 것이요, 좋은 의미의 테스트는 하나님이 사용하시는 것입니다. 하나님은 좋은 결과를 주시기 위해서, 불순물을 제거하기 위해서 우리에게 시험을 주십니다. 그래서 온전하고 흠이 없는 완전한 성도로 만드는 데 하나님의 목적이 있습니다. 그러나 마귀가 우리를 유혹하고 시험하는 것은, 우리에게 쾌락을 주고 돈을 주고 권력을 줌으로써 우리를 잘못된 환상에 젖게 하며, 결과적으로는 죽이고 파멸시키며 마귀의 자식으로 만드는 데 목적이 있습니다.

사탄은 분명히 40일 금식한 예수님이 배고프시다는 사실을 알고 시험했습니다. 그것은 유혹입니다. 곧 하나님에게 불순종하게 하고 하나님의 도움 없이 자신의 힘으로 메시아가 되라는, 구원을 이루게 하며 악에 이르도록 하는 사탄의 유혹이었습니다.

그런데 유혹은 언제나 마귀가 먼저 겁니다. 그러면 성도는 그 유혹에 빠지게 되고 그때 하나님은 이 유혹의 시험을 하나님의 방법으로 바꾸십니다. 이것이 바로 테스트입니다. 마귀가 던져 놓은 함정과 유혹에서 우리가 허우적거리고 방황하고 당황할 때 하나님은 거기에 개입하셔서 그것을 '테스트'로 바꾸어 놓으십니다. 그래서 우리로 하여금 겸손하고 거룩하고 온전하고 흠이 없게 만들어서 하나님의 영광을 나타내는 도구로 사용하십니다. 이것이 본문에서 보는 진리입니다.

악에서 선을 이루시는 하나님

마귀는 분명히 예수를 파괴하기 위하여 유혹의 손길을 펼쳤지만, 하나님은 가장 가치 있는 승리의 기회로 바꾸셨습니다. 그래서 야고보는 이렇게 말했습니다.

내 형제들아 너희가 여러 가지 시험을 당하거든 온전히 기쁘게 여기라 이는 너희 믿음의 시련이 인내를 만들어 내는 줄 너희가 앎이라 인내를 온전히 이루라 이는 너희로 온전하고 구비하여 조금도 부족함이 없게 하려 함이라(약 1:2-4).

하나님은 우리의 최악의 사건을 최선의 사건으로 만들어 주십니다. 두 발이 있어서 하나님에게 영광 돌릴 수도 있지만 두 발이 없어도 하나님에게 영광 돌릴 수 있습니다. 두 손이 있어서 하나님에게 영광 돌릴 수 있지만 두 손이 없어도 하나님은 영광을 받으십니다. 내가 살아서 하나님에게 영광 돌릴 수 있지만 어떤 때는 내가 죽어서도 하나님에게 영광을 돌릴 수 있게 하십니다. 참으로 놀라운 분이십니다.

사탄은 우리에게 여러 가지 유혹과 시험과 고통을 주어 파괴하고 죽이려고 하지만 택함 받은 사람에게는 하나님이 도리어 그것을 사용하셔서 믿음을 강하게 하시고 성품을 거룩하게 하시고 인격을 온전하게 해 주십니다. 하나님은 결코 사탄의 방법으로 우리를 시험하시지 않습니다.

사람이 시험을 받을 때에 내가 하나님께 시험을 받는다 하지 말지니 하나님은 악에게 시험을 받지도 아니하시고 친히 아무도 시험하지 아니하시느니라 오직 각 사람이 시험을 받는 것은 자기 욕심에 끌려 미혹됨이니 욕심이 잉태한즉 죄를 낳고 죄가 장성한즉 사망을 낳느니라(약 1:13-15).

이처럼 우리는 우리의 죄와 욕심 때문에 시험을 받습니다. 그러나 그로 인하여 우리가 마귀의 공격을 받을 때에도 하나님은 사랑의 손길로 임하셔서 오히려 그 시험을 연단의 기회로 바꾸어 주십니다.

하나님이 특별한 목적으로 우리의 믿음을 연단하실 때가 있습니다. 아브라함의 경우가 그렇습니다. 하나님은 아브라함에게 백 살에 얻은 이삭을 바치라고 하셨습니다. 그러나 이것은 아브라함을 난처하게 만들어 파멸시키려는 의도가 아닙니다. 그 믿음을 시험하여 축복을 주시고자 했던 의도였습니다. 그래서 그가 순종할 때 여호와 이레, 하나님의 어린양 예수 그리스도를 아브라함에게 미리 보여 주신 것입니다.

예수님도 육신으로 세상에 계실 때 죄인들이 받는 세례를 받으셨고, 우리의 구원을 위해 광야에서 40일 동안 금식하셨습니다. 그리고 사탄에게 시험도 받으셨습니다.

> 그는 육체에 계실 때에 자기를 죽음에서 능히 구원하실 이에게 심한 통곡과 눈물로 간구와 소원을 올렸고 그의 경건하심으로 말미암아 들으심을 얻었느니라 그가 아들이시면서도 받으신 고난으로 순종함을 배워서 온전하게 되셨은즉 자기에게 순종하는 모든 자에게 영원한 구원의 근원이 되시고(히 5:7-9).

여러분, 하나님의 아들이시고 또한 하나님 자신이셨던 예수님도 육신의 몸을 입으실 때는 시험을 받으실 수밖에 없었고, 육신의 고통을 겪으실 수밖에 없었고, 통곡과 눈물을 흘리실 수밖에 없었습니다. 그런데 하물며 우리야 어떠하겠습니까?

문제는 시험을 받을 때 낙심하지 말아야 합니다. 시험 받는 것은 당연히 있을 수 있는 일입니다. 그러니 예수를 바라봅시다. 승리하게 하신 주님을 바라봄으로써 영광스러운 하나님의 사역에 우리 모두 쓰임 받는 축복의 그릇이 되기를 바랍니다.

9

허기진 배를
돌로 채우려 하지 마라

마태복음 4:3-4

예수님이 당하신 시험은 일찍이 인류의 조상인 아담과 하와가 당한 것과 똑같은 것이었는데 다음과 같은 세 가지 형태로 요약할 수 있습니다. 첫째는 물질적 시험이요, 둘째는 정신적 시험이요, 셋째는 영적인 시험입니다.

세 가지 유혹

마귀는 첫째, 물질적이고 육체적인 것으로 우리를 공격합니다. 성경을 보면 식욕에 호소하고 있습니다. 마귀가 아담과 하와에게 시험한 것도 "뱀이 여자에게 물어 이르되 하나님이 참으로 너희에게 동산 모든 나무의 열매를 먹지 말라 하시더냐"(창 3:1)라고 유혹하는 데서 시작합니다. 즉, "너는 어느 열매든지 다 먹을 수 있다"는 것입니다. 마귀는 먹는 문제를 가지고 먼저 유혹했습니다. 본문에서도 예수님을 제일 먼저 유혹한 것은 먹는 문제였습니다. "이 돌들을 명하여 떡덩이가 되게 하여 주린 배를 채워 봐라." 아주 합리적이고 설득력 있는 유혹입니다.

둘째, 마귀는 물질적 유혹에서 한 걸음 더 나아가 정신적인 유혹을 하는데, 그것은 개인적인 이익과 정신적인 자만심에 호소하는 유혹입니다. 다시 말하면 창세기에서 마귀가 선악과를 따 먹도록 유혹하고 난 다음 하와가 두려워할 때, "너희가 결코 죽지 아니하리라"고 유혹했던 것과 같습니다.

이것은 예수님에게도 똑같이 적용되었습니다. "네가 높은 데서 떨어져도 결코 네 발이 상하지 아니하리라"는 유혹이 그것입니다.

셋째, 마지막으로 마귀는 가장 무서운 영적인 유혹을 합니다. 대부분의 사람은 물질적 유혹에서 넘어집니다. 그리고 조금 지성적이고 세련된 사람은 정신적인 갈등에서 번민하고 괴로워합니다. 그러나 실제 가장 큰 유혹은 영적인 유혹입니다. 이것은 영적 권세에 도전하는 것이고, 하나님의 영광을 인간의 영광으로 바꾸는, 하나님을 경배하지 않고 인간을 경배하도록 만드는 시험입니다.

창세기 3장 5절에서 마귀는 하와에게 마지막으로 이렇게 유혹합니다. "너희가 그것을 먹는 날에는 너희 눈이 밝아져 하나님과 같이 되어 선악을 알 줄 하나님이 아심이라." 이는 최고의 유혹이었습니다. 예수님에 대한 세 번째 유혹도 똑같은 것인데, 마태복음 4장 8-9절의 "마귀가 또 그를 데리고 지극히 높은 산으로 가서 천하 만국과 그 영광을 보여 이르되 만일 내게 엎드려 경배하면 이 모든 것을 네게 주리라"라는 유혹이었습니다.

이러한 유혹에 대해서 사도 요한은 이 세상 것들을 사랑하지 말라고 합니다.

이 세상이나 세상에 있는 것들을 사랑하지 말라 누구든지 세상을 사랑하면 아버지의 사랑이 그 안에 있지 아니하니 이는 세상에 있는 모든 것이 육신의 정욕과 안목의 정욕과 이생의 자랑이니 다 아버지께로부터 온 것이 아니요 세상으로부터 온 것이라(요일 2:15-16).

육신의 정욕은 물질적인 것이요, 안목의 정욕은 정신적인 것이요, 이생의 자랑은 영적인 것을 의미합니다. 아담과 하와에게 행했던 마귀의 시험의 형태는 예수님에게 그대로 적용되었고, 예수님에게 적용된 이 시험의 형태는 모든 인간에게도 똑같이 적용될 수 있는 시험이라고 사도 요한은 우리에게 가르쳐 주고 있습니다.

인간의 구조는 육체와 정신과 영, 이렇게 세 부분으로 되어 있습니다. 그런데 우리가 알아야 할 것은 마귀는 어느 한 부분도 소홀히 하지 않고, 이 세 부분을 철저하게 공격하고 있다는 사실입니다. 육체적인 시험에서 우리가 자유함을 받았다고 안심할 수 없습니다. 두 번째 단계인 정신적 유혹을 하기 때문입니다. 그러나 그것도 안심할 수 없습니다. 궁극적으로는 영적인 시험이 우리에게 다가오고 있기 때문입니다.

시험하는 자, 마귀

이제는 본문을 중심으로 예수님이 당하신 물질적이고 육체적인 시험이 어떤 것인가를 생각해 보겠습니다.

> 시험하는 자가 예수께 나아와서 이르되 네가 만일 하나님의 아들
> 이어든 명하여 이 돌들로 떡덩이가 되게 하라 예수께서 대답하여
> 이르시되 기록되었으되 사람이 떡으로만 살 것이 아니요 하나님
> 의 입으로부터 나오는 모든 말씀으로 살 것이라 하였느니라 하시
> 니(마 4:3-4).

이것이 예수님이 당하신 첫 번째 유혹입니다. 먼저 3절의 '시험
하는 자'에 대해 생각해 보겠습니다. 마귀는 시험하는 자, 유혹하
는 자입니다. 또한 거짓말쟁이, 살인자, 파괴자입니다. 신앙이 있
고 기도하는 사람은 자기가 시험받는 것을 잘 압니다. 그러면서도
마귀가 시키는 대로 따라가고 행동하고 말합니다. 참고 싶어도 참
아지지 않고, 안 하고 싶어도 안 할 수가 없습니다. 시험하는 자가
나를 충동하기 때문입니다. 이 충동에서 이기지 못하면 물질적 시
험에 그대로 빠지고 맙니다. 이것은 지성과 인격, 나이와 상관 없
습니다.

예수님의 제자 가운데 열심 있던 두 제자가 이 시험에 걸렸습니
다. 한 사람은 가룟 유다요, 또 한 사람은 베드로입니다. 결국 가룟
유다는 넘어지고 말았습니다. 베드로도 수없이 마귀에게 당했습
니다. 그러나 하나님의 긍휼로 베드로는 이 마귀의 유혹에서 헤어

나는 것을 성경에서 볼 수 있습니다.

마귀의 최고 기술은 사람들이 자기의 존재를 인정하지 않도록 역사하는 것입니다. 말하자면 '세상에 마귀는 없다. 나는 마귀의 시험에 걸리지 않았다'라고 생각하게 합니다. 이것은 마치 편지를 쓸 때 자기 이름을 쓰지 않고 익명으로 쓰는 사람과 같습니다. 또한 사람 앞에서 정정당당하지 못하고, 비겁하게 뒤에서 사람들을 선동하고 조종하여 물의를 일으키고, 악한 소문을 퍼뜨려서 의심하게 하고 비판하게 하면서도 결정적인 순간에 자기는 쏙 빠져서 많은 사람에게 상처와 피해를 주는 사람과 같습니다. 이것이 바로 마귀의 속성입니다. 그러한 속성을 가진 자는 가정에도, 사회에도, 교회에도 있습니다. 언제나 보호벽 속에 깊이 들어가서 남을 무차별하게 공격하며 자기는 일체 공격을 받지 않는 그런 성품입니다.

마귀가 던지는 의심

이러한 마귀가 제1단계로 던지는 시험의 그물이 있습니다. 그것은 하나님의 말씀을 의심하게 만드는 것입니다. 여기서 유의해야 할 것은 그가 하나님이나 또는 그분의 말씀 자체를 완전히 부인하는 것은 아니라는 점입니다. 단지 의심하게 만드는 것입니다. "하나님은 존재하지 않는다. 하나님은 너에게 가장 나쁜 것을 명했다." 마귀는 이런 식으로 촌스럽게 오지 않습니다. 창세기 3장 1절에 나타나 있듯이 사탄이 하와에게 "그래, 참으로 하나님이 너희더러 동산 모든 열매를 먹지 말라고 하시더냐?"라고 묘하게 질문하는 식으로 찾아옵니다.

마귀가 예수를 시험하기 위해 던진 그물도 똑같습니다. 그것은 3절의 "이르되 네가 만일 하나님의 아들이어든"입니다. 이 말은 "네가 정말 하나님의 아들이냐?"라는 뜻입니다. 이 질문에서 유혹이 시작됩니다.

마태복음 3장 13절 이하를 보면 하나님의 아들이신 예수 그리스도가 세례 요한에게 세례를 받으러 요단 강으로 오십니다. 요한이 당황했으나 하나님의 뜻을 이루기 위해서 세례를 베풀라고 말씀하셨고, 그 세례를 받으실 때 하늘이 열리고 성령이 비둘기처럼 임했습니다.

하나님은 예수님에게 "너는 내 사랑하는 아들"이라고 하셨습니다. 이것은 하늘에서부터 들려온 음성이었습니다. 그런데 마귀가 여기에 도전한 것입니다. "네가 진짜 하나님의 아들이냐?" 아주 기막히게 무서운 유혹입니다.

산에 가서 금식하고 정말로 하나님 앞에 은혜받고 돌아온 사람에게 바로 이런 식의 유혹이 있습니다. 또한 세례 받고 난 다음에 이런 식의 유혹이 있습니다.

저에게도 그런 유혹이 있었습니다. 저는 1966년 8월에 예수 그리스도를 영접했습니다. 내 생애 처음으로 예수 그리스도를 체험한 것입니다. 이루 말할 수 없는 놀라운 영적 체험을 많이 하고, 저는 미친 사람처럼 한 달 동안 찬송을 부르며 바로 농촌에 가서 봉사를 시작했습니다. 그런데 그렇게 은혜 받고 예수를 만나고 보혈을 경험하고 감격하고 용서하고 회개하고 봉사를 하는데, 새벽에 잠을 못 잡니다. 마귀가 찾아와서 "너 믿는 게 다 거짓말 아니냐? 최면술에 걸린 것 아니냐? 젊으니까 한번 그래 보는 거 아니냐?" 하며 저를 괴롭히고 제가 경험한 모든 체험을 전부 뒤바꿔 버렸습니다. 그날 밤 한시도 자지 못했던 것을 아직도 생생하게 기억하고 있습니다.

이와 같이 우리가 예수 믿고 구원받고 성령 충만하면 마귀는 그것을 직접 뚫고 들어와서 유혹합니다. 의심을 던지는 것입니다.

마귀의 교묘한 함정

"네가 만일 하나님의 아들이어든"이라는 말에는 세 가지 예리한 함정이 있습니다.

첫째, 정말 네가 하나님의 아들이면 여기저기 흩어져 있는 광야의 돌들을 떡으로 만들어서 너 자신이 하나님의 아들임을 증명할 수 있지 않느냐는 유혹입니다. 이것은 곧 "무엇 때문에 십자가까지 져야 하느냐. 그렇게 고생할 필요 없이 여기서 지금 당장 이 돌들을 명하여 떡으로 만들면 너는 하나님의 아들임을 간단하게 증명할 수 있다"고 유혹합니다. 그렇게 함으로써 예수가 하나님을 의지하지 않고, 하나님의 말씀과 그 뜻에 순종하지 않고 자기 자신의 힘으로 스스로 모든 것을 할 수 있도록 하는 데 마귀의 목적이 있었습니다.

물론 예수님은 하나님의 아들이셨기 때문에 그러한 능력이 있으십니다. 그러나 마귀는 그러한 능력을 하나님을 위해서 사용하는 것이 아니라 자신의 힘을 과시하기 위해, 그리고 자신의 욕망을 채우기 위해 사용하도록 유혹한 것입니다. 무서운 유혹입니다.

특별히 이런 유혹은 신앙생활을 오래 한 사람들에게 많습니다. 모든 일이 다 잘되어 갈 때, 교회 일을 하나님에게 의지하지 않고 내 경험과 내 지식과 내 방법에 의존하도록 유혹하는 것입니다. "과거에도 잘하지 않았느냐? 계속 그 방법으로 하면 성공할 수 있다. 너는 성경도 잘 가르친다. 너는 설교도 잘한다. 너는 병도 잘 고친다. 너는 행정력도 뛰어나다. 너는 사람을 설득하는 데 천재적인 소질이 있다. 기도할 것 뭐 있느냐? 그 힘을 사용해서 네가 목회를 하면 되지 않겠느냐? 세상도 다 그렇게 하고 있다." 이 얼마나 그럴듯한 유혹입니까?

이것은 교회에만 있는 것이 아닙니다. 가정에도 있을 수 있습니다. 우리의 전문적인 직업 속에도 그런 게 있을 수 있습니다. "너 박사 아니냐? 뭘 하나님에게 기도하느냐? 기도는 안 할 수 없으니 체면으로 잠깐 끝내고, 네 실력과 힘과 재력을 사용해서 해 보아라." 마귀가 놓는 함정이 바로 이런 부분입니다. 특별히 똑똑한 사람, 경험 있는 사람이 이 부분에서 더 잘 넘어질 수 있음을 명심하십시오.

우리는 모두 하나님의 은사와 능력을 입은 사람들입니다. 우리는 에베소서 2장 10절의 말씀처럼 "그리스도 예수 안에서 선한 일을 위하여 지으심을 받은 자"입니다. 곧 인간은 하나님의 영광을 위해서, 그분을 영원토록 기쁘고 즐겁게 해 드리기 위해서 존재합니다. 이것을 위해서 우리는 은사와 능력을 활용해야 하며, 동시에 이것이 내 것이 아님을 알아야 합니다. 그래서 우리는 순간순간, 어제 승리했다고 하더라도 오늘 또다시 기도하는 것입니다. 오늘 아침에 은혜를 받았다고 해도 오늘 저녁에 또 주님에게 기도하며 인도함을 받는 것입니다. 이것이 그리스도인의 삶입니다.

여호수아서를 잘 읽어 보면 여호수아가 여리고 성을 점령할 때까지 거의 몇 절마다 하나님에게 인도함을 받는 장면을 볼 수 있습니다. 과연 나는 내 능력을 의지하고 있지는 않은지, 내 경험을 의지하고 있지는 않은지를 본문을 통해서 깊이 생각해야 합니다.

여기서 또 하나의 문제는, 마귀는 예수가 그 능력을 '자기 자신을 위해서' 사용하도록 유혹했다는 점입니다. 마귀는 동일하게 오늘날 우리에게도 이런 유혹을 던집니다. "성공하고 유명해지기 위해서 너의 능력을 사용하라. 너의 똑똑함, 너의 천부적인 재주, 그리고 너에게 주어진 부유한 가정과 환경의 모든 유리한 조건은 네가 누릴 수 있는 특권이다. 이 특권을 누리는 것은 너무나 당연하다." 이렇게 아주 합리적이고 타당성 있게 유혹을 해 오는 것입니다. "하나님 없이도 너는 행복할 수 있고 돈도 벌 수 있고 권력을 얻을 수 있다"는 시험입니다.

둘째, "네가 만일 하나님의 아들이어든"이라는 말에 있는 교묘하고 예리한 함정은 현실적으로 예수님이 40일 금식하신 후 '주리셨다'는 말 속에서 발견됩니다. "네가 만일 하나님의 아들이라면 돌을 떡으로 만들어 굶주림을 면할 수 있지 않느냐?"는 것입니다. 현실적으로 배고픈데 먹으라는 말처럼 설득력 있는 말은 없습니다. 누구든지 사람은 현실에 약하고, 물질에 약하고, 육체에 약합니다. 때로 예수 잘 믿는다고 하는 사람도 별 볼 일 없습니다. 돈 문제만 나오면 다 벌벌 떨고 그렇게 예민할 수가 없습니다. 사람이 다 물질에 약하다는 하나의 증거입니다. 마귀는 이것을 이용해서 우리에게 이렇게 말합니다. "배고프니 먹는 것이 당연하지 않느냐. 여기에는 윤리의 문제가 내포되어 있지 않고 당위의 문제만 있다."

셋째, 이 말 속에 또 하나의 교활한 함정이 있습니다. 그것은 "네가 하나님의 아들이라면서 너는 왜 40일 동안 금식해야 하며, 배고파야 하며, 이런 형편없는 광야에서 살아야 하느냐? 세례 요한 같은 사람은 그렇게 살아도 괜찮다. 그러나 너는 하나님의 아들이 아니냐. 하나님은 불순종하고 반항한 이스라엘 백성에게도 광야에서

만나를 주시고 메추라기를 주시지 않았느냐. 이사야 49장 10절에
보면 '그들이 주리거나 목마르지 아니할 것이며 더위와 볕이 그들
을 상하지 아니하리라'고 약속하지 않았느냐. 그런데 왜 너는 하
나님의 아들이라면서 그렇게 고생하느냐. 너는 메시아가 아니냐.
그렇다면 하나님이 무엇인가 잘못하고 계시다"는 논리입니다.

우리에게도 이런 시험이 자주 옵니다. 예수를 잘 믿는다면서도
얼마나 자주 물질적인 시험에 넘어가고 육체적인 욕구에 넘어지
는지 모릅니다. "예수를 적당히 믿으며 물질적이고 세속적인 사람
은 잘살고 성공하는데, 열심히 잘 믿는 너는 오해를 받고 말할 수
없는 어려움을 계속 겪는 것은 무엇인가 하나님이 잘못된 것 아니
냐? 너는 수단과 방법을 가리지 말고 물질을 모으고 육체적 필요
에 따라 모든 것을 갖는 것이 좋을지 모르겠다. 좋은 집, 좋은 옷,
좋은 음식, 좋은 자동차를 가질 권리가 너에게도 있다. 그 권리를
행사하라. 그런 능력이 네게 있다. 그것을 사용하라. 오히려 그것
이 하나님에게 영광을 돌리는 것 아니냐? 어쨌든 예수 믿는 사람
은 잘살고 봐야 한다. 수단과 방법을 가리지 말고 잘살고, 그 다음
에 그것을 가지고 십일조를 하든지 개척 교회를 돕든지 하면 될 것
아니냐." 마귀는 이런 식으로 우리를 유혹해 옵니다.

마귀의 이 질문을 한 번 더 생각해 봅시다. "만일 네가 하나님의
아들이어든"이라는 말은 마태복음 27장 39-40절의 말씀을 생각
나게 합니다. 그것은 예수님이 십자가 처형 앞에서 고통 받으실 때

지나가던 사람들이 머리를 흔들고 예수를 모욕하면서 "성전을 헐고 사흘에 짓는 자여, 네가 만일 하나님의 아들이어든 자기를 구원하고 십자가에서 내려오라"고 조롱한 것입니다.

이렇게 해서 마귀는 첫째 아담이 실패했던 그 시험을 똑같이 예수님에게도 적용해서 의심과 물질로 패배하도록 유혹한 것입니다. 그러나 자신이 이 세상에 온 것은 자기의 뜻을 이루려 함이 아니라 하나님의 뜻을 이루려 함이라는 사실을 분명히 아시는 예수님은 이 모든 유혹에서 쉽게 벗어 나실 수 있었습니다.

예수님은 요한복음 5장 30절에서 "나는 나의 뜻대로 하려 하지 않고 나를 보내신 이의 뜻대로 하려" 함이라고 말씀하셨고, 요한복음 4장 34절에서는 "나의 양식은 나를 보내신 이의 뜻을 행하며 그의 일을 온전히 이루는 이것이니라"고 하셨습니다. 요한복음 6장 38절에도 중요한 말씀이 있는데 "내가 하늘에서 내려온 것은 내 뜻을 행하려 함이 아니요 나를 보내신 이의 뜻을 행하려 함이니라"고 하신 것입니다.

특별히 예수님이 겟세마네 동산에서 "아버지여, 내 원대로 마시옵고 아버지의 원대로 하옵소서"라고 말씀하신 데서 우리는 한 가지 사실을 정리할 수 있습니다. 배고픈 것, 배부른 것이 문제가 아니라 내가 지금 하나님의 뜻대로 살고 있는지가 문제라는 것입니다. 많은 사람은 배고픈지 배부른지의 문제 때문에 시험에 듭니다. 그러나 이 문제는 배고픔과 배부름으로 해결할 문제가 아닙니다. 하나님의 뜻대로 살고 있는가, 아닌가의 문제로 해결됩니다. 만약 지금 내가 하나님의 뜻대로, 말씀대로 살고 순종하고 충성하고 있다면 어떤 대가가 온다고 해도 두려워하지 않고 기쁨과 감사의 삶을 살 수 있습니다. 이것이 예수님이 겪었던 첫 번째 유혹이었습니다.

말씀으로 유혹에 대처하시다

그러면 예수님이 마귀의 물질적 유혹을 어떻게 대처하셨는지 4절 말씀을 중심으로 생각해 보겠습니다.

"예수께서 대답하여 이르시되 기록되었으되 사람이 떡으로만 살 것이 아니요 하나님의 입으로부터 나오는 모든 말씀으로 살 것이라."

첫째, 예수님이 마귀의 물질적 유혹에 대처하신 비결은 기록된 말씀으로 응하셨다는 사실입니다. 하와의 실수는 마귀가 이런 유혹을 해 왔을 때 자기 생각으로 대답한 점입니다. 생각과 기도에는 차이가 있습니다. 생각과 말씀에도 차이가 있습니다. 어떤 사람은 생각을 많이 한 것을 기도한 것으로 착각할 수 있습니다. 그건 자기 생각이지 기도가 아닙니다. 어떤 사람은 연구를 많이 한 것을 말씀으로 착각할 수 있습니다. 그건 자기의 연구이지 하나님의 말씀이 아닙니다. 예수님은 하나님의 아들이셨지만 자신의 권위와 경험과 생각으로 마귀와 싸운 것이 아니었습니다. 신명기 8장 3절의 말씀을 정확하고 적절하게 인용하여 마귀를 대적하신 것입니다.

말씀 앞에서 마귀는 어쩔 수 없이 무너지고 쫓겨 나가고 패배하게 됩니다.

> 하나님의 말씀은 살아 있고 활력이 있어 좌우에 날 선 어떤 검보다도 예리하여 혼과 영과 및 관절과 골수를 찔러 쪼개기까지 하며 또 마음의 생각과 뜻을 판단하나니(히 4:12).

그런데 문제는 그 하나님의 말씀이 내게 있느냐는 것입니다. 말씀이 내 안에 푹 젖어 있어야 어떤 일이 일어나도 내 생각으로, 내 감정으로 대답하지 않고 하나님의 말씀에 기초해서 대적할 수 있습니다. 마귀와 싸우는 비결은 말씀뿐입니다.

떡으로'만' 사는 것이 아니다

둘째, "사람이 떡으로만 살 것이 아니요 하나님의 입으로부터 나오는 모든 말씀으로 살 것이라"는 예수님의 말씀 가운데 '떡으로만'의 '만'이라는 말씀이 중요합니다. 이 말은 곧 예수님이 떡을 부인하지는 않으셨다는 말입니다. 우리의 물질적, 육체적 필요를 예수님은 잘 아십니다. 육체를 가진 인간이기 때문에 먹어야 하고 입어야 하고 잠을 자야 합니다. 예수님은 이것을 부인하신 것이 아닙니다. 우리가 직장에서 돈을 많이 버는 것이 나쁘다는 것이 아니라, 그것을 이용해서 신앙생활을 잘못하는 것을 합리화하는 것이 나쁜 것입니다.

예수를 잘 믿으려는 사람 가운데 이 부분을 착각하는 사람이 더러 있습니다. 세상을 도피하고 산으로만 간다든지, 육체를 죄악시하고 영적인 것만을 거룩하게 생각하는 이원론적인 잘못된 신앙을 가진 사람들이 있습니다.

예수님은 육체의 필요를 인정하셨으나 육체만 생각하는 것을 문제 삼으신 것입니다. 육체만 생각한다면 인간은 동물에 불과합니다. 사람이 흙으로 지음 받았지만 동시에 하나님의 형상으로 지음 받았다는 사실을 일깨워 주신 것입니다. 마귀는 인간의 영의 문제를 감추어 버리고 현실적인 육체의 문제, 물질적인 문제만 강조해서 우리에게 접근하고 있다는 사실을 기억하십시오.

바울은 빌립보서 4장 19절에서 "나의 하나님이 그리스도 예수 안에서 영광 가운데 그 풍성한 대로 너희 모든 쓸 것을 채우시리라"고 말합니다. 또 "목숨을 위하여 무엇을 먹을까 무엇을 마실까 몸을 위하여 무엇을 입을까 염려하지 말라 … 공중의 새를 보라 … 들의 백합화가 어떻게 자라는가 생각하여 보라 … 오늘 있다가 내일 아궁이에 던져지는 들풀도 하나님이 이렇게 입히시거든 하물며 너희일까 보냐"(마 6:25-30)라고 했습니다.

여러분! 하나님은 우리의 의식주 문제에 대해서 너무나 세밀하게 잘 알고 계시다는 것을 기억하십시오.

살아 있는 하나님의 말씀으로

그러면 문제는 무엇입니까? 셋째, 예수님의 말씀 속에 있습니다. 즉 "하나님의 입으로부터 나오는 모든 말씀으로 살 것이라." 여기서 '모든 말씀'이라는 말의 원어를 살펴보면 '로고스'가 아니라 '판타레마티'로 되어 있습니다. 다시 말하면 문장으로 기록된 말씀이 아니라 살아 움직이며 적용되는 말씀입니다.

그러므로 진정한 우리의 문제는 의식주가 아니라 참된 양식, 즉 살아 있는 하나님의 모든 말씀입니다. 이것이 먼저 있게 되면 나머지 문제들은 쉽게 풀립니다. 그러나 보통 사람들은 먹고 입고 자는 것이 우선 중요하고, 그 다음에 예수 믿는 것이라고 생각합니다. 예수님은 먼저 너희가 영적인 문제를 잘 해결하면 먹고 입고 자는 것은 쉽게 해결된다고 말씀하십니다. 어떤 이들은 먹고 입고 자는 문제를 다 해결하고 난 뒤에 신앙을 갖고, 그 다음에 별로 할 일이 없을 때 교회에 오는 것으로 착각합니다. 그러나 예수님은 이러한 생각에 정면으로 도전하십니다.

"그게 아니다. 의식주의 문제를 무시해서가 아니라 그것보다 더 중요하게 생각해야 할 것은 영적 양식이다. 이 문제가 하나님과 우리 사이에서 해결되면 다른 모든 문제는 하나님이 풍성하게 채워 주신다."

그래서 예수님은 "너희는 먼저 그의 나라와 그의 의를 구하라 그리하면 이 모든 것을 너희에게 더하시리라"(마 6:33)고 말씀하십니다. 또 "들으라 너희 중에 말하기를 오늘이나 내일이나 우리가 어떤 도시에 가서 거기서 일 년을 머물며 장사하여 이익을 보리라 하는 자들아 내일 일을 너희가 알지 못하는도다 너희 생명이 무엇이냐 너희는 잠깐 보이다가 없어지는 안개니라"(약 4:13-14)고 했습니다.

문제는 말씀 없이 먹고 입고 사는 것에만 관심 있는 불쌍한 영혼들입니다. 진정으로 하나님의 영감이 있고 살아 있는 말씀이 있는 자에게는 어떤 문제도 문제가 되지 않습니다.

바울은 빌립보서 4장 11절에서 "나는 자족하기를 배웠노니 나는 비천에 처할 줄도 알고 풍부에 처할 줄도 알아 모든 일 곧 배부름과 배고픔과 풍부와 궁핍에도 처할 줄 아는 일체의 비결을 배웠노라"고 말합니다. 예수 안 믿는 사람은 영적인 것을 모르므로 육체의 만족만 누리며 쾌락, 돈 많이 버는 것, 성공하는 것이 절대 기준이 됩니다. 그러나 영적으로 하나님의 말씀이 충만한 사람은 "배고파도 괜찮고, 배불러도 괜찮고, 실패해도 괜찮고, 성공해도 괜찮고, 살아도 되고 죽어도 된다. 이것은 문제가 안 된다"는 환경을 초월하는 삶을 삽니다. 사도 바울이 실제 그런 삶을 살았던 사람입니다. 그의 결론은 "내게 능력 주시는 자 안에서 내가 모든 것을 할 수 있느니라"(빌 4:13)였습니다.

솔직히 말해서 사도 바울을 세상 기준으로 보면 결코 행복한 사람이 아닐지도 모르겠습니다. 그야말로 기막힌 고생을 도맡아 한 사람이 아닙니까? 누가 예수를 가리켜 행복한 자라고 세상 기준에서 말할 수 있겠습니까? 그는 33세에 십자가에 못박혀 죽으셨습니다. 결혼도 한 번 못해 보고 집 한 칸 없었습니다. 오해와 박해와 고난과 역경 속에서 생애를 마친 분입니다. 사도 바울은 어두컴컴한 감옥에서 최후를 마쳤습니다. 그러나 그런 세상적인 고난과 배고픔과 업신여김과 무시당함이 그에게는 문제 되지 않았습니다. 왜냐하면 하나님의 말씀으로 그 영혼이 충만하게 채워져 있었기 때문입니다.

이것이 기독교입니다. 이것이 예수 믿는 것입니다.

우리가 알거니와 하나님을 사랑하는 자 곧 그의 뜻대로 부르심을 입은 자들에게는 모든 것이 합력하여 선을 이루느니라(롬 8:28).

이 부분을 잘못 해석하면 아전인수 격인 해석을 할 수 있습니다. 그러나 이 말씀을 29절의 "그 아들의 형상을 본받게 하기 위하여"라는 말씀과 연결해서 보면 이렇습니다. 우리 그리스도인에게 고난과 배고픔, 실패와 좌절, 역경이 있다면 그것도 모두 합력하여 선을 이루어 결국은 예수 그리스도의 형상을 본받는 신앙과 인격을 만들어 주는 데 하나님의 뜻이 있다는 것입니다.

사람의 육체에는 떡이 필요합니다. 그래서 늘 떡에 대한 유혹이 많습니다. 그러나 성경은 사람의 영혼은 하나님의 말씀으로 만족해야 한다고 말하고 있습니다. 그리고 영혼이 만족하면 떡의 문제는 자연히 해결된다고 말합니다.

마귀는 계속해서 우리에게 떡의 문제를 가지고 접근할 것입니다. 그러나 하나님은 우리에게 말씀의 문제를 가지고 계속해서 접근하십니다.

10

세상을 향한
영적 고소공포증을 가지라

마태복음 4:5-7

출애굽기를 보면 하나님의 세력을 대표하는 모세와 사탄의 세력을 대표하는 바로가 싸우는 장면이 있습니다. 하나님의 뜻대로 이스라엘 백성을 탈출시키려는 모세, 그러나 결코 그를 놓아주지 않으려는 바로. 그래서 모세는 하나님의 도움으로 기적을 일으켜서 그 기적들로 바로를 항복할 수밖에 없도록 만듭니다. 문제는 바로가 하나님의 기적이 일어날 때마다 할 수 없이 후퇴하지만 결코 완전히 항복하지 않은 것입니다. 열 번이나 속임수를 쓰면서 계속해서 하나님의 사람인 모세에 대항하는 것을 볼 수 있습니다. 그러나 결국 그는 하나님의 능력 앞에 손을 들게 됩니다. 여기서 우리가 배울 수 있는 것은 사탄은 결코 쉽게 물러서지 않는다는 사실입니다.

물질적인 시험에서 예수에게 패배를 당한 마귀는 물러서지 않고 더 강도 높은 시험을 던집니다. 한 걸음 더 나아가 정신적 시험으로 도전합니다. 사실 육체적, 물질적 시험은 그것이 아무리 고통스럽고 힘들다 할지라도 극복할 수 있습니다. 감옥에 간다든지, 굶는다든지, 쫓겨난다든지, 매를 맞는다든지 하는 것은 그냥 굶고 맞으면 됩니다. 그러나 사람이 더 견디기 힘든 것은 정신적 고통입니다. 배고픈 것보다 더 힘든 것은 정신적 아픔이기 때문입니다.

공격을 쉬지 않는 마귀

> 이에 마귀가 예수를 거룩한 성으로 데려다가 성전 꼭대기에 세우고(마 4:5).

여기서 우리는 마귀가 첫 번째 시험에서 실패한다 하더라도 재차 공격한다는 것을 배우게 됩니다. 마귀의 시험에서 승리했다고 좋아하거나 교만해서는 안 됩니다. 오늘 문제가 해결되었다고 안심해서도 안 됩니다. 이것은 우리의 신앙생활에서 배워야 할 아주 중요한 교훈입니다.

에베소서 6장을 보면 우리의 싸움은 혈과 육에 대한 싸움이 아니요, 하늘에 있는 악의 영과의 싸움이라고 말합니다. 바로가 열 번이나 모세를 공격했던 것처럼 마귀는 예수를 쉽게 놓아주지 않고 계속해서 공격해 왔습니다. 여기서 우리는 마귀가 우리에게도 이와 똑같이 공격한다는 것을 알 수 있습니다.

오늘 본문과 마태복음 4장 11절까지를 보면 마귀는 예수를 세 번이나 공격하고 물러섭니다. 그러나 이때도 마귀가 완전히 물러간 것은 아니었습니다. 십자가에서 예수를 못 박아 죽일 때까지 마귀는 결코 물러서지 않았습니다. 어떤 의미에서 우리 생애를 마치는 날까지 마귀의 도전은 계속된다고 봐야 할 것입니다.

시험으로 도전해 오는 마귀를 피할 생각은 처음부터 안 하는 것이 좋습니다. 길이 있다면 마귀와 싸워서 이기는 비결, 능력을 배워야지 마귀가 오지 않기를 기다린다는 것은 불가능합니다. 마귀가 우리를 시험할 때 그 시험에서 이기면 우리의 믿음은 한 단계 올라갑니다. 그러나 거기서 끝나는 것이 아니라 마귀는 더 강도 높은 시험으로 다시 우리를 공격합니다. 즉 새로운 시험을 통하여 우리 믿음이 한 단계씩 보다 더 새로운 차원으로 올라가는 것입니다. 이것은 놀라운 묘미입니다. 마귀는 우리를 죽이려고 계속해서 공격하지만 그 시험에서 이길 때마다 우리의 믿음은 더욱더 새로워지는 것입니다.

시험의 강도가 높아진다

마귀가 가진 최고의 무기는 죽음입니다. 그래서 마귀가 예수에게 던진 마지막 카드가 죽음이었습니다. 십자가에서 예수를 죽이는 것이었습니다. 이것이 마귀가 주는 시험의 클라이맥스입니다. 그러나 어떻게 되었습니까? 마귀가 최고의 무기를 휘둘렀을 때 하나님은 예수를 부활시키셨습니다. 결국 마귀가 우리를 강도 높게 시험한다는 것은 마귀 스스로 자폭의 길로 가고 있다는 것을 의미합니다. 시험은 고통스럽지만 그 시험을 통해서 우리의 믿음은 성숙해지며, 그것으로 단단해진 믿음은 우리를 어떤 폭풍에서도 쓰러지지 않도록 해 줍니다.

5절 말씀을 통해서 두 번째 생각해야 할 것은 마귀의 시험은 강도가 점점 더 높아진다는 점입니다. 첫 번째 시험은 육체에 해당하는 단순한 먹는 문제였습니다. 그러나 두 번째 시험은 육체를 고통스럽게 만드는 먹는 문제가 아니라 정신적인 문제입니다. 많은 성도가 육체를 괴롭히는 문제들을 가지고 하나님을 찾으며 나오기도 하고 그 문제로 기도합니다. 그러나 그것들은 별로 중요한 문제가 아닙니다. 단순하게 육체적인 문제, 물질적인 문제만 해결하려고 생각했을 때 우리의 신앙은 기복 신앙으로 떨어질 수 있습니다. 보다 강도 높은 시험은 병, 진급, 사업 문제가 아니라 정신적인 문제입니다.

그래서 마귀는 시험하는 장소를 바꿉니다. 첫 번째 시험은 돌멩이와 들풀과 들짐승이 있는 광야에서 40일을 금식한 상황 가운데 예수를 시험합니다. 두 번째 시험 때는 장소를 바꾸어서 거룩한 성전으로 데리고 갑니다. 성전 중에서도 제일 높은 꼭대기에 예수를 데려다 놓습니다. 그곳에는 배고픈 것도, 고통도 없습니다.

마귀는 더 이상 까만 망토를 입고 기분 나쁜 웃음을 짓는 뿔 달린 괴물이 아닙니다. 마귀는 아주 영리하고 교활합니다. 그리고 교묘한 속임수를 써서 우리가 잘 속아 넘어가도록 유도합니다. 때로 마귀는 나, 곧 에고(ego)라는 것으로 나 자신처럼 둔갑하여 내 안에서 나를 괴롭히기도 합니다. 그리고 사람으로 하여금 자기 속에 들어와 있는 교만, 오만, 편견, 이런 것들이 다 자기라고 착각하게도 합니다. 이처럼 '나'라는 것을 뒤집어쓴 마귀에게 우리는 속아 넘어가기 쉽습니다. 마귀는 양의 가죽을 쓴 이리요, 천사의 모습을 가장한 악한 영물입니다.

교회라고 성역은 아닙니다. 마귀는 설교단 위에도 와 있을 수 있습니다. 목사라고, 장로라고, 집사라고 안심해서는 안 됩니다. 3대가 그리스도인이라고, 모태신앙이라고 안심해도 안 됩니다. 마귀는 이런 것과 상관없이 마구 돌아다니며 공격합니다. 사정없이 우리의 신앙적인 자만심을 이용하여 밀고 들어옵니다. 지금 무엇인가 화나고 마음에 불편한 것이 있는 사람은 마귀가 놓고 있는 정신적인 덫에 걸려 있는 사람입니다.

우리나라에서는 예수님과 그리스도가 싸운다는 말이 있습니다. 한쪽에서는 예수의 이름으로 나오고 다른 한쪽에서는 그리스도의 이름으로 나옵니다. 성경과 성경을 가지고 싸웁니다. 진리와 진리를 가지고 싸웁니다. 겉으로 보면 틀릴 게 하나도 없습니다. 그러나 속마음은 다 불편한 것입니다. 이것이 이미 사탄의 침을 맞고 있는 것이 아니겠습니까?

마귀가 하나님의 일을 방해하고, 성도들을 이리가 양을 잡아채어 가듯 한다는 사실을 현실적으로 인정해야 합니다. 이 때문에 우리는 정신을 똑바로 차리고 깨어 근신해야 합니다. 그래서 성경에 "항상 기뻐하라 쉬지 말고 기도하라 범사에 감사하라 이것이 그리스도 예수 안에서 너희를 향하신 하나님의 뜻이니라"(살전 5:16-18)

고 말씀하고 있는 것입니다.

교만과 자만심, 고정 관념을 버리고 살아 있는 하나님의 생명의 말씀에 의지하여 늘 성령 충만해야 합니다. 또 아무리 성령 충만해도 회개할 것이 많고, 또 이 시간까지 잘했다고 생각하지만 다음 순간에 또 걸릴 수 있기 때문에 우리는 항상 깨어 기도해야 합니다. 하나님 앞에 설 수 있는 겸손과 말씀 앞에 뛰어갈 수 있는 용기가 필요합니다.

마귀가 예수를 광야에서 거룩한 성전으로 옮긴 사실은 마치 일제 시대에 한국인을 유린하기 위해 일본이 처음엔 무력 정책을 썼다가 유화 정책으로 돌아섰던 것과 같다고 할 수 있습니다. 그렇기 때문에 모든 일이 잘되고 평안할 때 더욱 조심해야 합니다.

높은 곳으로의 유혹

이제 마귀가 성전으로 장소를 옮긴 것과 동시에 성전 꼭대기에 예수님을 두었다는 데 유의해야 합니다. 왜 예수님을 성전 꼭대기에 올려놓았을까요? 이것이 마귀의 전략입니다. 언제나 정점, 꼭대기란 위험한 곳입니다. 반대로 낮은 곳은 안전합니다. 그런데 사람은 이상하게도 꼭대기를 좋아하고 정상을 향하여 가기를 불사하고 있습니다. 그래서 이 꼭대기에 올라가기 위해서는 수단과 방법을 가리지 않고, 인격과 신앙도 버리면서 그 높은 곳을 향하여 올라가려고 애를 씁니다.

> 너희 중에 누구든지 크고자 하는 자는 너희를 섬기는 자가 되고 너희
> 중에 누구든지 으뜸이 되고자 하는 자는 모든 사람의 종이 되어야 하
> 리라 인자가 온 것은 섬김을 받으려 함이 아니라 도리어 섬기려 하고
> 자기 목숨을 많은 사람의 대속물로 주려 함이니라(막 10:43-45).

성경 말씀대로라면 낮은 곳으로 내려와야 합니다. 왜냐하면 낮은 장소에는 여러 사람이 공존할 수 있으나 최정상에는 한 사람밖에 설 수가 없기 때문입니다. 그러한 정상은 모든 사람이 노리기 때문에 그곳에 올라가는 순간 다른 사람이 그 자리를 향하여 치고 올라오는 아주 불안한 자리입니다.

마귀는 높은 곳을 좋아합니다. 그래서 사람을 높은 곳으로 올라가게 유도합니다. 본문에 나타난 성전 꼭대기는 약 140미터의 낭떠러지가 있고 그 밑에는 급경사의 기드론 시냇가가 있는 곳이었습니다. 마귀는 예수를 이러한 성전 꼭대기에 세웠는데, 그것은 마귀가 우리도 꼭대기까지 올려놓을 수 있는 능력이 있음을 보여 줍니다. 하나님처럼 느끼게 하는 능력이 마귀에게도 있습니다. 그래서 마귀는 우리에게 물질과 명예를 보여 주기도 하고, 최고의 지위에 오르게도 하고, 영적으로 우리를 교만한 자리에 앉히기도 합니다. 또 병도 고치고 방언도 하고 예언도 합니다. 곧 마귀도 제한적

능력과 기적을 베푼다는 것입니다. 우리는 이 사실을 잘 이해해야 합니다. 이것이 바로 "이에 마귀가 예수를 거룩한 성으로 데려다가 성전 꼭대기에 세웠다"는 뜻입니다.

6절에 보면 마귀가 성전 꼭대기에 예수님을 세우고 말하기를 "이르되 네가 만일 하나님의 아들이어든 뛰어내리라 기록되었으되 그가 너를 위하여 그의 사자들을 명하시리니 그들이 손으로 너를 받들어 발이 돌에 부딪치지 않게 하리로다"라고 합니다. 성전 꼭대기에 예수님을 세워 놓고 마귀가 던진 유혹은 첫 번째 시험과 똑같이 "네가 만일 하나님의 아들이어든"입니다. 이 말 속에는 세 가지 의미가 있습니다. 첫째, 네가 하나님의 아들이라면 하나님의 힘을 빌릴 것 없이 너 자신이 능력을 사용해서 이 위기를 벗어나라는 유혹입니다. 하나님을 의지하지 않고 너 자신, 너의 경험, 너의 젊음을 이용해서 하나님의 뜻을 성취하라는 유혹이 이 말 속에 있습니다.

둘째, 현실적으로 예수는 배가 고프셨습니다. 마귀는 이 배고픈 상황에서 네가 네 능력을 사용해서 돌을 떡으로 만들어 먹는 것은 너무나 당연하고 합리적이고 상식적이고 이유가 그럴듯하다고 유혹했습니다.

셋째, "네가 만일 하나님의 아들이라면 왜 네가 이 광야에서 굶주려야 하며 이 광야의 추위에서 떨어야 하느냐. 이것은 논리적으로 무엇인가 맞지 않다. 하나님이 무엇인가 잘못하신 것이다. 광야에서 이스라엘 백성을 먹이신 하나님이다. 하나님이 필요하면 기적도 베풀어 주시지 않았느냐. 그런데 왜 하나님의 아들인 네가 이처럼 고생을 해야 하느냐"라는 유혹이 이 말 속에 있습니다. 예리한 함정이 그 속에 숨어 있는 것입니다.

말씀으로 공격하는 마귀

마귀가 빵의 문제를 가지고 예수를 처음 공격했을 때 예수님은 자신의 생각이나 능력으로 그 시험에 대처하지 않고 기록된 하나님의 말씀으로 첫 번째 유혹을 물리치시지 않았습니까? 그런데 두 번째 마귀의 공격은 예수님이 대답하신 그 말씀을 가지고 또 공격한 것입니다. 즉 예수님이 말씀으로 막으셨더니 마귀가 말씀으로 다시 공격해 온 것입니다. 여기에 무서운 마귀의 함정이 있습니다.

마귀는 시편 91편 11-12절의 "그가 너를 위하여 그의 천사들을 명령하사 네 모든 길에서 너를 지키게 하심이라 그들이 그들의 손으로 너를 붙들어 발이 돌에 부딪히지 아니하게 하리로다"라는 말씀을 인용한 것입니다.

마귀가 성경을 모른다고 생각하면 착각입니다. 마귀도 성경을 잘 알고 있고, 또 그 말씀을 이용합니다. 마귀는 말라기 3장 1절의 말씀을 생각했는지도 모르겠습니다.

보라 내가 내 사자를 보내리니 그가 내 앞에서 길을 준비할 것이요 또 너희가 구하는 바 주가 갑자기 그의 성전에 임하시리니 곧 너희가 사모하는 바 언약의 사자가 임하실 것이라.

마귀는 예수님에게 이 말씀을 상기시키면서 "성경에 그렇게 말하지 않았느냐. 네가 이 140미터의 높은 꼭대기에서 떨어지고 기드론 시냇가에 암석이 있다 할지라도 네가 떨어질 때는 하나님이 사자를 보내서 너를 붙들어 준다고 말씀하시지 않았느냐. 너는 왜 그 말씀을 믿지 않느냐"고 유혹하는 것입니다. "너 믿음 없는 것 아니냐? 네가 하나님 말씀을 믿는다면 떨어져서 그 말씀을 응하게 하면 메시아인 것이 증명될 것 아니냐. 네가 하나님의 아들인 것이 증명될 것이 아니냐" 하는 아주 교활하고 피하기 힘든 유혹이었습니다.

여기에 두 가지 함정이 있다는 것을 깨닫게 됩니다. 첫째, 마귀는 예수님에게 센세이셔널리즘(sensationalism)을 충동한 것입니다. 요즘 정치가들이 잘 사용하는 방법입니다. 흑색선전으로 대중을 선동하여 사람들의 마음을 바꾸어 버리고, 세력으로 인기를 끌어 화제의 초점을 맞추며 즐기는 방법입니다. 마귀가 이런 방법으로 예수를 충동한 것입니다. '네가 만약 떨어진다면 사람들이 그것을 목격할 때 얼마나 놀랄 것이냐. 다른 증명이 필요 없다. 네가 떨어지기만 하면 천사들을 보내어 받아 준다니 이 얼마나 멋진 드라마

냐'하는 마음을 예수님에게 심어 준 것입니다. 그러나 센세이션
(sensation)은 결코 진리가 아닙니다.

그런데 요즘 교회가 이 방법을 즐기고 있습니다. "우리 교회는
몇 명이 모였다, 헌금은 얼마다, 건물은 어떻다, 우리는 세계 최대
의 교회다." 이는 모두 예수 그리스도 십자가의 복음을 가지고 얘
기하는 것이 아니라 센세이션을 가지고 얘기하는 것입니다. 사람
들은 그것을 쉽게 동의하고 인정합니다. 이것은 마귀가 예수님에
게 걸었던 두 번째 함정이었습니다. 이러한 흥분은 사람들의 육신
의 정욕과 안목의 정욕과 이생의 자랑을 충족시킵니다. 그러나 예
수님은 이것을 거부하셨습니다.

예수님도 기적을 일으켰고 물의를 일으키셨습니다. 그러나 어
떤 인기나 흥분이나 대중의 바람을 얻기 위해서 기적을 일으키신
것이 아니었습니다. 배고픈 사람에게 빵을 주기 위해, 병든 사람을
고쳐 주기 위해, 그리고 죄인에게 구원을 주기 위해 조용히 사용하
셨던 것입니다. 예수님은 기적을 베풀 때 "나가서 말하지 말라"고
하셨습니다.

물의는 더 큰 물의를 불러일으킵니다. 깜짝 놀랄 만한 경이로움
은 오래가지 못합니다. 금년에 기발한 것은 내년에는 평범할 뿐입
니다. 그것은 사람을 잠깐 속이는 데 불과합니다. 복음은 절대로
흥분과 물의를 일으켜서 전하는 것이 아닙니다.

예수님도 마태복음 24장 24절에서 "거짓 그리스도들과 거짓 선

지자들이 일어나 큰 표적과 기사를 보여 할 수만 있으면 택하신 자들도 미혹하리라"고 말씀하셨습니다. 또 마태복음 12장 39절에서는 "악하고 음란한 세대가 표적을 구하나 선지자 요나의 표적밖에는 보일 표적이 없느니라"고 말씀하셨습니다.

예수님은 물의를 일으키려는 것이 아니고 필요하기 때문에 그 기적을 행하신 것입니다. 사실 예수 그리스도 자신이 하나님이 보여 주신 최대의 기적 아닙니까? 예수님보다 더 큰 기적이 어디 있습니까? 그런데 그런 예수님에게 센세이션을 일으키라고 충동하는 마귀를 보십시오. 우리는 예수 그리스도 한 분만으로 만족하며 그분이 우리의 기적이심을 믿습니다. 그 이상의 기적은 우리에게 필요가 없습니다.

하나님을 시험하지 말라

예수님은 이러한 마귀의 유혹 앞에서 어떻게 해방되셨습니까?

기록되었으되 주 너의 하나님을 시험하지 말라(마 4:7).

처음에 마귀는 예수님을 떡으로 유혹했습니다. 이에 예수님은 말씀으로 응답하셨습니다. 여기에 실패한 마귀는 말씀으로 또 공격했습니다. 예수님은 신명기 6장 16절의 말씀을 인용하면서 말씀으로 응답하셨습니다. "주 너의 하나님을 시험하지 말라"고 하면서 단호히 물리치셨습니다. 우리는 기적과 물의 때문에 하나님을 믿는 것이 아니라 하나님의 말씀과 신실한 그분의 약속 때문에 믿는다는 사실을 고백해야 합니다.

둘째, "성전 꼭대기에서 뛰어내리라. 그러면 하나님이 약속대로 사자를 보내어 보호해 주실 것이다"라는 말에는 하나님에 대한 시험이 숨겨져 있습니다. 하나님의 말씀과 약속을 의심하는 데 이 시험의 목적이 있습니다. "이것이 사실이냐" 하고 한번 떠보는 것입니다.

하나님의 말씀과 약속은 믿어야지 시험해서는 안 됩니다. 그냥 믿으십시오. 주나 안 주나, 되나 안 되나 재지 말고 그냥 믿으십시오. 하나님의 말씀은 믿음의 대상이지 시험의 대상이 아닙니다. 하나님을 시험하면 하나님에 대한 의심이 생깁니다. 의심이 생기면 하나님을 신뢰하지 않게 됩니다. 신뢰하지 않는 것은 죄입니다. 이것이 마귀의 교활한 방법입니다. 처음부터 "하나님을 믿지 마라"고 하면 들을 자가 아무도 없습니다. 그런데 "하나님을 시험해 봐라"고 하면서 마귀는 점점 우리를 조여 옵니다.

하나님은 약속을 지키시는 분임을 믿으십시오. 우리 하나님은 분명하게 약속하신 대로 이행하시는 분입니다. 마가복음 16장 17-18절에 "믿는 자들에게는 이런 표적이 따르리니 곧 그들이 내 이름으로 귀신을 쫓아내며 새 방언을 말하며 뱀을 집어 올리며 무슨 독을 마실지라도 해를 받지 아니하며 병든 사람에게 손을 얹은 즉 나으리라 하시더라"는 말씀이 있습니다. 이 말씀을 읽고 어떤 사람이 은혜를 받았습니다. 그래서 그 사람이 이 말씀을 시험해 보려고 독약을 먹었습니다. 어떻게 됐겠습니까? 그는 당연히 죽었습니다.

그런데 이런 이야기가 하나 있습니다. 소련의 비밀 당원이 한 그리스도인을 체포했습니다. 그리고 그를 고문하고 괴롭히기 시작했습니다. 예수를 부인하라는 말에 그리스도인이 응답하지 않자 비밀 당원은 성경을 믿느냐고 물었습니다. 그러자 그는 믿는다고 말했습니다. 일점일획도 틀림없이 믿느냐고 묻자 다시 믿는다고 대답했습니다. 비밀 당원은 그러면 마가복음 16장 18절을 펴서 읽으라고 했습니다. "너는 이 말을 믿느냐? 여기 독약이 있다." 그리고 그 독약을 개에게 던지자 개가 먹고 그 자리에서 죽었습니다. 이 말씀을 믿으면 독약을 먹으라고 시험했다고 합니다. 그 그리스도인은 조용히 독약을 먹기로 결정하고 먹었습니다. 그런데 당연히 죽어야 할 그 사람이 죽지 않고 살았습니다. 그때 그 비밀 당원도 그리스도인이 되었다고 합니다.

하나님의 말씀을 시험하기 위하여 적용하는 것과 이런 긴박한 상황에서 진실로 하나님의 말씀을 믿는 자에게 나타나는 하나님의 역사는 전혀 다른 것입니다.

여러분은 정말 하나님의 말씀을 어린아이처럼 믿고 있습니까?

그런지 안 그런지 테스트하고 있는 것은 아닙니까? 물론 우리는 이런 가정도 생각해 봅니다. "그 그리스도인이 독약을 먹고 죽었다." 그래도 괜찮습니다. 문제 될 게 없습니다. 우리는 하나님을 믿을 자격은 있지만 시험할 자격은 없습니다. 예수님도 마귀의 시험 앞에서 "주 너의 하나님을 시험하지 말라. 하나님은 시험의 대상이 아니다"라고 단호히 선언하셨습니다. 수모를 당하고 고통을 당하고 죽음을 당하는 일이 있다 할지라도 하나님을 시험해서는 안 됩니다. 하나님을 이용하고, 하나님을 시험하고, 물의를 일으키고, 기적을 일으키고, 센세이션을 일으켜서 교회가 부흥해 봐야 소용 없습니다. 그렇게 믿는 신앙은 쫓아다녀 봐야 남는 것은 허탈뿐입니다.

예수 그리스도, 그분만이 하나님이 보내 주신 지상 최대의 기적입니다. 우리는 그분 한 분으로 만족하고, 그분 한 분으로 기뻐하고, 그분 한 분으로 감사해야 할 것입니다.

오늘 우리에게도 마귀는 찾아올 것입니다. 육체적인 시험에서 실패하면 정신적인 시험을 하려 들 것입니다. 우리는 이러한 정신적인 시험 앞에서 예수님이 하셨던 말씀처럼 "주 너의 하나님을 시험하지 말라"고 하면서 담대하게 승리해야 합니다.

베드로전서 5장 8-9절에는 "근신하라 깨어라 너희 대적 마귀가 우는 사자같이 두루 다니며 삼킬 자를 찾나니 너희는 믿음을 굳건하게 하여 그를 대적하라"고 했고, 에베소서 6장 11절에서는 "마귀의 간계를 능히 대적하기 위하여 하나님의 전신 갑주를 입으라"고 했습니다. 고린도후서 10장 4-5절에서는 "우리의 싸우는 무기는 육신에 속한 것이 아니요 오직 어떤 견고한 진도 무너뜨리는 하나님의 능력이라 모든 이론을 무너뜨리며 하나님 아는 것을 대적하여 높아진 것을 다 무너뜨리고 모든 생각을 사로잡아 그리스도에게 복종하게 하니"라고 했습니다.

우리의 믿음을 예수님에게 고정시키십시오. 하나님의 말씀을 의심하지 말고, 시험하지 말고 온전히 믿으십시오. 그때 우리는 비로소 정신적인 위기에서 해방될 것입니다.

11

말씀 외에는
싸울 무기가 없다

마태복음 4:8-11

지금 우리는 예수님이 공생애 사역을 시작하시는 첫 무렵에 마귀에게 시험받는 것을 공부하고 있습니다. 본문에서 보듯이 마귀가 예수님을 공격했던 세 번째 시험은 영적이며 종교적인 시험입니다. 이것은 인간의 육체적인 본능에 호소하거나 합리적인 이성에 호소하는 것이 아니라 인간이 가질 수 있는 최고의 영역인 신앙에 호소하는, 신앙을 흔들어 놓는 시험이었습니다. 그러기에 가장 두렵고 큰 시험이었다고 말할 수 있습니다.

이 세 번째 시험은 예수님을 궁극적으로 사탄에게 무릎 꿇게 하고 사탄을 경배하게 하는 데 목적이 있었습니다. 이런 말을 들으면 쉽게 수긍이 가지 않을 것입니다. "누가 사탄에게 경배하겠느냐. 그런 시험에는 절대로 빠지지 않을 것이다"라고 말합니다만, 그렇게 생각하기 때문에 이 시험의 위험성이 있습니다.

사탄에게 무릎 꿇고 경배함으로써 얻는 유익은 세상의 권력입니다. 이 세 번째 시험은 "이 세상의 권력과 이 세상의 방법을 가지고 네가 하나님의 아들 메시아임을 증명하라"는 마귀의 도전이었습니다.

지극히 높은 자리로 유혹하다

8절에 보면 "마귀가 또 그를 데리고 지극히 높은 산으로 가서 천하만국과 그 영광을 보여" 주었다고 기록되어 있습니다. 그렇습니다. 마귀는 한 번 공격으로 끝나지 않습니다. 그러기에 우리 그리스도인은 마귀의 시험에서 해방되었다고 생각하는 그 순간에 또 경계해야 합니다. 우리가 승리했다는 바로 그 순간에 마귀는 또 총력을 가다듬어서 공격하기 때문입니다.

"마귀가 또 그를 데리고 지극히 높은 산으로 갔다"는 말씀에서 마귀는 언제나 똑같은 방법으로 오지 않는다는 것을 알게 됩니다. 방법을 자꾸 바꾸는 것이 마귀의 특징입니다. 방법이 바뀜에 따라 장소가 바뀝니다. 마귀는 제일 처음에 최악의 조건인 광야로 데리고 가서 유혹했습니다. 광야는 아무 매력 없고 볼품 없고 육체적으로 고통스러운 곳이었습니다. 여기에서 실패한 마귀는 두 번째 장소로 바꾸었습니다. 이번에는 인간의 자존심을 만족시켜 줄 수 있는 거룩한 성전으로 데리고 갔습니다.

사람은 장소만 바뀌어도 쉽게 마음이 흔들립니다. 이 자리에서 저 자리로, 조금만 좋은 자리로 옮겨 주어도 쉽게 흔들립니다. 그래서 조금 더 좋은 조건, 조금 더 좋은 환경을 만들어 줌으로써 마귀는 우리를 유혹하는 것입니다. 오늘 세 번째로 마귀가 자리를 바꿉니다. 그곳은 지극히 높은 산입니다. 마귀는 교활하고 변덕이 심합니다. 위장술의 천재입니다. 이중인격자입니다. 상황에 따라 자기를 변화시키는 자는 아주 위험한 자입니다.

8절에서 또 하나 생각해야 할 부분은 "지극히 높은 산"입니다. 이것은 어떤 구체적인 산이라기보다는 천하만국과 그 영광을 한눈에 볼 수 있는 산일 것입니다. 이 높은 산이란 광야와 거룩한 성전을 다 포함한 것을 의미합니다. 마귀는 높은 산에서 인류사의 모든 사건을 예수님에게 보여 주었을 것입니다. 로마의 힘과 영광, 위대한 아테네의 예술, 화려한 고린도 도시, 찬란한 예루살렘 성전과 다윗의 도성도 보여 주었을 것입니다. 이것이 바로 높은 산에서 예수가 목격할 수 있었던 것입니다. 천하만국의 모든 영광과 인류사의 모든 영광을, 과거와 현재와 미래를 한눈에 보여 줄 수 있는 산이었습니다. 많은 사람이 이 높은 산을 동경하고 높은 산에 대한 꿈을 꿉니다. 그래서 정상에 올라가고 싶어 합니다.

그러나 최고의 위치인 정상에 올라간다는 것은 어떤 의미에서는 마귀와 만나는 장소가 됩니다. 그러므로 최고의 정상에 올라간다는 것, 그 자체는 결코 목적이 될 수 없습니다. 그것은 하나의 수단일 뿐입니다. 대통령의 자리란 정상의 자리인 것 같습니다. 그래서 그토록 치열한 투쟁이 있습니다. 그러나 그 대통령이란 자리가 목표일 수는 없습니다. 만약에 대통령의 자리를 목표로 했다면 승자나 패자나 모두 패자일 것입니다. 그러나 대통령의 자리가 어떤 목적을 이루기 위한 하나의 수단이라고 본다면 승자나 패자나 모두 승자가 될 것입니다. 떨어졌다고 해서 패자일 수 없

고, 이겼다고 해서 승자일 수가 없습니다. 왜냐하면 그 자리 자체
가 목적이 아니기 때문입니다.

우리의 진급, 성공, 정상 등은 결코 목적이 될 수 없습니다. 그것
은 하나의 과정이요, 어떤 목적을 이루기 위한 수단이기 때문입니
다. 목적과 수단이 바뀌면 큰 혼란이 일어납니다. 할례는 목적이
아니라 수단이었습니다. 사람들이 그것을 목적화 했을 때 예수님
이 "화 있을진저"라고 소리를 지르셨습니다.

지극히 높은 산은 참으로 좋은 곳인 것 같습니다. 왜냐하면 성경
에서 말한 대로 천하만국의 영광을 다 볼 수 있기 때문입니다. 그
러나 견물생심(見物生心), 즉 좋은 것을 보면 갖고 싶은 마음이 생깁
니다. 그래서 높은 곳은 위험한 곳이 됩니다. 그곳은 마귀가 우리
를 전략적으로 유혹하여 우리의 믿음을 흔들어 놓으려는 곳이기
때문입니다. 이러한 가장 위험한 자리에, 높은 자리에 예수를 세워
놓고 흔드는 것이 마귀의 일이었습니다.

세상 권력의 유혹

이 높은 자리에 예수를 올려놓은 마귀는 지체하지 않고 다음과 같
이 공격하기 시작했습니다.

> 만일 내게 엎드려 경배하면 이 모든 것을 네게 주리라(마 4:9).

이것이 뿌리째 흔드는 마귀의 유혹입니다. "이 천하만국의 영광을 모두 네게 주리라." 귀가 번쩍 뜨이는 유혹입니다. 예수 잘 믿는다는 사람도 이런 큰 유혹은 제쳐 두고라도 일상생활에서 물질의 작은 유혹뿐 아니라 돈 몇 푼에, "당신 참 예쁘고 멋있다"는 말 몇 마디에 쉽게 흔들리고 왔다 갔다 하지 않습니까?

마귀는 예수에게 이렇게 말합니다.

"너는 하나님의 아들이다. 유대인의 왕이다. 너는 메시아다. 그러나 실제로 너는 아무 재산도, 명예도, 군대도, 정권도 없다. 그런데 어떻게 네가 하나님의 아들 메시아로서 역할을 할 수 있겠느냐? 이 일을 하기 위해서는 천하만국의 영광이 네게 필요하지 않느냐?"

마귀의 말은 참 그럴듯합니다. 하나님의 말씀은 이해가 안 되는 부분, 당황하게 되는 부분이 많지만 마귀의 얘기는 귀에 그럴듯하고 입에 달고 가장 설득력 있고 합리적인 것같이 보입니다. "너는 왜 왕인데 종으로 왔느냐? 너는 왜 다른 사람을 섬기고 다른 사람을 위해 죽어야 하느냐? 이건 논리상 맞지 않다. 너는 왜 십자가를 져야 하느냐? 하나님이 시편 2편 8절에 '내게 구하라 내가 이방 나라를 네 유업으로 주리니 네 소유가 땅끝까지 이르리로다'라고 약속하신 것을 나도 너에게 줄 수 있다"고 유혹합니다.

마귀는 너무나 영특해서 그 문제의 핵심을 정확히 알고 있습니다. 그래서 예수님을 시험할 때도 예수님을 흔들리게 할 만한 성경 구절을 준비해서 유혹합니다. "하나님에게 경배하는 대신에 나에게 경배하고 하나님에게 순종하는 대신에 나에게 순종하면 이 모든 것을 너에게 주겠다. 하나님이 약속하신 것보다 더 좋은 것을, 하나님이 약속하신 것보다 더 빠른 방법으로 즉시 주겠다." 사실 이 말은 사람을 흔들 수 있는 말입니다. 왜냐하면 예수님이 하나님의 아들이요, 인류의 구원자가 될 메시아임을 약속하는 하나님의 방법은 마귀가 주장하는 방법처럼 그렇게 간단하지 않기 때문입니다.

하나님의 방법은 우선 오래 기다려야 합니다. 쉽게 오지 않습니다. 때로 오해도 받게 됩니다. 고통과 모욕을 당하기도 하고 잠 못 자고 굶주릴 수도 있습니다. 채찍을 맞고 피를 흘릴 수도 있습니다. 이것이 십자가의 방법이기 때문입니다. 그런데 마귀는 "네가 지금 나에게 무릎 꿇고 경배만 한다면 이 모든 어려운 과정, 고통과 오해와 피 흘림 등 말할 수 없는 피곤함을 다 생략하고 지금 모든 것을 너에게 주겠다"고 하는 것입니다.

여기에는 두 가지 사실이 내포되어 있습니다. 첫째는 사탄을 경배함으로써 세상의 권력을 차지하라는 유혹입니다. 당시 로마 황제 디벨리우스나 분봉 왕 안티파스는 모두 사탄 숭배를 통해서 정권을 잡고 정권을 연장했던 자들이었습니다.

유명한 세계적인 록 가수들을 보면 거의 사탄숭배자입니다. 수많은 관중을 모아 놓고 음악을 할 때 보면 언제나 그 뒤에 무당과

주술사들이 따라다닙니다. 암시를 주고 스타에게 마귀의 영을 불어넣습니다. 콘서트가 끝나고 나면 사탄 의식을 행합니다. 그들은 십자가를 조롱하고 피를 흘려가며 가면을 쓰고 마귀 축제를 합니다. 이것이 요즘 세상의 문화를 지배하는 하나의 모습입니다. "사탄을 경배하면 인기를 주겠다. 사탄을 경배하면 권력을 주겠다. 사탄을 경배하면 돈을 주겠다." 사탄은 이렇게 우리를 유혹합니다.

여기에 또 한 가지 내포된 사실은 사탄이 준 세속적인 힘으로 네가 하나님의 아들 됨을 증명하라는 유혹입니다. "돈의 힘, 과학의 힘, 정보의 힘, 정권의 힘을 이용하여 전도하자." 그럴듯하지 않습니까? 그러나 그것이 필요하지만 목적이 될 수는 없습니다. 마귀는 어느 사이에 "돈 없으면 일 못 한다. 권력 없으면 일 못 한다. 지식 없으면 일 못 한다. 학력이 좋아야 일을 잘할 수 있다"고 혼란에 빠트립니다.

저는 이 사실을 신학교 졸업하면서 체험한 적이 있습니다. 신학교 공부를 마치고 목사가 되면서 제게 온 유혹이 박사 학위를 받고 싶은 것이었습니다. "네가 목회하려면 공부를 많이 해서 그 지식으로, 박사 학위로 사람들에게 설교하라"는 유혹이었습니다. 저뿐 아니라 많은 교역자가 이런 유혹을 받습니다. 박사 학위도 물론 필요합니다. 그러나 복음은 학식이나 지식으로 전파하는 것이 아닙니다. 성령의 능력으로, 하나님 앞에 사로잡힌 힘으로 복음을 전하는 것입니다. 그런데 마귀는 그것을 슬쩍 바꾸도록 유도합니다. 엄청난 함정이 이 안에 있습니다.

결국 마귀가 원하는 것은 무엇입니까? 궁극적으로 자기에게 경배하고 무릎 꿇게 하는 데 목적이 있습니다. 예수 믿는 사람에게도 마귀가 들어와 자기를 섬기게 만들어서 어떤 모습으로든지 하나님도 믿지만 자기도 믿게 유도합니다. 두 가지 다 하게 하는 것입니다.

마귀가 여기서 성공하면 두 번째 유혹하는 것이 자살입니다. "죽어라." 이것이 마귀의 마지막 카드입니다. 그래서 믿는 사람에게도 죽고 싶은 충동을 막 집어넣어 줍니다. 여러 가지 이유로 "너 죽어라. 살 이유가 없다"고 부추깁니다. 왜냐하면 자살해야만 그 영혼을 빼앗아 갈 수 있기 때문입니다. 처음에는 하나님도 섬기고 마귀도 섬기게 하다가 궁극적으로는 자살하는 마음을 갖도록 우울증을 심어 주고 비참한 마음, 패배감, 열등감을 심어 줍니다. 결국은 예수를 믿어도 세상에서 살 가치가 없다고, 죽는 것이 제일 좋다고 우리를 유도합니다. 그래서 많은 사람이 이 유혹에 넘어갑니다.

마귀의 속성

우리의 신앙을 흔들어 놓는 마귀의 속성을 본문에서 몇 가지 찾아볼 수 있습니다. 마귀의 세 차례 유혹 중 특히 세 번째 유혹에서 발견하는 것은 첫째, 마귀가 접근할 때는 언제나 세속적인 힘으로 접근하다는 사실입니다. 신앙보다는 사업을, 정직보다는 술수를 가르칩니다. "성경책을 읽기 위해 촛불 하나 훔치는 것은 괜찮지 않느냐?", "가난한 순결보다는 부유한 타락이 낫지 않느냐?" 이렇게 유혹합니다. 세속적인 부, 정치적 권력, 건강, 사업, 명성 등의 방법으로 마귀는 우리에게 접근합니다. 그러나 이 모든 것은 헛되고 거짓된 것입니다.

둘째, 사탄은 거짓 약속을 잘한다는 사실입니다. "네가 나한테 경배하면 이 모든 것을 주겠다." 사탄은 이렇게 물질적인 번영을 약속합니다. 예수 믿고 건강하고, 예수 믿고 사업 잘되고, 예수 믿고 오래 살고, 예수 믿고 모든 것이 잘되는 번영 신앙이 굉장히 중요한 축복입니다만 잘못하면 마귀가 쓸 수 있는 가장 큰 무기라는 점도 알아야 합니다. 모든 것을 다 주겠다는 마귀의 약속은 실제로는 거짓말입니다. 태초에 에덴동산에서 마귀가 하와에게 이렇게 약속했습니다. "네가 선악과를 따 먹으면 하나님처럼 될 것이다. 하나님이 너에게 선악과를 먹지 말라고 하시는 것은 네가 그 선악과를 먹으면 하나님처럼 되니까, 하나님의 권력과 영광을 네가 다 가지게 되니까 하나님이 질투가 나서 먹지 말라고 하시는 것이다. 너도 먹으면 하나님처럼 될 것이다." 결국 하와는 선악과를 따 먹었습니다. 그 결과 하와는 하나님처럼 된 것이 아니라 마귀처럼 되었습니다. 이것이 마귀의 약속입니다.

마귀는 처음에 그럴듯한 것을 약속합니다. 이론적이고 합리적이고 신앙적으로 멋있게 다가옵니다. 그러나 그 결과는 언제나 가장 형편없고 치욕적인 위치에 우리를 떨어뜨리는 것입니다.

셋째, 본문을 보면 마귀에게는 또 이런 속성이 있습니다. 즉 모든 것을 주겠는데 고난 없이 주겠다는 것입니다. "나에게 무릎 꿇고 경배만 하면 모든 것을 다 주겠다. 이 얼마나 쉽냐. 단순하지 않느냐. 고난도 없이, 기다림도 없이, 아픔과 고통도 없이 다 주겠다"고 합니다. 이것은 진짜 새빨간 거짓말입니다.

진리는 언제나 대가를 치러야 합니다. 고난 없이 되는 것은 없습니다. 순금은 제련의 과정을 거쳐야 합니다. 신앙은 고난을 통해야만 성장합니다. 그래서 고난받는 것이 오히려 유익입니다. 새벽에 혼자 일어나서 통곡할 만큼 자존심에 상처를 받아 봐야 합니다. 찢어지도록 아픔을 겪어 봐야 합니다. 견딜 수 없는 일을 겪으면서 인격이 성숙하고 제련되는 것입니다.

성경의 약속대로 우리가 예수 믿으면 잘된다는 것은 사실입니다. 그러나 그 말을 좀 더 깊이 해석하면 예수 믿고 내가 잘된다는 것이 아니라 예수 믿고 내가 고난을 받아서 다른 사람을 잘되게 한다는 뜻입니다. "예수 믿고 내가 가난해져서 다른 사람을 부유하게 해 준다." 이것이 참 축복 아닙니까? 그러나 많은 사람은 그것을 자기에게만 적용하고 있습니다. 십자가에 매달림으로 인류가 구원을 받듯이 내가 진리를 위하여 고난을 받음으로 다른 사람에게 평안을 주고 자유를 주는 것입니다. 내가 억울함과 누명과 오해를 받음으로 진리가 이 땅에 오게 되는 것입니다. 이것이 팔복에 나타난 말씀입니다. 팔복의 성품은 모두 그런 것입니다.

말씀으로 대적하라

그러면 이러한 엄청난 유혹을 예수님은 어떻게 이기셨을까요? 10절에 그 해답이 있습니다. "사탄아 물러가라 기록되었으되 주 너의 하나님께 경배하고 다만 그를 섬기라 하였느니라." 예수님의 첫 번째 비결은 단호한 거절과 마귀를 대적하는 것이었습니다. "사탄아, 물러가라." 예수님은 우물쭈물하지도, 타협하지도 않으셨습니다.

"사탄아, 물러가라"는 말은 마태복음 16장 23절에도 나옵니다. 예수님이 가이사랴 빌립보 지방에서 이렇게 물으셨습니다. "사람들이 인자를 누구라 하느냐." "더러는 세례 요한, 더러는 엘리야, 어떤 이는 예레미야나 선지자 중의 하나라 하나이다." "너희는 나를 누구라 하느냐." "주는 그리스도시요 살아 계신 하나님의 아들이시니이다."

이 대답을 들으신 예수님은 너무 좋으셔서 베드로의 이름을 불러 주시며 "바요나 시몬아, 네가 복이 있도다. 이를 네게 알게 한 이는 혈육이 아니요 하늘에 계신 내 아버지시니라"고 하시며 최고의 대답에 대한 최고의 칭찬을 해 주셨습니다. 아마 이때 베드로는 우쭐했을 것입니다. 그러나 이때 마귀가 또 들어옵니다. 최고의 고백과 최고의 헌신을 했을 때 늘 조심하십시오. 베드로를 칭찬하신 후 예수님은 제자들에게 "내가 십자가에 죽어야 하리라"는 비밀을 비로소 가르쳐 주셨습니다. 이에 베드로가 "주여, 그럴 수 없나이다. 당신은 절대로 죽을 수 없나이다"라고 말하자 예수님의 말씀이 급작스럽게 변합니다. "사탄아, 내 뒤로 물러가라." 최고의 고백을 했던 베드로가 졸지에 사탄이 되었습니다. 그래서 야고보서 4장 7절에 "마귀를 대적하라 그리하면 너희를 피하리라"고 했고 베드로전서 5장 8절에서도 "근신하라 깨어라"고 했습니다.

육신의 정욕, 안목의 정욕, 이생의 자랑이 끊임없이 우리를 휩쓸 때 우리는 대적해야 합니다. "사탄아, 내 안에서 물러갈지어다. 더럽고 추악한 귀신들아, 내게서 떠나갈지어다." 우리가 계속 외쳐야 할 소리입니다. 이것이 예수님의 첫 번째 비결이었습니다.

두 번째 비결은 기록된 말씀으로 마귀를 물리치셨다는 사실입니다. 예수님은 시종일관 말씀으로 마귀를 대적하셨습니다. 이번에는 신명기 6장 13절의 말씀을 인용해 이렇게 말씀하셨습니다.

"주 너의 하나님께 경배하고 다만 그를 섬기라."

어쩌면 그렇게 때에 맞춰서 가장 정확한 말씀으로 마귀를 물리치시는지 놀랍습니다. 시험이 오면 적합한 말씀을 바로 생각해서 그 말씀으로 유혹을 물리쳐야만 합니다. 그러나 시험이 올 때 말씀을 적절하게 적용하지 못하는 것이 우리의 연약함입니다. 대부분의 사람이 성경 말씀에 자기 생각을 복종시키고 있지만 어떤 사람은 불행하게도 자기 생각에 성경을 붙이는 사람이 있습니다. 자기 생각에 성경을 합리화시키고 있는지, 아니면 성경 말씀에 자기 생각을 순종시키고 있는지, 이것을 구별하는 것이 영적 분별력입니다.

예수님은 말씀에 기초하여 마귀를 대적하셨습니다. 그런데 그 말씀 속에 우리가 배울 교훈이 있습니다. "하나님께 경배하고 다만 그를 섬기라"는 말은 곧 하나님을 경배하지 아니하면 마귀를 숭배하게 된다는 말입니다. 주일에 교회에 와서 예배드리지 않으면 무슨 이유로든지 딴짓을 하고 있을 것입니다. 성경 읽을 시간에 성경을 읽지 않으면 무엇인가 딴짓을 하고 있고, 하나님을 생각하지 아니하면 세상을 생각하기 마련입니다. 곧 마귀로 둔갑한 세상, 마귀로 둔갑한 노예가 되고 마는 것입니다.

예수님의 승리

예수님은 말씀으로 세 번의 시험에서 승리하셨습니다. 이 승리를 통해서 예수님의 생애에 세 가지 중요한 교훈이 있음을 알 수 있습니다.

첫째, 자기를 위하여 사람들을 물질로 유혹하지 않으셨습니다. 이것이 예수님의 공생애 기간 동안 보여 주신 원리였습니다. 예수님은 절대 돈으로 사람을 매수하거나 육체적인 쾌락과 안일함을 줌으로써 자신이 메시아 됨을 증거하지 않으셨습니다. 오병이어의 기적으로 5천 명을 먹일 때도 인기를 끌기 위해 하시지 않았습니다. 그분은 언제나 하늘의 양식인 생명의 떡을 생각하고 살았습니다. 그것이 예수님의 생애였습니다.

둘째, 예수님은 자신을 위하여 기적을 베풀거나 사람을 선동하지 않으셨습니다. 예수님은 기적도 베푸셨고, 병도 고쳐 주셨고, 귀신도 쫓아 주셨고, 많은 사람을 도와주셨습니다. 그러나 그것이 자신을 위해서 한 일이 아니었습니다. 심지어 예수님이 십자가에 못 박혀 돌아가실 때도 사람들은 "네 자신이나 구하라"고 조롱했으나 자신이 편하고 행복하려고 기적과 능력을 사용하지는 않으셨습니다. 이것이 예수님의 생애에서 발견할 수 있는 교훈입니다. 사람들이 예수님을 메시아로 알고 영웅으로 삼으려고 했을 때 예수님은 대중을 피하셨고, 그들의 제의를 거부하셨습니다.

셋째, 예수님은 세속적인 힘을 이용해서 선교하지 않으셨습니다. 오히려 십자가에 처형되어서 죽는 방법을 택하셨습니다. 그것을 미션(mission)이라고 합니다. 순교가 선교입니다.

이제 마지막으로 예수님이 시험에서 승리하신 후에 어떤 일이 일어났는가를 봅시다.

이에 마귀는 예수를 떠나고 천사들이 나아와서 수종드니라(마 4:11).

마귀의 실패는 하나님의 승리입니다. 여기서 마귀가 떠나고 천사가 수종 든다는 말은 마귀와 천사가 임무를 교대했다는 뜻입니다. 사탄을 패배하게 한 승리는 아담과 하와의 실패 이후 최초로 사탄을 이긴 승리입니다.

그런데 누가복음 4장 13절에서 "마귀가 모든 시험을 다 한 후에 얼마 동안 떠나니라"고 했습니다. 여기서 우리는 마귀가 떠난 것 뿐이지 멸망한 것이 아니라는 사실에 주의해야 합니다. 다시 말하면 마귀가 완전히 죽은 것이 아닙니다. 예수님이 십자가에 못 박히실 때까지 마귀는 지속적으로 예수님을 공격했습니다. 예수님이 부활하셨어도 완전히 죽은 것이 아닙니다. 치명타를 입은 것뿐입니다. 요한계시록 20장 10절에 나타난 것처럼 최후에 하나님의 영원한 심판 앞에서 패배를 당할 것이며 영원한 형벌에 들어갈 것이 마귀의 운명입니다. 그러나 마귀는 지금도 제한적으로 활동하고 있습니다.

"마귀가 떠났을 때 천사가 수종 드니라." 예수님의 탄생 때부터 천사가 나타나서 도왔습니다. 열왕기상 19장에도 천사가 나타납니다. 엘리야가 이세벨에게 쫓겨서 절망적인 상황이 되어 로뎀나무 밑에서 "하나님, 저를 죽여 주십시오. 죽고 싶습니다"라고 말했을 때 천사가 나타났습니다.

천사가 그를 어루만지며 그에게 이르되 일어나서 먹으라 하는지라 본즉 머리맡에 숯불에 구운 떡과 한 병 물이 있더라 이에 먹고 마시고 다시 누웠더니(열상 19:5-6).

천사가 먹을 것을 엘리야에게 주면서 어루만지고 위로했다는 기록입니다. 극도로 배고프고, 극도로 고통스럽고, 극도로 큰 도전 앞에서 시험을 치른 예수님에게 천사들이 나타났습니다. 여러분에게도 천사의 위로가 있기를 바랍니다. 세상에서 지치고 피곤할 때 성령님이 역사하실 뿐 아니라 천군천사가 나타나서 위로하고 격려하고 용기를 주는 일들이 우리에게 일어나기 바랍니다. 또한 우리의 교회에 하나님의 일을 돕는 일꾼들, 우리를 돕는 사역자들이 많이 나타나서 힘을 합쳐 도와주고, 우리에게 새 힘을 주는 역사가 있기를 바랍니다.

예수 그리스도를 바라보라

마지막으로 예수님의 시험을 통해서 얻은 결론이 있습니다. 우리는 어떻게 이런 시험에서 이길 수 있습니까? 대답은 하나, 곧 세 가지 시험을 이기신 예수 그리스도를 바라보는 것입니다.

우리에게 있는 대제사장은 우리의 연약함을 동정하지 못하실 이가 아니요 모든 일에 우리와 똑같이 시험을 받으신 이로되 죄는 없으시니라(히 4:15).

그가 시험을 받아 고난을 당하셨은즉 시험받는 자들을 능히 도우실 수 있느니라(히 2:18).

시험당할 때 시험 자체를 생각하지 말고 예수님을 생각하십시오. 시험을 보면 시험에서 이기지 못합니다. 시험에서 이겨 내려고 시험과 싸우면 시험 속에 빠집니다. 시험이 일어날 때는 주님만 바라보십시오.

그런즉 선 줄로 생각하는 자는 넘어질까 조심하라 사람이 감당할 시험밖에는 너희가 당한 것이 없나니 오직 하나님은 미쁘사 너희가 감당하지 못할 시험 당함을 허락하지 아니하시고 시험 당할 즈음에 또한 피할 길을 내사 너희로 능히 감당하게 하시느니라(고전 10:12-13).

믿음의 주요, 우리를 온전하게 하시는 이인 예수를 바라보십시오. 우리를 대신해서 그는 이미 시험에서 이기셨기 때문에 시험당하는 우리의 형편을 누구보다도 잘 아시고, 우리를 시험에서 건져 주실 것입니다.

12

주님 앞에 나아가
영적 광합성을 하라

마태복음 4:12-17

성경에 보면 예수님의 본성과 성품을 보여 주는 가장 적절한 표현이 하나 있는데 그것은 '빛'이라는 단어입니다. 어둠을 밝히는 빛이요, 생명을 주는 빛이요, 진리로 인도하는 빛입니다.

그래서 요한복음 1장 4-5절에 보면 사도 요한은 "그 안에 생명이 있었으니 이 생명은 사람들의 빛이라 빛이 어둠에 비치되 어둠이 깨닫지 못하더라"고 했습니다. 이것은 예수 안에 있는 빛에 관한 말씀입니다. 이 생명의 빛은 근본적으로 죽음을 일깨우는 것입니다.

생명의 빛

그 빛은 요한복음 1장에 의하면 예수 그리스도라고 말하고 있습니다. 7절에 보면 세례 요한이 나타나서 자기를 이 빛이신 예수를 증언하러 온 사람이라고 소개하고 있습니다. 9절에는 참빛 곧 세상에 와서 각 사람에게 비추는 빛이 있었다면서 예수 안에 있는 생명의 빛이 모든 사람에게 비친다고 했습니다.

계속해서 성경은 예수님의 생명의 빛이 사람들을 비추지만 모든 사람은 이 빛을 몹시 싫어한다고 기록하고 있습니다. 그리고 이 빛을 거부하고 있다고 했습니다. 그 이유는 모든 사람이 죄를 범해 하나님으로부터 떠났기 때문입니다. 하나님으로부터 떠났다는 말은 어둠 안에 있다는 말입니다. 그래서 요한복음 3장 19절 이하에 "빛이 세상에 왔으되 사람들이 자기 행위가 악하므로 빛보다 어둠을 더 사랑한 것이니라 악을 행하는 자마다 빛을 미워하여 빛으로 오지 아니하나니 이는 그 행위가 드러날까 함이요 진리를 따르는 자는 빛으로 오나니 이는 그 행위가 하나님 안에서 행한 것임을 나타내려 함이라"고 했습니다.

사실 그렇습니다. 무언가 켱기는 것이 있으면 빛 앞에 나오기를 싫어합니다. 자꾸 사람을 피하고, 어두운 구석에 들어가려 하고, 모든 것을 감추며 살려고 합니다. 자기 행위가 어둠 가운데 있으므로 빛이 오는 것이 두렵고 떨리기 때문입니다.

예수님은 요한복음 8장 12절에서 "나는 세상의 빛이니 나를 따르는 자는 어둠에 다니지 아니하고 생명의 빛을 얻으리라"고 하셨습니다. 스스로 자신이 빛이심을 말씀하셨습니다. 예수님이 자신을 빛이라고 말씀하셨는데, 그것은 단순히 자연 과학에서 배우는 그런 뜻의 빛이 아닙니다. 그것은 한 차원 높은 생명의 빛이요, 죽음에서 살리는 빛이요, 우리 영혼을 거듭나게 하는 빛입니다.

구약을 보면 태초에 하나님이 천지를 창조하실 때 맨 처음 하신 말씀이 "빛이 있으라"입니다. 그리고 곧 "빛이 있었고"(창 1:3)라고 기록되어 있습니다. 하나님이 주시는 이 빛은 하나님의 거룩함과 의의 성품을 보여 주는 빛이요, 곧 영광의 광채입니다. 그것은 존귀와 위엄의 광채입니다. 사람들이 괜히 하나님을 거부하고 안 믿는 것이 아닙니다. 달리 무신론자가 되는 것이 아닙니다. 사람들이 하나님을 인정하고 또 하나님의 이름을 부르기가 두렵기 때문입니다. 왜냐하면 하나님은 빛이시고, 또 빛이 있으라 하신 그분 앞에 어두움이 나아갈 수 없기 때문입니다. 하나님이 두렵다는 말을 쓰기 싫으니까 하나님이 없다고 표현하는 것입니다.

사도 바울은 이 빛이 특별히 예수의 얼굴에서 발견되었다고 말했습니다. 그리고 예수의 얼굴에서 발견된 이 빛은 모든 어둠에 있는 백성에게 비추는 빛이라고 합니다.

> 어두운 데에 빛이 비치라 말씀하셨던 그 하나님께서 예수 그리스도의 얼굴에 있는 하나님의 영광을 아는 빛을 우리 마음에 비추셨느니라(고후 4:6).

> 그러나 너희는 택하신 족속이요 왕 같은 제사장들이요 거룩한 나라요 그의 소유가 된 백성이니 이는 너희를 어두운 데서 불러내어 그의 기이한 빛에 들어가게 하신 이의 아름다운 덕을 선포하게 하려 하심이라(벧전 2:9).

성경에서 말하는 빛, 큰 빛은 바로 예수님 안에 있는 생명의 빛입니다.

이 생명의 빛 때문에 우리는 구원을 받게 되었습니다. 진정한 구원과 참된 소망은 바로 여기서부터 시작합니다.

빛을 체험한 사람들

구약에서 이 빛을 체험한 사람이 있습니다. 모세입니다. 그는 80세에 떨기나무 불꽃 속에서 하나님의 영광의 광채를 목격했습니다. 또 그가 이스라엘 백성을 이끌고 광야에서 헤매던 어느 날 하나님의 부름을 받아 시내 산으로 올라가게 되었습니다. 그곳에서 40일을 금식한 후 하나님의 돌판을 들고 사람들 앞에 내려온 그의 얼굴에서 광채가 났다고 했습니다. 강렬한 하나님의 빛을 본 것입니다. 사람들이 그 빛을 두려워하므로 그는 얼굴을 수건으로 가렸습니다.

우리의 눈과 얼굴은 빛이 안 납니다. 죄로 물든 눈, 분노하는 눈, 시기하는 눈, 살인하는 눈, 간음하는 눈, 우리 얼굴에는 아무리 찾아보아도 빛이 없습니다. 그러나 모세의 얼굴에서는 빛이 나서, 눈이 부셔서 그의 얼굴을 볼 수 없었다고 했습니다.

예수님의 얼굴에도 이 빛이 있었습니다. 변화산에서 예수님이 순식간에 변형됐을 때, "그 얼굴이 해같이 빛났다"(마 17:2)고 기록되어 있습니다.

신약에서 또 한 사람이 이 빛을 보았습니다. 사도 바울입니다.

그는 예수 믿는 사람을 죽이려고 다메섹으로 가다가 도중에 강력한 하나님의 빛을 받게 되었습니다. 무릎을 꿇고 "주님, 누구시니이까?"라고 묻는 바울의 물음에 예수님이 대답하셨습니다. "나는 네가 박해하는 나사렛 예수라." 그는 이 강력한 빛으로 눈이 멀어 3일 동안 아무것도 볼 수 없게 되었습니다. 신비하고 상상할 수 없는 빛입니다. 이해할 수 없는 빛이 비추인 것입니다.

저는 오늘 이 빛이 여러분에게도, 저에게도 더욱더 강렬하게 비추기를 원합니다. 우리의 썩은 얼굴, 썩은 마음, 분노하는 마음, 상처 받은 마음에 이 빛이 비추어서 치료되고, 기쁨과 자유가 있어, 두 손을 높이 들고 하나님을 찬양할 수 있기를 바랍니다.

> 흑암에 앉은 백성이 큰 빛을 보았고 사망의 땅과 그늘에 앉은 자들에게 빛이 비치었도다 하였느니라(마 4:16).

사탄에게 세 번이나 무서운 시험을 받으신 예수님이 시험을 마치시고 본격적인 사역을 시작하게 된 바로 그때에 마태는 선지자 이사야의 말씀을 인용하여 예수님이 33년 동안 이 세상에서 하신 역할이 무엇인가를 단 몇 마디로 요약하고 있습니다. "흑암에 앉아 있는 백성에게 예수는 큰 빛이다", "사망의 땅과 그늘진 땅에 앉아 있는 사람들에게 예수는 빛이다"라고 예수님을 소개하고 있습니다.

어둠 가운데 있는 백성

인간은 아담과 하와 이후, 곧 타락한 후에 허물과 죄로 죽은 존재가 되었습니다. 성경은 이것을 가리켜 흑암에 앉은 백성이라고 표현했습니다. 즉 죽음 안에 있는 존재요, 어둠 속에 속한 존재란 뜻입니다. 사람이 죄를 지으면 죽어서 지옥에 가는 것이 아니라 이미 지옥에 있는 존재라는 것입니다. 타락한 인간은 사망의 음침한 골짜기에서 방황하며, 서로 미워하며 시기하며 죽이고 있습니다. 만인은 만인에게 적입니다. 우리가 아무리 발버둥치고 착하게 살아보려고 애를 써도, 이를 악물고 선을 행하려고 애를 써도 마음은 있지만 짓는 것은 죄뿐입니다.

역사는 세월이 갈수록 점점 더 악해집니다. 세상은 앞으로 더 악해질 것입니다. 이것이 역사의 본질이며 인간의 본질입니다. 성경은 또 인간은 사망의 땅과 그늘에 앉아 있는 자들이며, 죽을 존재가 아니라 이미 지옥에 살고 있는 존재라고 말합니다. 인간은 스스로 지옥을 만들고 사는 존재입니다.

많은 사람이 질문합니다. 예수님이 오시기 전에 살았던 사람들은 어떻게 구원을 받습니까? 복음을 들을 기회가 없었던 사람들, 예컨대 500년 전의 한국 사람들은 다 지옥 갔습니까? 교회가 없어서, 전도받을 기회가 없어서, 복음을 들을 수 없었던 사람들도 다 지옥에 갔습니까? 만약 그렇다면 하나님은 불공평하시지 않습니까?

그러나 이 문제에 있어서 근본적으로 착각하는 것이 있습니다. 인간은 죄를 지으면 지옥에 가는 존재가 아니라 이미 흑암에 앉은 백성이요, 사망의 땅과 그늘에 앉은 백성이라는 사실입니다. 이미 지옥에 앉은 사람은 지옥에 가고 말고가 없습니다. 이미 죽음 안에 있는데 무얼 또 죽습니까? 새로이 죽는 것이 아닙니다. 에베소서 2장 1절에서 "허물과 죄로 죽었던 너희"라고 분명히 말하고 있습니다. 그러면 예수는 누구십니까? 흑암에 있는 자에게 참빛이요, 사망의 땅과 그늘에 있는 자에게 구원이십니다.

예전에 필리핀에서 배가 난파되어 인류 사상 최대의 인원이 죽었다는 보도가 있었습니다. 배가 난파당하자 구조선이 급하게 달려왔습니다. 와 보니 사람들이 죽어 가고 있었습니다. 다행히 아직 죽지 않았던 사람들은 구조를 받아 살게 되었습니다. 구조선이 오기 전의 사람들은 다 어떻게 되었겠습니까? 죽었지요. 그게 불공평합니까? 배가 파손되는 즉시 구조선이 와야 한다고 말해야겠습니까? 아닙니다. 반대로 그럼 구원받은 사람은 무엇입니까? 참 감사하지요. 이 기막힌 상황 속에서 감사하게도 내가 죽지 않고 있다가 구조선이 와서 살아났으니 감사할 뿐이지요.

오늘 내가 예수 그리스도를 믿고 구원받은 것은 기적입니다. 이건 당연한 것이 아닙니다. 그렇게 많은 사람에게 예수 그리스도를 전해 주었건만 믿지 못하고 있습니다. 구원받은 사람들이 왜 최선을 다해서 선교사를 파송합니까? 돈이 남아서 선교사를 보내는 것입니까? 예수 그리스도 외에는 구원이 없기 때문입니다. 예수만이 길이고 진리고 생명이기 때문에, 어떻게 보면 감당할 수 없는 너무나 엄청난 사실이기 때문에 이를 전하기 위해 선교사를 보내는 것입니다.

유일성이라는 말은 배타성을 전제하고 있습니다. 독특성은 어차피 배타성입니다. 예수만이 구원이십니다. 사람들은 이 말에 갈등을 많이 느낍니다. '선행을 통해서 구원받으면 얼마나 좋을까? 양심을 통해서 구원받으면 얼마나 좋을까?'라고 생각합니다. 그러나 성경은 그렇게 말하고 있지 않습니다. 예수 외에는 구원이 없다고 말합니다. 그래서 이 생명이 너무도 귀하기 때문에 교회가 선교사를 보내서 예수 그리스도를 전하는 것입니다. 전하지 않으면 견딜 수가 없는 것입니다. 허드슨 테일러가 선교 일이 너무 힘들어 포기하려고 할 때 하나님은 그에게 꿈을 보여 주셨습니다. 하루에도 수천 명의 영혼이 지옥에 가는 것을 보여 주신 것입니다. 그는 다시 벌떡 일어나 복음을 전하는 일에 헌신했습니다.

왜 우리가 이처럼 있는 힘을 다해 예수를 전합니까? 생명에 관한 문제이기 때문입니다. 서울에 수없이 많은 교회가 있는데, 정말 구원과 영생의 확신이 있는 성도가 얼마나 될까요? 그렇게 많지 않습니다.

우리가 예수 믿으니까 다 예수 믿는 줄로 생각하지 마십시오. 눈 뜨면 십자가가 보이니까 전 세계가 다 예수 믿는 줄로 쉽게 생각하지만 아직도 흑암에 앉아 있는, 사망의 그늘에 앉아 있는 백성이 세계 도처에 너무 많습니다. 가까이 일본, 태국 등 동남아시아만 해도 교회를 찾아보기가 힘듭니다. 하나님이 한국에만 너무 많은 교회를 주셨습니다. 이는 동남아시아에 다 보내라는 뜻입니다. 바로 우리가 이런 사명을 받았습니다.

하나님의 때를 이해하는 믿음

본문을 통해 두 번째로 생각할 주제는 예수님의 사역의 때와 장소에 대한 문제입니다. 하나님은 언제나 정확한 때에 일하십니다.

> 예수께서 요한이 잡혔음을 들으시고(마 4:12).

예수님이 일하기 시작하셨다고 되어 있습니다. 세례 요한은 예수님의 길을 충실히 예비했고 최선을 다해 사역했던 사람입니다. 그는 요단 강에서 회개의 세례를 주었고 예수님에게도 세례를 베풀었습니다. "보라, 세상 죄를 지고 가는 하나님의 어린양이로다"라고 자기 제자들에게 예수님을 소개하며 그들을 예수님에게로 보냈습니다. 그는 정의를 부르짖고 불의와 타협하지 않는 사람이었습니다. 결국 헤롯 안티파스에게 잡혀서 그의 목은 은쟁반에 담겨지고 말았습니다. 이것이 세례 요한의 최후였습니다. 이러한 생애를 살았던 요한이 헤롯에게 잡혀서 그의 사역에 종지부가 찍힐

무렵 예수님의 사역이 시작됐다는 것은 아주 놀라운 하나님의 섭리요, 뜻 깊은 일입니다.

여기서 우리가 바라기는 세례 요한과 예수님이 같이 사역을 했더라면 얼마나 좋았을까 하는 것입니다. 그를 좀 살려서 예수님의 오른팔로 쓰시면 좋지 않았겠습니까? 그러나 하나님은 그렇게 일하시지 않습니다. 죽을 자는 죽어야 하고 살 자는 살아야 한다는 결론입니다. 스데반이 죽었습니다. 그런 분이 좀 오래 살면 얼마나 좋겠습니다. 그러나 그는 죽어야만 했습니다. 사도 요한은 오래 살았습니다. 오래 살아야 할 분이었기 때문입니다. 예수님의 열한 제자는 모두 십자가에, 창에, 돌에 맞아 순교했고 사도 요한만이 자연사를 한 것입니다. 자기 사역이 끝나면 죽어야 합니다. 세례 요한이 죽고 난 후 예수님이 사역을 시작하셨습니다.

주 안에 있는 자는 삶과 죽음이 그렇게 문제가 되지 않습니다. 오래 살고 일찍 죽고, 이것이 그렇게 중요한 것이 아닙니다. 오래 살라고 하시면 오래 살고, 일찍 부르시면 "할렐루야" 하고 가면 됩니다. 밤 깊도록 동산 안에 주와 함께 있으려 하나 괴로움 많은 이 세상에 가라고 하시니 우리는 갈 뿐입니다. 결코 삶이 좋아서 더 오래 살려고 약 먹고 조깅하는 것이 아닙니다.

우리는 분명한 목표를 가져야 합니다. 분명한 삶의 의미가 있어야 합니다. 무엇을 위해 살고 무엇을 위해 죽어야 하는지도 알아야 합니다. 급하다고 함부로 시작하는 것도 안 되고 여유가 있다고 늦게 시작해서도 안 됩니다. 언제나 우리는 주님의 때에 살아야 하고 결단해야 하고 행동해야 합니다. 하나님이 원하시는 때에 맞추어 사는 것이 신앙입니다. 때를 이해하는 것, 그것이 믿음입니다. 시간 이해란 이렇게 중요한 것입니다.

하나님이 이끄시는 장소

> 예수께서 요한이 잡혔음을 들으시고 갈릴리로 물러가셨다가 나사렛을 떠나 스불론과 납달리 지경 해변에 있는 가버나움에 가서 사시니(마 4:12-13).

12절 전반부는 때의 문제요, 후반부는 장소의 문제입니다. 예수님이 어느 때에 일하셨는가, 어느 장소에서부터 그분의 사역이 시작되었는가 하는 것입니다. 그런데 이 가버나움에 사시는 것을 가리켜 14절 이하에서는 이사야 9장 1절의 말씀을 인용하여 다음과 같은 예언의 응답으로 해석했습니다. "스불론 땅과 납달리 땅과 요단 강 저편 해변 길과 이방의 갈릴리여."

여기서 "이방의 갈릴리"라는 말이 중요합니다. 예수님이 복음 사역을 시작하신 곳이 유대나 예루살렘이 아니었다는 사실입니다. 예수님은 유대 광야에서 시험을 받으셨습니다. 그리고 갈릴리로 가셨다가 다시 가버나움으로 오셔서 이 가버나움에서 공생애 사역을 시작하셨습니다. 이 가버나움이 바로 스불론, 납달리라는 곳과 연결되는 곳입니다. 왜 예수님이 복음 사역을 예루살렘에서 하지 않고 이방의 갈릴리라고 불리는, 잘 알려지지 않은 스불론과 납달리에서 시작하셨을까요? 그것은 바로 주님의 복음이 이스라엘만의 복음이 아니라 전 인류의 복음이라는 것을 의미합니다. 이방의 갈릴리에서 복음을 시작하신 예수님! 이 얼마나 귀한 사실입니까? 참 놀라운 일입니다. 하나님이 하시는 일은 하나도 무의미한 것이 없습니다.

어느 날 우리는 생애 마지막 순간의 예배를 드리는 날이 올 것입니다. 하나님의 때를 잘 분별해야 합니다. 뿐만 아니라 하나님의 섭리에 따라서 내가 사는 장소와 위치를 잘 선택해야 합니다.

복음을 선포하시다

세 번째 생각해야 할 주제는 예수님의 복음 선포입니다.

이 때부터 예수께서 비로소 전파하여 이르시되 회개하라 천국이 가까이 왔느니라 하시더라(마 4:17).

이방의 갈릴리에 가셨을 때 그때부터 드디어 하나님의 아들 우리 주 예수 그리스도가 입을 열어 복음을 전파하기 시작하셨습니다. 예수님이 시험받으시고 유대를 떠나 갈릴리로 가셨다가 가버나움으로 오셨습니다. 바로 그곳이 스불론과 납달리입니다. 그곳은 흑암의 백성이 있는 곳이었고, 사망의 땅과 그늘에 앉은 자리였습니다. 바로 그때 그 장소에서 예수님은 공생애 사역의 첫마디를 던지신 것입니다. "예수께서 비로소 전파하여 이르시되 회개하라 천국이 가까이 왔느니라." 여기서 중요한 단어 하나는 '전파하여'입니다. '전파하다'(preaching)라는 말은 '선포하다, 설교하다, 나타내다'라는 뜻입니다.

예수님의 사역은 세 가지였습니다. 첫째는 teaching, 둘째는 preaching, 셋째는 healing, 즉 가르치시고 전파하시고 병 고치신 것입니다. 예수님의 사역 중 가장 중요한 사역이 바로 복음을 선포하는 설교 사역입니다. 설교란 분명한 사실을 선포하는 것입니다. 어떠한 가설이나 가상의 사건을 말하는 것은 설교가 될 수 없습니다. 예수님의 설교는 자기의 뜻을 말하는 것이 아니라 하나님의 뜻을 말하는 것이었습니다. 하나님에게 위탁받은 것을 증언하는 것이 바로 설교입니다. 예수님은 이 부분에 대해서 여러 번 말씀하셨습니다.

하나님이 보내신 이는 하나님의 말씀을 하나니(요 3:34).

나는 내 아버지에게서 본 것을 말하고(요 8:38).

내가 내 자의로 말한 것이 아니요 나를 보내신 아버지께서 내가 말할 것과 이를 것을 친히 명령하여 주셨으니(요 12:49).

하늘과 땅의 모든 권세를 내게 주셨으니 그러므로 너희는 가서 모든 민족을 제자로 삼아(마 28:18-19).

이렇게 산상설교나 다락방 강해나 예수님이 이곳저곳에서 하신 설교는 자신의 뜻과 생각을 전개한 것이 아니었습니다. 이것이 설교입니다.

오늘날 교회의 설교가 타락해 가고 있습니다. 신문의 사회면이나 특정 인터넷 매체 등을 통해 설교하는 사람도 있습니다. 물론 그것도 중요할 수 있습니다. 그러나 그것은 설교가 아니라 강연입니다. 설교는 하나님의 말씀을 대신 전하는 것입니다. 그것은 정견 발표가 될 수 없습니다. 도덕 강연도 될 수 없습니다. 예수님의 설교는 복음 사역의 핵심이었습니다. 하나님의 말씀으로서의 설교가 죽으면 교회는 죽습니다. 오늘날 교회마다 설교가 회복되어야 합니다. 강단마다 하나님의 말씀의 권위가 회복되어야 합니다. 이것이 없으면 교회는 타락합니다.

설교가 하나님의 말씀이라면 들을 때 찔림을 받아야 합니다. 기분 나쁠 정도로, 자존심이 상할 정도로 찔려야 합니다. 그 설교를 들을 때 꼭 나만 두고, 나를 향해서 설교하는 것 같다고 느껴야 합니다. 설교가 무섭도록 자기를 분해하고 찌르고 파괴시켜야 합니다. 또한 그것이 진정한 하나님의 말씀이라면 회개와 용서와 위로와 그리스도를 보여 주는 것이어야 합니다. 이것이 설교입니다.

예수님의 설교 내용은 간단합니다. "회개하라. 천국이 가까이 왔느니라"입니다. 회개란 죄에서 돌이키고 예수 이름으로 변화되는 것입니다. 흑암에서 큰 빛으로 나오는 것이 회개입니다. 왜 회개해야 합니까? 예수님이 회개하라고 하셨기 때문입니다. 하고 싶지 않아도 해야 합니다. 주님의 명령이기 때문입니다.

회개란 성격의 변화요, 생각의 변화요, 의견의 변화요, 방법의 변화입니다. 눈물을 흘리며 누가 인정하든 안 하든 내 양심 앞에서, 성령 앞에서, 하나님 앞에서 회개할 것을 다 회개하는 것이 진정한 축복입니다. 물질적 축복이나 병 고침 받는 것도 중요하지만 더 중요한 축복은 회개입니다. 회개하는 자에게는 세례가 베풀어지기 때문입니다. 회개하는 자에게는 진리가 임합니다.

두 번째 예수님의 메시지는 천국이 가까이 왔다는 선언입니다. 왜 회개해야 합니까? 천국이 가까이 왔기 때문입니다. 이것은 메시아가 지금 왔다는 말입니다. 구세주가 지금 여기 있다는 뜻입니다. 천국은 장소의 개념이 아니라 통치의 개념입니다. 그러므로 천국이란 하나님의 통치, 다시 말하면 예수님의 통치가 이루어지는 곳을 말합니다. 천국의 주인은 누구입니까? 하나님이시며 예수 그리스도이십니다. 그런데 예수 그리스도가 이 땅에 오셨습니다. 예수 그리스도가 우리 가운데 있습니다. 천국이 이미 왔습니다. 그러니까 회개하라고 하시는 것입니다. 지체하지 말라고 하셨습니다. 회개는 지체해서는 안 됩니다.

이 시간 우리의 영안이 떠져서 예수님이 지금 우리와 함께 계시는 것을 볼 수 있기 바랍니다. 사람만 봐서 무엇 하겠습니까? 목사만 봐서 무엇 하겠습니까? 예수님을 보셔야 합니다. 그분 앞에 무릎 꿇으십시오. 회개하십시오. 예수님을 영접하십시오. 겸손해지십시오. 높아진 생각, 교만한 생각을 다 버리십시오. 수고하고 무거운 짐들도 그분 앞에 내려놓으십시오. 그래서 치료받고 새사람이 되길 바랍니다. 변하지 않고서는 새사람이 되지 않습니다. 겸허히 무릎 꿇고 기도하십시오. 자기를 돌이켜 보고 정리하고 새 마음으로 하나님이 주시는 축복과 은총의 삶을 살 수 있도록 회개하시길 바랍니다.

13

사람을 낚는
어부가 되라

마태복음 4:18-22

하나님의 가장 큰 관심은 죄인을 구원하는 일입니다. 잃어버린 영혼, 버려진 영혼, 타락한 영혼에 대한 하나님의 열심입니다. 그래서 하나님은 이 일을 위해서 그분의 아들 독생자 예수를 세상에 보내셨으며 십자가에서 죽게 하셨습니다.

한 영혼에 대한 하나님의 관심

예수님이 세상에 살아 계시는 동안에 천국 복음을 전파하시고, 하나님의 말씀을 가르치시고, 병든 자와 귀신 들린 자들을 고쳐 주신 이유도 바로 이 때문이었습니다. 십자가에 못 박혀 죽으시고 사흘 만에 부활하신 것도 바로 이 때문이었으며, 구름 타고 다시 오실 것을 약속하신 것도 바로 이 때문입니다.

누가복음 15장 말씀 중에 양에 대한 비유가 있습니다. 어느 목자가 우리 안에 있는 아흔아홉 마리의 양보다 잃어버린 한 마리의 양에게 관심을 가지고 산을 넘고 들을 지나 그 잃어버린 한 마리의 양을 찾았다는 이야기입니다. 이 이야기는 목자가 그 양을 찾고 너무 좋아서 어깨에 메고 돌아와 잔치를 베풀었다는 것으로 끝납니다.

계속해서 15장에는 열 드라크마를 가진 자가 한 드라크마를 잃어버리자 그것을 찾기 위해 등불을 켜고 부지런히 온 집을 쓸어서 잃어버린 한 드라크마를 찾고 기뻐했다는 비유가 있습니다.

또 연이어 하신 비유가 있는데, 탕자의 비유입니다. 아버지를 배신하고 재산을 가지고 떠났던 아들. 그러나 그 잘못에도 불구하고 아버지는 이 자식을 위해 밤마다 문을 열어놓고 기다리다가 마침내 거지가 되어 비참하게 되돌아오는 자식을 보게 됩니다. 아버지는 상거(相距)가 아직도 먼데 측은히 여겨 달려가서 그 아들의 더러운 몸을 껴안고 입을 맞추었습니다. 그리고 제일 좋은 옷을 입히고 손에 가락지를 끼우고 발에 신을 신기고 살진 송아지를 잡아서 큰 잔치를 베풀었습니다.

위의 세 가지 비유는 모두 하나님의 심정을 보여 주는 말씀입니다. 이 비유로 우리 하나님은 한 영혼에 대한 관심이 온 우주보다 크다는 것을 알 수 있습니다.

하나님은 우리를 사랑하십니다. 하나님은 우리 한 사람 한 사람에 대해서 이처럼 기막힌 관심을 가지시고 하루 24시간, 일 년 열두 달, 또 우리 생애가 다하는 날까지 한 번도 한눈파는 일 없이 우리를 주목하여 지켜보고 계십니다. 한 영혼에 대한 관심이 이렇게 크기 때문에 승천하시기 전에 최후 명령으로 우리에게 이런 말씀을 주셨습니다.

그러므로 너희는 가서 모든 민족을 제자로 삼아 아버지와 아들과 성령의 이름으로 세례를 베풀고 내가 너희에게 분부한 모든 것을 가르쳐 지키게 하라(마 28:19-20).

이것은 우리 주님의 지상 명령일 뿐 아니라 유언이기도 합니다.

또 이 말씀과 함께 "오직 성령이 너희에게 임하시면 너희가 권능을 받고 예루살렘과 온 유대와 사마리아와 땅끝까지 이르러 내 증인이 되리라 하시니라"(행 1:8)는 말씀을 하시고 예수님은 승천하셨습니다.

또 마가복음 16장 15-16절에서도 마가복음의 결론을 내리면서 이렇게 말씀하십니다.

또 이르시되 너희는 온 천하에 다니며 만민에게 복음을 전파하라 믿고 세례를 받는 사람은 구원을 얻을 것이요 믿지 않는 사람은 정죄를 받으리라.

누가복음 24장 47-48절에서도 "또 그의 이름으로 죄 사함을 받게 하는 회개가 예루살렘에서 시작하여 모든 족속에게 전파될 것이 기록되었으니 너희는 이 모든 일의 증인이라"고 결론을 내리셨습니다.

또 요한복음 21장에서도 예수님은 사랑하는 베드로를 앞에 두고 "네가 나를 사랑하느냐?"고 세 번이나 물으셨습니다. 또 마지막으로 베드로에게 "내 어린양을 먹이라"(15절), "내 양을 치라"(16절), "내 양을 먹이라"(17절)고 세 번이나 부탁하셨습니다.

예수님의 심정은 하나님의 심정과 똑같았습니다. "무리를 보시고 불쌍히 여기시니"(마 9:36). "불쌍히 여기시는" 것이 예수님의 심정입니다. 예수님은 사람만 보면 눈물을 뚝뚝 흘리셨습니다.

저에게 신앙을 가르쳐 주셨던 목사님 한 분이 계시는데 그분이 섬에 사실 때였습니다. 하루는 잠을 자는데 밤새도록 "사람 살려!"라는 비명 소리가 들렸다는 것입니다. 그분이 자기가 몸이 아파서 무얼 잘못 들은 줄 알고 그냥 지나쳤는데, 다음 날 아침이 되어 보니 밤에 배 한 척이 파선되어 시체들이 그 섬에 널려 있었습니다. 밤에 들었던 소리는 이들의 비명 소리였는데 천둥소리, 빗소리에 묻혀서 잘 안 들렸던 것이었습니다. 그 비참한 시체를 본 후에야 그분은 예수를 알게 되었고, 복음을 깨닫게 되었습니다. 그리고 서울로 오게 되었는데 사람들이 자기에게 무슨 얘기를 하면 "사람 살려"라는 비명으로 들렸다고 합니다. 사람들이 자기 자랑을 하며 별 얘기를 다 해도 자기 귀에는 살려 달라는 얘기로 들려서 그 사람에게 복음을 전하지 않으면 견딜 수 없는 심정이 되었다고 합니다. 그분은 그렇게 해서 평생 전도하셨습니다.

사실 그런 소리가 들릴 수 있다면 얼마나 좋겠습니까? 가슴이 찢어지고 목이 메어 말할 수 없는 그런 심정, 이것이 복음이 없는 사람들, 영혼이 불쌍한 사람들에 대한 예수님의 심정이요, 하나님의 심정입니다. 그리고 이 심정을 우리에게도 부탁하시는 것이 주님의 마지막 지상 명령이었습니다.

예수님의 오직 한 가지 관심은 죄인을 구원하는 데 있었습니다. 모든 그리스도인이 복음을 전파하여 제자 삼는 사람이 되게 하는 것이었습니다.

사도 바울은 복음을 깨닫고 "헬라인이나 야만인이나 지혜 있는 자나 어리석은 자에게 다 내가 빚진 자라"(롬 1:14)고 말했습니다. 그는 빚진 자의 심정으로 평생을 살았습니다. 어떤 사람은 세상을 너무나 떳떳하고 뻔뻔스럽게 사는가 하면 어떤 사람은 항상 미안해하며 삽니다. 복음에 빚진 심정으로, 죄송한 마음으로, 하나님 앞에 나는 죽어 마땅한 죄인인데, 이미 죽었어야 할 죄인인데 살려준 것이 감사하고, 덤으로 사는 것이 감사하다는 심정으로 사는 사람이 진정한 그리스도인입니다. 이런 진정한 그리스도인은 자만하지 않고 예수님과 같은 심정으로 살아야 합니다.

사도행전에 보면 예수님이 사도 바울에 대해 이렇게 말씀하시는 부분이 있습니다.

주께서 이르시되 가라 이 사람은 내 이름을 이방인과 임금들과 이스라엘 자손들에게 전하기 위하여 택한 나의 그릇이라(행 9:15).

이것이 사도 바울의 모습이요, 사도 바울의 본질입니다. 이것이 하나님이 사도 바울을 계획하신 뜻이었습니다. 이처럼 선교, 곧 전도는 주님의 지상 명령일 뿐 아니라 신약 성경 최대의 관심사입니다.

먼저 사람을 찾으시는 하나님

우리 주님이 이 엄청난 일을 하기 위해서 가장 먼저 어떤 일을 하셨습니까? 그것은 놀랍게도 사람을 선택하는 것이었습니다. 사람들은 일하기 위해서 방법과 제도를 찾습니다. 그러나 하나님은 헌신된 사람을 찾으십니다. 예수님은 일을 먼저 시작하지 않고 사람을 먼저 찾으셨고, 그 사람을 훈련시키셨습니다. 이것이 예수님의 방법입니다.

하나님 나라에서 가장 중요한 요소는 바로 헌신된 사람입니다. 예수님의 3년간의 공생애 사역은 12명의 사람을 키운 것이 전부였습니다. 예수님은 대중을 상대로 했지만 결코 대중 앞에 머리 숙이거나 우상화하지 않으셨습니다.

현대는 대중이 우상화되는 시대입니다. 매번 선거를 통해서 우리는 여실히 목격할 수 있습니다. 선거 때 우상이 되었던 대중은 잠깐의 선거를 치르고 나면 흩어져 아무것도 없습니다. 그러나 예수님은 그분의 인생 전부를 들여 12명의 제자를 키우셨습니다. 그리고 십자가에 못 박혀 죽으시고 사흘 만에 부활하신 후 그냥 승천하지 않으시고 40일 동안 세상에 계시면서 마지막 선교 사역을 보완하셨습니다. 이것을 다 마치고 승천하시면서 엄청난 하나님의 구원 사역을 11명의 제자들에게 위탁하셨습니다(12명 중 한 사람인 가룟 유다는 자기의 길로 가 버렸기에 11명이 되었습니다). 예수님은 11명의 제자들에게 이렇게 말씀하셨습니다.

> 하늘과 땅의 모든 권세를 내게 주셨으니 그러므로 너희는 가서 모든 민족을 제자로 삼아 아버지와 아들과 성령의 이름으로 세례를 베풀고 내가 너희에게 분부한 모든 것을 가르쳐 지키게 하라(마 28:18-20).

이것이 주님이 하신 마지막 일이었습니다.

본문 말씀을 보면 예수님이 첫 번째로 하신 일, 즉 제자를 선택하고 부르시는 모습을 보게 됩니다.

> 갈릴리 해변에 다니시다가 두 형제 곧 베드로라 하는 시몬과 그의 형제 안드레가 바다에 그물 던지는 것을 보시니 그들은 어부라 말씀하시되 나를 따라오라 내가 너희를 사람을 낚는 어부가 되게 하리라 하시니(마 4:18-19).

예수님은 공생애를 시작할 때 갈릴리 바다를 돌아다니셨습니다. 이유는 사람을 찾기 위해서였습니다. 하나님의 일을 하는 것도 중요하지만 더 중요한 것은 사람을 찾는 일입니다. 교회와 개인이 영적으로 부흥하려면 이 원리가 적용되어야 합니다. 그래서 제자 훈련의 원리 중에서 사람 선발의 원리가 가장 중요합니다.

교회가 영적으로 부흥하려면 먼저 영적으로 성숙한 목회자 팀워크(team-work)가 이루어져야 합니다. 이것이 잘 이루어지지 않으면 교인이 아무리 많아도 소용없습니다. 제일 중요한 것은 성령 충만하고 하나님에게 헌신된 목회자를 찾는 일입니다. 기도하는 사람, 성경에 해박한 사람, 뜨거운 정열이 있는 사람, 헌신된 사람이 있어야 합니다. 이런 사람이 있느냐 없느냐에 교회의 사활이 달려 있습니다. 교회는 건물이 아니라 사람입니다. 목회자들이 팀워크를 이루어 서로 존경하고 사랑하며 한마음이 되어서 교회를 섬길 때 교회는 하나님의 뜻대로 성장하게 됩니다.

그 다음으로 성령 충만하고 성숙한 인격이 있는 장로님들이 계셔야 합니다. 장로님들의 영적 수준이 곧 교회 수준을 결정합니다. 그 이상을 넘어 서기가 어렵습니다. 장로님들은 목회자와 교인 사이에서 중간 역할을 잘해야 합니다. 교회가 든든하게 서 갈 수 있도록 영적인 일을 해야 합니다. 이 팀워크가 무너지면 교회는 다 깨집니다. 대부분의 교회가 어려움을 겪는 것은 목사님과 장로님들 간의 갈등과 싸움 때문입니다. 이것 때문에 교회는 망합니다.

마지막으로 물불 가리지 않고 헌신하는 집사님들이 있어야 합니다. 도사리는 집사님들이 있어서는 교회 일이 안 됩니다. 이익인가 손해인가, 내 마음에 맞는가 안 맞는가를 따지지 않고 주님의 일이라면, 교회 일이라면 물불 가리지 않고 나서는 사람이 있어야 합니다. 교회는 이런 사람들이 있을 때 튼튼해지고, 허다한 무리가 모이고, 하나님의 놀라운 역사를 일으킬 수 있게 됩니다.

구경꾼이 많은 교회는 결코 일을 못 합니다. 99% 헌신된 사람 100명보다 100% 헌신된 사람 10명이 더 큰 일을 합니다. 이것은 제자 훈련의 원칙입니다. 구경꾼 교인, 방관하는 교인, 뒷짐 지는 교인이 있는 한 하나님도 어찌하실 수 없습니다. 왜냐하면 하나님은 사람을 통해서 일하시기 때문입니다. 사람이 움직여 주지 않으면 절대로 하나님도 어떻게 하실 수가 없습니다.

이런 팀이 성령 안에서 하나가 되었을 때 교회는 힘 있게 하나님의 일을 해 나갈 수 있습니다. 좋은 제도, 좋은 건물, 좋은 방법, 좋은 행정도 중요하지만 그것이 결코 헌신되고 성숙한 사람만큼 중요하지 않습니다. 아무리 좋은 방법이 있으면 뭐합니까? 헌신된 사람이 없으면 이는 다 주인 없는 집과 같습니다.

제자로 부르시다

복음서를 보면 예수님이 제자들을 부르실 때 다섯 가지 목적을 가지고 부르십니다. 요한복음 1장 35절 이하를 보면 구원과 믿음으로 부르시는 것을 볼 수 있습니다. 마태복음 4장 18절을 보면 증인이 되게 하기 위해서 제자를 부르십니다. 누가복음 5장 10절을 보면 모든 것을 포기하게 하기 위해서 부르셨습니다. 마가복음 3장 13절 이하에서는 제자들을 부르시는 까닭이 주의 복음을 전도하게 하고, 귀신 쫓는 능력을 주셔서 귀신을 쫓게 하는 데 있었습니다. 마태복음 10장 1절 이하에서도 예수님이 열두 제자를 택하실 때 귀신 쫓는 능력과 병 고치는 능력과 약한 것을 고치는 능력을 주셔서 제자들을 내보냅니다.

그러니까 구원과 믿음을 위하여, 증인을 삼기 위하여, 그들 삶의 모든 것을 포기시키기 위하여, 그리고 전도하게 하고 귀신을 쫓게 하기 위하여, 병을 고치고 약한 것을 고치게 하기 위하여 주님은 제자들을 택하셔서 그들을 자기의 사역자로 삼아 주셨다는 결론을 내릴 수 있습니다. 하나님은 오늘날도 똑같이 이러한 방법으로 교회를 부르고 성도들을 사용하기를 원하십니다. 우리 모두가 이런 능력이 있기를 바랍니다.

믿는 자들에게는 이런 표적이 따르리니 곧 그들이 내 이름으로 귀신을 쫓아내며 새 방언을 말하며 뱀을 집어 올리며 무슨 독을 마실지라도 해를 받지 아니하며 병든 사람에게 손을 얹은즉 나으리라(막 16:17-18).

이런 능력이 있어야 우리가 세상에 나아가서 영적으로 마귀와 싸워서 이길 수 있습니다. 그럴 때 땅의 일이 아니라 하늘의 일을 감당하는 그리스도의 참된 제자가 됩니다.

그런데 여기서 눈여겨볼 부분이 있습니다. 베드로와 안드레가 예수님을 택한 것이 아니라 예수님이 베드로와 안드레를 부르셨다는 점이 아주 중요합니다. 하나님은 언제나 같이 일할 동역자를 찾으십니다. 하나님이 능력이 없어서 찾으시는 것이 아닙니다.

구약을 보면 하나님은 노아와 아브라함을 부르셨습니다. 모세와 다윗도 부르시고, 택하셔서 일을 시키셨습니다. 하나님은 예언자들을 택하셔서 일하셨습니다. 누가복음 6장 13절을 보면 "밝으매 그 제자들을 부르사 그 중에서 열둘을 택하여 사도라 칭하셨으니"라는 말씀이 있습니다. 또 우리가 잘 아는 성경 구절인 요한복음 15장 16절에서 "너희가 나를 택한 것이 아니요 내가 너희를 택하여 세웠나니"라고 합니다. 여러분이 교회에 오게 된 것은 여러분 스스로가 온 것이 아니고 하나님이 불러 주셔서 오게 된 것입니다.

교회는 하나님이 '부르신' 사람들이 나오는 곳입니다. 성령의 바람을 맞아서 교회에 오게 된 것입니다. 스스로 왔다고 생각하면, 자기 스스로 하나님을 믿는다고 생각하면 교만해지고 불순해집니다. 그러나 하나님이 부르셨다고 생각하면 겸손하고 온유해집니다.

교회의 성직도 하나님이 주신 것이요, 하나님이 불러 주신 것이지 자기가 되고 싶다고 해서 된 것이 결코 아닙니다. 요즘에는 신학교를 운동(movement)하기 위해 들어가고, 교회를 운동권 아지트의 목적으로 이용하는 사람들이 있다고 합니다. 이들은 영혼을 구원하는 데는 관심이 없습니다. 의도적으로 신학교에 들어온 것입니다. 이것은 부르심이 아닙니다. 하나님이 부르셔야 일하는 것입니다. 장로나 집사도 자기가 하고 싶어서 하는 것이 아닙니다. 부르심이 분명하지 않으면 목사 하다가 힘들어서 장사하기도 합니다. 성직은 하나님이 불러 주신 것이기 때문에 도중에 변경하거나 다른 일을 할 수 없습니다. 부르심 앞에는 순종과 겸손만이 있을 뿐입니다.

예수님의 부르심

본문을 보면 제자를 부르시는 예수님의 모습에서 깨닫는 네 가지 사실이 있습니다.

첫째, 하나님이 가서서 '택해 주셨다'는 것이요, 둘째, 택했는데 어부를 택하신 것입니다. 여기서 느끼는 것은 하나님은 사람을 구별하시지 않는다는 것입니다.

예수님의 제자들은 대부분이 서민층이었습니다. 그중에서 제일 똑똑한 자가 가룟 유다였습니다. 그가 제일 영리하여 회계를 맡았습니다. 그는 사회 의식이 강한 도시 출신이었습니다. 그러나 이 사람은 끝을 보지 못했습니다. 교회는 머리 좋고 똑똑하고 학벌 있고 직업이 좋고 계급이 높은 자, 모든 것을 갖춘 자를 택하는 것이 아닙니다. 하나님은 그런 것에 기준을 두지 않고 어부를 택해서 제자를 삼으셨습니다. 이것이 하나님의 방법입니다.

셋째, 하나님은 할 일 없는 사람을 부르시지 않고 열심히 살고 있는 사람을 부르신다는 사실입니다. 베드로와 그의 동생 안드레는 고기를 잡는 중에 부르심을 받았습니다. 요한 형제를 부를 때도 그물을 깁고 있는 두 사람을 부르셨습니다. 놀고 있는, 할 일 없는 사람을 부르신 것이 아니라 열심히 일하는 사람을 택하시는 것을 볼 수 있습니다. 어떤 상황에서든지 우리는 열심히 살아야 합니다. 직업이 있든 없든, 환경이 좋든 나쁘든 상관없이 자기에게 주어진 일을 충성스럽게 하는 사람에게 하나님은 일을 맡기십니다.

넷째, 예수님은 형제를 부르십니다. 베드로와 안드레, 세베대의 아들 야고보와 요한을 부르시는데 이들은 형제입니다. 우리나라 목사님들 가운데도 유명하신 형제 목사님들이 계시지요. 여기서 우리는 예수님의 부르심의 새로운 모습을 봅니다.

하나님은 할 일 없는 사람을 부르시지 않고 열심히 살고 있는 사람을 부르십니다. 그러면 예수님이 어떻게 부르셨습니까?

말씀하시되 나를 따라오라(마 4:19).

이것이 예수님의 부르심입니다. 사람에 따라 분명하게 듣는 사람이 있고 불분명하게 듣는 사람이 있을 뿐이지 주님은 언제나 분명하게 부르십니다.

우리 중에는 선교사로 부르심을 받은 사람이 있습니다. 목사로 부르심을 받은 사람도 있습니다. 세상의 직장인으로 부르심을 받은 사람도 있습니다. 우리는 세상에서 살아야 합니다. 그러나 선교사로 부르시면 반드시 선교사로 가야 합니다. 목사로 부르시면 반드시 목회의 길로 가야 하고, 일꾼으로 부르시면 반드시 그 일을 해야 합니다. 이렇게 하나님이 부르시는 영역은 여러 가지지만 부르심의 내용은 누구를 막론하고 다 똑같습니다. 다시 말하면 "나를 따라오라"입니다. 즉 주님을 따르라고 하시는 것입니다. 우리의 목표는 세상을 따르는 것이 아니라 예수님을 따르는 것이어야 합니다.

그러면 예수님의 부르심의 목적은 무엇입니까? "너희를 사람을 낚는 어부가 되게 하리라"는 것이 주님의 목표입니다. 어떤 직업에 있든지, 어떤 삶을 살든지 궁극적으로 중요한 것은 사람을 낚는 어부가 되는 것입니다. 어떤 사람은 가정주부와 엄마로서 부르심을 받는 경우도 있습니다. 이런 경우 가정을 돌보고 자녀를 믿음으로 잘 키우는 일로 사람을 낚는 어부의 일을 하게 하는 것이 주님의 궁극적인 관심입니다.

모든 것을 버려두고 따르라

마지막으로 부름 받은 사람들은 어떻게 반응했습니까?

그들이 곧 그물을 버려두고 예수를 따르니라(마 4:20).

그들이 곧 배와 아버지를 버려두고 예수를 따르니라(마 4:22).

버리지 않고는 취할 수 없습니다. 옛사람을 벗어야 새사람으로 지음 받을 수 있습니다. 베드로와 안드레는 생업의 수단인 그물을 버렸습니다. 야고보와 요한은 그들의 재산인 배와 아버지까지 버렸습니다. 현실에 얽매여 있는 사람은 하나님의 일을 하기가 어렵습니다. 그러나 이 말은 직업을 버리라는 뜻이 아니라 주님을 섬기는 데 우선순위가 있어야 한다는 뜻입니다.

아버지나 어머니를 나보다 더 사랑하는 자는 내게 합당하지 아니하고 아들이나 딸을 나보다 더 사랑하는 자도 내게 합당하지 아니하며 또 자기 십자가를 지고 나를 따르지 않는 자도 내게 합당하지 아니하니라(마 10:37-38).

이 말씀은 돈과 명예와 권세보다도 하나님을 더 사랑하고 부모와 자식보다도 하나님을 더 사랑하라는 말입니다. 그래서 하나님은 아브라함에게 아들 이삭을 바치라고 명령하셨던 것입니다. 우리는 여기에서 갈등이 생깁니다. 그러나 하나님은 우리에게도 이러한 삶을 요구하십니다. 부름 받은 사람은 세상의 것에 얽매인 사람들이 아닙니다.

모든 무거운 것과 얽매이기 쉬운 죄를 벗어 버리고 인내로써 우리 앞에 당한 경주를 하며 믿음의 주요 또 온전하게 하시는 이인 예수를 바라보자(히 12:1-2).

주님은 우리에게 "나를 따라오라"고 명령하십니다. 모든 것을 버리고 따라오라고 명령하십니다. 주님을 바라보고 따라가면 우리가 버렸던 것보다 더 많은 것을 축복으로 주실 것입니다.

너희는 먼저 그의 나라와 그의 의를 구하라 그리하면 이 모든 것을 너희에게 더하시리라(마 6:33).

우리가 염려하던 모든 것을 하나님은 분명히 채워 주실 것입니다.

14

가르치고 전파하고
치유하라

마태복음 4:23-25

예수님은 우리를 구원하기 위해 정확한 때에, 정확한 장소에서, 그리고 정확한 메시지로 말씀하시고 행동하셨습니다. 위대한 목적을 가지고 오신 예수님은 이 일을 위하여 베드로와 안드레, 야고보와 요한을 택하셨습니다. 그리고 그들에게 지상에서 인간이 가질 수 있는 가장 위대한 소명을 주셨습니다. 그것은 바로 사람을 낚는 어부가 되라는 것이었습니다.

흥미로운 것은 예수님이 첫 번째 사역하신 장소가 예루살렘이 아니고 시골 동네 갈릴리였다는 것입니다. 갈릴리 해변에서 그물을 던지던 베드로와 안드레, 또 그물을 깁던 야고보와 요한을 부르셨습니다.

엘리트 계급을 택하지 않으시고 평범하고 소박한 보통 사람을 부르셨습니다. 계속해서 예수님은 갈릴리를 두루 다니면서 일하셨는데 본문 23절을 보면 예수님의 사역이 세 가지였다는 것을 발견하게 됩니다.

가르치는 사역

> 예수께서 온 갈릴리에 두루 다니사 그들의 회당에서 가르치시며 천
> 국 복음을 전파하시며 백성 중의 모든 병과 모든 약한 것을 고치시
> 니(마 4:23).

마태는 이렇게 예수님의 사역을 세 가지로 아주 명확하게 요약해
주었습니다. 마태복음 9장 35절에도 "예수께서 모든 도시와 마을에
두루 다니사 그들의 회당에서 가르치시며 천국 복음을 전파하시며
모든 병과 모든 약한 것을 고치시니라"고 기록되어 있습니다.

예수님은 어떤 분이십니까? 왜 세상에 오셨습니까? 그분은 세
상에 오셔서 회당에서 가르치는 사역을 하셨습니다. 그리고 천국
복음을 전파하는 사역을 하셨습니다. 또 모든 병과 약한 것을 고
치는 사역을 하셨습니다. 회당에서 가르치는 사역을 현대 용어로
'교육'이라고 합니다. 천국 복음을 전파하는 사역은 '전도와 선교'
로 표현할 수 있습니다. 모든 병과 약한 것을 고치는 사역을 '치유
사역 또는 상담 사역'이라고 합니다. 이 세 가지 사역을 통해 볼 때
예수님은 진정한 교사이고, 진정한 선교사고, 진정한 의사셨음을
알 수 있습니다.

먼저 예수님의 첫 번째 사역인 가르치는 사역에 대해 생각해 보
겠습니다. 예수님이 온 갈릴리에 두루 다니사 그들의 회당에서 가

르치셨다고 기록되어 있습니다. 예수님이 가르치는 이 중요한 사역을 위해서 택하신 장소는 바로 회당이었습니다. 가르칠 장소가 많았을 텐데 왜 회당을 택하셨을까요?

회당은 그 기원이 분명하지는 않으나 바벨론 포로기 때부터 있었던 것 같습니다. 회당은 이스라엘 백성의 아주 중요한 생활 기반이었습니다. 그러나 회당이 성전은 아니었습니다. 이스라엘 성전은 예루살렘 한 곳뿐입니다. 회당은 유대인들이 살고 있는 곳이면 어디든지 있었습니다. 언덕 위 높은 곳이나 강변에 그들이 모인 곳이면 반드시 있었습니다.

우리는 보통 이스라엘의 역사를 성전의 역사로 이해하지만 또 다른 의미에서는 회당의 역사였다고도 말할 수 있습니다. 성전은 오직 제사만을 위해 존재하는 하나님의 집입니다. 그러나 회당은 기도하고, 예배드리고, 강연하고, 재판하며, 공부하는 등 다목적 기능이 있는 신앙생활 센터였습니다.

회당에서 집회를 하면, 먼저 기도하는 것으로 시작합니다. 즉 기도하는 자들의 모임입니다. 둘째로 율법과 예언을 낭독하는 데 회중이 참가하는 모임입니다. 세 번째는 강연인데 특별히 전문 강연자들이 상주해 있는 것이 아니라 회당을 지키는 회당장이 인정한다면 누구든지 와서 강연할 수 있었습니다. 일종의 공개된 강의라고 말할 수 있습니다. 강연이 끝나면 그들은 자유롭게 질문하고 토론하는 시간도 갖곤 했습니다.

이처럼 회당은 유대인들의 일상생활의 기반이었습니다. 그들에게 신앙과 생활은 구분되어 있지 않았습니다. 신앙이 곧 삶이요, 삶이 곧 신앙이었습니다. 우리의 갈등은 신앙과 삶이 분리된 데 있습니다. 그런데 유대인들은 회당이 신앙생활의 중심지이면서 동시에 삶의 중심지였습니다. 그들은 그곳이 시청이었고, 재판소였고, 결혼식장이었고, 학교였고, 예배 처소였고, 문화 센터였습니다. 그리고 무엇이든지 쉽게 강연하고 배울 수 있는 곳이었습니다. 우리는 이제 왜 예수님이 회당을 택하셔서 가르치셨는지, 그리고 복음을 전파하셨는지 그 이유를 쉽게 이해할 수 있습니다.

사도 바울도 바로 이 회당에서 복음을 가르치고 전도했다는 것을 사도행전 곳곳에서 발견할 수 있습니다. 사실 유대인의 믿음과 생활의 공간인 회당이야말로 예수님이 가르치시는 사역의 가장 중요한 전초 기지로 삼으실 수 있었던 곳입니다.

오늘날의 교회는 회당적인 개념보다 성전적인 개념이 너무나 많습니다. 그래서 우리는 예배 한 번 드리는 것으로 교회가 기능을 다했다고 생각합니다. 대부분의 경우 교회를 지을 때 예배당만 덩그러니 크게 짓습니다.

수천 명이 들어올 수 있는 공간은 지으나 교육 시설, 문화 시설, 생활 공간, 즉 그리스도인의 삶의 터전으로서의 교회는 짓지 않고 있습니다. 하나님은 거룩하시므로 제사 드리는 개념만 생각하여 성전 개념으로만 교회를 이해했던 것입니다.

물론 교회는 제사 드리는 경건함과 엄숙함이 있어야 하지만, 또한 가르치고 배우는 생활 공간이 되어야 합니다. 우리는 너무나 구약의 성전 속에 있는 예배당의 개념을 많이 담고 있습니다. 초대교회의 예배당은 그렇지 않았습니다. 오히려 예수님은 성전에서 가르치신 것이 아니라 회당에서 가르치셨다는 사실에 좀 더 관심을 가져야 합니다.

교회는 신앙과 삶이 구분되지 않는 곳으로 우리의 꿈이요, 일터요, 잠자는 곳이요, 먹는 곳이요, 우리의 영혼이 회복되는 곳이요, 예배하고 기도하며 살아 계신 우리 주 예수 그리스도를 만날 수 있는 살아 있는 공간으로 만들어져야 합니다. 그럴 때 복음이 강력하게 전달될 수 있을 것입니다.

저는 오늘날 교회가 낡은 옷을 입고 있고 기운이 없는 노인같이 변해 가는 모습에 슬퍼하지 않을 수 없습니다. 건물은 커지고 제도도 많아졌습니다. 엄숙하기도 합니다. 그러나 그 예배는 졸기에 딱 맞는 예배가 되었습니다. 이처럼 아무런 감동이 없는 예배를 볼 때 슬퍼하지 않을 수 없습니다.

교회는 기쁨과 충만이 있어야 하며, 감사와 찬양과 기적이 넘치는 공간이어야 합니다. 나는 여러분에게도 기적이 일어나기를 바라고, 여러분의 삶 속에서 놀라운 성령의 역사가 생동하기를 바랍니다. 교회에서 우리는 하나님을 경험해야 합니다. 찬양을 통해서 눈물을 흘리기도 하고, 기도를 통해서 하나님과 만나는 기쁨을 만

끽할 수 있는 곳, 하나님의 음성을 들을 수 있는 곳, 바로 여기가 우리 삶의 터전이어야 합니다. 교회가 따로 있고, 세상이 따로 있고, 가정이 따로 있는 것이 아닌 것입니다.

교회는 그리스도의 몸이요, 살아 있는 하나님의 집입니다. 오늘날 한국 교회는 서구 교회가 그러했듯이 마음껏 성장하고 나서는 시대에 뒤떨어져 가는 골동품이 되어서는 안 됩니다. 교회가 이 시대를 이끌어 갈 수 있어야 합니다. 비전을 주고 길을 개척하고 모든 사람에게 영혼을 볼 수 있도록 가르치는 하나님의 성전이 되어야 합니다. 교회당 안에는 성령의 열기가, 사랑의 열기가, 소망의 열기가 가득 차야 합니다.

예수님이 회당에서 가르치셨다는 사실을 생각할 때 저에게는 기쁨이 있었습니다. 왜냐하면 우리가 추구해야 할 복음 전파의 기초가 어딘가를 새롭게 보여 주었기 때문입니다. 그러면 예수님은 그곳에서 무엇을 가르치셨을까요? 아마도 많은 사람이 생각하듯이 구약 성경을 강해하지 않으셨을까 생각합니다. 하나님의 말씀을 한 구절 한 구절 강해하시면서 천국의 비밀과 메시아의 오심과 진리를 가르쳐 주셨을 것입니다.

그런데 놀라운 것은 예수님의 가르침에 많은 사람이 충격을 받았다는 것입니다. 이러한 사실은 마태복음 7장 28-29절에서 예수님이 산상설교를 끝내셨을 때 사람들의 반응에서 찾아볼 수 있습니다.

예수께서 이 말씀을 마치시매 무리들이 그의 가르치심에 놀라니 이는 그 가르치시는 것이 권위 있는 자와 같고 그들의 서기관들과 같지 아니함일러라.

그들은 어떤 능력과 권세가 그분에게 있는 것을 보았습니다. 분명히 예수님은 소리 지르지 않고 차분하게 설교하셨을 것입니다. 그러나 그 얘기에 사람들은 충격을 받았고 어떤 능력을 경험했던 것입니다.

예수님은 무슨 일을 하시든지 틈만 있으면 언제나 가르치는 사역을 빼놓지 않으셨습니다. 누가복음 5장 1-11절의 말씀이 그 예입니다. 밤이 새도록 고기를 잡지 못한 베드로가 절망 속에서 그물을 씻고 있을 때 예수님이 배에 오르셔서 그에게 "깊은 데로 가서 그물을 내려 고기를 잡으라"고 말씀하신 것을 우리는 잘 압니다. 그러나 3-4절을 주의해서 보면 예수님이 배에 올라 무리를 가르치시고 난 다음에 베드로에게 말씀하신 것을 보게 됩니다. 예수님이 행동하시기 전에 먼저 말씀의 가르침이 있었습니다. 그 가르침 속에 깨달음이 있고, 기적이 있고, 구원이 있고, 변화가 있습니다.

교회는 구경하러 오는 곳이 아닙니다. 취미삼아 왔다 갔다 하는 곳도 아닙니다. 교회에서 우리는 하나님의 말씀을 듣고 배우고 가르치면서 하나님을 경험해야 합니다. 누구든지 와서 배워야 하며 누구든지 와서 가르쳐야 합니다. 이것이 우리 신앙의 기초입니다.

교회의 무슨 일을 하든지 기초는 하나님의 말씀을 배우고 가르치는 데서부터 시작되기 때문입니다.

일대일 양육을 해 본 분은 아시겠지만 내가 말씀을 직접 가르칠 때 무엇과도 바꿀 수 없는 기쁨과 능력이 내 안에서 일어나는 것을 보게 됩니다. 제일 좋은 가르침은 많은 사람을 가르치는 것이 아니라 꼭 한 사람을 가르치는 것입니다. 한 사람과 깊이 기도하며 깊은 인격적인 관계를 가지며 교제할 때 그 기쁨은 이루 말할 수가 없습니다. 여러분 모두가 이 기쁨 속에 동참할 수 있기를 바랍니다.

가르치는 사역, 그것은 예수님의 본질적인 사역이었고 동시에 우리 교회와 그리스도인이 함께 나누어야 할 축복된 사역이기도 합니다.

천국 복음을 전파하는 사역

예수님의 두 번째 사역은, 천국 복음을 전파하는 사역이었습니다. 전파한다는 말은 '캐루소'(Kerysso)라고 하는데, 근원적인 뜻은 '선포하다, 외치다'라는 뜻이고 '설교하다'의 뜻도 됩니다. 이것은 '디다스코'(Didasco)라는 가르치는 사역과 조금 다른 의미입니다.

가르치는 사역이 말씀을 한 구절 한 구절 설명하고 강해하는 것이라면, 전파하는 사역은 말씀을 가르치고 해석하고 설명하고 정리한 그 내용, 곧 천국의 진리를 선포하는 것을 말합니다. 이것이 설교입니다. 다시 말해서 설교는 성경의 뜻과 의미를 정확하게 발견해 내고 여기서 얻은 결론을 외치는 것입니다. "예수를 믿으라"고 말하는 것입니다. "회개하라"고 말하는 것입니다. 오늘 당신은 "변화를 받으라"고 말하는 것입니다. 이것이 전파입니다.

하나님의 음성이 설교 속에 가르침과 전파, 이 두 요소로 섞여서 설교자를 통해 여러분에게 전달되는 것입니다. 결코 이 설교 속에 개인의 생각과 방법, 개인의 경험과 의도가 있어서는 안 됩니다. 그것은 설교가 아닙니다.

온전히 성경의 말씀을 그대로 분석하고, 그 당시에 쓰인 말씀을 오늘 이 상황에서 다시 정확하게 해석해서 지금 우리에게 주시는 말씀으로 선포하는 것입니다. 예수님은 가르치고 복음을 전파하는 두 가지 사역을 하셨습니다.

교회에서는 반드시 성경을 강해해야 합니다. 성경을 여기 해석했다가 저기 해석했다가 해서는 안 됩니다. 신문을 가지고 설교해서도 안 됩니다. 민주화를 가지고 설교해서도 안 됩니다. 인권을 가지고 설교해서도 안 됩니다. 교회는 예수님의 방법대로 성경 말씀을 한 구절 한 구절 깊이 묵상하고 강해하며 얻은 결론을 확실하고 힘 있게 선포해야 합니다. 이것이 바로 교회의 가장 중요한 일입니다. 우리가 예배에서 설교를 가장 중요하게 여기는 이유는 그것이 사람의 말이 아니라 하나님의 말과 생각이기 때문입니다. 하나님의 음성을 설교하는 자도 듣고 설교를 듣는 자도 동시에 같이 듣는 것입니다.

성경을 구약부터 신약까지 있는 그대로 연구하고, 그것을 한 구절 한 구절 강해하면 어떤 결론이 나올까요? 결론은 하나입니다. '천국 복음.' 이것이 성경 전체의 결론입니다. 구약은 오실 예수, 신약은 오신 예수, 계시록은 다시 오실 예수를 가르치고 있습니다. 신구약 66권 전체의 메시지는 기록한 사람이 다르고 방법이 다르지만, 가리키는 것은 오직 예수 그리스도 한 분뿐입니다. 천국 복음, 곧 천국의 기쁜 소식은 바로 예수 그리스도를 가르치는 말입니다. 교회는 예수 그리스도를 말해야 합니다. 교회의 결론은 교육이 아니고 구제도 아니고 예수 그리스도입니다.

믿음 자체가 구원이 아닙니다. 믿음은 우리에게 구원을 일으키게 하는 유일한 방법이지만, 실질적인 구원은 예수 그리스도입니다. 예수의 구원이 내게 임하게 하는 방법이 믿음입니다. 우리의 관심은 예수 그리스도입니다. 우리 가정의 주인도 예수 그리스도입니다. 우리 삶의 목표도 예수 그리스도입니다. 우리 인생의 전부도 예수 그리스도입니다. 교회는 이분을 위해 존재하는 것입니다. 교회는 그리스도의 몸이기 때문입니다.

그분은 우리 죄를 위하여 하늘의 영광을 버리고 이 땅에 오셔서 처녀의 몸을 통해 말구유에서 태어나셨습니다. 그분은 십자가에서 죽으심으로 말미암아 우리의 죽음의 문제를 해결해 주셨습니다. 우리의 병을 고쳐 주시며 우리의 가난과 절망을 바꾸어 놓으셨습니다. 그분은 십자가에 못 박혀 죽으셨지만 부활하심으로 완전한 승리를 하셨고, 지상의 사탄의 세력을 꺾으셨습니다. 그분은 재림하심으로 역사를 완성하실 것입니다. 모든 것을 궁극적으로 완성하실 분입니다.

기쁜 소식을 빨리 전하라

예수 그리스도가 기쁜 소식임을 믿으십시오. 기쁜 소식, 이것은 급하게 목이 터지도록 빨리 전해야 합니다. 어떤 사람이 사형 선고를 받고 유배지에서 사약을 먹으려는 순간에 저 멀리 전령군이 소리치면서 뛰어옵니다. "잠깐 멈추시오, 잠깐 멈추시오." 약사발이 입에 닿으려는 순간 이 사람은 숨이 차도록 달려와 외쳤습니다. "드디어 반란군의 모의가 들통나서 당신의 무죄가 입증되었소. 사형이 면죄되었소." 5분만 늦었더라면 어떡할 뻔했습니까. 기쁜 소식은 빨리 전해야 합니다. 그것은 하룻밤도 그냥 재울 수 없는 소식입니다.

누구든지 주의 이름을 부르는 자는 구원을 받으리라 그런즉 그들이 믿지 아니하는 이를 어찌 부르리요 듣지도 못한 이를 어찌 믿으리요 전파하는 자가 없이 어찌 들으리요 보내심을 받지 아니하였으면 어찌 전파하리요 기록된 바 아름답도다 좋은 소식을 전하는 자들의 발이여 함과 같으니라(롬 10:13-15).

저는 이 기쁜 소식으로 인하여 '경배와 찬양' 모임에 가끔 참석하곤 했습니다. 이 모임에 가면 얼마나 은혜를 받는지 모릅니다. 젊은이들이 두 손 들고 찬양하며 감격하여 눈물을 흘리고 기도하는 아름다운 모습을 보게 됩니다. 저는 거기서 복음의 순수성, 기쁨, 이런 것들을 경험합니다. 주님은 진정 찬양받으실 만한 분입니다. 우리 안의 이런 것들을 나가서 외쳐야 합니다. 전해야 합니다.

한국에 살면 모두가 예수 믿는 것처럼 착각하기 쉽습니다. 눈만 들면 십자가가 보이니까 전 세계가 다 그런 것으로 생각하기 쉽습니다. 그러나 지금 이 순간에도 수많은 이가 복음을 듣지 못해서, 또 받아들이지 못해서 지옥을 향해 걸어가고 있음을 우리는 기억해야 합니다.

죽어 가는 사람들은 예수를 믿는 사람들 속에 있는 것이 아닙니다. 예수에 대해서 한 번도 들어 보지 않은 사람을 위한 사역자가 없습니다. 대부분의 선교사는 예수 믿는 사람들을 위해 일하고 있습니다. 이 복음이 이렇게 중지되어도 좋다는 얘기입니까? 아닙니다. 성경번역 선교사를 빨리 보내야 합니다. 복음을 한 번도 들어 보지 못한 지역에 우리 선교사들을 빨리 보내야 합니다. 이것처럼 시급한 일은 없습니다. 이것이 주님의 사역 가운데 가장 중요한 천국 복음의 전파입니다. 이제 우리의 교회는 기도하는 가운데 선교사 일을 도와야 합니다. 그것이 바로 주님의 두 번째 사역이었기 때문입니다.

치유하는 사역

예수님의 세 번째 사역은, 병 고치는 사역입니다. 23절에 보면 백성 중의 모든 병과 모든 약한 것을 고치셨다고 했습니다. 인간은 모두가 육체적인 질병과 더 무서운 마음의 질병이 있습니다. 육체의 질병은 하나님이 주신 육체를 잘 관리하지 못하고 무절제하게 사용함으로 생깁니다. 또한 나쁜 환경에서 병균이 침투하여 병들기도 합니다. 죄의 결과로도 병이 옵니다. 마귀의 공격으로도 질병이 옵니다. 이것과 상관없이 성경의 어느 눈먼 자처럼 하나님의 영광을 위해서도 질병이 생길 수 있습니다. 이것이 육체의 질병입니다.

그러면 영혼의 질병은 어디서 옵니까? 이것은 분명한 원인이 있습니다. 인간의 원죄와 타락으로 말미암은 것입니다. 흙에서 지음 받은 인간은 하나님의 영이 없으면 저주받은 땅에 불과합니다. 영혼의 병은 반드시 육체에 영향을 주게 되어 있습니다. 그러므로 하나님을 떠난 인간은 죽음으로의 존재요, 절망으로의 존재입니다. 그러나 죄값을 청산하고 예수님을 믿고 예수님의 피로 세례를 받고 예수님 안에서 영원한 생명을 얻으면 사망 권세가 우리에게서 떠나게 됩니다. 아울러 병도 떠날 것입니다.

그가 찔림은 우리의 허물 때문이요 그가 상함은 우리의 죄악 때문
이라 그가 징계를 받으므로 우리는 평화를 누리고 그가 채찍에 맞
으므로 우리는 나음을 받았도다(사 53:5).

친히 나무에 달려 그 몸으로 우리 죄를 담당하셨으니 이는 우리로
죄에 대하여 죽고 의에 대하여 살게 하려 하심이라 그가 채찍에 맞
음으로 너희는 나음을 얻었나니(벧전 2:24).

예수는 구원이요 빛이요, 생명입니다. 예수 앞에서는 모든 질병
과 어두운 것과 악한 것이 떠날 수밖에 없습니다.

24절을 보면 예수님은 구체적으로 각종 병에 걸린 자와 귀신 들
린 자, 간질 있는 자와 중풍병자를 고치셨습니다. 구원은 치료라는
말을 내포하고 있습니다. 예수님은 우리 죄를 용서하시기도 하지
만 우리의 질병도 고쳐 주십니다. 또한 우리의 고통도 없애 주시며
귀신도 쫓아 주십니다. 이 시간에 우리 안에 있는 억압된 모든 심
령, 귀신들이 예수 이름으로 떠나가기 바랍니다. 질병도 예수 이름
으로 고쳐지기 바랍니다. 여러분의 상한 심령도 예수 이름으로 치
유되기 바랍니다. 우리는 말씀도 받아야 하지만 주님이 주시는 치
유의 기적도 받아야 합니다.

예수님이 병 고쳐 주심을 통해서 우리는 네 가지 사실을 배우게
됩니다. 첫째, 병을 고치신 예수님은 인간 이상의 존재이십니다.

하나님이십니다. 감기도 고쳐 주실 수 있지만 암도 고치시는 하나님이심을 믿습니다. 사람에게는 불가능이 있지만 하나님에게는 불가능이 없습니다. 하나님이 원하시면 어떤 기적도 일으키실 수 있음을 우리는 믿습니다.

둘째, 예수님은 인간을 불쌍히 여기십니다. 예수님은 병든 자를 불쌍히 여기셨습니다.

셋째, 예수님은 바로 구약의 약속된 메시아십니다. 특별히 이사야 35장과 61장을 보면 예수님의 치유 사역이 예언되어 있습니다.

넷째, 병 고치시는 예수님을 보면서 천국의 실제를 봅니다. 왜냐하면 예수님은 바로 천국의 주인이시기 때문입니다. 그러나 하나님은 어떤 경우에는 특별히 고쳐 주시기도 하지만 일반적으로는 병든 자들을 의사들에게 맡겨 주셨습니다. 그래서 약을 발견하게 해 주시고 합리적인 방법으로 고치도록 만드셨습니다. 어떤 특별한 경우에는 하나님이 직접 손을 쓰셔서 고치시는 수도 있습니다. 우리는 이 두 가지 경우를 다 수용해야 합니다. 오늘 실제로 예수님의 병 고치심을 믿고 우리 모두 치료받기를 바랍니다.

기적을 보지 말고 예수를 보라

예수님은 우리의 구원을 위해서 회당에서 가르치시고, 천국 복음을 전파하시고, 모든 병과 약한 것을 고쳐 주셨습니다. 이것이 예수님의 3대 사역입니다. 예수님의 이 3대 사역을 보고 많은 사람이 감동을 받고 병 고침을 받고 배부름을 얻었습니다. 그렇지만 사람들 모두가 구원받은 것은 아니라는 사실을 마지막 25절에서 볼 수 있습니다.

갈릴리와 데가볼리와 예루살렘과 유대와 요단 강 건너편에서 수많은 무리가 따르니라.

또 24절 첫 부분에는 "그의 소문이 온 수리아에 퍼진지라"고 기록되어 있습니다. 예수님의 사역이 소문이 났습니다. 사람들이 말씀이 좋아서 왔을까요? 병을 고치려고 왔을까요? 오늘날 교회에 그렇게 많은 사람이 오는 것은 무엇 때문일까요? 우리는 교회에 오는 동기를 잘 생각해 봐야 합니다. 그 당시에도 수많은 사람이 소문을 듣고 따라왔으나 관심은 예수님의 가르침보다는 기적이나 병 고침이었을 것입니다. 예수님은 병 고침과 기적의 능력이 있으십니다. 그러나 그 자체가 목적은 아닙니다. 우리는 착각하지 말아야 합니다.

사람들은 기적만 보았지 기적을 일으키시는 예수님 보기를 주저했습니다. 그래서 많은 사람이 예수님에게 왔지만 결국 남은 사람은 열두 제자였고, 그나마 예수님이 십자가에서 처형당하실 때는 다 도망가고 말았습니다. 우리는 이 사실을 기억해야 합니다.

예수님에게는 기적의 능력이 있습니다. 그러나 기적보다 더 중요한 것은 예수님 자신입니다. 기적이 없어도 괜찮습니다. 죽어도 괜찮습니다. 병이 낫지 않아도 괜찮습니다. 예수님만 계시다면 문제가 되지 않습니다.

많은 소문은 하나의 허상이요 환상에 불과함을 알아야 합니다. 내용은 별것 없는데 소문만 크게 나면 참 두려워해야 할 일입니다. 소문에, 인기에 말리지 마십시다. 수많은 무리가 있어서 그들이 우리에게 박수를 쳐 준다고 해도 그것은 우리 자신이 아님을 알아야 합니다. 중요한 것은 많은 사람보다 구체적으로 구원받은 한 사람, 그리스도에게 헌신된 한 사람이 일한다는 사실입니다. 소문난 잔치에 먹을 것 없다는 말처럼 우리가 혹시 소문과 인기 속에서 예수님을 잊고 살아가는 것은 아닌지 돌이켜 봐야 합니다.

수많은 군중의 환호성에, 큰 재물과 권력에 속지 말아야 합니다. 예수님을 영접하고 그분의 가르침을 겸손하게 받으십시오. 그분이 전하는 천국 복음을 받아들이십시오. 그리고 그분이 주시는 치료를 받으십시오.

3부

그리스도를 닮는 복된 성품

마태복음 5:1-12

그리스도인에게는 천국의 약속이 있습니다.
우리가 천국의 시민임을 확신할 때 우리는 어떤 역경과 좌절 앞에서도
천국을 생각하며 기뻐하고 즐거워할 수 있습니다.
고난이 주는 아픔, 박해가 주는 괴로움보다
주님이 주시는 축복과 은혜와 평강이 더 크고 위대합니다.

15

산상에서 울려 퍼진
천국 대헌장을 들으라

마태복음 5:1-2

마태복음 5-7장은 예수님이 축복의 산이라고 불리는 곳에서 제자들에게 직접 가르치셨던 유명한 산상설교입니다. 이 산상설교를 가리켜 어떤 사람은 '천국의 대헌장'이라고 하고, 또 어떤 이는 '신구약 전 메시지의 요약'이라고도 합니다.

예수를 따르는 무리

먼저 산상설교의 서론 부분에 해당하는 말씀을 나누겠습니다.

> 예수께서 무리를 보시고 산에 올라가 앉으시니 제자들이 나아온지라(마 5:1).

여기서 우리는 먼저 자기를 쫓아다니는 무리를 보고 갑자기 산으로 올라가시는 예수님을 발견할 수 있습니다. 왜 그랬을까요? 이것이 바로 산상설교를 이해하는 기초가 됩니다. 마태복음 4장 마지막 부분인 23절 이하부터 보면 예수님의 행동을 문맥상으로 쉽게 이해할 수 있습니다. 즉 그때 예수님은 갈릴리 지방에 계셨는데 그에 대한 소문이 온 수리아까지 퍼졌다고 했습니다. 그것은 귀신을 쫓아내고 불치병을 고치는 초자연적인 놀라운 능력에 관한 소문이었습니다. 특별히 24절에 보면 "사람들이 모든 앓는 자 곧 각종 병에 걸려서 고통 당하는 자, 귀신 들린 자, 간질하는 자, 중풍병자들을 데려오니"라고 했습니다. 그 범위가 갈릴리와 데가볼리와 예루살렘과 유대와 요단 강 건너편이라고 한 것을 보면 소문과 인기가 얼마나 대단했나를 짐작할 수 있습니다.

그렇다면 무엇 때문에 이 많은 무리가 나사렛 출신의 한 청년을 쫓아왔을까요? "회개하라. 천국이 가까이 왔느니라"는 말씀을 들었기 때문일까요, 아니면 병 고치는 기적 때문일까요? 24절 이하에 보면 분명히 천국 복음이나 말씀의 진리보다는 병 고치는 기적 때문임을 알 수 있습니다.

오늘날 한국 교회는 부흥하고 있습니다. 그러나 정말 모든 사람이 하나님의 말씀이 그립고 천국의 진리가 좋아서 교회로 온다고 생각하십니까? 사람들은 그때나 지금이나 똑같이 말씀보다는 특별한 표적을 더 좋아하는 것 같습니다. "제사보다는 젯밥에 더 관심이 많다"는 속담도 있듯이 우리는 하나님을 믿지만 하나님보다는 어쩌면 하나님이 주시는 축복과 선물에 더 관심이 있는지도 모르겠습니다.

예수님은 이러한 것을 아시고 자신이 대중의 인기와 환호성 속에 머물러서는 안 된다는 생각으로 무리를 떠나 산으로 올라가셨습니다. 그리고 그곳에서 조용히 천국의 진리와 그리스도인의 삶의 원리를 가르치셨습니다. 그때 많은 무리가 다 따라온 것이 아니라 적은 수의 제자들만 따라왔다는 사실은 매우 중요한 의미가 있습니다.

기독교는 대중 속에 있습니다. 그러나 대중 속에 빠져 있지는 않습니다. 기독교는 민중 속에서 존재하나 민중의 허상 속에 함께 춤을 추지는 않습니다. 언제나 헌신된 사람들은 소수였고, 하나님에게 바쳐진 사람들은 소수의 제자들이었습니다. 이 소수의 제자들이 세계를 그리스도 앞에 드린 것입니다.

본문 1절에서 한 가지 더 생각해 볼 것은 "무리를 보시고 산에 올라가 앉으셨다"는 표현이 나옵니다. 여기서 '앉으셨다'는 말씀은 길을 걸으며 제자들과 가벼운 대화를 나누는 것과는 다릅니다. 유대 전통에 따르면 공식적으로 중요한 내용을 체계적으로 선포하거나 가르칠 때는 언제나 앉아서 했습니다. 회당에서 가르치고 설교할 때도 마찬가지였습니다. 즉 이것은 '보좌'의 의미가 있습니다. 예수님은 즉흥적으로 설교하신 것이 아니라 어떤 분명한 목적을 가지고 천국의 진리를 자세하게 말씀해 나가신 것입니다.

무리를 보시는 예수님의 심정

두 번째로 우리는 이 허다한 무리를 보시는 예수님의 심정을 마태복음 9장에서 찾아볼 수 있습니다. 예수님이 가르치고 전파하시며 모든 병을 고치시고 난 후 "무리를 보시고 불쌍히 여기시니 이는 그들이 목자 없는 양과 같이 고생하며 기진함이라"(마 9:36)고 하셨습니다. 진정한 것을 찾지 못하고 허상을 찾는 군중, 영원한 진리를 찾지 못하고 육체의 병만 고치고자 관심을 가졌던 그들을 보시고 불쌍히 여기신 것입니다. 이것은 잘못된 자식을 보는 부모의 애타는 심정이라고 말할 수 있습니다.

사람을 어떤 시각에서 이해하고 보는가는 아주 중요합니다. 즉 사람을 하나님의 형상으로 보는가 아니면 하나의 동물이나 물건으로 보는가 하는 것입니다. 자기의 어떤 목적을 위해 일말의 양심의 가책도 없이 사람을 물건 취급하고, 또 이익이 있으면 환영하고 이익이 없으면 여지없이 거절하는 것이 보통 사람들이 사람을 보는 관점입니다. 이것은 공산주의의 관점이요, 물질주의의 관점이요, 세속주의의 관점입니다. 오늘날 전 세계에 이러한 사고가 인류의 마음을 사로잡고 있습니다.

예수님은 그들을 불쌍히 여기는 마음으로, 민망히 여기는 마음으로 보셨습니다. 사실 그렇습니다. 사람이 사람을 불쌍히 여기기 시작하면 모든 문제의 실마리가 풀리게 마련입니다. 우선 불쌍한 마음이 생기면 아무리 허물이 있어도 이해하게 되고 용서하게 되고 사랑하게 됩니다. 이것이 바로 예수님의 심정이었습니다. 여기서 오늘날 우리 교회와 그리스도인이 가져야 할 예수님의 심정을 배우게 됩니다.

그리스도인다운 삶

예수님의 산상설교는 성경의 모든 기록 중에서도 가장 아름답고 위대한 천국의 말씀입니다. 그러나 실제로 이 말씀대로 살아 보려고 하면 얼마나 실천하기 어렵고 고통스러운 것인가를 곧 깨닫게 됩니다. 그래서 많은 사람이 이 말씀을 듣기는 좋아하지만 그대로 사는 것은 별개의 문제라고 생각하고 있습니다. 마치 액자에 써 놓은 좋은 글처럼 보고 즐기려는 것이지요.

그러나 산상설교의 요점은 그리스도인이 이 세상에서 어떻게 생각하고 살아야 하는가에 대해서 하나님의 기준을 보여 주고 있습니다. 곧 "그리스도인은 그리스도인답게 살아야 한다"는 것을 이야기해 주고 있습니다. 이것은 레위기에 있는 말씀과도 같습니다.

> 너희는 너희가 거주하던 애굽 땅의 풍속을 따르지 말며 내가 너희를 인도할 가나안 땅의 풍속과 규례도 행하지 말고 너희는 내 법도를 따르며 내 규례를 지켜 그대로 행하라 나는 너희의 하나님 여호와이니라(레 18:3-4).

이 말은 하나님의 백성은 하나님의 백성대로 사는 법이 있다는 뜻입니다. 마태복음 6장 8절에서는 "그러므로 그들을 본받지 말라"고 했습니다. 이방인도 닮지 말고, 바리새인과 서기관들도 닮지 마라. 다시 말해서 세상 사람처럼 살지 말고, 잘못된 신앙을 가진 종교 전문가처럼 살지도 말고 "너희는 그리스도의 참된 제자로서 하나님의 백성으로서 그 나라 백성답게 살라"는 것이 5-7장의 요약입니다. 이 산상설교는 특별히 제자들에게 하신 말씀이라는 사실을 기억해야 합니다.

그런데 가장 큰 문제는 우리가 세상과 너무 비슷하다는 점입니다. 그들과 좀 다르게 보이려고 큰 성경을 가지고 다니며 거룩하게 걷고 거룩한 목소리로 신령한 척합니다. 그런데 거룩하지 않습니다. 또 교회나 강대상을 아주 멋지고 웅장하게 치장하여 그곳에 들어가면 어떤 위압감을 주는 분위기로 만들어 세상과 구별하려고 합니다. 그러나 사는 모습은 세상 사람들과 믿는 자가 구별이 없습니다. 그래서 안 믿는 자들이 이렇게 이야기합니다.

"예수 안 믿는 나나 예수 믿는다는 너나 다른 것이 없지 않느냐? 교회 왔다 갔다 하고 찬송하고 헌금하는 것 빼고 나면 다를 것이 무엇이냐? 욕할 때 다 욕하고, 화낼 때 다 화내고, 사기 칠 때 다 사기 치고 도대체 다른 것이 무엇이 있느냐?"

그렇습니다. 무엇이 달라야 변화를 주지 않겠습니까? 세상이 우리를 외면하고 비판하는 것은 그리스도인이 세상과 다른 것을 보여 주지 못했기 때문입니다.

여호수아 5장 1절을 보면 재미있는 말씀이 있습니다. 여호수아와 이스라엘 백성을 보고 여리고 사람들이 느낀 마음을 "마음이 녹았고 이스라엘 자손들 때문에 정신을 잃었더라"고 표현했습니다. 그런데 세상이 우리를 외면하고 비판하는 것은 그리스도인이 세상과 다른 것을 보여 주지 못했기 때문입니다.

오늘날 반대로 그리스도인이 세상을 보고 마음이 녹아 정신을 잃어버렸습니다. 세상의 어마어마한 군대의 힘, 조직의 힘, 권력의 힘, 과학의 힘, 돈의 힘을 보고 "도대체 우리 그리스도인이 무엇을 할 수 있단 말인가?" 하고 깜짝 놀랍니다. 그리고 교회라는 도피성에 들어가서 "할렐루야, 천국"이나 부르고 거기서 위로받고, 또 세상에 나가서는 바보같이 삽니다. 이런 이율배반적인 삶을 사는 사람들이 오늘날의 세속적인 그리스도인 아닙니까?

초대 기독교인은 다른 질의 삶을 살았습니다. 부활하신 예수님을 만나고 나서 그들은 자신의 재산을 공유하기 시작했습니다. 이는 바로 물질의 노예가 되지 않았다는 뜻입니다. 그들은 현세에 살면서도 천국을 바라보고 죽음을 초월하는 삶을 살았습니다. 그들은 복음을 전하다가 사자의 이빨에 찢겨 죽었고, 톱으로 켜는 고문을 당했고, 십자가에 불태워 죽이는 형벌까지도 두려워하지 않았습니다. 그렇기 때문에 초대교회는 변하지 않을 수가 없었습니다.

산상설교의 세 가지 배경

산상설교를 잘 이해하기 위해서는 세 가지 배경을 잘 살펴보아야 합니다.

첫째, 성경적인 배경입니다. 이 말씀은 구약의 메시지와 연결되어 있습니다. 구약은 메시아의 대망이요 신약은 메시아의 완성입니다. 구약에서는 모세가 하나님의 말씀인 율법을 받았고 신약에서는 예수님이 축복의 산에서 천국 대헌장을 가르치셨습니다. 우리는 이 예수님의 가르침 속에서 모든 율법의 완성을 보게 됩니다.

내가 율법이나 선지자를 폐하러 온 줄로 생각하지 말라 폐하러 온 것이 아니요 완전하게 하려 함이라(마 5:17).

그래서 예수님의 산상설교는 구약의 메시지의 완성이 되는 것입니다. 예수님이야말로 말라기 4장 5절에 나타난 엘리야요, 마귀에게 승리한 하나님의 아들이십니다.

둘째, 정치적인 배경입니다. 구약 시대나 예수 이전의 유대인들은 정치적, 경제적, 사회적으로 모든 분야에서 구원해 줄 정치적 메시아를 대망하고 있었습니다. 그래서 요한복음 4장 25절에 보면 남편이 다섯이나 있었던 수가 성의 한 여인도 그러한 메시아를 기다리고 있었습니다. 또 요한복음 6장 15절에는 사람들이 오병이어의 기적을 베푸신 예수님을 억지로 잡아 임금을 삼으려고 했던 사건이 나옵니다. 예수님은 "내 나라는 이 세상에 속한 것이 아니니라"(요 18:36)고 답변하시면서 그들의 정치적 기대를 무산시키십니다. 이러한 상황 아래서 예수님이 산상설교를 통해 제시하신 것은 천국은 외적인 것이 아니라 내적인 것이요, 영적이고 도덕적이라는 것입니다.

그러나 그때와 마찬가지로 오늘날도 예수를 빵 문제와 인권 문제와 민주화 문제를 해결하는 혁명가로 보려는 사람들이 있습니다. 이것은 그 당시 정치적 기대와 똑같은 현상입니다. 그러나 예수님은 폭력의 혁명을 일으키지 않으셨습니다. 여기에 가장 배신감을 느꼈던 사람이 가룟 유다였습니다. 결국 예수님은 사람들의 이러한 기대를 만족시키지 않으시고 십자가에서 비참하게 죽으셨습니다. 이것이 결론입니다.

셋째, 종교적 배경입니다. 특별히 그 당시는 종교적인 암흑시대라고 말할 수 있습니다. 네 개의 분파가 종교를 대표하고 있었는데 바리새파, 사두개파, 에세네파, 열심당원이었습니다. 바리새파는 현실을 무시하고 율법에만 집착했던 분파입니다. 사두개파는 반대로 율법은 적당히 믿고 해석하고 오히려 정치적이고 현실적인 이해관계로 모인 종교 세력이었습니다. 에세네파는 현실도피주의자들로서 재림만 기다리며 은둔 생활을 했던 사람들이었습니다. 반면에 열심당원들은 칼을 차고 다니면서 민족주의적 혁명 세력을 추구했던 사람들입니다.

이러한 종교적인 배경 속에서 예수님의 산상설교는 다음과 같은 해답을 준 것입니다. 바리새파에게 참신앙이란 외적인 형식과 의식에 있는 것이 아니라 내적이고 영적인 것에 있다는 것을 보여 주었습니다. 사두개파에게는 신앙은 사람의 방법, 정치적인 방법으로 해결되는 것이 아니라 하나님의 방법으로 해결해야 한다는 것을 보여 주었습니다. 또 에세네파에게는 신앙은 금식하고 육체를 절제하는 연단의 문제가 아니라 자신의 마음의 문제라는 것을 보여 주었습니다. 열심당원에게는 혁명의 문제가 아니라 진정한 예배의 문제가 더 중요하다는 것을 보여 주었습니다. 이런 혁명과 폭력과 반항에서 이 시대를 구원할 수 있는 길은 신령과 진정으로 예배드리는 것이며, 이것을 교회가 제시해 주어야 합니다. 그래야만 폭력의 분위기가 가라앉을 수 있습니다.

천국의 기준

마지막으로 우리가 어떤 시각에서 산상설교를 배워야 할 것인가를 나누겠습니다. 첫 번째로 산상설교는 천국의 기준이 됩니다. 사람은 죄인이기 때문에 자기가 그대로 못하면 기준을 낮추려는 경향이 있습니다. 우리가 따라가고 못 가고 하는 것은 우리의 문제이므로 결코 성경의 기준을 낮추지 말아야 합니다.

교회의 타락은 무엇입니까? 그것은 교회가 세상의 기준에 맞추는 것입니다. 신앙의 타락은 무엇입니까? 삶의 기준을 스스로 낮추는 것입니다. 오늘 여기 기록된 말씀은 일점일획도 바꿀 수 없는 천국의 영원한 기준입니다. 여기에서 하나 더 생각할 것은 천국의 기준을 받아야 할 사람은 세상 사람이 아니라 그리스도의 제자들이라는 것입니다. 기준이 없다면 우리는 옳고 그름을 알 수 없습니다. 어떤 사람은 가장 성서적이고 이상적인 삶이 무엇인가를 묻습니다. 저는 이렇게 대답하고 싶습니다. "예수님의 산상설교로 돌아가십시오. 거기에 모든 해답이 기록되어 있습니다."

예수님이 여기서 말씀하신 하늘의 기준은 친히 그가 그대로 사셨던 기준입니다. 인간이 가질 수 있는 가장 높은 기준입니다. 그러므로 우리가 그 기준대로 살기 위해서는 예수님만 바라보아야 합니다. 즉 성령의 도우심으로 중생을 체험하고 예수님을 바라볼 때 우리도 모르는 사이에 그런 삶을 살게 되는 것입니다.

> 너희가 너희를 사랑하는 자를 사랑하면 무슨 상이 있으리요 세리도 이같이 아니하느냐 또 너희가 너희 형제에게만 문안하면 남보다 더하는 것이 무엇이냐 이방인들도 이같이 아니하느냐 그러므로 하늘에 계신 너희 아버지의 온전하심과 같이 너희도 온전하라 (마 5:46-48).

물 위로 걷는 삶

산상설교를 적용하는 데 있어서 두 번째로 생각하고 싶은 것은, 예수님이 완벽하게 그 말씀대로 사셨으니, 우리도 그렇게 살 수 있다는 것입니다. 예수님은 이를 위하여 십자가에서 피 흘려 돌아가셨습니다.

> 그가 우리를 대신하여 자신을 주심은 모든 불법에서 우리를 속량하시고 우리를 깨끗하게 하사 선한 일을 열심히 하는 자기 백성이 되게 하려 하심이라(딛 2:14).

한 예를 봅시다. 예수님의 제자들이 탄 배가 광풍으로 인하여 고난을 당할 때 예수님이 물 위로 걸어오시는 것을 보고 그들이 놀라 유령이라고 소리를 지릅니다. 그때 예수님은 "안심하라. 내니 두려워하지 말라"고 대답하셨습니다. 이어 베드로가 "주여, 만일 주님이시거든 나를 명하사 물 위로 오라 하소서"라고 말합니다. 물에서 잔뼈가 굵은 베드로는 자기가 물 위를 걸을 수 없다는 사실을 누구보다도 잘 알고 있었습니다. 그런데 예수님이 물 위로 걸어오시는 것을 보고 자기도 모르게 "주여, 나로 물 위를 걷게 명하시옵소서"라고 했던 것입니다. 이때 예수님이 베드로에게 "오라" 하시니 베드로는 배에서 내려 물 위를 걷게 됩니다. 이것이 그리스도인의 삶입니다.

우리는 물 위를 걸을 수 없습니다. 그러나 물 위를 걸으시는 예수님을 보면서 이렇게 말할 수 있습니다. "주여, 우리는 물 위를 걸을 수 없지만 주님이 나를 물 위로 걸으라고 명하여 주십시오",

"주님, 나는 절대로 저 사람을 용서할 수 없지만 저에게 용서할 힘을 주십시오", "주님, 나는 이 재산을, 명예를 포기할 수 없습니다. 그러나 주님이 그럴 힘을 주십시오."

이상하게도 주님이 우리 안에 들어오시면 재산도, 명예도, 그렇게 평생 추구해 왔던 성공도 포기하게 됩니다. 세상을 포기하고 조용히 아프리카로 가서 원주민을 위해 섬기는 삶을 살기도 합니다. 이것이 무엇입니까? 물 위를 걷고 있는 것이 아닙니까? "할렐루야!" 지금 세계 도처에 이렇게 물 위로 걷고 있는 사람이 많습니다. 우리도 이런 기적에 동참할 수 있기를 바랍니다.

그러나 다음 순간 무슨 일이 있었습니까? 베드로가 한참 물 위를 걷다가 주변을 돌아보게 됩니다. 바다 물결을 보고, 자기 자신을 볼 때 그는 물에 빠지고 말았습니다. 그때 예수님은 베드로에게 "믿음이 작은 자여, 왜 의심하였느냐"고 말씀하십니다.

포기하면 더 좋은 것을 주신다

세 번째로, 산상설교 내용을 듣고 어렵지만 성령의 도우심으로 물 위로 걸어가기로 결정하고 그렇게 살기로 결심한 사람들에게는 더 많은 하늘의 축복이 내린다는 것을 기억하십시오. 포기하면 더 좋은 새것을 주십니다.

이 사람들은 다 믿음으로 말미암아 증거를 받았으나 약속된 것을 받지 못하였으니 이는 하나님이 우리를 위하여 더 좋은 것을 예비하셨은즉 우리가 아니면 그들로 온전함을 이루지 못하게 하려 하심이라(히 11:39-40).

땅의 것을 포기하면 하늘의 것을 주십니다. 생명을 버리면 영원한 생명을 얻습니다. 그래서 누가복음 6장 38절에 "주라, 그리하면 너희에게 줄 것이니 곧 후히 되어 누르고 흔들어 넘치도록 하여 너희에게 안겨 주리라"고 말씀하셨습니다.

오늘부터 마음속에 하나님 나라의 기준을 두고 살지 않으시겠습니까? 여러분도 예수님처럼 물 위를 걷지 않으시겠습니까? 여러분의 짧은 생애, 보잘것없는 생애를 위해서 평생 그저 그렇게 사시겠습니까, 아니면 포기하고 하나님을 위해 헌신하시겠습니까?

주님은 우리의 성품의 변화, 가치관의 변화, 목표의 변화를 원하십니다. 오늘 우리가 해야 할 일은 사람들을 끌어들이는 일이 아니라 그리스도인과 교회 자체가 산상설교의 삶을 살기 시작하는 것입니다. 세상 사람에게 우리의 삶을 보여 주고 사랑을 보여 주어야 할 때입니다. 오늘 우리의 잘못은 교회가 너무 세속적이고 물질적이며 이기적이라는 데 있습니다. 성령의 바람이 불어야 합니다. 우리는 예수님이 보여 주신 그 기준대로 살아야 합니다.

16

가난한 심령에
순종의 꽃을 피우라

마태복음 5:3

산상설교 중에서도 마태복음 5장 3-12절까지를 특별히 '팔복' 또는 '그리스도인의 참된 성품'이라고 부르기도 하는데 이 부분이 바로 산상설교의 핵심입니다. 특별히 팔복 중에서도 오늘 본문 말씀인 5장 3절은 팔복을 여는 열쇠가 됩니다. 곧 팔복은 산상설교를 여는 열쇠가 되고 5장 3절은 바로 팔복을 이해하는 열쇠가 되는 것입니다.

그리스도인의 참된 성품

처음에 예수님의 산상설교, 특히 팔복을 읽거나 들을 때 우리는 베토벤이나 바흐의 기막힌 음악이 연주되는 느낌을 갖습니다. 또 어떤 때는 미켈란젤로의 살아 있는 조각을 보는 것 같기도 하고 다빈치나 라파엘, 렘브란트나 고흐의 영감 있는 작품을 대할 때의 벅찬 감동도 있습니다. 그러나 동시에 그러한 음악과 작품들이 너무 좋고 완벽하기 때문에 나는 도저히 그처럼 연출할 수 없다는 좌절감도 갖게 됩니다. 다시 말하면 기막히게 좋은데 나는 도저히 그렇게 할 수 없다는 느낌입니다. 그러나 우리가 기도하는 가운데 이 말씀을 깊이 묵상해 보면 주님으로부터 "너도 그렇게 할 수 있다"는 격려와 용기를 얻게 됩니다. 우리도 할 수 있는 생명의 말씀임을 발견하게 됩니다.

우리는 여기에서 '팔복'이라는 말보다는 '그리스도인이 갖추어야 할 여덟 가지의 모습', 곧 '그리스도인의 참된 성품'이라고 말하는 것이 더 좋겠습니다. 그러면 이러한 성품의 일반적인 다섯 가지 특성을 살펴보기로 하겠습니다.

첫째, 이 말씀은 어떤 특수한 사람을 위해 기록된 말씀이 아니라는 것입니다. 예수 그리스도를 주로 믿고 고백하는 사람이라면 누구나 이러한 모습을 갖추어야 한다는 명령입니다. 바울이나 루터, 조지 뮐러나 웨슬리 같은 사람들만 이렇게 사는 것이 아니라 모든 그리스도인이 이렇게 살아야 한다고 성경이 가르쳐 주는 말씀입니다.

둘째, 이러한 성품들은 동시적이라고 하는 것입니다. 어떤 사람에게는 첫 번째, 두 번째 특성이 있고 다른 사람에게는 다섯 번째의 특성이 따로 있는 것이 아닙니다. 성품 중 하나를 취하고 그 다음에 또 다른 하나를 취해 가는 것이 아닙니다. 그것은 성령의 아홉 가지 열매가 동시적인 것처럼 우리가 그리스도인으로 탄생했을 때부터 하나님이 우리에게 주시는 여덟 가지의 축복과 특성입니다.

그러므로 어떤 것은 더 중요하고 어떤 것은 덜 중요한 것이 아니라 똑같이 다 중요하고, 어떤 것은 가져야 하고 어떤 것은 가지지 않아도 되는 것이 아니라 동시에 모두 갖추어야 하는 그리스도인의 성품입니다.

심령이 가난한 사람은 애통하지 않을 수 없고, 애통하는 사람은 온유하지 않을 수 없고, 온유한 사람은 의에 주리고 목마른 심정이 되지 않을 수 없습니다. 또한 마음의 가난함이 없이는 청결한 자나 화해하는 자나 의를 위하여 고난받는 자가 될 수 없다는 것입니다. 어느 시각에서 보느냐에 따라서 이렇게도 보이고 저렇게도 보일 뿐이지 어느 것이 더 특별히 좋고 나쁨의 문제가 아닙니다.

셋째, 이 여덟 가지 성품 중 어느 하나도 생래적(生來的)인 성품은 없다는 것입니다. 다시 말하면 태어나면서부터 천성적으로 소유된 성품은 한 가지도 없다는 말입니다. 어떤 사람은 예수 안 믿고도 천국 갈 것 같은 착한 성품을 가졌습니다. 그러나 그것은 예수님이 말씀하시는 심령이 가난하다는 것과는 전혀 다른 것입니다. 온유하다는 것과도 본질적으로 차이가 있다는 것을 알아야 합니다. 말씀에 기록된 여덟 가지 성품은 온전히 하나님이 성령님의 도우심으로 특별히 거듭난 사람들에게 새로 입혀 주시는 옷입니다.

아담 이후에 타락한 인간에게는 본래적으로 선함이 없습니다. 악이 잠깐 감추어졌을 뿐이고 그것이 훈련으로 노출되지 않을 뿐이지 인간의 죄성은 똑같습니다. 대부분 겉으로 착한 사람일수록 내적으로 심한 갈등과 위선이 있고, 지성인일수록 교활한 죄와 위선의 죄를 더 많이 짓습니다.

넷째, 세상 사람과 그리스도인은 어떻게 달라야 하는가를 보여주는 구체적인 예라고 하는 것입니다. 세상 사람이 교인이라는 우리에게 실망하는 이유는 너나 나나 다른 것이 없다는 것입니다. 그런데 바로 이 산상설교에서 끊임없이 우리에게 강조하는 것이 진정한 그리스도인은 세상과 달라야 한다는 점입니다. 외적인 면보다 내적인 면에서, 특별히 우리 삶의 기본적인 사고방식, 가치관, 사물을 보는 시각에서 달라야 하지 않겠느냐는 것이 여기에서 강조하고 있는 점입니다.

구체적인 예를 보면 세상과 우리는 섬기는 대상이 다릅니다. 세상은 돈이나 물질, 명예나 성공에 대해 관심이 많고 그것들을 하나님처럼 섬기고 있습니다. 그러나 그리스도인의 섬김의 대상은 그런 물질이나 세상이 아니고 성경에서 말하는 하나님입니다. 우리는 이 세상 속에서 수많은 사람과 함께 먹고 마시고 자고 일하고 있지만 우리가 꿈꾸는 세계는 이 세상이 아닙니다.

또한 세상과 우리는 추구하는 것이 다릅니다. 세상 사람은 무엇을 먹을까, 무엇을 마실까, 무엇을 입을까에 대해 끊임없이 관심을 갖지만 하나님의 사람들은 그 나라와 의를 끊임없이 추구합니다.

행동에 있어서도 다릅니다. 세상 사람은 자기 능력과 힘을 자랑하고, 마음의 가난함보다는 부유함을 자랑하고, 온유함보다는 강력한 것, 영웅적인 것, 카리스마적인 지도력을 강조합니다. "할 수 없다고 하면 너는 패배한 것이다. 너는 할 수 있다고 말하라. 적극적인 사고방식을 가져라. 생산적인 사고방식을 가져라. 그것만이 세상을 이기는 길이다." 세상은 이런 방법으로 우리를 설득하고 있습니다.

그러나 산상설교에서 보여 준 그리스도인의 모습은 자신의 철저한 무능력, 자신의 한계, 자신의 약점을 드러냄으로써 하나님에게만 전적으로 의지할 수밖에 없는 인간의 모습입니다. 그것은 소위 세상 사람이 일컫는 바보 같고 무력한 모습이 결코 아니라는 것을 이 산상설교에서 보여 주고 있습니다.

궁극적으로 천국을 바라보며 사는 그리스도인과 이 땅에만 궁극적인 관심이 있는 세상 사람과의 차이를 분명히 알 때, 하나님은 그를 통해 영광을 받으시고 하나님 나라는 확장되어 갑니다.

다섯째, 이 성품들은 외형적인 것이 아니라 거의 모두가 내면적이고 영적인 것이라는 데 있습니다. 세상 사람은 겉모습, 미모, 지위, 계급에 관심이 많습니다. 계급이 높으면 목소리도 커지고, 의자가 커지면 행동도 커지는 것이 세상입니다. 20평에 사느냐 50평에 사느냐에 따라 걸음걸이가 달라지고 어떤 차를 가지고 있느냐, 어떤 훈장을 달고 있느냐에 따라 목소리의 크고 작음이 달라지는 것이 세상입니다. 그러나 팔복의 관심은 내적인 가치관을 어떻게 가져야 하는가에 있습니다.

그리스도인에게 가장 문제가 되는 것은 어떤 성품을 소유했느냐의 문제입니다. 즉 죄인의 성품 그대로인가 아니면 거듭난 천국 성품으로 살아가는가 하는 것입니다. 사실 예수 믿기 어렵고, 또 믿는다 해도 변화가 없는 사람은 지식의 부족보다는 못된 성품이나 성격으로 인한 경우가 많습니다. 비록 그가 천사의 방언을 하고 신비한 환상을 보고 기적을 체험한 사람이라 할지라도 거듭나고 변화된 성품이 없다면 과연 그가 누구인지 다시 물어봐야 할 것입니다.

먼저 죄의 성품이 거듭나기 위하여 기도하십시오. 성격이 비뚤어지고 못된 사람은 언제나 문제를 일으킵니다. 대부분의 싸움과 갈등은 옳고 그름 때문이기보다는 비뚤어진 성격이나 거듭나지 못한 성품 때문입니다. 성격 못된 것은 자기 자신이 제일 잘 압니다. 그리고 일반적으로 성격 못된 사람이 다른 사람의 성격 못된 것을 참지 못합니다.

특별히 성격이 아주 예민해서 머리에 안테나를 서너 개씩 달고 다니는 사람이 있습니다. 그 사람은 무슨 일에나 다 걸립니다. "왜 저 사람은 저런 말을 하는가?", "왜 저 사람은 저런 옷을 입는가?" 하며 별것을 다 간섭하고 다닙니다. 자기 고집, 편견, 아집 등의 성격을 그냥 가지고 있는 한 성경을 아무리 읽어도 소용없습니다. 그런 사람은 남에게 전도도 하지만 상처도 주는 사람입니다. 자신도 갈등이 참 많습니다. 그래서 제일 먼저 달라져야 할 부분이 성격입니다. 성격을 고치기 전에는 봉사하는 것도, 주님을 섬기는 것도 힘이 듭니다. 이것을 고치면 주님 뜻대로 사는 것이 쉬워집니다.

가난한 마음

그러면 예수님이 바라시는 이상적인 그리스도인의 성품은 어떤 것입니까? 그 첫 번째가 바로 마태복음 5장 3절에 나옵니다.

심령이 가난한 자는 복이 있나니 천국이 그들의 것임이요.

그리스도인의 대표적이고 상징적인 성품은 마음의 가난입니다. 이것은 자기가 자기 마음을 들여다보니까 줄 것이 아무것도 없다는 뜻입니다. 사람이 무엇인가 남에게 줄 것이 있고 베풀 수 있을 때는 떳떳하고 자신만만해집니다. 그런데 줄 것이 없으면 미안하고 주장할 것도, 충고할 것도, 남을 가르칠 것도, 남에게 모범을 보일 것도 없으므로 뒤에 숨게 됩니다.

이와 같이 우리가 하나님에게 드릴 것이 아무것도 없다는 사실을 스스로 발견하게 될 때 우리는 하나님 앞에서 겸손해지지 않을 수 없습니다. 자기가 진실로 죄인이라는 것과 기도, 전도, 십일조, 봉사가 자기의 의가 아니라는 것을 깨달을 때 우리는 낮아지게 되고 겸손히 머리 숙이게 되는 것입니다. 그래서 오직 하나님의 긍휼과 은총, 사랑과 용서밖에는 기다릴 것이 없는 사람이 됩니다. 이것이 바로 영적으로 가난한 상태입니다.

구약에서 가난의 의미는 물질적 가난을 뜻했습니다. 그래서 특별히 가난한 사람들에게 관심과 배려를 갖도록 율법에 명했습니다.

땅에는 언제든지 가난한 자가 그치지 아니하겠으므로 내가 네게 명령하여 이르노니 너는 반드시 네 땅 안에 네 형제 중 곤란한 자와 궁핍한 자에게 네 손을 펼지니라(신 15:11).

그러나 단순한 물질적 가난 외에도 시편 34편 6절에서 다윗은 자신을 하나님을 향하여 "곤고한 자"라고 표현했고, 이사야 41장 17절에서는 "가련하고 가난한 자"라는 말을 쓰기도 했습니다.

사실 가난한 사람에게는 복음이 잘 전해지는데 무엇인가 좀 가진 것이 있다는 사람에게는 복음이 잘 전해지지 않습니다. 돈이 있다고, 지식이 있다고, 자신이 남보다 좀 똑똑하다고, 자기는 괜찮은 사람이라고 착각하는 이들에게는 복음이 잘 들어가지 않습니다. "나는 아무것도 가진 것이 없다, 내가 가지고 있다는 지식이, 건강이 다 무엇이냐, 내가 가지고 있는 것은 죄뿐이다." 이렇게 느끼는 사람이 예수님을 만날 수 있고 복음을 이해합니다.

신약에 와서는 예수님이 가난의 문제에 대해서 말씀하실 때 단순히 물질적 가난만을 가지고 얘기하신 적이 거의 없고, 영적인 마음의 가난에 대해 집중적으로 말씀하셨습니다. 마음의 가난함. 이것이 곧 천국의 모습이요 그리스도인의 참된 성품의 기초입니다.

하나님 앞에서 깨어진 마음

이제 심령이 가난하다는 말의 뜻을 몇 가지로 정리해 보겠습니다.

첫째, 가난한 마음은 우리가 하나님 앞에서 죄와 무능력함을 발견하는 데서부터 시작됩니다. 하나님의 엄청난 거룩함과 영광을 보면서 그 앞에서 산산조각난 자기 자신, 죽음과 진노와 심판 앞에 서 있는 자신의 모습을 볼 때 느끼는 심정이 바로 마음의 가난입니다. 다른 말로 '하나님 앞에서 깨어진 마음'이라고도 할 수 있습니다.

구약에 이런 마음을 가진 사람이 있었습니다. 바로 모세입니다. 그는 살인자의 모습으로 풀 한 포기 없는 광야에서 40년을 살았습니다. 그곳에서 그의 삶은 "나는 아무것도 아니다"라는 삶이었습니다.

모세는 어느 날 호렙 산에서 "네 백성을 탈출시켜라"는 하나님의 음성을 듣습니다. 그러나 그는 "하나님, 저는 아닙니다"라고 네 번이나 거절합니다. 그래서 하나님은 그의 손을 나병에 걸리게 했다가 고쳐 주시기도 하고, 지팡이가 뱀으로 변하는 기적도 보여 주십니다. "이런 기적을 내가 보여 줄 테니 네가 가라." 그래도 모세는 못 가겠다고 대답합니다. 그의 마음이 하나님 앞에서 자신은 아무것도 아님을 느꼈기 때문입니다. 이것이 가난한 마음입니다.

구약에 또 한 사람, 이사야가 있습니다. 이사야와 웃시야는 친척 관계였는데, 6장에 보면 웃시야 왕이 죽던 해 곧 이사야의 모든 권력의 배경이 끝났을 때 그는 조용히 하나님의 성전에 올라가 무릎 꿇고 기도합니다. 하나님의 보좌와 옷자락이 나타나고 스랍들이 나타나 "거룩하다 거룩하다 거룩하다"(사 6:3) 하며 부를 때 이사야가 하나님을 보며 이렇게 외칩니다.

"화로다 나여 망하게 되었도다 나는 입술이 부정한 사람이요 나는 입술이 부정한 백성 중에 거주하면서 만군의 여호와이신 왕을 뵈었음이로다"(사 6:5). 이것이 가난한 마음입니다.

신약에는 베드로가 있습니다. 밤이 맞도록 고기 한 마리 잡지 못했던 베드로에게 예수님이 오셔서 깊은 데로 가서 그물을 던지라고 하십니다. 베드로가 순종하였더니 그물이 찢어질 만큼 고기가 잡힙니다. 이때 베드로는 예수님 앞에서 "주여, 나를 떠나소서. 나는 죄인이로소이다"라고 말합니다. 이것이 바로 가난한 마음입니다.

하나님 앞에서 그의 거룩함과 영광을 보면서 자기의 죄와 무능과 연약함을 깨닫고 "주님, 제가 어찌하면 좋습니까?"라고 말하는 영적인 태도, 진실로 자기는 아무것도 아니라고 고백하는 태도, 이것이 겸손한 그리스도인의 태도입니다. 하나님이 제일 싫어하시는 것 중 하나가 영적 교만입니다. 영적으로 남보다 우월하다는 것을 자랑하고 그것으로 남을 억압하는 사람들을 하나님은 아주 싫어하십니다.

둘째, 가난한 마음은 단순한 마음입니다. 복잡한 마음이 아니요, 두 마음도 아닙니다. 그것은 아무것도 주장할 수 없는 순수하고 순진한 마음입니다. 더 이상 자랑할 것도, 치장할 것도 없습니다. 여기에 겸손이 있고, 온유가 있고, 순종이 있습니다. 하나님 앞에서 자기가 아무것도 아니며 자랑할 것도, 주장할 것도 없는 존재임을 확인할 때 그 영혼은 단순하고 깨끗해지기 시작합니다. 가난한 마음은 물질에 욕심이 없는 마음, 세속적인 야망이 없는 마음, 계산과 음모가 없는 마음입니다. 이제는 더 이상 내가 주인이 아니라고 고백하는 마음입니다.

가난한 마음에서 가난한 삶이 시작됩니다. 그것은 비참하고 열등한 삶이 아니라 단순하고 진실하고 깨끗한 삶을 뜻하는 것입니다. 여기에 그리스도인의 경건 생활이 있습니다. 그것은 가능하면 자기가 가진 모든 것을 버리고 포기하는 생활이요, 타인과 나누는 생활입니다. 예수님과 그의 제자들의 생활 양식을 보면 그들은 자기가 가진 그물을 버리고 단순하게 공동체로 살았습니다. 먹고 마시고 사는 문제를 그렇게 두려워하지 않았습니다. 그것보다는 예수님이 가르쳐 주신 하나님 나라를 더 중요하게 생각했습니다.

셋째, 가난한 마음이란 하나님만 의존하고 사는 삶에서 비롯됩니다. 그의 은혜와 긍휼을 날마다 바라보며 사죄의 은총을 감사하며 사는 삶인 것입니다. 하나님 앞에서 깨어져서 자신이 아무것도 아니라는 영적 파산을 깨닫는 순간 그의 마음은 가난해지기 시작합니다. 그리고 단순하고 순진하고 순종하는 태도가 생깁니다. 이때 그는 기막힌 심정으로 하나님을 갈망하게 됩니다. 즉 하나님만을 전적으로 의지하게 됩니다. 가난한 마음의 클라이맥스는 여기에 있습니다. 즉 하나님을 향한 열망입니다. 하나님을 의지하지 않고서는 한순간도 숨 쉬고 살 수 없는 절박함입니다.

사람이 부족하면 겸손하기라도 해야 하지 않겠습니까? 어떤 사람이 실력도, 인격도 없는데 거기다 교만하고 성격까지 못됐다면 누가 그를 환영하겠습니까? 인간이 절망을 깨달으면 늦기 전에 겸손히 하나님을 찾아야 합니다. 하나님 앞에서 마음의 파탄과 자신의 부족을 느끼는 것으로 영적인 만족과 자만에 빠지지 마십시오. 적극적으로 하나님을 의지하고 그 은혜와 긍휼을 사모하십시오. 그것이 가난한 마음의 시작입니다.

예수님의 마음속에 가난한 마음이 있다

가난한 마음을 실제로 완벽하게 가지고 사신 한 분이 계십니다. 그분이 곧 예수 그리스도입니다.

> 너희 안에 이 마음을 품으라 곧 그리스도 예수의 마음이니 그는 근본 하나님의 본체시나 하나님과 동등됨을 취할 것으로 여기지 아니하시고 오히려 자기를 비워 종의 형체를 가지사 사람들과 같이 되셨고 사람의 모양으로 나타나사 자기를 낮추시고 죽기까지 복종하셨으니 곧 십자가에 죽으심이라 (빌 2:5-8).

여기서 우리는 인간이 되신 하나님의 겸손을 봅니다. 그것이 곧 예수님의 마음이요 가난한 마음의 전부입니다. 자기를 비어 종의 모습으로 오신 예수님, 사람의 모습으로 낮아지신 예수님, 그리고 자기를 낮추어 죽기까지 복종하신 예수님이야말로 실로 가난한 마음의 전부입니다.

> 아버지여 만일 아버지의 뜻이거든 이 잔을 내게서 옮기시옵소서 그러나 내 원대로 마시옵고 아버지의 원대로 되기를 원하나이다 (눅 22:42).

자기의 뜻과 계획을 포기하는 예수 그리스도의 마음을 여기서 만나게 됩니다. 포기하고 순종하는 예수님의 마음속에서 가난한 마음의 실체를 봅니다. 예수님은 "여우도 굴이 있고 공중의 새도 거처가 있으되 인자는 머리 둘 곳이 없다"고 하셨습니다. 그는 진실로 단순한 삶을 사신 분입니다.

이제 심령이 가난하신 예수 그리스도를 바라보지 않겠습니까?

17

애통함이
천국문을 연다

마태복음 5:4

천국 백성, 즉 거듭난 그리스도인에게 무엇보다 먼저 갖추어야 할 요소는 새사람으로 변화된 새로운 성품입니다. 우리는 세상 백성과 소속이 다르기 때문에 그들과 생각, 가치관, 삶의 모습 등 많은 부분에서 달라야 합니다. 그러나 가장 우선적으로 달라야 하는 것은 성품입니다. 다시 말해서 예수 믿는 사람의 성품을 소유하지 않으면 아무리 훌륭한 생각과 이상과 꿈이 있다고 할지라도 실제로 그것을 이행하는 데는 결정적으로 어려움이 있게 됩니다. 그래서 예수님은 천국 백성의 여덟 가지 본질적인 성품이 어떤 것인가를 산상설교의 맨 처음 부분에 집중적으로 설명하고 계신 것입니다.

가난한 마음과 애통하는 마음

그리스도인의 성품의 특성을 앞에서 다섯 가지로 설명해드렸습니다.

첫 번째는, 어떤 특수한 사람만이 소유하는 특수한 은사가 아니라, 그리스도인이면 누구든지 마땅히 가져야 하는 성품이라는 것입니다.

두 번째는, 이 여덟 가지 성품이 어떤 것은 더 중요하고 어떤 것은 덜 중요한 것이 아니라 동시적이라는 것입니다.

세 번째는, 어떤 사람도 날 때부터 본래적으로 이 성품이 있는 사람은 한 사람도 없다는 것입니다. 만약 본래적인 성품으로 가지고 있는 것이 있다면 그것은 예수님이 말씀하신 여덟 가지의 성품과는 전혀 다른 것입니다.

네 번째는, 그리스도인이 세상 사람과 어떻게, 무엇이 달라야 하는가를 보여 주는 구체적인 예라는 것입니다.

마지막으로 다섯 번째는, 이 성품들은 외형적이고 육적인 것이 아니라 내면적이고 영적인 것입니다.

이러한 그리스도인의 성품 중 첫 번째는 마음의 가난에 있습니다. 심령이 가난하다는 말은 한마디로 하나님 앞에 주장할 것도, 드릴 것도 없는 죄인임을 깨닫는 상태입니다. 즉 영혼이 가난한 사람이요, 자랑할 것이 없는 사람입니다. 이러한 사람이 갖는 두 번째 태도가 있습니다. 그것은 이번 장에서 말하는 애통하는 마음입니다. 5장 4절의 말씀을 다시 한번 살펴보겠습니다.

애통하는 자는 복이 있나니 그들이 위로를 받을 것임이요.

자기의 심령에 아무것도 없다고 깨닫는 순간 가장 심각하게 느끼는 마음은 애통함입니다. 그래서 첫 번째 성품이었던 가난한 마음과 두 번째의 애통하는 마음은 동시적으로 같이 연결되어 있습니다.

애통하는 마음이란

많은 사람은 대부분 자기가 괜찮은 사람인 줄 알고 은근히 자부심을 가지고 살아갑니다. 예컨대 머리가 좋다든지, 잘생겼다든지, 인기가 있다든지, 집안이 좋다든지 등입니다. 그런데 이들 중 이러한 자부심과 긍지를 겉으로 표현하는 사람이 있고, 반대로 속으로 감추는 사람이 있습니다.

그러나 결국은 마찬가지입니다. 아니, 오히려 속으로 감추는 사람이 더 오만한 사람일 수도 있습니다. 그런데 이것이 습관이 되면 사람 앞에서뿐 아니라 하나님 앞에서도 그와 같은 생각을 갖게 되어서 이제 이만하면 자기는 예수 믿을 만한 자격이 있고, 교회에서도 중요한 위치에 처해 있어야 한다고 착각하는 것입니다.

그런데 어느 날 성령의 도우심으로 자기의 실상을 보게 됩니다. 모든 위선의 껍질을 벗고, 또 자기 자신이 괜찮은 사람이고 다른 사람도 그렇게 생각하는 줄 알았던 환상의 세계에서 깨어났을 때 그는 무서운 충격을 받게 됩니다. 어떤 한순간에 지금까지 사람들 앞에서 자기가 자랑했던 것이 아무것도 아님을 깨닫고, 자기 영혼 앞에서 이런 것들이 참으로 보잘것없는 것임을 깨달을 때 자신의 내면의 세계가 폐허임을 발견하게 되는 것입니다.

일반적으로 40-50세 때 받는 충격이 바로 이것입니다. 한참 열심히 살고 돈을 벌 때는 잘 모르는데 어떤 위치에 이르고 어떤 성취감이 있을 때 자기 자신을 돌아보면서 '도대체 나는 무엇을 위해 어떻게 살아왔는가. 무엇을 남겼는가. 내가 지금 당장 죽는다면 과연 하나님에게 갈 수 있을 것인가'를 생각하는 순간 인생의 깊은 회의와 절망과 허무감에 빠지는 충격을 느끼게 됩니다. 이때 그는 오로지 자기 안에 있는 것은 죄와 허물뿐이고 기억하기 싫은 과거만이 남아 있다는 것을 느끼고는 내면에서부터 조용히 무너지는 것을 깨닫게 됩니다.

울어도 끝이 없고 옷을 찢어도 그 애통함이 끝이 없는 비참한 상태를 애통한 마음이라고 설명합니다. 그런데 예수님은 이러한 사람이 진정 행복한 사람이라고 말씀하십니다. 이 말씀은 역설적인 진리를 보여 주는 말씀입니다.

세상과는 다른 애통함

예수님이 말씀하시는 '애통'이라는 말이 어떤 의미가 있는지 좀 더 깊이 생각해 봅시다.

첫째, 세상적인 애통함과는 다르다는 점입니다. 세상에서의 애통은 손해를 보거나 남에게 속임을 당하거나 이유 없이 피해나 고난을 당했을 때 겪는 아픔을 말합니다. 또한 좋아하는 물건을 도둑맞거나 사랑하던 사람과 사별했을 때 느끼는 몸부림치는 아픔도 있습니다. 그러나 이 모든 것은 성경에서 말하는 애통과는 다릅니다. 예수님이 말씀하시는 애통은 영적인 애통입니다. 자기 자신 안에 있는 죄와 허물을 목격하면서 그 죄의 삯은 사망이요 그 죄의 결과는 심판이요 거기에 하나님의 진노가 있음을 깨닫고, 그로 인하여 몸부림치며 애통하는 것이 바로 성경에서 말하는 애통입니다.

성경에서 한 사람의 예를 사도 바울을 통해 볼 수 있습니다.

> 내가 원하는 바 선은 행하지 아니하고 도리어 원하지 아니하는 바 악을 행하는도다 만일 내가 원하지 아니하는 그것을 하면 이를 행하는 자는 내가 아니요 내 속에 거하는 죄니라(롬 7:19-20).

> 오호라 나는 곤고한 사람이로다 이 사망의 몸에서 누가 나를 건져 내랴(롬 7:24).

이것은 세상에서의 애통이 아닙니다. 하나님 앞에서 선을 행하고 싶어도 행할 능력이 없고, 또 행하는 것마다 죄뿐인 나, 원하지 않는 죄에도 어쩔 수 없이 노예가 되어 가는 나를 보면서 "오호라, 나는 곤고한 사람이로다. 이 사망의 몸에서 누가 나를 건져 낼 것인가?"라고 하는 애통입니다.

그 애통은 "내 몸에 어찌할 수 없는 죄의 덩어리가 하나 있는데 그것이 계속해서 나를 괴롭히고 있다"는 것을 실감하는 것이기도 합니다.

죄의 고백과 애통은 다르다

둘째, 예수님이 말씀하신 애통의 의미는 단순한 죄의 고백과는 다릅니다. 잘못한 것을 깨닫고 죄를 인정할 수는 있습니다. 그러나 통회하고 가슴을 치고 애통하지는 않을 수도 있다는 이야기입니다.

요즘 현대인은 죄를 경시하는 경향이 있습니다. 모든 죄의 개념을 규정된 법에 걸리지만 않으면 죄가 아니라는 데 두고 있습니다. 어떤 사람은 모든 사람이 다 죄를 짓고 심지어 목사까지도 죄를 짓는데 이 정도 가지고 무엇을 그렇게 심각하게 생각하느냐고 오히려 따지기도 합니다. 그럴 수도 있지 않느냐고요. 이렇게 사람들은 죄를 하나의 본능으로 해석하고 심리학적인 한 현상으로 해석하려고 합니다.

그런데 문제는 교회나 그리스도인도 세상 사람을 닮아서 죄를 별것 아닌 것으로 취급하려 한다는 것입니다. 그래서 요즘 교회에서는 설교자가 죄에 대해 설교하면 교인들이 듣기 싫어하고 다 빠져나간다면서 죄의 문제를 빼고 설교합니다. 이것은 교회가 세상을 닮아가는 사람들의 죄를 심각하게 생각하지 않는 한 현상입니다.

또한 사람들은 하나님 앞에서의 죄보다 사람들에게 들켰느냐 안 들켰느냐를 더 중요하게 생각합니다. 그러나 실은 교도소에 가 있는 사람들은 들킨 죄인들이요, 여기 있는 사람들은 안 들킨 죄인들일 뿐입니다. 안 들키면 영웅이요 애국자요 성자가 됩니다. 하나님 앞에서 죄라는 생각을 갖지 않는 것입니다.

우리 과거의 삶을 돌이켜 보면 하나님 앞에서 죄인 아닌 자가 없을 것입니다. 그래서 사람들은 그 생각을 하면 괴롭기 때문에 그 생각을 자꾸 하지 않으려 하고, 인간이면 누구나 그럴 수 있지 않느냐고 변명하여 자기 영혼에 위로를 받고자 합니다. 그런데 그렇게 완벽하게 변명해 놓고 보니까 편안합니까? 양심의 갈등이 없습니까? 오늘 예수님이 말씀하시는 애통은 하나님 앞에서 죄의 본질을 깨닫고 가슴을 치면서 "어찌하면 좋을까"라고 엎드려 뉘우치는 것을 의미합니다.

아메리칸 인디언을 위한 선교사였던 데이비드 브레이너드의 1740년 10월 18일자 일기에 이런 글이 있었다고 합니다. "나의 아침기도 시간에 나는 나의 영혼이 녹아내리는 것을 느꼈다." 바로 이러한 애통함입니다. 또 다음과 같은 시편 기자의 고백도 있습니다.

> 허물의 사함을 받고 자신의 죄가 가려진 자는 복이 있도다 마음에 간사함이 없고 여호와께 정죄를 당하지 아니하는 자는 복이 있도다 내가 입을 열지 아니할 때에 종일 신음하므로 내 뼈가 쇠하였도다 주의 손이 주야로 나를 누르시오니 내 진액이 빠져서 여름 가뭄에 마름같이 되었나이다(시 32:1-4).

"하나님의 손이 나를 누르니 내가 여름 가뭄의 마름같이 말랐고, 내 뼈가 녹아내리는 아픔이 내 안에 있다"는 말입니다. 사람들은 이런 애통함을 느끼면 살 수 없으니까 가능하면 안 느끼려고 술이나 마약 또는 쾌락에 취해 잊고 살려고 합니다. 그러나 잊혀지지 않습니다. 이것을 느끼는 사람, 그가 바로 애통하는 그리스도인입니다.

대신 애통하는 사람

셋째, 이 애통함은 한 걸음 더 나아가서 자기 안에 있는 죄와 허물을 보고 아파할 뿐 아니라 다른 사람의 죄까지도 자기 죄로 알고 대신 애통하는 경지까지 가는 것을 의미합니다. 이런 사람은 이웃의 모든 죄와 허물이 바로 자신의 죄와 허물이라고 생각하고, 대신 아파하고 눈물을 흘리며 애통하는 사람입니다. 진정한 그리스도인이란 모든 것을 대신하여 책임지는 사람입니다. 이런 모습이 시편에 나타나 있습니다.

> 그들이 주의 법을 지키지 아니하므로 내 눈물이 시냇물같이 흐르나이다(시 119:136).

요즘 세상은 특별히 고발자가 많아졌습니다. 신문이나 텔레비전에서 똑똑하고 잘났다는 사람들의 얘기를 들어 보면 "나는 잘못과 허물이 없는데 이렇게 된 것은 모두가 다 너 때문이다"라고 합니다. 너 때문에 정치가 나빠졌고, 너 때문에 사회가 혼란해졌고,

너 때문에 경제가 파탄에 이르렀고, 너 때문에 교회가 썩어 가고 있다고 말합니다. '나 때문'이라는 소리는 참 듣기 어렵습니다. 그러나 실상은 정반대가 아닙니까?

예수님은 누가복음 19장 41-44절에서 예루살렘의 멸망을 보면서 우셨고, 요한복음 11장 35절에서는 나사로의 주검 앞에서 눈물을 흘리셨습니다. 십자가에서 피 흘리며 죽으실 때도 저들의 죄를 용서해 달라고 기도하면서 죽으셨습니다. 이것이 바로 대신 애통하는 마음입니다.

누가복음 13장 6절 이하에 보면 열매 맺지 못한 무화과나무에 대한 비유가 있습니다. 3년 동안 땅만 버리고 열매 맺지 못한 나무에 대해서 주인이 찍어 버리라고 했을 때 책임을 지던 포도원지기가 "주인이여, 금년에는 그대로 두소서. 내가 두루 파고 거름을 주어 한번 더 노력해 보겠습니다"라고 말합니다. 이것은 이웃의 아픔과 고난의 책임이 내게 있다고 하는 예수님의 마음과 같습니다.

죄 없으신 예수님이 인간의 모든 죄악을 대신 책임지고 십자가에서 죽는 수고와 고난을 겪으신 모습이 바로 애통하는 모습입니다. 그래서 예수님이 말씀하시는 애통함은 내 죄와 허물 때문만이 아니라 가까이 있는 사람들의 허물과 죄악, 이 민족의 죄악, 이 나라의 죄악, 교회의 죄악, 또 가정의 모든 죄악을 내가 한 것은 아니지만 같이 짊어져야 한다는 애통함을 포함하고 있습니다. 이러한 예수님의 원리는 사회를 개혁하고 부정의 뿌리를 뽑으려는 사람들에게는 나약하고 어리석은 방법으로 느껴질지 모릅니다.

오늘날 많은 세상 사람이 자신들은 강해져야 하고 적극적이며 공격적이어야 한다고 생각합니다. 그들은 하나님의 통치와 섭리보다는 이상과 자아의 실현을 최고로 생각합니다. 이러한 성취를 위해서는 심지어 투쟁도, 폭력도 합리화하려 합니다. 그들은 또 자신이 남에게 저지르는 실수는 정당화하면서도 다른 사람이 자기에게 저지르는 실수는 용납하지 않으려는 태도를 갖습니다.

그러나 예수님의 방법은 정반대입니다. 오히려 심령이 가난한 사람, 진정으로 애통하는 사람이야말로 참된 행복을 소유한 사람이며, 이러한 사람이야말로 소금이요 빛이 될 수 있는 사람이라고 말씀하십니다. 곧 이 방법만이 최선이요 이러한 사람만이 문제를 풀 수 있는 열쇠를 가진 사람이라고 설교해 주신 것입니다.

하늘의 위로

"애통하는 자는 복이 있나니 그들이 위로를 받을 것임이요."

이렇게 애통하는 자에게는 진정한 위로가 하늘에서부터 내려온다고 했습니다. 사람은 누구든지 위로받기를 원합니다. 그러나 문제는 그 위로가 어디에서부터 오느냐는 것입니다. 여러분! 위로는 하나님으로부터 와야 참위로입니다.

눈물을 흘리며 씨를 뿌리는 자는 기쁨으로 거두리로다 울며 씨를
뿌리러 나가는 자는 반드시 기쁨으로 그 곡식 단을 가지고 돌아오
리로다(시 126:5-6).

애통하는 사람에게는 하늘의 기쁨과 위로가 있을 뿐만 아니라
진정한 하늘의 보상까지 있다고 말씀하고 있습니다. 우리가 알아
야 할 것은 언제나 큰소리치고 때리는 사람은 지는 것이요, 침묵하
고 맞는 사람은 이긴다는 것입니다. 즉 무력으로 이기려는 사람은
결코 이기지 못하고, 사랑으로 이기려는 사람만이 이긴다는 것입
니다. 왜냐하면 그 사랑은 오랫동안 깊은 감동을 주기 때문입니다.

이는 보좌 가운데에 계신 어린양이 그들의 목자가 되사 생명수 샘
으로 인도하시고 하나님께서 그들의 눈에서 모든 눈물을 씻어 주실
것임이라(계 7:17).

저는 이 말씀을 참 좋아합니다. 우리가 눈물이 펑펑 쏟아질 때
누가 와서 따뜻이 어루만져 주며 수건으로 눈물을 닦아 주면 얼마
나 좋습니까. 바로 우리 하나님이 우리가 애통의 눈물을 흘리고 있
을 때 눈물을 닦아 주신다고 말씀하십니다. 이런 주님의 모습이 고
린도후서에 나타나 있습니다.

우리의 모든 환난 중에서 우리를 위로하사 우리로 하여금 하나님께 받는 위로로써 모든 환난 중에 있는 자들을 능히 위로하게 하시는 이시로다(고후 1:4).

우리 하나님은 실로 위로의 하나님이심을 믿으십시오. 폭력이 아니라 애통으로 나아가는 자, 어떻게 보면 세상에서 패배한 것같이 보이는 그 사람에게 하나님은 위로부터 신령한 위로를 내려 주십니다. 또한 그분은 우리의 눈물을 씻어 주십니다.

위로(comfort)란 단순한 위안이 아닙니다. 사람의 위로는 그냥 안위해 주는 것뿐이나 하나님의 위로는 감상이 아닙니다. 하나님이 우리에게 오셔서 힘이 되어 주시고, 용기가 되어 주시고, 지혜가 되어 주셔서 우리가 어떠한 난관이라도 극복할 수 있도록 도와 주시는 것입니다.

모든 사람에게는 위로가 필요합니다. 약한 사람뿐만 아니라 강한 사람에게도 위로가 필요하고, 심지어는 항상 남을 잘 위로해 주는 사람에게도 위로가 필요합니다. 강한 사람일수록 오히려 위로가 필요합니다. 이렇게 사람은 누구나 다 위로받고 싶어 하고, 인정받고 싶어 하고, 격려받고 싶어 합니다. 모두가 하나님이 주시는 위로를 받기 원합니다. 그 위로를 받으면 우리는 안심하고 세상에 나가서 고난을 겪을 수 있으며, 애통의 눈물을 흘려도 감당할 수 있을 것입니다.

그리스도인은 애통할 줄 아는 사람입니다. 그는 항상 울고 다니는 사람일지 모르나 비참한 사람도, 병든 사람도 아닙니다. 항상 심각하게 보일지 모르나 위선적인 엄숙함을 가진 사람이 아닙니다. 자기의 치부를 드러낼 줄도 알고, 손해 볼 줄도 알고, 자존심을 꺾을 줄도 알고, 잘못했다고 말할 줄도 아는 사람입니다. 그리스도인은 결코 낙천주의자나 감상주의자가 아닙니다. 현실적인 사람입니다. 욥처럼 고난의 언덕에 서서 현실을 직시하는 사람이요, 예레미야처럼 눈물을 흘리면서 자기 민족을 위해서 예언하는 사람이요, 세례 요한처럼 "독사의 자식들아, 회개하라 천국이 가까이 왔다"라고 외칠 수 있는 사람입니다. 그들은 애통하기 때문에 이런 말을 할 수 있습니다.

예수님의 애통한 마음

진정 애통하는 자의 모습은 예수 그리스도에게서 발견됩니다.

> 그는 육체에 계실 때에 자기를 죽음에서 능히 구원하실 이에게 심한 통곡과 눈물로 간구와 소원을 올렸고 그의 경건하심으로 말미암아 들으심을 얻었느니라(히 5:7).

> 그는 죄를 범하지 아니하시고 그 입에 거짓도 없으시며 욕을 당하

시되 맞대어 욕하지 아니하시고 고난을 당하시되 위협하지 아니하시고 오직 공의로 심판하시는 이에게 부탁하시며(벧전 2:22-23).

예수님이야말로 진정 우리의 죄를 위하여 대신 애통하고 눈물을 흘리고 끝까지 참으시고 마지막에는 십자가에서 죽으셨습니다. 죄와 죽음에 얽매여 살고 있고, 사탄에 얽매여 살고 있고, 병에 얽매여 살고 있고, 물질과 쾌락에 얽매여 사는 우리를 보면서 불쌍히 여기시며 애통하는 심정을 가지고 사신 분이 바로 예수 그리스도였습니다. 그래서 베드로전서에 다음과 같이 기록되었습니다.

친히 나무에 달려 그 몸으로 우리 죄를 담당하셨으니 이는 우리로 죄에 대하여 죽고 의에 대하여 살게 하려 하심이라 그가 채찍에 맞음으로 너희는 나음을 얻었나니(벧전 2:24).

저는 오늘 세 가지 결론을 드리고 싶습니다. 첫 번째는, 애통할 수 없는 마음을 애통해하시기 바랍니다. 어떤 사람은 회개하고 싶어도 회개가 안 되고 무엇부터 회개해야 할지조차 모르는 사람이 있습니다. 울고 싶어도 울어지지 않는 사람이 있습니다. 가슴은 차디차졌고 모든 것에 대해서 냉소적이요 비판적으로 되어 버렸습니다. 회개할 수 없는 마음을 애통해합시다. 우리의 눈에서 민족의 죄악과 오늘의 현실을 보면서 회개의 눈물이 강같이 흘러야 할 것입니다. 교회의 모든 허물과 죄악을 보면서 눈물을 흘려야 할 것입니다.

두 번째는, 다른 사람의 죄와 허물에 대해 고발하거나 정죄하지 말고 대신 애통해 하십시다. 우리가 다른 사람의 죄와 허물에 대해서는 지나치게 민감하지 않습니까? 그리고 사람들을 정죄하여 우리가 하나님 입장에 서지 마십시다. 우리가 남을 심판하고 비판하면 우리도 모르는 사이에 하나님의 자리에 서게 됩니다.

> 비판을 받지 아니하려거든 비판하지 말라 너희가 비판하는 그 비판으로 너희가 비판을 받을 것이요 너희가 헤아리는 그 헤아림으로 너희가 헤아림을 받을 것이니라 어찌하여 형제의 눈 속에 있는 티는 보고 네 눈 속에 있는 들보는 깨닫지 못하느냐(마 7:1-3).

세 번째는, 예수님의 심정을 달라고 기도하시기 바랍니다. "저들의 죄를 용서해 주시옵소서." 이것은 십자가에 못 박혀 돌아가실 때 예수님이 하신 기도입니다. 이것을 스데반이 배워서 돌무덤 속에서 피 흘려 죽으면서 "주여, 저들의 죄를 용서해 주시옵소서" 라고 기도했습니다. 이 기도가 우리의 기도가 되어야 하고 이 영이 우리에게도 흘러야 합니다.

애통하는 마음은 인간의 본래적이고 생래적인 것이 아님을 기억하십시오. 이것은 예수님의 성품이요, 성령님을 통해서만 우리에게 접붙여질 수 있는 마음입니다.

성령을 받으십시오. 성령 충만하십시오. 예수님의 성품이 우리
에게 임하도록 간절히 기도하십시오. 그때 하나님은 우리에게 이
애통하는 마음을 주실 것입니다.

18

온유한 자가
새 하늘과 새 땅의 주인이 된다

마태복음 5:5

참된 그리스도인의 세 번째 성품의 특징인 온유함에 대해서 말씀을 나누겠습니다. 산상설교에 나타나는 여덟 가지 축복은 다른 말로 하면 그리스도인이 소유해야 할 여덟 가지 성품이라고 했습니다. 이 성품은 크게 두 가지로 나뉘는데, 첫 번째부터 네 번째까지는 인간이 하나님에 대해 가져야 하는 성품을 나타내고, 다섯 번째부터 여덟 번째까지는 인간이 인간에 대해 어떤 성품을 가져야 하는가를 표현해 주고 있습니다. 심령이 가난한 성품, 애통하는 성품에 이은 온유한 성품도 역시 인간이 본래적으로 가지고 태어난 것이 아닙니다. 예수 그리스도로 거듭난 사람만이 소유하는 독특한 성품입니다.

온유한 자가 세상을 다스린다

온유한 자는 복이 있나니 그들이 땅을 기업으로 받을 것임이요 (마 5:5).

이 말씀에서 우리가 분명하게 발견하는 사실은 땅의 정복, 즉 이 세상의 정복은 온유한 자들에 의해서 이루어진다고 하는 것입니다. 폭력이나 무력 등 어떤 세상적인 힘 또는 어떤 지배적이고 공격적인 영웅이 땅을 정복하는 것이 아니라, 오직 온유한 자들이 이 땅을 정복한다고 성경은 말하고 있습니다. 이 말씀은 특별히 시편 37편 11절의 말씀을 생각나게 합니다.

그러나 온유한 자들은 땅을 차지하며 풍성한 화평으로 즐거워하리로다.

우리가 살고 있는 이 세상 나라는 정복자의 힘과 능력으로 지배되고 있지만 하나님 나라는 반대로 섬기는 자의 온유함과 겸손으로 통치되고 있습니다. 예수님은 이렇게 말씀하셨습니다.

나는 마음이 온유하고 겸손하니 나의 멍에를 메고 내게 배우라 그리하면 너희 마음이 쉼을 얻으리니(마 11:29).

예수님이 온유한 자는 복이 있다고 말씀하셨을 때 이 말씀을 듣던 유대인들은 큰 충격을 받았을 것입니다. 왜냐하면 그 당시 유대인들은 군사적인 침략과 정치적인 압제, 경제적인 빈곤과 사회적인 혼란에서 그들을 해방시켜 줄 정치적 메시아를 기다리고 있었기 때문입니다. 이처럼 물질적일 뿐 아니라 군사적이고 정치적인 천국관이 있던 유대인들은 투쟁이라는 관점에서 그들의 해방과 승리를 생각하고 있었습니다.

이것은 요즘 우리 시대의 형편과 아주 흡사합니다. 세상 사람은 투쟁을 통해서, 민중의 힘을 통해서, 어떤 역사의 힘을 통해서 이 세상이 정복되고 변화되기를 갈망하고 있습니다. 그래서 심지어 어떤 사람은 왜 교회가 이런 투쟁 세력에 앞장서지 않느냐고 항변합니다.

그런데 예수님은 이러한 기대와는 정반대로 천국은 투쟁이나 침략을 통해서 얻어지는 것이 아니라고 하셨습니다. 또한 진정한 하나님의 백성은 영웅이 아니라 온유한 사람이고 천국은 지배하는 곳이 아니라 섬기는 곳이라는, 세상과는 전혀 다른 개념을 말씀하셨습니다. 이때 사람들은 충격을 받지 않을 수가 없었습니다.

진정한 온유란

그러면 이제 진정한 온유란 어떤 것이며 어디에서 오는 것인지 성경을 통해 살펴보도록 하겠습니다. 본문에 '온유'라고 번역된 헬라어 '프라우스'(praus)는 '짐승을 길들여서 주인이 시키는 대로 하게 한다'는 뜻이 있는 말로서 문자적으로는 부드럽고 나약하고 순한 의미가 있습니다. 그리고 어느 때는 '온유하다, 겸손하다, 이해심이 있고 예의 바르다'라는 뜻으로 사용되었습니다. 여기서도 역시 예수님이 말씀하시는 온유는 우리가 세상적으로 이해하고 있는 온유와 전혀 다른 의미가 있음을 알아야 합니다.

첫째, 온유함이란 산상설교의 첫 번째 마음인 가난한 마음에서 비롯되는 마음입니다. 심령이 가난한 사람은 하나님 앞에서 아무 것도 아닌 자신을 발견하게 됩니다. 즉 그가 하나님의 기준 앞에 서서 볼 때 자기의 행위와 의는 다 찢어진 걸레 조각 같고 자신의 마음은 만물보다 심히 부패해 있음을 발견하면서 통곡하고 애통하게 되는 것입니다. 이것이 두 번째 성품인 애통함입니다.

애통하는 사람은 자기 안의 불의와 불법과 죄와 허물을 솔직히 인정하는 사람입니다. 뿐만 아니라 다른 사람의 죄를 보면서 자기의 죄처럼 대신 눈물을 흘리며 슬퍼하고 애통하는 사람입니다. 이런 상황까지 온 사람은 더 이상 교만하거나 다른 사람을 공격하거나 침략하지 않습니다. 그는 진실로 마음이 겸허해지고 낮아져서 오직 하나님만 바라보게 됩니다. 이것이 바로 온유함입니다.

여기서 우리는 심령의 가난함과 온유함의 차이를 발견하게 됩니다. 심령의 가난이 우리의 죄에 초점을 맞춘다면 온유함은 하나님의 거룩함에 초점을 맞춥니다. 그러니까 마음의 가난은 죄를 발견하는 마음이며, 온유는 하나님의 거룩함을 발견하는 마음입니다. 온유의 뿌리는 자신의 죄악 된 모습을 바라보면서 자기의 무가치함을 깨닫는 것입니다. 그 마음은 한 걸음 더 나아가 하나님의 거룩함을 보면서 그분의 영원한 가치를 깨닫고 그분으로부터 은혜와 긍휼을 바라는 마음입니다. 여기서 우리는 예배의 본질을 발견하게 됩니다.

예배란 무엇입니까? 무가치한 존재가 예배를 받으실 만한 가치가 있는 분에게 경배와 찬양을 드리는 것이요, 그분의 한없는 은혜와 긍휼의 옷을 입는 것을 의미합니다. 만약 우리 마음속에 이러한 하나님의 거룩함을 바라보는 온유가 없다면 우리 예배는 다 교만한 것이요, 하나님이 받으실 만한 예배가 되지 못하는 것입니다. 그러므로 예배를 드리는 진정한 그리스도인의 모습은, 첫째 심령이 가난한 상태에서 애통하는 모습이고, 둘째 하나님의 긍휼과 사랑을 기다리면서 그분의 거룩함에 자신의 초점을 맞추고 그의 의를 사모하는 모습입니다.

온유함 속에 강함이

둘째, 온유함은 죄에서 벗어나 하나님의 거룩함과 그 영광의 광채에 동참하는 데서부터 옵니다. 그러므로 이것은 단순한 부드러움, 연약함을 넘어선 성령의 내적인 능력이라고 말할 수 있습니다. 하나님의 거룩한 능력에 초점을 맞추었을 때 거기서부터 흘러나오는 것이 온유라고 했으므로 진정한 온유 속에는 강력한 하나님의 능력이 있다는 말입니다. 데니스 레인 목사님은 이것을 가리켜 "거인의 손안에 있는 갓난아이"라고 표현했습니다. 즉 진정으로 강한 자만이 온유할 수 있다는 말입니다.

속도란 제어 장치가 있을 때 의미가 있습니다. 브레이크가 파열된 자동차의 속력은 무서운 교통사고를 일으키게 됩니다. 실로 온유한 사람은 자기의 능력, 성격, 행동을 통제할 수 있는 사람입니다. 또 폭력과 복수, 어떤 기만이나 술수에 의존하지 않는 사람입니다. 세상 사람은 힘이 있으면 그 힘으로, 돈이 있으면 그 돈으로, 권력이 있으면 그 권력으로 사람을 흔들어 보고 싶어 합니다. 그러나 온유한 사람은 온유 그 자체가 폭력과는 반대의 개념이기 때문에 절대 힘에 의존하지 않습니다. 동시에 분노와 복수의 감정에 사로잡히지도 않습니다. 또 시기와 질투로 자기의 인격과 성품을 유린하지도 않습니다. 예수님은 오직 사랑과 용서와 은혜와 긍휼로 변화된 성품, 바로 이 온유한 성품만이 이 세계를 정복할 수 있다고 말씀하십니다.

온유한 사람 가운데 대표적인 사람이 순교자입니다. 죽임을 당했던 그들은 약한 사람들이 아니었고 오히려 죽을 만큼 강한 사람들이었습니다. 그러나 그들은 오늘날 분신자살하는 사람들과는 다릅니다. 그들은 폭력과 미움, 분노와 복수에 의존하지 않았을 뿐 아니라 죽는 순간에도 미소를 잃지 않았습니다. 스데반이 바로 그 대표적인 인물이었습니다.

기쁘게 헌신하는 모습

셋째, 온유함은 하나님의 거룩함과 영광의 엄청난 능력을 입었을 때 자기 자신을 온전히 하나님 앞에 바치고 기쁘게 헌신하는 모습에서 발견할 수 있습니다. 온유한 사람은 자기의 권리를 주장하거나 자신의 방법을 정당화하거나 자기의 목적만을 추구하는 사람과는 다른 사람입니다. 온유한 사람은 언제나 자기 방법을 포기하고, 하나님의 방법을 따르는 사람입니다.

내가 권리를 주장하면 누군가 타인은 권리를 박탈당하게 되어 있습니다. 또 사람은 본래 죄인이어서 자기의 권리만을 정확히 찾지 못하고 다른 사람의 권리까지 침해하게 되어 있습니다. 예를 들어 타인이 나에게 다섯 개만큼 잘못했을 때 내가 정확하게 그만큼만 복수해야 하는데 복수하다 보면 그 배를 복수하게 되고, 그러면 다시 내가 다섯 개만큼 또 받아야 하는 입장이 되고 맙니다. 그래서 정당하게 권리를 주장한다는 것이 힘듭니다.

나의 이익이란 말에는 타인의 손실이라는 뜻이 있습니다. 이것은 언제나 상관관계가 있습니다. 그러므로 온유한 사람은 항상 손해를 보는 사람입니다. 또 자기 권리를 주장하는 사람이 아니라 남의 권리나 입장을 세워 주는 사람입니다. 예수님이 바로 이런 분이셨습니다.

사도 바울은 예수님에 대해서 다음과 같이 말했습니다.

> 너희 안에 이 마음을 품으라 곧 그리스도 예수의 마음이니 그는 근
> 본 하나님의 본체시나 하나님과 동등됨을 취할 것으로 여기지 아니
> 하시고(빌 2:5-6).

그의 본질은 하나님이십니다. 그러나 예수님 자신은 하나님과 동등 됨을 취하지 아니하셨다고 했는데, 이것이 바로 온유의 본질입니다. 우리가 얼마든지 주장할 수 있지만 주장하지 않고 따지지 않는 것이 온유입니다. 그렇다고 타협하는 것도 아닙니다. 온유한 방법으로 이기는 것입니다. 그렇기 때문에 온유는 자기 자신에 대해서 민감하지 않고 방어적인 태도를 취하지 않습니다.

절대로 온유할 수 없는 사람들

열등의식이나 우월감에 빠져 있는 사람은 절대로 온유할 수 없습니다. 누가 개인적으로 당신이 예수 믿고 나서 받은 축복 중에서 가장 큰 축복이 무엇이냐고 제게 묻는다면, 우선은 구원받고 천국 가는 축복을 말할 것이고, 그 다음은 열등의식에서 해방된 것을 고백하고 싶습니다. 저는 예수 그리스도를 알지 못했을 때 심한 열등의식에 빠져 있었습니다. 이와는 반대로 우월감과 자기 편견에 사로잡혀 지내는 사람들도 많습니다. 그래서 예수 믿는다는 사람 가운데 때로는 열등감 때문에 예수 잘 믿는 사람도 있고, 우월감으로

예수 잘 믿는 것을 표현하는 사람도 있습니다. 그러나 그들은 어떠하든지 간에 마음의 평화나 자유나 기쁨이 없는 것입니다.

어떤 사람은 예수를 믿는데 항상 긴장하고 믿습니다. 예를 들면 완벽주의자들, 일등 하지 않으면 못 사는 사람, 항상 남을 이겨야 하는 사람, 결론은 항상 자기가 내야 하는 사람 등이 있는데 이들은 모두가 불쌍한 사람들입니다. 또 열심히 비교하면서 인생을 사는 사람, 타인의 시선이 없으면 못 사는 사람도 있는데 이 역시 불행한 사람들입니다.

온유한 사람은 실로 모든 열등감과 우월감에서 해방된 사람입니다. 그는 누구를 자기와 비교하지 않습니다. 그러기에 교만하지도, 절망하지도 않습니다. 온유한 사람은 자기 연민에 사로잡히는 사람도 아니요, 인정받고 칭찬을 받아야만 사는 사람도 아닙니다. 그는 이미 십자가에 죽은 사람입니다. 다른 사람이 어떤 오해나 무시나 경멸의 말을 해도 별로 상관하지 않는 사람입니다.

마틴 로이드 존스 목사님은 진정한 온유란 다른 사람이 나에게 대하는 것에 대해 내가 어떤 반응을 보이느냐에서 찾아볼 수 있다고 했습니다. 그렇습니다. 온유한 사람은 칭찬할 때 거기에 빠지지 않고, 조롱하고 무시할 때 당황하거나 화를 내지 않으며 오히려 모든 것을 하나님 손에 의탁하고 감사하는 사람입니다.

성경 속 온유한 사람들

우리는 성경을 통해 실제로 온유했던 사람들을 찾아볼 수 있습니다. 그들은 한결같이 고난을 통과한 사람들이었습니다. 먼저 아브라함을 보겠습니다. 하나님이 아브라함을 불러 갈대아 우르를 떠나라고 했을 때 그는 갈 바를 알지 못하나 순종하고 떠났습니다. 순종은 온유의 표현입니다. 자기 조카 롯과의 싸움에서 "네가 좌하면 나는 우하고 네가 우하면 나는 좌하리라"(창 13:9)고 합니다. 이것이 온유입니다. 하나님이 이삭을 바치라고 했을 때 그는 이해할 수 없는 명령이었지만 새벽 일찍이 이삭을 데리고 모리아 산으로 갔습니다. 이것이 아브라함의 온유였습니다.

우리는 또 요셉을 통해 온유를 봅니다. 그는 형들의 질투 때문에 부모와 고향을 떠날 수밖에 없었고, 애굽으로 팔려 가 그곳에서 죽도록 고생하고 모함을 받아 결국 감옥에까지 들어가게 됩니다. 그러나 하나님은 그를 애굽의 총리대신으로 세워 주셨습니다. 요셉이 형들과 다시 만나는 장면을 기억하십니까? 그의 형들이 바로 이 총리대신이 자기들이 그렇게 질투하고 미워하고 죽음의 곳으로 내쫓았던 동생 요셉이라는 것을 알았을 때 얼마나 무서워하고 떨었습니까. 이때 요셉은 다음과 같이 말합니다.

당신들이 나를 이곳에 팔았다고 해서 근심하지 마소서 한탄하지 마소서 하나님이 생명을 구원하시려고 나를 당신들보다 먼저 보내셨나이다(창 45:5).

그런즉 나를 이리로 보낸 이는 당신들이 아니요 하나님이시라(창 45:8).

이것이 온유입니다. 여러분 중 친척이나 식구들과 분노와 미움의 관계에 있는 분은 안 계십니까? 온유를 베푸시기 바랍니다. "이렇게 된 것은 다 하나님의 계획이다"라고 말할 수 있는 용기가 있어야 합니다. 오늘 주님은 우리가 온유의 성품을 갖기를 원하십니다. 무조건 용서해야 합니다. 무조건 인내해야 합니다. 징계하거나 비판하거나 채찍질해서는 안 됩니다. 그것은 온유가 아닙니다.

모세를 보십시오. 40년 광야 생활을 통해 그가 얻은 것은 온유였습니다. 그는 실로 나는 아무것도 아니라는 것을 깨닫고 있었으므로 하나님이 그를 들어 쓰시고자 할 때도 "주여, 저는 할 수 없습니다"라고 말했을 정도였습니다. 이러한 모세의 온유함을 민수기 12장 3절에서 볼 수 있습니다.

이 사람 모세는 온유함이 지면의 모든 사람보다 더하더라.

또 사울 앞에서 그처럼 어려움을 겪었던 다윗은 생전에 사울을 욕한 적이 없었습니다. 사울을 죽일 수 있었을 때도 죽이지 않았고, 사울이 정신병으로 죽은 후에도 끝까지 사울을 욕하지 않았던 다윗을 봅니다. 이것이 바로 온유입니다.

눈물의 선지자 예레미야, 그리고 순교했던 스데반에게서 진정한 그리스도인의 온유의 모습을 보게 됩니다. 또 베드로전서를 보면 누구보다도 온유하셨던 예수님의 모습이 잘 나타나 있습니다.

그리스도도 너희를 위하여 고난을 받으사 너희에게 본을 끼쳐 그 자취를 따라오게 하려 하셨느니라 그는 죄를 범하지 아니하시고 그 입에 거짓도 없으시며 욕을 당하시되 맞대어 욕하지 아니하시고 고난을 당하시되 위협하지 아니하시고 오직 공의로 심판하시는 이에게 부탁하시며 친히 나무에 달려 그 몸으로 우리 죄를 담당하셨으니 이는 우리로 죄에 대하여 죽고 의에 대하여 살게 하려 하심이라 그가 채찍에 맞음으로 너희는 나음을 얻었나니(벧전 2:21-24).

예수님은 십자가에서 죽지 않고 천군 천사들을 통해 기적을 베푸실 수도 있었습니다. 그러나 그분은 무참하게, 무능하게 죽었습니다. 이것이 온유입니다. 할 수 있습니다. 그러나 하지 않고 죽는 것이 온유입니다. 분노를 내뿜을 수 있습니다. 그러나 분노를 내뿜지 않고 기다리고, 참고, 이해하고, 용서하는 것이 바로 온유입니다.

온유한 자가 받을 축복

그러면 온유한 사람이 받을 축복은 무엇이라고 했습니까? 본문을 보십시오. "온유한 자는 복이 있나니 그들이 땅을 기업으로 받을 것임이요."

대부분의 사람은 온유한 사람은 성공하거나 출세하지 못할 것이라고 생각합니다. 또한 그들이 생존 경쟁에서 밀려나 뭇 사람들의 이용물이 될 것이라고 생각합니다. 그러나 역사를 자세히 보십시오. 그동안 역사를 지배해 왔던 수많은 영웅과 침략자들은 어떻게 되었습니까? 알렉산더, 시저, 샤르망 대제, 나폴레옹, 히틀러, 스탈린, 마오쩌둥 등을 보십시오. 그들이 순간은 승리했을지 모르나 그 최후는 언제나 패배였다는 사실을 알 수 있습니다. 어떤 한 사람도 오늘날 인류의 마음에 살아남아서 인류를 지배하는 사람이 없습니다. 그러나 오직 한 분! 온유하신 예수 그리스도가 계십니다. 십자가에서 무능하게 죽으신 그분이 지금 여러분과 저의 마음을 사로잡고 있습니다. 바로 그분이 지금도 전 세계를 지배하고 계신 것입니다. 이것이 온유의 능력이며 또한 온유의 축복입니다.

공산주의는 사람들의 마음에 미움을 발동시켰습니다. 그들은 노동자들과 자본가들의 계급 투쟁을 통해서, 미움의 힘을 통해서 전 세계 1/3을 빨갛게 물들이고 말았습니다. 미움도 힘이 있습니다. 그러나 미움보다도 더 힘이 있는 것은 사랑입니다. 온유입니다.

온유한 사람은 하나님에게 속한 땅을 기업으로 받을 것입니다.

하나님은 그들에게 새 하늘과 새 땅을 예비해 놓으셨습니다. 하나님은 우리에게 최초의 에덴동산을 주셨습니다. 그러나 사탄의 유혹에 넘어가 죄를 지음으로써 그 축복의 땅에서 쫓겨났습니다. 실낙원(失樂園)입니다. 그러나 예수 그리스도 안에서 그 땅을 다시 회복시켜 주겠다고 하셨습니다. 복락원(復樂園)입니다. 주님은 온유한 사람만이 이 땅을 차지할 것이라고 하셨습니다. 이러한 말씀이 고린도전·후서에 잘 나타나 있습니다.

> 불의한 자가 하나님의 나라를 유업으로 받지 못할 줄을 알지 못하느냐(고전 6:9).

> 만일 땅에 있는 우리의 장막 집이 무너지면 하나님께서 지으신 집 곧 손으로 지은 것이 아니요 하늘에 있는 영원한 집이 우리에게 있는 줄 아느니라(고후 5:1).

세상은 부동산 투기가 한창입니다. 세상의 땅은 전투적이고 폭력적이고 의욕과 욕심이 많은 사람이 차지하고 있습니다. 그러나 우리는 하나님 나라의 땅을 차지할 것입니다. 하나님은 우리에게 땅을 기업으로 준다고 약속하셨습니다.

시편 149편 4절에 보면 "여호와께서는 자기 백성을 기뻐하시며 겸손한 자를 구원으로 아름답게 하심이로다"라고 했습니다. 온유하고 겸손한 자가 구원을 얻습니다. 남에 대해 비판을 잘 하는 사람은 구원의 감격을 즐기기가 어렵습니다.

베드로전서 5장 5절에는 "다 서로 겸손으로 허리를 동이라 하나님은 교만한 자를 대적하시되 겸손한 자들에게는 은혜를 주시느니라"고 했습니다. 겸손하고 온유한 자에게는 하나님의 은혜가 물 붓듯이 쏟아집니다. 말할 수 없는 평화와 기쁨을 소유하게 될 것입니다.

마태복음 18장 4절에서는 "그러므로 누구든지 이 어린아이와 같이 자기를 낮추는 사람이 천국에서 큰 자니라"고 했습니다. 이 말씀은 자기를 낮추고 겸허하며 온유한 사람이 천국에서 큰 자가 된다고 하는 말씀입니다.

스바냐 2장 3절에 "세상의 모든 겸손한 자들아 너희는 여호와를 찾으며 공의와 겸손을 구하라 너희가 혹시 여호와의 분노의 날에 숨김을 얻으리라"고 했습니다. 온유한 자는 심판 날 하나님의 진노 앞에서 자유하게 될 것입니다.

온유와 겸손은 전도의 무기입니다. 예수 믿지 않는 사람은 온유한 사람을 보면 예수 믿고자 하는 마음이 생기지만 말만 잘하는 사람을 보면 거부감이 생깁니다. 온유와 겸손만이 하나님에게 영광 돌릴 수 있는 유일한 방법입니다.

온유하기 위해서는…

이와 같이 우리가 온유하기 위해서는 첫째, 온유하신 예수 그리스도를 바라보십시오. 우리에게는 온유의 성품이 없습니다. 혹 있더라도 사람을 구별하여 온유한 경향이 있습니다. 그러나 예수님은 어린아이와 세리와 창기에게까지도 온유를 보여 주셨습니다. 자기를 십자가에 못 박는 사람에게까지도 온유를 보여 주셨던 예수님을 바라보십시오.

둘째, 자아가 죽어야 합니다. 자기를 부인하십시오. 자기라는 것이 살아 있는 한 교만의 끈을 벗어날 수가 없습니다. 열등의식과 우월감에서 해방하십시오. 마음의 모든 상처에서부터 치료를 받으십시오. 그때 우리는 온유한 모습으로 변할 것입니다.

셋째, 어떤 경우에도 여러분이 소유하고 있는 힘을 사용하지 마십시오. 여러분의 IQ와 재능을 자랑하지 마십시오. 그때 온유는 없어지기 시작합니다. 오직 사랑과 긍휼을 의지하십시오. 힘은 절제되어야 합니다. 이기려 하지 말고 져 주십시오. 성취하려 하지 말고 포기해 보십시오.

넷째, 무엇보다 화를 내지 마십시오. 분노와 화는 온유의 적입니다. 참고 기다리십시오. 오늘 여러분 주위에 어쩌면 화날 일들이 도사리고 있을지도 모릅니다. 오늘만이라도 화내는 일을 포기해 보십시오. 그때 온유는 우리 안에서 승리하기 시작할 것입니다.

19

영적 굶주림을
하나님의 의로 채우라

마태복음 5:6

예수님은 우리에게 네 번째 그리스도인의 성품은 의에 주리고 목마른 모습임을 소개하고 있습니다. 온유한 사람이 하나님의 거룩함을 바라볼 때 그는 하나님의 본질에 접근하게 되고, 그때 하나님에 대해 강렬한 열망을 갖게 됩니다. 그 열망이 바로 의에 주리고 목마른 모습입니다. 이러한 성품은 그리스도인의 성품의 극치이며, 동시에 그리스도인의 삶의 최정상에 올라선 모습입니다. 우리의 모습이 여기까지 이르게 되면 그리스도인으로서 완전해진 것이요, 하나님의 성품에 참여한 것이요, 뿐만 아니라 그 아들의 형상을 닮게 된 것입니다. 그래서 예수님도 마태복음에서 다음과 같은 말씀을 해 주셨습니다.

> 너희는 먼저 그의 나라와 그의 의를 구하라 그리하면 이 모든 것을 너희에게 더하시리라(마 6:33).

> 내가 너희에게 이르노니 너희 의가 서기관과 바리새인보다 더 낫지 못하면 결코 천국에 들어가지 못하리라(마 5:20).

여기서 그의 나라와 그의 의를 구하라고 한 말씀은 하나님 나라의 통치와 지배 원리가 바로 하나님의 의라는 뜻입니다.

하나님의 의

그러면 그리스도인의 성품의 극치인 하나님의 의는 무엇이겠습니까? 하나님의 의란 하나님의 기준이요 표준이란 뜻입니다. 이를테면 하나님의 잣대와 같다고 할 수 있습니다. 즉 무엇이 옳고 그른가는 우리의 자가 아니라 하나님의 자로 재어 봐야 하며, 하나님의 기준으로만 봐야 한다는 것입니다. 이 하나님의 기준이 바로 의입니다. 뿐만 아니라 의는 하나님의 속성이요 본질 중 하나이기도 합니다.

신구약 전체의 말씀을 한마디로 표현한다면 하나님의 의라고 말할 수 있습니다.

우리는 보통 의롭다는 것을 옳고, 바르고, 정직하고, 의리 있는 것으로 생각합니다. 그러나 그것은 하나님의 기준에서 볼 때 전적으로 잘못된 것입니다. 왜냐하면 타락한 인간에게는 본질적으로 의가 없기 때문입니다.

> 의인은 없나니 하나도 없으며 깨닫는 자도 없고 하나님을 찾는 자도 없고 다 치우쳐 함께 무익하게 되고 선을 행하는 자는 없나니 하나도 없도다(롬 3:10-12).

사람의 의란 걸레 조각과 같은 것입니다. 사도 바울은 한 걸음 더 나아가 빌립보서에서 자기가 의롭다고 생각했던 모든 것이 하나님의 의 앞에서 보니까 일종의 배설물과 같다고 했습니다.

그러나 무엇이든지 내게 유익하던 것을 내가 그리스도를 위하여 다 해로 여길 뿐더러 또한 모든 것을 해로 여김은 내 주 그리스도 예수를 아는 지식이 가장 고상하기 때문이라 내가 그를 위하여 모든 것을 잃어버리고 배설물로 여김은 그리스도를 얻고 그 안에서 발견되려 함이니 내가 가진 의는 율법에서 난 것이 아니요 오직 그리스도를 믿음으로 말미암은 것이니 곧 믿음으로 하나님께로부터 난 의라 (빌 3:7-9).

의로운 사람이 의를 말해야 의가 통합니다. 의롭지 못한 사람이 아무리 의를 말한다 해도 본인 자신이 의롭지 못하기 때문에 그 주장하는 것 자체가 불의한 것입니다. 의로운 정부, 의로운 정당이 국민에게 의를 요구해야 정의 사회가 구현됩니다. 그렇지 않으면 오히려 그 소리는 더 시끄러운 소리가 되고 불의의 소리로 둔갑하게 됩니다. 그러면 누가 과연 의를 이야기할 수 있겠습니까? 많은 사람은 사회가 의롭지 못하고, 심지어 교회도 의롭지 못하다고 비판합니다. 그러나 문제는 그 비판하는 사람이 더 의롭지 못하다는 데 있습니다. 지금 이 말은 사회가 의롭고, 교회가 의로워서 하는 말이 결코 아닙니다.

의인을 찾으시는 하나님

본문에서 의에 주리고 목마르다는 것은 하나님이 값없이 주시는 의를 갈망하고 사모하는 것을 말합니다. 의에 대한 갈망은 다른 말로 하면 죄에서 해방하려는 욕망입니다. 이것은 적극적으로 더러워진 자신의 의의 옷을 벗고, 하나님의 거룩함의 의의 옷을 입어서 하나님의 영광의 광채에 도달하려는 성결의 욕망입니다. 이것은 어떤 의미에서 그리스도를 닮아 가려는 최고의 갈망일 수 있습니다. 하나님은 인간에게 철저하게 의를 요구하십니다.

> 사람아 주께서 선한 것이 무엇임을 네게 보이셨나니 여호와께서 네
> 게 구하시는 것은 오직 정의를 행하며 인자를 사랑하며 겸손하게
> 네 하나님과 함께 행하는 것이 아니냐(미 6:8).

우리는 구약에서 한 예를 찾아볼 수 있습니다. 창세기 18장에 보면 하나님과 아브라함의 대화에서 의를 요구하시는 하나님을 보게 됩니다. 어느 날 아브라함이 하나님의 천사들을 극진히 대접하게 됩니다. 그랬더니 그들이 떠나기 전에 아브라함에게 두 가지 비밀을 가르쳐 줍니다. 하나는 아브라함에게 아들이 생기리라는 것

이고, 또 하나는 소돔과 고모라가 이제 곧 멸망 당할 것이라는 말씀이었습니다. 이 예언의 말씀을 듣고 아브라함은 고모라에 있는 조카 롯을 걱정합니다. 아브라함은 하나님에게 이렇게 말합니다. 그 주장하는 것이 참 재미있습니다.

> 그 사람들이 거기서 떠나 소돔으로 향하여 가고 아브라함은 여호와 앞에 그대로 섰더니 아브라함이 가까이 나아가 이르되 주께서 의인을 악인과 함께 멸하려 하시나이까 그 성 중에 의인 오십 명이 있을지라도 주께서 그곳을 멸하시고 그 오십 의인을 위하여 용서하지 아니하시리이까 주께서 이같이 하사 의인을 악인과 함께 죽이심은 부당하오며 의인과 악인을 같이하심도 부당하니이다 세상을 심판하시는 이가 정의를 행하실 것이 아니니이까(창 18:22-25).

이 말은 아주 논리 정연하고 당당하며, 하나님의 속성을 정확하게 이해하고 하나님을 꼼짝 못하게 하는 질문입니다. 소돔과 고모라가 죄악으로 멸망하는 것은 당연한 일이지만 하나님은 의로우신 분이기에 그중에 의인이 있다면 하나님의 심판은 잘못된 것이라는 말입니다. 아주 설득력 있는 주장입니다. 그렇습니다. 하나님도 여기에는 할 말이 없으셨습니다. 그래서 이렇게 말씀하셨습니다.

"좋다. 의인 오십 인을 찾아서 나에게 보여 주면 내가 이 성을 용서하겠다."

이 말을 듣고 난 아브라함은 충격을 받았습니다. 왜냐하면 의인 오십 인이 없었기 때문입니다. 그래서 아브라함은 이렇게 말합니다.

"티끌과 같은 나라도 감히 말씀드리거니와 사십오 인이면 어떻겠습니까?"

"좋다. 사십오 인을 달라."

"거기서 사십 인을 찾으시면 어찌 하시려나이까?"

"사십 인을 인하여 멸하지 아니하리라."

"주여, 노하지 마옵소서. 삼십 인이면 어떻겠습니까?"

"좋다. 삼십 인을 달라."

"감히 내 주께 고하나이다. 이십 인이면 어떻겠습니까?"

"이십 인을 인하여 멸하지 아니하리라."

"내가 이번만 더 말씀하리이다. 거기서 십 인을 찾으면 어찌 하시려나이까?"

"내가 십 인을 인하여도 멸하지 아니하리라."

그러나 아브라함은 여기서 또 절망하게 됩니다. 자기를 포함해서 의인 열 명이 없었기 때문입니다. 하나님은 의인 열 명만 있으면 소돔과 고모라의 재앙을 용서해 주겠다고 약속하셨습니다. 이분이 하나님이십니다.

우리는 기도할 때 "통일을 주시옵소서. 안정을 주시옵소서. 축복을 주시옵소서. 건강을 주시옵소서. 성공을 주시옵소서"라고 간구합니다. 또한 이것은 아브라함의 기도였습니다. 그러나 하나님은 그러한 간구에 앞서 의를 요구하시고 의인을 찾으셨습니다. 또 지금도 하나님은 "내가 통일을 시켜 줄 능력이 없어서가 아니다. 이 땅을 고칠 능력이 없어서가 아니다. 의인을 달라"고 하십니다. 예레미야서에도 이러한 하나님의 모습이 나타납니다.

> 너희는 예루살렘 거리로 빨리 다니며 그 넓은 거리에서 찾아보고 알라 너희가 만일 정의를 행하며 진리를 구하는 자를 한 사람이라도 찾으면 내가 이 성읍을 용서하리라(렘 5:1).

예루살렘이 망한 이유는 예레미야가 한 사람도 의인을 찾지 못했기 때문입니다. 모두 다 위선자요 저울을 속이고 가격을 속이는 사기꾼들로 가득 차 있었기 때문에 결국 예루살렘은 수치를 당할 수밖에 없었습니다. 하나님은 의로운 사람, 의로운 교회, 의로운 사회와 국가를 원하고 계십니다.

절박한 상태에서 구하는 은혜

그렇다면 의에 대하여 '배고프고 목마르다'는 말의 뜻이 무엇인지 살펴보겠습니다. 그것은 단순히 몇 끼 안 먹는 갈증과 배고픔을 의미하지 않습니다. 성경 원어의 뜻은 '빈사 상태', 즉 '죽을 지경이 된 상태'를 뜻합니다.

누가복음 15장의 탕자의 비유를 보면 탕자는 돈도, 건강도, 친구도 다 잃고 돼지가 먹는 쥐엄열매를 먹을 정도로 비참하게 된 상태에서 아버지를 생각했습니다. 바로 이것입니다. 생명이 꺼져 가는 절대적 상황에서 도움을 요청하는 상태, 쥐엄열매를 먹으면서 내가 아버지 집의 종이라도 되었으면 좋겠다는 심정으로 아버지 집을 생각하는 마음의 상태, 이것이 의에 주리고 목마른 상태입니다.

주리고 목마를 때는 모든 것이 불편하고 고통스럽습니다. 육체적으로, 정신적으로, 영적으로 고달픕니다. 이때 말할 수 없이 심령이 가난해지고, 온유해지고, 애통해지며 지푸라기라도 잡으려는 안타까운 심정으로 하나님의 은혜를 기다리게 됩니다. 그래서 이런 상황에서는 어떤 작고 보잘것없는 것이라 할지라도 감사하고 기뻐하게 되는 것입니다. 곧 그에게는 물 한 모금이 꿀물이요 밥 한술이 꿀송이입니다. 이것이 그리스도인이 오늘날 현실 속에서 느끼는 감사입니다.

'나에게 이런 좋은 남편, 좋은 아내, 좋은 자녀를 주셨다니', '내가 이런 환경을 가졌다니' 세상적으로 보면 불평할 수밖에 없는 상태지만 의에 주리고 목마른 상태에서 보면 무엇 하나도 눈물 흘리며 감사하지 않을 것이 없습니다. 옷이 좋으면 어떻고 나쁘면 어떻습니까? 집이 크면 어떻고 작으면 어떻습니까? 대학에 들어가면 어떻고 못 들어가면 어떻습니까? 이런 것은 크게 중요하지 않습니다. 살아 있다는 사실 그 자체가 감사한 것입니다. 이것이 하나님의 의를 경험한 사람의 태도요 그리스도인의 모습입니다.

구원의 은혜와 성화의 축복

의에 주리고 목마른 상태는 두 종류의 사람에게 놀라운 은혜를 주게 됩니다.

첫째, 불신자에게는 구원의 은혜를 줍니다. 죄를 깨닫고 자기 안에 있는 거짓된 의를 발견하고 몸부림칠 때 하나님이 예수 그리스도로 말미암아 의의 옷을 입혀 주셔서 구원에 이르게 하십니다. 구원의 전제 조건은 회개이므로 의에 주리고 목마르지 않는 사람은 구원에 이르지 못합니다.

둘째, 그리스도인에게는 성화의 축복을 줍니다. 성화는 우리가 예수님을 닮아 가며 하나님의 형상대로 회복되는 과정입니다. 의에 대한 갈망은 이와 같이 우리가 영적 성장에 이르도록 합니다. 하나님의 거룩함과 그 영광의 광채에 접근하게 될 때 썩어질 육의 몸이 영광스러운 영의 몸으로 탈바꿈하는 것을 경험하게 됩니다. 그것은 천국에서도 경험했지만 이 땅에서도 경험하게 됩니다. 썩어 갈 육의 정욕이 꺾이는 것을 실제로 경험하게 됩니다. 이것이 성화의 과정입니다.

부족함이 없는 삶

그러면 의에 주리고 목마름의 결과는 무엇일까요?

"의에 주리고 목마른 자는 복이 있나니 그들이 배부를 것임이요."

배부르다는 말은 하나님의 의의 충만함이 내게 있는 상태를 의미합니다. 성령님이 하늘에 속한 모든 신령한 축복으로 채워 주시는 것입니다. 이때 우리는 진정한 영적인 만족과 기쁨을 누리게 됩니다. 그것은 용서의 기쁨이요 사랑의 만족입니다.

시편 107편 9절에 보면 "그가 사모하는 영혼에게 만족을 주시며 주린 영혼에게 좋은 것으로 채워 주심이로다"라고 했습니다. 또 시편 34편 10절에서도 "젊은 사자는 궁핍하여 주릴지라도 여호와를 찾는 자는 모든 좋은 것에 부족함이 없으리로다"라고 했습니다.

부족함을 느끼지 않으면 그것이 배부름 아닙니까? 우리가 잘 아는 시편 23편을 보십시오.

여호와는 나의 목자시니 내게 부족함이 없으리로다(시 23:1).

주께서 내 원수의 목전에서 내게 상을 차려 주시고 기름을 내 머리에 부으셨으니 내 잔이 넘치나이다(시 23:5).

위의 말씀에서 보듯이 "배부를 것임이요"의 뜻은 바로 예수 그리스도 자신을 의미합니다. 우리 안에 예수 그리스도가 계시면 초막에 살아도, 세상에서 수모를 당해도, 오늘 무슨 일이 닥쳐도 "할렐루야! 내 잔이 넘치나이다"라는 배부른 경험을 하게 됩니다.

예수님은 요한복음에서 다음과 같이 말씀해 주십니다.

> 내가 주는 물을 마시는 자는 영원히 목마르지 아니하리니 내가 주는 물은 그 속에서 영생하도록 솟아나는 샘물이 되리라(요 4:14).

> 나는 생명의 떡이니 내게 오는 자는 결코 주리지 아니할 터이요 나를 믿는 자는 영원히 목마르지 아니하리라(요 6:35).

예수 그리스도는 우리에게 영원히 배부를 떡과 영원히 목마르지 않을 생수 그 자체십니다.

'예수쟁이'로 사는 삶

그렇다면 과연 어떤 사람이 의에 주리고 목마른 사람이겠습니까?

첫째, 자기 안에 있는 거짓된 의를 정확하게 꿰뚫어 보는 사람입니다. 자신이 감추고 살았던 위선 덩어리를 솔직하게 통찰할 줄 아는 사람이 의에 대한 갈망이 있는 사람입니다. 자기가 항상 옳다고 주장하고 변명하는 사람, 남을 쉽게 판단하는 사람은 아직도 하나님의 의 대신 자기의 의를 의지하고 있는 사람입니다.

둘째, 외적인 것에 만족하지 않는 사람입니다. 아직도 여러분이 좋은 집, 좋은 직장, 좋은 환경, 자녀들의 성공, 세상에서의 명예와 같은 외적인 것들에 만족하고 있다면 여러분은 진정 의에 대해 배고프고 목마른 사람이 아닙니다. 그러한 외적인 것들은 우리가 이 세상을 살아가는 동안 필요한 것들 중 하나일 뿐이지 궁극적으로 나를 만족시켜 주는 것은 아닙니다. 진정한 만족은 외적인 것이 아니라 내적인 것이어야 합니다.

셋째, 하나님 말씀에 전념해 있는 사람입니다. 성경 말씀은, 곧 하나님의 의라는 말로 요약할 수 있습니다. 그렇기 때문에 의에 주리고 목마른 사람은 철저하게 성경 말씀에 얽매여 사는 사람입니다.

사람이 떡으로만 살 것이 아니요 하나님의 입으로부터 나오는 모든 말씀으로 살 것이라(마 4:4).

만군의 하나님 여호와시여 나는 주의 이름으로 일컬음을 받는 자라 내가 주의 말씀을 얻어 먹었사오니 주의 말씀은 내게 기쁨과 내 마음의 즐거움이오나(렘 15:16).

내가 주의 계명들을 사모하므로 내가 입을 열고 헐떡였나이다 (시 119:131).

이와 같이 말씀 앞에서 너무 좋아서 헐떡거릴 정도로 성경을 사모하는 사람이 의에 대한 갈망이 있는 사람입니다.

넷째, 영적으로 유익하지 않거나 무디게 하는 것에 대해서는 단호히 거절하는 용기가 있는 사람입니다. 그러한 사람은 잡스러운 것으로 시간을 낭비하거나 자기의 영혼을 마비시키지 않습니다. 또한 세속적인 것으로 자기를 위로하지 않고 경건 생활에 전념합니다.

다섯째, 적극적으로 그리스도인의 삶을 가정과 직장과 교회에서 전개하는 사람입니다. 오늘 여러분에게 부탁하고 싶은 말은 기왕 예수 믿기로 결정하셨으면 '예수쟁이'가 되라는 것입니다. 그 길이 여러분이 예수 믿는 데 갈등이 없고 평안하고 열매 맺는 길입니다. 적극적으로 주님을 위해 사십시오. 그러면 하나님이 여러분에게 모든 것에 더하는 축복을 주실 것입니다.

20

보석보다 아름다운
긍휼의 옷을 입으라

마태복음 5:7

그리스도인의 삶의 본질과 그 특성은 그가 무엇을 하느냐에 있기 보다는 무엇이 되느냐에 있습니다. 그러므로 외적인 결과보다 더 중요한 것은 내적인 동기와 태도입니다. 예수님이 그리스도인의 외적인 행위에 대해 말씀하시기 전에 내적인 태도에 대해 말씀하신 것도 바로 이런 이유에서였습니다. 산상설교 첫머리에서 예수님은 그리스도인이란 무엇보다도 하나님 앞에서 심령이 가난한 사람이라고 하셨습니다. 그리고 죄에 대해서 심각하게 애통하는 사람이며, 동시에 하나님의 거룩함을 바라보는 온유의 모습이 있는 사람이며, 의에 주리고 목마른 사람이라고 하셨습니다. 이러한 성품들은 모두가 하나님 앞에서 그리스도인이 누구인가를 보여주는 말씀입니다.

이 장에서 공부하게 되는 성품들은 앞의 것들과 대조적으로 사람들과의 관계에서 그리스도인의 성품이 어떠한가를 보여줍니다. 그런데 재미있는 것은 하나님과 관계되는 네 가지 성품과 사람과 관계되는 네 가지 성품 사이에 밀접한 연관성이 있습니다. 즉 하나님 앞에서 심령이 깨끗한 사람이 사람들에게 긍휼을 베풀 수 있는 사람이요, 하나님 앞에서 애통하는 사람이 사람들 앞에서 깨끗한 사람이요, 하나님 앞에서 온유한 사람이 사람들 사이에서 화해자요, 하나님 앞에서 의에 주리고 목마른 사람이 곧 사람들 사이에서 의를 위해 고난과 박해를 받을 수 있는 사람입니다.

긍휼은 하나님의 사랑

먼저 긍휼히 여기는 마음에 대해 생각해 보겠습니다. '긍휼'의 근본 뜻은 죄로 인해 깊은 상처를 입거나 징계를 받아 죽게 된 사람을 다시 회복시키고 살리게 하는 도움을 뜻합니다. 구약에서는 '헷세드'(hassed)라는 단어를 사용했으며 약 150회나 쓰였는데, 주로 하나님의 성품이나 행동을 설명할 때 사용하는 중요한 단어였습니다. 일반적으로 '긍휼'이라고 번역되지만 '변함없는 사랑', '친절', '따뜻한 마음'으로도 번역됩니다.

본래 긍휼은 사람의 마음속에 있는 것이 아닙니다. 죄로 인하여 타락한 인간의 마음속에는 용서하고 치유하는 긍휼이 없습니다. 긍휼은 하나님의 마음입니다. 그것은 차고 넘치는 하나님의 조건 없는 사랑이며 무한히 용서하시는 마음입니다.

구약에서 보면 긍휼은 하나님의 성실과 함께 나타나 있습니다. 즉 감정과 상황에 따라 변하는 인간의 사랑과 용서와는 전혀 다른 것이었습니다. 창세기 24장 27절에 보면 아브라함의 종이 "나의 주인 아브라함의 하나님 여호와를 찬송하나이다 나의 주인에게 주의 사랑과 성실을 그치지 아니하셨사오며"라고 했는데 여기서 인자란 바로 하나님의 긍휼을 의미합니다.

신명기 7장 9절에서도 "그런즉 너는 알라 오직 네 하나님 여호와는 하나님이시요 신실하신 하나님이시라 그를 사랑하고 그의 계명을 지키는 자에게는 천 대까지 그의 언약을 이행하시며 인애를 베푸시되"라고 했습니다. 여기서도 하나님의 인애가 곧 긍휼입니다.

하나님의 긍휼은 단순히 불쌍히 여기거나 용서한다는 뜻을 넘어섭니다. 그것은 조건 없는 하나님의 넘치는 사랑이며 변함 없는 약속을 의미합니다. 구약을 보면 하나님은 타락한 인류에게 끊임없는 긍휼을 보여 주셨습니다. 어떻게 보면 구약은 진노하시는 하나님, 용서가 없으신 하나님같이 보여도 사실 그 이면에는 하나님의 긍휼과 자비의 강이 흐르고 있습니다. 특별히 예언서에서 우리는 긍휼이 깊으신 하나님을 만나게 됩니다.

신약에는 헬라어 '엘레오스'(eleos)가 27회나 나옵니다. 에베소서 2장 4-5절에 "긍휼이 풍성하신 하나님이 우리를 사랑하신 그 큰 사랑을 인하여 허물로 죽은 우리를 그리스도와 함께 살리셨고"라고 했습니다.

또 디도서 3장 5절에 보면 "우리를 구원하시되 우리가 행한 바 의로운 행위로 말미암지 아니하고 오직 그의 긍휼하심을 따라 중생의 씻음과 성령의 새롭게 하심으로 하셨나니"라고 했습니다.

그리고 히브리서 4장 16절에도 "그러므로 우리는 긍휼하심을 받고 때를 따라 돕는 은혜를 얻기 위하여 은혜의 보좌 앞에 담대히 나아갈 것이니라"고 했습니다.

베드로전서 1장 3절에서는 부활로 인하여 소망을 주시는 것도 긍휼이라고 했고, 유다서 1장 21절에서는 예수를 통하여 영생을 주시는 것도 긍휼이라고 했습니다. 사도 바울은 특별히 이 긍휼을 이방인에게 복음을 주는 것과 연결하여 생각했습니다.

> 또한 영광 받기로 예비하신 바 긍휼의 그릇에 대하여 그 영광의 풍성함을 알게 하고자 하셨을지라도 무슨 말을 하리요(롬 9:23).

그렇습니다. 이것이 바로 긍휼의 그릇입니다.

한 사마리아인의 긍휼

우리는 예수님이 특별히 긍휼의 단어를 적절하게 사용하신 것을 알 수 있습니다. 마태복음 9장 13절에서 "너희는 가서 내가 긍휼을 원하고 제사를 원하지 아니하노라 하신 뜻이 무엇인지 배우라"고 하셨는데 예수님에 의하면 모든 제사보다 더 본질적인 것이 긍휼임을 알 수 있습니다.

또한 마태복음 23장 23절에서도 "너희가 박하와 회향과 근채의 십일조는 드리되 율법의 더 중한 바 정의와 긍휼과 믿음은 버렸도다"라고 하심으로 율법의 핵심이 긍휼임을 보여 주셨습니다.

무엇보다도 긍휼의 깊은 뜻을 보여 주는 말씀은 누가복음 10장 25절 이하에 나타납니다. 여리고에서 강도를 만난 사람이 있었습니다. 거의 죽게 된 이 사람 옆에 한 제사장이 지나갔습니다. 레위인도 지나갔습니다. 두 사람의 경우 아마도 동정이나 불쌍히 여기는 마음이 분명히 있었을 것입니다.

그러나 그들은 그냥 지나갔다고 했습니다. 이것은 긍휼이 아닙니다. 단지 불쌍하고 안쓰러워 보이는 동정심이 있다고 그것이 긍휼의 마음이라고 착각하지 마십시오.

이때 또 한 사람이 지나갔습니다. 그는 세상적인 관점에서 볼 때 별 볼 일 없는 사마리아인입니다. 그러나 이 사람은 길가에서 강도를 만나 죽어 가는 사람에게 상상할 수 없는 도움을 주었습니다.

누가복음 10장 33절 이하에 보면 "그를 보고 불쌍히 여겨 가까이 가서 기름과 포도주를 그 상처에 붓고 싸매고 자기 짐승에 태워 주막으로 데리고 가서 돌보아 주니라 그 이튿날 그가 주막 주인에게 데나리온 둘을 내어 주며 이르되 이 사람을 돌보아 주라 비용이 더 들면 내가 돌아올 때에 갚으리라"고 했습니다.

이 사람이 보여 준 것이 긍휼입니다. 하나님이 우리를 위하여 하시는 행동이 바로 이런 것입니다. 긍휼은 단순히 동정이나 측은한 감정이 아니라, 그 사태를 해결하기 위하여 자기 자신의 일과 이익을 잊어버리고 구체적으로 행동하는 것을 의미합니다.

우리를 긍휼히 여기시는 분

예수님이 보여 주신 이 비유에서 우리는 세 가지 긍휼의 모습을 볼 수 있습니다. 첫째, 긍휼은 대상이 누구냐를 따지지 않습니다. 강도를 만나 죽게 된 사람의 신분이 누구냐를 보지 않고 도움이 필요한 그 자체를 보는 것이 긍휼입니다. 사마리아인은 강도 만난 사람이 누구인가를 확인한 후에 도와준 것이 아니었습니다. 그에게는 그 사람이 누구인가보다 당장 죽게 된 그의 형편이 더 중요했습니다.

언제나 죄는 비참함을 줍니다. 그리고 그 비참함은 형용할 수 없는 고통과 절망을 가져다줍니다. 그것은 사탄이 할퀴고 간 깊은 상처요 죽음의 그림자입니다. 이것을 치료할 수 있는 것은 오직 값없이 베풀어 주는 긍휼뿐입니다.

둘째, 긍휼은 자기 자신을 생각하지 않습니다. 자기 이익과 체면을 생각했다면 그는 결코 강도 만난 사람을 돌보지 않았을 것입니다. 그는 자기의 이익과 상관없는 일에 시간과 돈과 정열을 다 쏟아부었습니다. 돈이 필요하다면 돌아올 때 갚아 주겠다고 했습니다. 이것이 긍휼입니다. 이것이 바로 십자가 위에서 우리를 위해 대신 죽으신 예수님의 마음을 보여 주는 것입니다. 요즘 세상에서 이런 사람은 미쳤거나 바보거나 둘 중 하나로 취급 받을 것입니다.

셋째, 긍휼은 감정이 아니라 행동입니다. 긍휼은 머리와 가슴에만 있는 것이 아니라 손과 발에도 있습니다. 긍휼은 구체적인 행동입니다. 어떤 사람은 눈물을 많이 흘리고 감격을 잘합니다. 그의 말은 부드럽고 눈동자도 따뜻합니다. 끊임없이 가난하고 고통을 당하는 자들에 대해 이야기할 수도 있습니다. 그러나 그것이 긍휼의 전부는 아닙니다. 진정한 긍휼은 구체적으로 말없이 행동하는 것이요 아무도 모르게 실행하는 믿음입니다.

실제로 긍휼의 완벽한 예는 하나님이 우리 죄를 용서하시기 위하여 그의 외아들 예수 그리스도를 세상에 보내서 십자가에서 죽게 하신 데서 찾아 볼 수 있습니다. 하나님은 죄로 인하여 이미 사망 선고를 받은 인생을 긍휼히 여기셨습니다. 죄를 짓고 법을 위반했음에도 불구하고 용서하기로 결정하셨습니다. 하나님은 인간의 고통과 절망과 죽음을 있는 그대로 버려두지 않으시고, 구원하기로 마음먹고 모든 것을 희생하기로 작정하셨습니다. 이것이 하나님의 긍휼입니다.

자격이 없고 무가치한 인간을 위하여 하나님의 영원한 가치를 아낌없이 부여하셨고 변덕이 죽 끓는 듯한 인간에게 변함없는 사랑을 조건 없이 무한히 부어 주셨습니다. 그리고 사망과 저주의 존재에게 생명과 부활을 주셨습니다. 이것이 하나님의 긍휼입니다.

긍휼은, 그리스도인이라는 증거

긍휼을 좀 더 잘 이해하기 위하여 용서와 사랑과 은혜와 정의의 관계를 살펴보면 재미있습니다.

첫째, 하나님의 긍휼에서 용서가 흘러나옵니다. 디도서 3장 5절에 보면 "우리를 구원하시되 우리가 행한 바 의로운 행위로 말미암지 아니하고 오직 그의 긍휼하심을 따라 중생의 씻음과 성령의 새롭게 하심으로 하셨나니"라고 했습니다. 즉 긍휼이 동기가 되어 중생의 씻음과 성령의 새롭게 하심을 주신 것입니다.

둘째, 긍휼에서부터 용서가 흘러나왔다면 그 긍휼은 바로 하나님의 사랑으로 생긴 것입니다. 에베소서 2장 4-5절에 보면 "긍휼이 풍성하신 하나님이 우리를 사랑하신 그 큰 사랑을 인하여 허물로 죽은 우리를 그리스도와 함께 살리셨고"라고 했습니다. 결국은 조건 없는 하나님의 사랑 때문입니다.

셋째, 긍휼은 은혜보다 더 깊고 구체적인 뜻이 있습니다. 은혜는 죄 자체를 용서해 주시는 하나님의 값없는 사랑이지만, 긍휼은 죄의 결과가 낳은 고통과 비참함과 절망을 치료해 주고 새롭게 해 준다는 뜻이 있습니다. 즉, 하나님의 은혜 속에 긍휼이 있습니다.

넷째, 긍휼이라고 죄를 용납하거나 불의를 눈감아 주는 것이 아닙니다. 하나님은 공의로우신 분이기 때문에 긍휼이 죄의 절망과 비참함을 다루어 주지만 그 안에 하나님의 정의와 진리가 내포되어 있습니다. 하나님의 사랑은 어떤 의미에서든지 그분의 공의와 상치되지 않습니다. 이런 의미에서 긍휼은 기독교 구원의 모든 것을 다 내포하고 있는 말이라 할 수 있습니다. 실제로 그리스도의 구원을 확신한 성도들은 긍휼의 삶을 살기 위하여 오지에 선교사로 나갔으며, 병들고 가난한 사람들과 평생을 살았으며, 고아원과 병원과 수많은 구제 기관을 세웠습니다.

긍휼은 그리스도인의 상징입니다. 그가 아무리 위대한 진리를 선포하고 천사 같은 말을 한다 해도 긍휼의 마음과 행동이 없다면 거짓말쟁이에 불과합니다. 오늘날 교회의 가장 큰 비극이 있다면 그것은 세상을 향한 진실한 긍휼의 상실에 있습니다. 작은 긍휼이 있고 큰 긍휼이 따로 있겠습니까마는 무엇보다도 최고의 긍휼은 영혼 구원에 있습니다. 그 영혼이 지옥에 갈 것을 생각하고 잠 못 이루며 통곡하는 심정을 갖는 것입니다.

긍휼의 열매

그러면 우리가 다른 사람의 죄의 비참함에 구체적으로 동참하는 긍휼을 베풀었을 때 우리에게 주어지는 결과가 무엇인가를 생각해 보겠습니다.

본문에 의하면 그것은 긍휼히 여김을 받는 것입니다. 예수님이 "긍휼히 여기는 자는 복이 있나니 그들이 긍휼히 여김을 받을 것임이요"라고 말씀하셨는데 이것은 우리의 실제 생활에서 수없이 경험하는 일입니다.

좋은 씨를 뿌리면 반드시 좋은 열매를 맺습니다. 긍휼을 심으면 긍휼의 열매를 얻습니다. 사실 우리 모두는 죄인이기 때문에 세상에서도 실수하기 마련입니다. 아마도 최후의 심판 때 긍휼 없이 천국에들어갈 자는 한 사람도 없을 것입니다. 긍휼은 이 세상에서나 천국에서나 절대 필요합니다. 특별히 젊었을 때 긍휼을 많이 베풀면 늙어서긍휼히 여김을 받는 감격스러운 삶을 살게 되는 것을 보게 됩니다.

예수님은 우리에게 긍휼을 명령하고 계십니다. 그것을 우리는마태복음 18장 24절 이하에 나오는 비유에서 잘 알 수 있습니다.그것은 어떤 주인이 일만 달란트 빚진 자를 용서해 주었다는 이야기입니다. 그 말씀에 나오는 종은 돈을 갚을 능력이 없었습니다.그래서 그 종을 불쌍히 여긴 주인이 그의 빚을 모두 탕감해 주었습니다. 종에게 얼마나 놀라운 은혜입니까? 그런데 탕감 받고 나간후 그 종은 자기에게 빚진 자를 만나게 되었습니다. 그 빚은 백 데나리온으로서 일만 달란트에 비하면 얼마 안 되는 것이었습니다.그러나 그는 자기가 받은 긍휼은 모두 잊어버리고 백 데나리온의빚을 진 동관의 목을 잡고 야단치며 빚을 다 갚을 때까지 옥에 가두었습니다. 이것을 보다 못해 화가 난 동료 동관들이 주인에게 말하자 그 주인이 다음과 같이 말합니다.

이에 주인이 그를 불러다가 말하되 악한 종아 네가 빌기에 내가 네
빚을 전부 탕감하여 주었거늘 내가 너를 불쌍히 여김과 같이 너도
네 동료를 불쌍히 여김이 마땅하지 아니하냐 하고 주인이 노하여

그 빚을 다 갚도록 그를 옥졸들에게 넘기니라(마 18:32-34).

　다른 사람을 긍휼히 여기는 것은 긍휼을 입은 자가 마땅히 해야 할 일입니다.

긍휼의 신앙

긍휼의 신앙을 갖기 위해서는 첫째, 우리 자신이 긍휼함을 입은 것을 생각해야 합니다.

　우리가 아직 죄인 되었을 때에 그리스도께서 우리를 위하여 죽으심으로 하나님께서 우리에 대한 자기의 사랑을 확증하셨느니라(롬 5:8).

　둘째, 긍휼을 마음과 생각에 머물게 하지 말고 행동으로 옮기도록 하십시오.

　가난한 형제가 너와 함께 거주하거든 그 가난한 형제에게 네 마음을 완악하게 하지 말며 네 손을 움켜쥐지 말고 반드시 네 손을 그에게 펴서 그에게 필요한 대로 쓸 것을 넉넉히 꾸어 주라(신 15:7-8).

　만일 형제나 자매가 헐벗고 일용할 양식이 없는데 너희 중에 누구든지 그에게 이르되 평안히 가라, 덥게 하라, 배부르게 하라 하며 그 몸에 쓸 것을 주지 아니하면 무슨 유익이 있으리요 이와 같이 행함이 없는 믿음은 그 자체가 죽은 것이라(약 2:15-17).

셋째, 타인을 헐뜯지 마십시오. 가난한 자와 어려움에 처한 자를 비난하지 마십시오. 죄로 인하여 절망과 고통에 있는 자에게 또 하나의 짐을 던져 주지 마십시오. 지금 그들은 위로와 격려와 도움이 필요한 사람들입니다.

긍휼의 마음은 비판하거나 정죄하는 마음이 아닙니다. 죄는 미워하고 불의와 부정은 단호하게 거절하되 죄에 빠져 있는 사람, 죄로 인한 깊은 상처를 받은 사람, 사탄의 공격을 받는 사람은 사랑하고 감싸 주어야 합니다. 좋은 말을 해 주십시오. 예수님도 십자가 위에서 "저들의 죄를 용서해 달라"고 기도하셨습니다.

넷째, 기도하십시오. 기도할 때 긍휼의 마음이 생깁니다. 기도는 우리를 겸손하게 하고 하나님의 긍휼의 옷을 입게 합니다. 특별히 용서할 수 없고 사랑할 수 없는 대상 앞에서 좌절할 때 기도하십시오. 그러면 하나님이 놀라운 힘을 주실 것입니다. 그리스도인에게 이웃이란 오직 긍휼의 대상이요 기도의 대상입니다. 혹시 여러분에게 실수한 사람이 있습니까? 아니면 고통을 주고 손해를 끼친 사람이 있습니까? 그 사람이 바로 여러분이 긍휼히 여겨야 할 그 대상입니다.

21

깨끗한 마음은
영적 가시거리를 넓힌다

마태복음 5:8

그리스도인이 다른 사람에게 대해야 할 첫 번째 태도인 긍휼이란 어떤 사람이 죄로 인해 절망과 고통과 죽음의 골짜기를 헤맬 때 그를 비판하거나 정죄하거나 무관심하지 않고 어려운 상황에 함께 뛰어들어 그를 불쌍히 여기고 위로하고 이해하는 것입니다. 이것은 한 걸음 더 나아가 상대방의 잘못과 허물을 적극적으로 용서하고 구체적으로 도와주어서 상대방을 치유하게 하는 마음이기도 합니다.

이번 장에서는 그리스도인들이 세상에 나가서 사람들을 대할 때 취해야 할 두 번째 태도인 마음의 청결함에 대해서 살펴보겠습니다.

마음이 청결한 자는 복이 있나니 그들이 하나님을 볼 것임이요 (마 5:8).

이 말씀은 얼핏 보면 평범하고 단순한 것 같지만 실은 그 깊이와 넓이를 측량할 수 없는 엄청난 내용을 담고 있습니다. 여기서 마음의 청결은 '거룩함'이라는 말로 바꾸어 말할 수 있습니다. 이 '거룩함'이라는 주제는 성경의 창세기부터 계시록까지 광범위하게 다뤄지고 있는 것을 볼 수 있습니다.

하나님을 만나는 비결

창세기 3장에서 타락한 인간인 아담과 하와는 하나님을 등지고 축복의 동산인 에덴동산에서 쫓겨납니다. 또 최초의 인간의 자식이었던 가인은 그의 동생 아벨을 돌로 쳐 죽이는 사건을 일으킵니다. 이것이 죄가 죄를 낳는 인간 역사의 출발이었습니다. 가인의 5대 후손이었던 라멕을 보십시오. 그도 살인하고는 다음과 같은 고백을 합니다.

> 나의 상처로 말미암아 내가 사람을 죽였고 나의 상함으로 말미암아 소년을 죽였도다 가인을 위하여는 벌이 칠 배일진대 라멕을 위하여는 벌이 칠십칠 배이리로다(창 4:23-24).

가인을 위하여는 벌이 칠 배였고, 라멕을 위하여는 벌이 칠십칠 배였다고 한다면 과연 오늘 우리를 위하여는 벌이 몇 배겠습니까? 칠백 배, 칠천 배가 아니겠습니까? 왜냐하면 그 후로 인간의 역사는 끊임없는 살인과 죽음, 미움의 역사로 이어져 왔기 때문입니다. 라멕의 사건 이후에 인간의 죄로 말미암아 노아의 홍수라는 하나님의 심판이 있었고, 그 심판 후에도 불행하게 인간은 바벨탑을 쌓고 하나님에게 대항합니다.

그러나 하나님은 이러한 인간을 구원하시기 위해 창세기 12장에서 아브라함을 택하시고 모세라는 사람을 통해서 한 집단을 구원하십니다. 그리고 다윗을 통해 한 민족을 선택하셔서 그 혈통을 통해 구원자 메시아를 보내 주겠다는 약속을 우리에게 해 주셨습니다. 그래서 구약 성경의 주제는 "타락한 인간이 어떻게 다시 거룩하신 하나님을 만날 것인가?", "어떻게 인간이 다시 하나님에게로 돌아갈 수 있을 것인가?" 하는 것입니다. 오늘 본문은 바로 이러한 구약의 배경에서 이해해야 합니다.

타락한 인간에게 "하나님을 볼 수 있다"는 말은 굉장히 충격적입니다. 하나님을 본다는 말은 "하나님을 만난다"는 말입니다. 그렇다면 과연 여러분은 하나님을 만나신 적이 있습니까? 만약 여러분이 정말 전인격으로 하나님을 만난다면 여러분의 삶에는 엄청난 변화가 일어날 것입니다. 예수님은 하나님을 볼 수 있는 비결을 우리에게 던져 주셨습니다. 그러므로 이 메시지는 짧은 한 구절이지만 기독교의 전 진리를 말하는 본질적인 말씀이라고 할 수 있습니다.

청결함의 의미

이제 하나님을 볼 수 있는 비결인 청결함이란 어떤 뜻이 있는지 살펴보겠습니다. 청결이란 말은 헬라어로 '카타로스'(katharos)라고 합니다. 여기에서 '카타르시스'(katharsis)라는 말이 생겼습니다. 카타로스는 때가 묻은 더러운 옷과 비교되는 깨끗한 옷을 설명할 때 쓰는 말입니다. 즉 흠이 없고 이물질과 섞임이 없는 순수한 것을 가리킵니다. 그래서 깨끗한 물, 순수한 포도주, 완전한 육체, 가라지와 티가 제거된 곡식, 순금, 순은, 순수한 혈통 등을 설명할 때 씁니다. 또 특별히 도덕적으로 전혀 문제가 없는 사람, 바른 행동을 하는 사람을 뜻하기도 합니다. 현대 심리학이나 상담학에서도 카타르시스라는 말을 사용하는데, 이는 마음과 정서에 쌓여 있는 모든 중압감이나 상처 등을 깨끗이 제거하고 씻어 버리는 것을 뜻합니다.

이 말이 자주 사용되었던 구약에서는 주로 제사를 드릴 때 정결함을 묘사하는 데 쓰였습니다. 그 시대에는 불결하고 죄로 더러워진 인간은 성막의 제사를 통하여 하나님에게 나아가 동물의 피로 속죄받아야 했습니다. 그들은 수시로 이러한 과정을 통해야 했으므로 그들에게 여러 가지 정결 의식이 생길 수밖에 없었습니다. 부정한 동물을 만지면 안 된다든지, 부정한 음식을 먹으면 안 된다든지, 시체를 만지면 안 된다는 등 여러 가지 율법이 자연적으로 생기게 되었습니다. 대속죄일에는 제사장이 깨끗한 물로 몸을 다섯 번 씻어야 하고 손과 발은 열 번씩 씻어야 했던 의식도 바로 여기서 기인했습니다.

이 모든 제사적인 행동은 하나님에게 깨끗하게 나아가기 위한 것입니다. 그러나 아무리 손과 발을 씻고, 목욕을 해도 더러워진 인간임에는 어쩔 수 없었습니다. 염소와 양을 잡아 피를 뿌리고, 거기에 손을 얹고 기도를 하고, 불로 태워서 번제를 드린다 해도 그것은 반복될 수밖에 없는 사건이었습니다. 이와 같이 인간은 죄라는 더러움에서 피할 수 없었습니다. 이러한 죄가 있는 한 하나님 앞에 나아갈 수가 없었습니다. 이것이 구약의 목마름이었고 제사였습니다.

또한 구약에서 청결함이 한 사람의 인격과 삶에도 적용된 일이 있습니다. 아브라함에게는 온전함을(창 20:5-6), 욥에게는 무죄함과 정직함을(욥 4:7, 8:6), 이사야에게는 죄로부터의 정결함을(사 6:5-7), 하박국에서는 특별히 하나님의 깨끗한 눈을(합 1:13) 묘사할 때 이 말이 사용되었습니다.

내적인 청결함

그렇다면 예수님은 이 말을 어떤 의미에서 사용하셨을까요?

첫째, 예수님이 '마음이 청결한 자'라고 하신 것을 보면 외적인 것이 아니라 내적인 것임을 알 수 있습니다. 예수님은 이 말씀을 그 당시에 종교적인 형식에서 완벽했던 바리새인들을 의식하고 하셨습니다. 그들은 십계명과 구약의 율법을 확대 해석하여《탈무드》를 만들고, 성경에 없는 것까지도 조목조목 해석해서 어떻게 완벽하게 행동하고 살아야 하나님이 기뻐하실지 평생 연구한 사람들이었습니다. 또 그들은 안식일에 노동을 해서는 안 된다면서 죄의 범위를 규정지었습니다. 예를 들면 물건을 어느 이상 들어 올리면 노동으로 간주되어 죄가 되었고, 몇 발자국 이상 길을 걸으면 죄가 되었고, 바느질도 세 번 이상은 노동이므로 죄가 된다고 했습니다. 그들의 이러한 완벽한 행위 때문에 그들은 '분리주의자'라는 별명까지 있었습니다. 그러나 그들의 내면 세계에는 말할 수 없는 불결함과 부패가 있었습니다.

오늘날에도 이들처럼 법적으로, 겉으로만 죄를 짓지 않으면 된다고 생각하는 사람들이 많습니다. 그래서 겉으로 살인하지 아니하고, 간음하지 아니하고, 거짓말하지 아니하고, 남에게 피해를 주지 않았다면 우리는 인격자로 인정을 받습니다. 그러나 우리의 내면은 미움과 질투, 끊임없는 정욕에 사로잡혀 있고, 우리의 이익을 추구하지 않습니까? 우리가 이것을 다른 사람들에게 노출하지 않았을 뿐이지 실제로는 우리 마음속에서 엄청난 투쟁을 하는 것입니다. 무식하고 못난 사람들은 촌스럽게 죄짓고, 많이 배우고 똑똑한 사람은 아주 기술적으로 교양 있게 죄짓는 것 외에는 아무런 차이가 없습니다. 더구나 교양이 있다는 사람은 죄악을 표출하지 못하기 때문에 더 무서운 죄악들을 내면의 세계에서 저지르게 됩니다.

예수님은 의식적인 청결함에 몰두해 있는 바리새인들을 향해 이렇게 꾸짖으셨습니다.

너희 바리새인은 지금 잔과 대접의 겉은 깨끗이 하나 너희 속에는 탐욕과 악독이 가득하도다(눅 11:39).

화 있을진저 외식하는 서기관들과 바리새인들이여 회칠한 무덤 같
으니 겉으로는 아름답게 보이나 그 안에는 죽은 사람의 뼈와 모든
더러운 것이 가득하도다(마 23:27).

예수님이 사람을 무섭게 꿰뚫어 보신 것입니다. 예수님은 형제
에게 노하는 자마다 이미 살인한 자요(마 5:22), 마음에 음욕을 품
은 자가 이미 간음한 자(마 5:28)라고 하셨습니다.

우리의 마음이 변해야 합니다. 인간의 본질이 청소되어야 합니
다. 사람은 겉이 번지르르하고 깨끗하면 속을 수 있지만 하나님은
속지 않으십니다. 그런 사람은 아무리 교회에 나와 헌신하고 봉사
해도 하나님이 만나지지 않습니다. 공허한 찬송 소리와 공허한 할
렐루야만 있을 뿐입니다.

예수 그리스도의 복음은 우리의 마음과 관계 있습니다. 교리적
으로 완벽하고 지성과 교양이 풍부하다고 마음이 깨끗한 것이 아
닙니다. 지식은 사람을 거듭나게 하지 못합니다. 마음은 아무런 변
화가 없는데 성경 공부만 계속 한다면 이는 우리를 교만하게 만들
뿐입니다. 주님은 말씀을 듣는 자가 복이 있는 것이 아니라 말씀을
지키고 행하는 자가 복이 있다고 하셨습니다.

또 여기서 지적인 문제가 아니라 행위의 문제라고 할 때 "아멘"
하고 좋아할 사람이 있을지 모르지만 마음이 청결하다는 뜻은 단
순히 행위의 문제만이 아님을 알아야 합니다. 청결함은 사람이 겉

으로 나타내는 행위보다 더 본질적인 마음의 동기라는 점을 생각해야 합니다. 예를 들면 남을 긍휼히 여겨서 도움을 베푸는 것이 아니라 잘 도와주어서 자기의 자만심을 만족시키는 사람이 있습니다. 이는 긍휼이 아니요 구제도 아니며 다만 교활한 교만일 뿐입니다. 보다 중요한 것은 마음의 동기, 즉 마음 깊은 곳에 사랑이 있는가, 용서가 있는가, 과연 마음이 깨끗한가 하는 것입니다.

그러면 마음이란 무엇이겠습니까? 마음은 감정이 아니라 인격의 중심을 의미합니다. 따라서 마음이 깨끗한 사람이란 그 인격의 중심이 깨끗하고 모든 행동의 근원이 순수한 사람을 가리킵니다. 그래서 예수님은 니고데모에게 다음과 같이 말씀하셨습니다.

사람이 거듭나지 아니하면 하나님의 나라를 볼 수 없느니라(요 3:3).

사람이 물과 성령으로 나지 아니하면 하나님의 나라에 들어갈 수 없느니라(요 3:5).

이 말씀은 사람의 마음이 근본적으로 거듭나야 한다는 말씀입니다. 그러나 사람의 지성이나 세상의 교육은 우리의 마음을 변화시킬 수 없습니다. 변화시킬 수 있는 것은 오로지 성령님뿐입니다. 왜냐하면 사람은 물과 성령으로만 거듭날 수 있기 때문입니다.

하나님을 향한 일편단심

둘째, 예수님이 말씀하신 청결함은 두 마음이 아니고 한마음이라는 뜻입니다.

> 한 사람이 두 주인을 섬기지 못할 것이니 혹 이를 미워하고 저를 사랑하거나 혹 이를 중히 여기고 저를 경히 여김이라 너희가 하나님과 재물을 겸하여 섬기지 못하느니라(마 6:24).

순결의 정신은 일편단심에 있습니다. 우리는 하나님을 섬기며 세상에 살고 있습니다. 세상의 돈과 명예가 우리의 목적이 된다면 그것은 두 마음을 품은 것이 되고, 반면에 그러한 것들이 하나님의 영광을 위해서 있다면 그것은 한마음을 품은 것입니다.

> 하나님을 가까이하라 그리하면 너희를 가까이하시리라 죄인들아 손을 깨끗이 하라 두 마음을 품은 자들아 마음을 성결하게 하라(약 4:8).

우리의 불결의 문제는 두 마음에서 비롯됩니다. 한 남편과 살면서 다른 남자와 관계를 맺는다든지 한 아내와 살면서 다른 여자와 살림을 차리고 있다면 두 마음을 가진 불결한 사람입니다. 이런 사람은 죄의식만 있을 뿐 하나님이 느껴지지 않을 것입니다. 하나님을 섬기면서 동시에 세상을 섬기고, 찬양하던 입술로 욕을 하며, 성경 공부하러 다니던 발걸음이 술집으로 향한다면 그것이 어디 깨끗하고 성결한 태도겠습니까? 청결한 마음이란 한마음을 품는 것, 곧 하나님을 향한 일편단심입니다.

정직한 말

셋째, 청결함이란, 깨끗한 마음, 즉 언어가 정직하다는 뜻입니다. 사람의 언어란 그 마음의 표출입니다. 여러분은 어떤 종류의 말을 합니까? 언제나 너그럽고 정직한 말을 합니까, 아니면 공격적이고 비판적인 말을 잘합니까? "마음이 깨끗하다"는 말은 "언어를 정직하게 한다", "표현을 순수하게 한다", "정화되어 흠이 없게 한다"는 뜻을 내포하고 있습니다. 이것은 완전하고 흠이 없고 순결하신 예수 그리스도를 닮는 것을 의미합니다. 예수님은 이렇게 말씀하셨습니다.

> 그러므로 하늘에 계신 너희 아버지의 온전하심과 같이 너희도 온전하라(마 5:48).

예수님의 기준은 예수님 자신이었습니다. 예수님 안에 나타난 마음은 하나님을 의미합니다. 예수님은 죽은 자를 살리시는 말씀을 하셨고, 앉은뱅이를 일으키는 말씀을 하셨고, 병든 자를 치료하는 말씀을 하셨고, 죽어 가는 영혼을 구원하는 말씀을 하셨습니다. 예수님의 마음은 깨끗했기 때문에 자기를 죽이는 자들에게까지도 저주가 아닌 축복의 말씀을 하셨습니다.

하나님은 모세와 여호수아에게 "네가 선 곳은 거룩한 땅이니 네 발에서 신을 벗으라"고 하셨습니다. 하나님은 우리에게 성결과 순결을 요구하십니다. 그 성결과 순결은 오직 예수 안에 있습니다. 그리고 그것이 곧 영적인 능력입니다. 그래서 죄 없는 자는 항상 떳떳하고 어떤 모함이나 오해나 박해가 있어도 두려움이 없습니다. 마음이 깨끗한 자는 언제나 마음의 평화와 자유함을 갖습니다.

예수 그리스도를 바라보라

그러면 결론적으로 어떻게 하면 마음을 깨끗이 할 수 있는지 요약해 봅시다.

첫째, 내적인 마음의 청결이 없음을 애통하고 겸손히 하나님 앞에 나아가는 일입니다. 더러움에 대한 애통이 없으면 깨끗함의 출발이 없습니다. 교만과 자존심은 절대로 문제를 해결하지 못합니다. 청결은 연약함과 부족함의 인식에서부터 시작됩니다.

둘째, 하나님의 말씀과 보혈의 능력을 인정해야 합니다. 말씀은 우리를 깨끗하게 하고 새 능력을 줍니다. 요한복음 15장 3절에 보면 "너희는 내가 일러 준 말로 이미 깨끗하여졌으니"라고 했습니다.

하나님의 말씀이 우리 안에 들어올 때 우리 마음의 더러운 죄들이 씻깁니다. 예수 그리스도의 보혈이 우리의 영혼을 적실 때 우리의 죄가 주홍같이 붉을지라도 눈과 같이 희게 된다고 말씀하셨습니다. 인간의 선행, 교양, 지성과 노력으로는 우리의 마음이 깨끗해질 수 없습니다. 오직 성령의 능력과 도우심, 예수 그리스도의 보혈, 하나님의 말씀이 우리의 마음을 깨끗하게 만들어 줄 것입니다.

셋째, 성령을 좇아 행하는 일입니다.

> 너희는 성령을 따라 행하라 그리하면 육체의 욕심을 이루지 아니하리라(갈 5:16).

성령님은 우리를 근본적으로 새롭게 하며 거듭나게 하는 역사를 행하십니다. 성령님은 거룩한 영이요 하나님 자신이십니다. 성령님 안에 있으면 죄가 역사할 수 없습니다. 성령님이 계신 곳에 사랑과 희락과 화평과 오래참음과 자비와 양선과 충성과 온유와 절제의 열매가 맺힙니다. 성령 충만한 곳에는 시와 찬미와 신령한 노래가 충만합니다. 그리고 아름다운 일들이 계속 이어집니다. 마음이 청결하려면 죄를 짓지 않으려는 노력보다는 성령 충만한 것이 훨씬 쉽고 근본적입니다.

마지막으로, 예수 그리스도를 바라보십시오. 우리를 온전하게 하시는 예수 그리스도, 우리 믿음의 주인이신 예수 그리스도, 십자가에서 죽으시고 우리를 위해 부활하신 예수 그리스도를 바라볼 때 그분으로부터 나오는 보혈의 능력이 우리를 깨끗하게 할 것이며, 그의 입술에서 나오는 말씀의 능력이 우리를 깨끗하게 할 것입니다. 이처럼 우리의 모든 죄가 깨끗이 씻기고 우리의 마음이 깨끗해졌을 때 우리는 하나님을 볼 것입니다.

그러면 우리가 하나님을 볼 수 있다는 뜻은 무엇이겠습니까? 그것은 마음 깊은 곳에서 하나님을 느끼게 된다는 말입니다. 이를테면 하나님의 임재를 느끼기 시작하고, 하나님의 음성이 들리기 시작하고, 하나님의 마음이 전달되기 시작하는 것입니다. 이럴 때 하나님의 능력이 우리 안에 들어오고 자유와 평안과 기쁨이 우리를 감싸며 '하나님이 내 안에, 내가 하나님 안에' 있는 것을 경험하게 됩니다. 이것이 바로 하나님과 동행하는 것입니다. 마음이 깨끗하지 못한 사람은 아무리 종교적인 행위를 많이 해도 결코 하나님을 느끼지 못할 것입니다.

그러므로 우리가 예수님의 보혈로, 하나님의 말씀으로 마음을 깨끗이 만들어 놓으면 놀라운 하나님의 평화가 우리를 지배하게 될 것입니다. 그때 비로소 우리는 "나는 하나님을 보았다. 나는 하나님을 만났다. 하나님이 내 안에 계시다"라고 확신 있게 말할 수 있을 것입니다.

22

화평함으로
하나님의 아들이 되라

마태복음 5:9

함께 깊이 묵상하고 싶은 주제는 그리스도인이 세상을 향해 나아갈 때 어떠한 태도를 취해야 하는가에 대해 예수님이 세 번째로 말씀해 주신 부분입니다. 그것은 바로 화해자의 모습입니다.

> 화평하게 하는 자는 복이 있나니 그들이 하나님의 아들이라 일컬음을 받을 것임이요(마 5:9).

진정한 그리스도인은 평화를 사랑할 뿐 아니라 적극적으로 평화를 만드는 사람들입니다. 그리스도인은 세상과 다른 사람들에 대해서 긍휼의 태도를 취하고 깨끗한 마음으로 대할 뿐 아니라 하나님과 사람, 또 사람과 사람 사이에 중재 역할을 함으로써 평화가 임하도록 적극적으로 헌신하는 사람입니다. 그러므로 오늘의 주제인 이 평화는 세 가지 측면에서 생각해야 합니다. 그 첫째는 하나님과의 평화요, 둘째는 이웃과의 평화이며, 셋째는 자기 자신과의 평화입니다.

평강의 근원이신 하나님

먼저 성경에 보면 하나님은 평강의 근원이시며 평강의 하나님으로 묘사되어 있습니다.

> 여호와께서 자기 백성에게 힘을 주심이여 여호와께서 자기 백성에게 평강의 복을 주시리로다(시 29:11).

또 먼 훗날 예수님이 태어나실 것을 예언하면서 쓴 글이 이사야서에 있습니다.

> 이는 한 아기가 우리에게 났고 한 아들을 우리에게 주신 바 되었는데 그의 어깨에는 정사를 메었고 그의 이름은 기묘자라, 모사라, 전능하신 하나님이라, 영존하시는 아버지라, 평강의 왕이라 할 것임이라(사 9:6).

사도 바울도 로마서와 고린도전서에 다음과 같이 기록하고 있습니다.

> 평강의 하나님께서 너희 모든 사람과 함께 계실지어다(롬 15:33).

> 하나님은 무질서의 하나님이 아니시요 오직 화평의 하나님이시니

라(고전 14:33).

예수님은 평화의 왕이십니다. 그는 평화를 위해 이 세상에 오셨고, 평화를 위해 십자가에서 죽으셨고, 평화를 위해 부활하셨습니다. 누가복음에 보면 예수님이 세상에 오셨을 때 천사를 통해 다음과 같이 말씀하셨습니다.

지극히 높은 곳에서는 하나님께 영광이요 땅에서는 하나님이 기뻐하신 사람들 중에 평화로다 하니라(눅 2:14).

그러므로 진정으로 예수 그리스도를 영접하는 자는 마음 깊은 곳에서 이러한 평화가 강물처럼 흘러나오는 것을 경험하게 될 것입니다. 또 에베소서에는 바울이 예수님의 역할에 대해서 분명하게 기록한 말씀이 있습니다.

그는 우리의 화평이신지라 둘로 하나를 만드사 원수 된 것 곧 중간에 막힌 담을 자기 육체로 허시고 법조문으로 된 계명의 율법을 폐하셨으니 이는 이 둘로 자기 안에서 한 새 사람을 지어 화평하게 하시고 또 십자가로 이 둘을 한 몸으로 하나님과 화목하게 하려 하심이라(엡 2:14-16).

예수 그리스도는 하나님과 원수 되었던 인간을 십자가를 통해 하나로 만들어 화해시켜 주신 분입니다. 따라서 그분의 최대 사명이 화평의 역할이었으므로 그리스도인의 최대 사명도 역시 화평하게 하는 역할이어야 합니다. 이러한 말씀이 고린도후서에 나타나 있습니다.

> 그런즉 누구든지 그리스도 안에 있으면 새로운 피조물이라 이전 것은 지나갔으니 보라 새것이 되었도다 모든 것이 하나님께로서 났으며 그가 그리스도로 말미암아 우리를 자기와 화목하게 하시고 또 우리에게 화목하게 하는 직분을 주셨으니(고후 5:17-18).

이 말씀은 "예수님이 너희의 화목 제물이 되셨으니 너희는 세상에 나가서 화목하게 하는 직책을 감당하라"고 하신 명령입니다.

그러나 문제는 이러한 하나님의 명령과는 정반대로 오늘 우리의 역사와 현실은 평화가 아니라 전쟁이며, 화해가 아니라 분열이요, 사랑이 아니라 미움이며, 용서가 아니라 분노로 가득 차 있다는 것입니다. 세계 어느 나라를 가 보아도 더 이상 평화를 찾아볼 수 없습니다. 아무리 노벨 평화상, 유엔 안전보장이사회가 있고 평화에 관한 회의와 시위 그리고 수많은 문서가 있어도 이 세상은 세월이 지날수록 악해지고 잔인해지며, 계속해서 더 무서운 전쟁과 폭력과 파괴만이 증가할 뿐입니다. 우리는 분명히 지금보다는 미래가 더 무서운 세계가 될 것임을 알고 있습니다.

그러면 이 세계의 전쟁과 분열은 어디서 왔겠습니까? 그것이 인간의 마음에서부터 시작되었다고 성경은 말하고 있습니다. 예레미야 17장 9절에 보면 "만물보다 거짓되고 심히 부패한 것은 마음이라"고 했습니다. 인간의 마음이 사탄에 의하여 점령을 당한 후부터 부패와 죄로 가득 차게 되었습니다. 그러므로 죄의 문제가 해결되지 않는 한 평화는 있을 수 없습니다.

하나님의 의가 있는 곳에 평화가 있다

평화를 뜻할 때 신약에서는 '에이레네'(eirene)라는 말을 쓰고 구약에서는 '샬롬'(shalom)이라는 말을 쓰는데 이것은 부족함이 없는 상태, 고난과 역경이 지나간 후의 성숙함, 완전함을 뜻합니다. 뿐만 아니라 바른 인격적 관계를 뜻할 때도 이 말을 썼습니다. 히브리인들이 인사말로 '샬롬'이라고 말할 때, 그것은 '당신을 향한 하나님의 최고의 선'을 의미했습니다.

하나님의 평화란 참된 번영과 조화를 가져오는 하나님의 의라는 말로 설명할 수 있습니다. 곧 하나님의 의의 통치가 있는 곳에 진정한 평화가 있게 됩니다. 그러므로 평화의 정의는 하나님의 의와 연결해서 생각해야 합니다. 단순하게 모든 것이 다 잘되고 문제가 없는 상태가 평화가 아니라 예수 그리스도가 지배하는 것, 하나님의 의로 통치되는 것, 그 나라와 그 의가 있는 것이 바로 평화입니다. 그래서 시편 85편 10절을 보면 "인애와 진리가 같이 만나고 의와 화평이 서로 입맞추었으며"라고 했습니다.

하나님의 의가 없는 곳에는 평화도 사라집니다. 언제나 죄가 있는 곳에는 이기적이고 교만한 자아가 도사리고 있습니다. 바로 이것이 평화를 깨버리는 원인이 됩니다. 야고보서 3장 16절에 보면 "시기와 다툼이 있는 곳에는 혼란과 모든 악한 일이 있음이라"고 했습니다.

평화란 의의 회복이며 하나님의 주권의 회복입니다.

> 그러므로 우리가 믿음으로 의롭다 하심을 받았으니 우리 주 예수 그리스도로 말미암아 하나님과 화평을 누리자(롬 5:1).

그렇습니다. 죄인인 우리가 예수 그리스도로 말미암아 의롭게 되며 우리의 본성이 거듭날 때만 진정한 평화가 찾아옵니다. 그러므로 평화란 단순히 초가집이 있고, 냇물이 흐르고, 비둘기가 있는 전원 풍경이 아니라 바로 하나님의 의의 통치가 이루어진 상태요, 하나님의 거룩함과 영광의 광채가 있습니다. 그래서 어떤 사람이 평화라는 주제로 그림을 그렸는데, 한가하고 평화스러운 농촌의 모습이 아니라 비바람이 치고 폭풍이 부는 무섭고 험악한 날씨에 작은 새 한 마리가 절벽 벼랑 사이에 안심하고 깃들이고 있는 모습이었습니다. 결코 안일한 것이 평화가 아닙니다. 기막힌 현실 속에서 하나님의 의의 통치를 바라보며 피난처이신 그분에게 피해 있는 상태가 바로 평화입니다.

화해자의 모습

오늘 예수님은 화평하게 하는 자는 복이 있다고 하셨는데, 그러면 화평하게 하는 것이 어떤 것인지 그 의미를 생각해 보겠습니다.

첫째, 화평하게 하는 자는 고발자도, 방관자도 아니라는 뜻입니다. 그리스도인은 고발하고 충고하고 심판하기 위해 보냄을 받지 않았습니다. 없는 자 편에서 있는 자와 싸우는 것이 아니고, 노동자 편에서 고용주와 싸우는 것이 아니고, 못 배운 자 편에서 배운 자와 싸우는 것이 아니고, 백성 편에서 정부와 싸우는 것이 아닙니다. 화평하게 하는 자는 둘 사이에 막힌 담을 헐고 원수 된 것을 폐하고 새사람으로 지음 받도록 해야 합니다. 그리스도인은 방관자도, 차디찬 지성적인 냉소주의자도 아닙니다.

둘째, 화평하게 한다는 뜻은 단순히 평화를 사랑한다는 뜻보다 더 강렬하고 적극적인 의지를 내포하고 있습니다. 분열과 전쟁을 싫어하고 단순히 평화를 사랑하는 사람이 있습니다. 그는 적극적으로 평화를 위해서 희생하거나 헌신하지 않습니다. 또 어떤 사람은 다른 사람이 병들어 죽어 가고 소외당하는 것을 보고서도 무관심합니다. 지구의 한 모퉁이에서 사람이 굶어 가고 있는데도 자기와는 아무 상관이 없다고 생각합니다. 이것은 무관심의 평화입니다. 그들은 집 잃은 자, 학대와 고문당하는 자들을 보면서도 그 사람은 상황이 그러니까 그럴 수밖에 없다면서 자기에게 주어진 특권과 행복의 조건을 즐기는 사람들입니다. 성경은 이러한 평화를 말하고 있지 않습니다. 예수님이 말씀하시는 것은 그 상황에 적극적으로 뛰어들어 현상뿐 아니라 원인까지도 치료하는 것을 의미합니다.

셋째, 화평하게 하는 자가 되기 위해서는 기꺼이 대가를 지불해야 한다는 뜻이 포함되어 있습니다. 평화를 이루기 위해서는 불쾌함, 인기 하락, 오해, 손해, 고통, 심지어는 죽음까지 내놓아야 할 때가 있습니다. 혹 여러분이 평화를 위해 직장을 그만두게 될지도 모르고, 사는 곳에서 버림을 받을지도 모릅니다. 이것은 결코 반항이나 고발이 아닙니다. 예수님은 화해를 위해 폭력을 쓰신 일이 없습니다. 소리를 지르거나 시위하거나 화염병을 드신 일도 없습니다. 그분은 인간을 하나님과 화해시키기 위하여 수많은 비난과 오해와 박해를 받으셨고, 결국에는 십자가에서 죽임을 당하셔야 했습니다. 이러한 주님은 진정한 화해자십니다. 베드로전서에 주님의 모습이 잘 나타나 있습니다.

그는 죄를 범하지 아니하시고 그 입에 거짓도 없으시며 욕을 당하시되 맞대어 욕하지 아니하시고 고난을 당하시되 위협하지 아니하시고 오직 공의로 심판하시는 이에게 부탁하시며 친히 나무에 달려 그 몸으로 우리 죄를 담당하셨으니(벧전 2:22-24).

영어에 "no cross, no crown", 즉 "십자가 없이는 면류관도 없다"라는 말이 있습니다. 고난 없이 십자가의 영광이 없고, 십자가 없이 부활의 승리가 있을 수 없습니다. 그러나 우리는 너무나 십자가 없는 면류관을 원하고 있습니다. 오늘날 현대 그리스도인의 가장 무서운 질병은 고난을 두려워하는 것입니다. 자기를 포기하지 않고 축복을 받으려 합니다. 그러나 누군가 시간의 손해를 보고, 물질의 손해를 보고, 자존심의 손해를 봐야만 교회가 영적으로 부흥하고 은혜로운 집단이 될 수 있습니다. 따질 것 다 따지고 주장할 것 다 주장하면 은혜는 없어지고 맙니다. 진정한 제자의 삶이란 진정한 대가를 치르는 것입니다. 고난을 겪을 각오가 되어 있을 때 우리는 화해자의 모습을 갖게 될 것입니다.

진정한 화해자

그러면 어떤 사람이 화해자가 될 수 있겠습니까?

첫째, 자기 자신이 먼저 하나님과 화해한 사람만이 다른 사람을 화해시킬 수 있습니다. 하나님에게서 오는 깊은 평화를 직접 경험해 보지 못한 사람은 화해자가 될 수 없습니다. 마음이 깨끗하고 온유한 사람이 화해자가 될 수 있습니다. 새 마음, 새 성품의 소유자여야 합니다.

> 평안을 너희에게 끼치노니 곧 나의 평안을 너희에게 주노라 내가 너희에게 주는 것은 세상이 주는 것과 같지 아니하니라 너희는 마음에 근심하지도 말고 두려워하지도 말라(요 14:27).

그러므로 누구를 화해시키려면 먼저 하나님과 깊은 교제를 하고 나서 사람을 만나러 가야 합니다. 신경질 잘 내는 사람, 화를 잘 내는 사람, 공격적이고 비판적인 사람은 화해자가 되지 못합니다. 자기 의와 자기 교만에 가득 찬 사람도 화해자가 될 수 없습니다. 화해자는 하나님과의 화해를 경험한 사람이요, 거듭나고 새로운 자아상을 가진 사람이어야 합니다.

둘째, 화해자는 다른 사람을 하나님에게 인도할 수 있는 사람입니다. 다른 말로 말하면 전도자입니다. 자신이 십자가의 능력을 이해하고 체험하고 나서, 죄와 죽음과 절망의 깊은 상처 속에서 불안해하는 사람에게 기쁨과 평안을 주시는 예수 그리스도를 소개해 줄 수 있는 믿음의 사람이 화해자입니다. 나의 평안이 아니라 예수님의 평안을 보여 주며, 인간의 타협이 아니라 하나님의 화해를 보여 줄 수 있는 사람이 바로 화해자입니다.

전도자는 하나님과 사람 사이의 화해가 무엇인지를 아는 사람입니다. 하나님과의 화해가 이루어지기 전에는 인간에게 근본적인 화해란 없습니다. 모든 불화는 하나님과의 불화에서 시작되었습니다. 그러므로 인생의 모든 문제는 언제나 하나님에게로 돌아가야만 해결이 있습니다. 하나님과 가까운 사람은 사람과도 가깝고 하나님과 친밀한 사람은 사람과도 친밀한 법입니다.

셋째, 화해자는 다른 사람들이 서로 화해하도록 도와주는 사람입니다. 서로의 약점이나 문제점을 용서하도록 도와주고 문제를 더 심각하게 만들지 않아야 합니다. 상대방끼리 서로의 장점을 보게 하고, 또 서로 다른 점을 보지 않고 같은 점을 보게 해야 합니다.

할 수 있거든 너희로서는 모든 사람과 더불어 화목하라(롬 12:18).

그러므로 예물을 제단에 드리려다가 거기서 네 형제에게 원망 들을 만한 일이 있는 것이 생각나거든 예물을 제단 앞에 두고 먼저 가서 형제와 화목하고 그 후에 와서 예물을 드리라(마 5:23-24).

언제나 비판하고 정죄하는 사람이 되기보다는 위로하고 격려하는 사람이 되십시오. 화해자는 결코 비판자나 고발자나 선동자가 아닙니다. 비록 다른 사람들이 그런 마음이 있다 하더라도 서로 이해하고 사랑하고 격려할 수 있는 마음으로 바꿔 주어야 합니다. 화해자는 방법에 있어서 최선의 분열보다는 차선의 일치를 선택합니다. 화해자는 영웅이 아니라 순교자입니다.

모든 그리스도인은 예수님처럼 화해자의 모습을 갖습니다. 만약 설교하는 목사가 화해하지 않고 설교한다면 그는 가짜 목사요, 만약 설교 듣는 여러분이 화해와 용서 없이 설교를 듣고 있다면 가짜 그리스도인이 분명합니다. 진정한 예배는 화해의 예배요 용서의 예배입니다. 평화는 우리의 마음에서부터 시작됩니다.

하나님의 평화를 만드는 그리스도인

화해자가 되기 위한 좀 더 실제적인 권면의 말씀을 드리겠습니다.

첫째, 이기심과 사심이 없어야 합니다. 누구의 편이 되어서도 안 됩니다. 자기의 이익을 포기할 때만 화해자가 될 수 있습니다. 우리는 오직 예수님 편일 뿐입니다. 민주화나 이데올로기를 위하여 스스로 어떤 편에 서서 정의와 평화를 말할 때는 화해자의 역할을 할 수 없습니다. 무슨 말을 할 때 과연 나에게 사심이 없는가를 스스로 물어보아야 할 것입니다.

둘째, 혀를 제어해야 합니다. 가능하면 입을 다물고, 말하기보다는 듣기를 배워야 합니다. 화해자가 되는 최선의 방법은 침묵하면서 참여하고 도와주는 일입니다. 공연히 아는 척하고, 대꾸하고, 변명하려는 유혹을 참으십시오. 다른 사람에 대해서 누가 비방의 말을 할 때 그 사람에게 가서 그 말을 전하지 마십시오. 듣기는 속히 하고 말하기는 더디 해야 합니다. 그리고 자신의 견해나 의견을 강하게 주장하지 마십시오. 이때 사람들은 여러분을 신뢰하고 화해자가 되어 줄 것을 요청할 것입니다.

셋째, 언제나 성경과 복음에 입각해서 생각해야 합니다. 나의 의견보다는 성경의 의견을 제시하십시오. 불의와 부정을 포기하도록 만드는 것입니다. 불의가 제거되지 않는 한 진정한 평화는 이루어지지 않습니다. 그러나 충고하거나 비판하거나 정죄하지 마십시오. 우리는 오직 화해자일 뿐입니다.

모든 성경은 하나님의 감동으로 된 것으로 교훈과 책망과 바르게 함과 의로 교육하기에 유익하니 이는 하나님의 사람으로 온전하게 하며 모든 선한 일을 행할 능력을 갖추게 하려 함이라(딤후 3:16-17).

마지막으로 기도해야 합니다. 하나님으로부터 온유와 사랑을 옷 입도록, 이러한 화해자의 모습을 가질 수 있도록 기도해야 합니다. 기도는 기적을 일으키기 때문입니다.

주 안에서 항상 기뻐하라 내가 다시 말하노니 기뻐하라 너희 관용을 모든 사람에게 알게 하라 주께서 가까우시니라 아무것도 염려하지 말고 다만 모든 일에 기도와 간구로, 너희 구할 것을 감사함으로 하나님께 아뢰라 그리하면 모든 지각에 뛰어난 하나님의 평강이 그리스도 예수 안에서 너희 마음과 생각을 지키시리라(빌 4:4-7).

기뻐하고 감사하고 기도하면 하나님의 평강이 우리의 마음을 지배하게 될 것입니다. 결과는 하나님에게 맡기십시오. 그리스도 인은 그 일이 잘되는지의 여부에 관심이 있는 것이 아니고, 또한 어떤 일을 얼마나 많이 했느냐에 관심이 있는 것이 아닙니다. 진정 그리스도의 마음을 가지고 일을 했느냐가 중요합니다.

하나님의 평화를 만드는 사람은 하나님의 아들이라 일컬음을 받을 것이라는 축복을 해 주셨습니다. 하나님의 아들이 될 자격을 주시고 하나님의 아들이 받을 능력을 주시겠다는 말입니다. 아들 은 아버지를 닮습니다. 하나님의 아들이라면 하나님을 닮아야 합 니다. 우리는 예수님의 형상을 닮아가야 할 것입니다.

23

의를 위한
박해를 피하지 마라

마태복음 5:10-12

예수님이 마지막으로 제시해 주신 참된 믿는 자의 모습과 그 축복에 대해 함께 묵상하겠습니다. 본문의 말씀은 예수를 적당히 믿고 안심하고 살아가는 대부분의 그리스도인에게 도전과 충격을 주는 말씀입니다.

그리스도인의 고난

"의를 위하여 박해를 받은 사람은 복이 있다."

이 얼마나 놀랍고 충격적인 말입니까? 박해와 고난을 받는 것이 왜 축복이겠습니까? 손해 보고 억울함을 당하는 것이 왜 축복이라고 말할 수 있을까요? 그러나 이 말씀은 원수까지도 사랑하라고 하신 하나님의 말씀과 함께 기독교의 본질을 보여 주는 말씀이고, 참된 그리스도인의 모습과 성품이 어떤 것인가를 보여 주는 말씀입니다.

신약에서는 의를 위해서 박해를 받는 그리스도인의 모습을 여러 곳에서 말씀하고 있습니다.

무릇 그리스도 예수 안에서 경건하게 살고자 하는 자는 박해를 받으리라(딤후 3:12).

육체를 따라 난 자가 성령을 따라 난 자를 박해한 것같이 이제도 그러하도다(갈 4:29).

그리스도를 위하여 받는 수모를 애굽의 모든 보화보다 더 큰 재물로 여겼으니(히 11:26).

우리가 그와 함께 영광을 받기 위하여 고난도 함께 받아야 할 것이니라 생각하건대 현재의 고난은 장차 우리에게 나타날 영광과 비교할 수 없도다(롬 8:17-18).

예수님도 마가복음 13장 9-13절에서 그리스도인들에게 마지막 때에 당할 환난을 경고하셨고, 요한복음 15장 18-19절을 통해 세상이 그리스도인들을 미워하고 박해할 것이라고 하셨습니다.

세상이 너희를 미워하면 너희보다 먼저 나를 미워한 줄을 알라 너희가 세상에 속하였으면 세상이 자기의 것을 사랑할 것이나 너희는 세상에 속한 자가 아니요 도리어 내가 너희를 세상에서 택하였기 때문에 세상이 너희를 미워하느니라(요 15:18-19).

예수님이 지금까지 제시해 온 그리스도인의 성품은 여기서 모두 용해되어 참된 그리스도인의 모습으로 나타납니다. 즉 심령이 가난한 성품, 애통하는 성품, 온유한 성품, 의에 주리고 목마른 성품, 긍휼히 여기는 성품, 마음이 청결한 성품, 그리고 화평하게 하는 성품이 한데 어우러져 나타나는 것이 의를 위하여 박해받는 모습입니다.

그리스도인의 삶의 본질은 그리스도의 고난 속에서 발견될 수 있습니다. 고난받는 그리스도의 상은 곧 고난받는 그리스도인의 상을 뜻합니다.

예수님이 우리에게 가르쳐 주신 것은 고난이 결코 저주거나 패배의 상징이 아니라는 사실입니다. 오히려 고난을 통해 영광에 이르며 구원에 이릅니다. 만약 우리가 이 세상에서 환영을 받고 세상이 기뻐하는 존재라면 세상과 우리가 하나라는 증거가 아니겠습니까?

그리스도인은 세상에서 박해받는 것을 기뻐하고 즐거워합니다. 여기에 참된 그리스도인의 성품이 있습니다. 그런데 예수님이 제시한 그리스도인의 성품 속에는 공격성이나 폭력성이 없습니다. 어떻게 보면 어린양같이 당하는 모습, 참는 모습, 순종하는 모습, 나약한 모습으로 그려지고 있습니다. 그래서 우리가 볼 때 이러한 성품을 가지고 어떻게 현대의 복잡하고 무서운 사회에서 살아갈 수 있을까 하는 의문을 가질 수 있습니다.

의를 위한 박해가 아닌 것

의를 위해 박해받는 것을 좀 더 깊이 생각해 보기로 하겠습니다. 예수님은 의를 위하여 박해받는 자는 복이 있다고 하셨지, 그냥 박해받는 자가 복이 있다고 말씀하시지 않았습니다. 다시 말하면 단순히 박해나 고통을 당하는 것 자체가 축복일 수는 없다는 것입니다. 지금 전 세계에는 고통을 겪고 박해를 당하는 개인이나 국가가 많습니다. 그들이 어려움을 당하는 이유가 정당한 경우도 있지만, 그렇지 않은 경우도 있습니다. 또 그리스도인들도 세계 곳곳에서 여러 가지 이유로 박해를 당하고 있지만 그들이 모두 의를 위하여 박해를 받는다고는 볼 수 없습니다. 그렇기 때문에 우리는 먼저 의를 위하여 당하는 박해가 아닌 경우를 몇 가지 알아 두어야 합니다.

첫째, 누구를 반대하기 위하여 받는 박해는 의를 위하여 받는 박해가 아닙니다. 어떤 특정한 사람이나 정당 또는 어떤 주장을 반대하기 때문에 감옥에 투옥되고, 혹은 죽음을 자처하는 경우가 있는데 그것은 여기에 해당되지 않습니다. 그것은 하나의 사상이나 이데올로기를 위한 투쟁일 수는 있어도 의를 위하여 박해받는 것은 아닙니다. 사람들은 자기의 생각이나 주장을 절대화하고 신성화하기를 원하는 본능이 있습니다. 그래서 하나님의 것과 사람의 것을 혼동하고 땅의 것과 하늘의 것을 바꾸어 놓으려고 합니다.

둘째, 자신이 미련해서 받는 박해도 의를 위하여 받는 박해가 아님니다. 이것은 자신이 지혜로웠다면 결코 욕을 먹지 않았을 텐데 똑같은 일을 미련하게 처리하여 당하는 곤욕입니다. 대부분의 사람이 이 부분에서 많이 실수합니다. 특별히 예수 잘 믿는다고 소문난 사람들 중에도 많습니다. 자신의 미련함이 어찌 의로운 고난과 동일시될 수 있겠습니까?

셋째, 어떤 사람은 성격이 못되고 고집이 세고, 남을 무시하는 태도 때문에 고난을 받는 수가 있는데 그것도 의를 위하여 받는 박해가 아닙니다. 이것은 미련한 것과 비슷한 경우인데 불필요한 고집, 제한된 자기 경험과 지식으로 인한 통찰력의 부족, 그리고 한 걸음 더 나아가 교만까지 겹쳐 있는 경우입니다.

넷째, 광신적인 열정 때문에 받는 고난도 의를 위하여 받는 박해가 아닙니다. 믿는 자들이 자기 혼자만의 지나친 열정 때문에 가족과의 생활을 소홀히 함으로 박해를 당하는 경우를 말합니다. 그런데 이런 경우 자기는 예수를 위해 고난을 당했다고 생각합니다. 그들이 좀 더 지혜롭고 인격적이었다면 고난 당하지 않았을 것입니다. 예수님은 우리에게 뱀처럼 지혜롭고 비둘기처럼 순결하라고 가르쳐 주셨습니다.

통일교 신자들과 논쟁을 해 보면 그들은 마치 유대인들이 그리스도인을 박해하는 것같이 기성 교회가 자기들을 박해한다고 말합니다. 그래서 자기들이 박해받는 것은 너무나 당연한 것이라며, 또 그러한 착각 속에서 자기들의 행위를 정당화하는 것을 볼 수 있습니다. 이것은 모두 잘못된 열심, 지나친 광신 때문에 생기는 박해입니다.

다섯째, 자기의 죄와 실수 때문에 받는 고난도 의를 위하여 받는 박해가 아닙니다. 또 공연히 남의 일에 끼어들어서 고난을 받는 것도 예수를 위해 받는 고난이 아니라고 했습니다.

죄가 있어 매를 맞고 참으면 무슨 칭찬이 있으리요(벧전 2:20).

너희 중에 누구든지 살인이나 도둑질이나 악행이나 남의 일을 간섭하는 자로 고난을 받지 말려니와(벧전 4:15).

여섯째, 대의명분을 위해 받는 고난도 있는데 그것도 의를 위하여 받는 박해가 아닙니다. 이것은 정치적인 것과 종교적인 것을 혼합시켜서 그것이 마치 의를 위해서, 예수를 위해서 고난받는 것처럼 착각하는 경우입니다. 즉 이데올로기적인 것과 종교적인 것을 혼합시켜서 자기가 받는 고난이 의를 위한 고난이라고 스스로 해석하는 것입니다. 그래서 어떤 그리스도인이 정치에 참여하고, 노사 문제에 개입하고, 경제 개혁에 뛰어들어 투쟁하다가 투옥을 당하고 고문을 당했다고 하면 많은 사람은 그것이 의를 위하여 박해를 받은 것이라고 생각합니다.

자기가 옳다고 생각하는 일을 위해서 희생하고 행동하는 일은 좋은 일입니다. 그러나 그것이 예수를 위한 일이고 의를 위한 일이라고 해석해서는 안 됩니다. 어떤 사람은 민주화를 위해서 분신자살을 하기도 합니다. 그는 의를 위하여 박해를 받은 것이 아니라 단지 자기가 옳다고 생각하는 일에 희생된 것뿐입니다.

　마지막으로, 의를 위하여 박해를 당하는 것은 선을 행하다 당하는 박해와도 다릅니다. 어떤 사람은 대중을 위해서, 사회를 위해서, 국가를 위해서 희생하고 죽기도 합니다. 그리고 그것이 진리요 하나님의 뜻이라고 생각합니다. 그러나 세상의 진리는 언제나 상대적입니다. 우리나라 사람이 보면 진리지만 일본 사람이 보면 진리가 아닐 수 있습니다. 예를 들면 이토 히로부미는 우리나라 사람이 보면 아주 기분 나쁜 사람이지만 일본 사람이 보면 좋은 사람입니다. 무엇이 옳은 것입니까? 또 안중근 의사는 우리나라 사람에게는 영웅이지만 일본 사람에게는 기분 나쁜 사람일 것입니다. 물론 객관적으로 봐서는 일본이 나쁘지만 보는 사람의 시각에 따라서 해석이 달라진다는 뜻입니다. 만약 우리가 민족적 감정을 빼고 이야기한다면 객관적으로 옳을지 모릅니다. 그러나 우리가 이야기할 때는 어쩔 수 없이 민족적 감정을 개입하고 이야기하게 됩니다. 그렇기 때문에 '나'는 객관적이라고 말할 수 없습니다. 내가 정부 지도자로 있든, 또는 노동자로 있든, 어느 입장이든지 사실을 객관적으로 정확하게 보기가 어렵습니다. 항상 우리는 자기 입장에 서서 이야기하게 됩니다.

좋은 것이라고 다 하나님의 뜻은 아닙니다. 그것은 마치 하나님은 사랑이시지만 사랑이 곧 하나님이 아니고, 하나님은 선하시지만 선이 곧 하나님은 아니라는 것과 마찬가지입니다. 우리는 여기서 좀 더 엄격하고 냉정하게 성경의 진리를 이해할 필요가 있습니다.

'예수를 위하여' 받는 박해

그러면 10절에 의를 위하여 박해를 받는다고 하는 것은 무엇을 뜻합니까? 11절에 그 해답이 있습니다.

> 나로 말미암아 너희를 욕하고 박해하고 거짓으로 너희를 거슬러 모든 악한 말을 할 때에는 너희에게 복이 있나니.

이 말씀에서 예수님은 "나로 말미암아 박해받은 자"라고 말씀하셨습니다. 그러므로 '의를 위하여'라는 말을 정확하게 해석하면 '예수를 위하여'입니다. 그러면 예수를 안 믿는 사람이나 일반적인 사고방식을 가진 사람은 너무 편협하다고 할 것입니다. 예수밖에는 구원이 없다는 말이 그러한 사람들의 귀에 거슬리게 들리는 것과 같습니다. 곧 기독교의 절대 명제 앞에서 사람들이 당황하며, 착하고 의롭게 살면 되지 꼭 예수를 믿어야만 구원을 받느냐고 하는 것과 같습니다.

많은 사람은 자기가 선을 위해 살면 그것이 구원이라고 말해 주길 기대하고 있습니다. 그러나 성경에는 예수 그리스도 외에는 구원이 없다고 분명히 말합니다. 선행은 예수 믿는 사람들이 당연히 해야 하는 일이지 선행 자체가 구원의 조건이 될 수는 없습니다. 본문에는 예수 때문에 욕을 먹고 박해를 받고 온갖 수모와 거짓말로 속임을 당할 때 진정한 축복이 있다고 했습니다. 바울은 이렇게 말합니다.

내가 그리스도와 함께 십자가에 못 박혔나니 그런즉 이제는 내가 사는 것이 아니요 오직 내 안에 그리스도께서 사시는 것이라(갈 2:20).

내 안에 사시는 그리스도, 그분을 위해서 당하는 모든 박해와 환란이 있을 때 진정한 천국이 임하고 하늘의 보상이 있다고 말하고 있는 것입니다.

우리는 이러한 진리를 초대교회라는 상황 속에서 발견할 수 있습니다. 초대교회 때 예수님의 제자들이 한 것이 무엇입니까? 그들은 바로 예수님을 전하기 위해서 박해를 받은 것입니다. 그들은 정치나 경제, 사회 문제 속으로 직접 뛰어들지 않았습니다. 그러나 이 몇 사람, 진정 예수님을 위해 살았던 소수 사람의 삶을 통해 역사는 변했습니다. 이것은 놀라운 역설입니다.

그들에게도 오늘날과 똑같은 질문이 있었는데 그것은 앞장서서 문제를 직접 해결하려는 사람이 아니라 기도하는 사람, 어떻게 보면 굉장히 나약한 사람들이 과연 이 세상을 변화시킬 수 있느냐는 것이었습니다. 제자들은 그런 사회적인 도전 앞에서 몰라서가 아니라 주님의 명령 때문에 한 곳으로만 간 것입니다. 그런데 놀라운 사실은 그들이 혁명을 일으키지는 않았지만 그들이 가고 난 다음에 세상은 변하고 있었다는 것입니다. 이것이 말씀의 깊이요 능력입니다.

여기서 여러분에게 묻고 싶은 것은 지금 여러분이 당하는 박해와 환란이 예수님 때문에 있는 것인가 하는 것입니다. 또 교회 때문에, 예수 때문에 박해받는다고 답변하는 사람이 있다면 한 번 더 질문하고 싶습니다. 교회 이름, 예수 이름을 핑계 대고 실은 자기의 이익과 체면 그리고 욕심을 만족시키는 것은 아닙니까?

실제로 '의' 때문에 고난을 당한 이들이 있습니다. 구약의 아벨은 의로운 제사를 드렸기 때문에 가인에게 살해당했습니다. 하나님의 마음에 합한 다윗은 사울에게 모진 박해를 받았습니다. 예레미야를 보십시오. 하나님의 의의 말씀을 선포하기 위하여 그는 구덩이에 처박히는 수모를 겪었고 쫓겨나는 수치를 겪었습니다. 그들이 겪은 박해는 결코 열심이나 선행이나 대의명분 때문이 아니었습니다. 의 때문에, 하나님 때문에 그러한 박해를 받았습니다.

신약에서는 사도 바울의 경우를 봅니다. 그는 디모데후서 3장 12절에서 "무릇 그리스도 예수 안에서 경건하게 살고자 하는 자는 박해를 받으리라"고 했습니다.

무엇보다도 예수 그리스도가 바로 이러한 분이었습니다. 십자
가는 의에 대한 박해의 완벽한 예입니다. 환란과 박해를 받지 않고
피해 가는 쉬운 길도 있습니다. 그것은 믿는 사람이 세상을 비판하
지 않고 적당하게 닮아 가면 됩니다. 그러나 누가복음 6장 26절에
보면 "모든 사람이 너희를 칭찬하면 화가 있도다"라고 했습니다.
칭찬은 예수님에게 받아야 축복이지 세상이 여러분을 칭찬한다면
그것은 저주입니다.

누구든지 나와 내 말을 부끄러워하면 인자도 자기와 아버지와 거룩
한 천사들의 영광으로 올 때에 그 사람을 부끄러워하리라(눅 9:26).

우리가 하나님을 부끄러워 하면 하나님도 우리를 부끄러워 하
실 것입니다. 여러분이 세상에 나가서 예수 믿는 것을 적당히 숨
기고 살면 후에 예수님이 어떻게 여러분을 대하시겠습니까? 환란
과 박해는 참된 그리스도인이 치러야 할 제자로서의 대가입니다.

진짜를 박해하는 가짜

그러면 도대체 누가 그리스도인을 박해하는 세력일까요? 분명히
성경 본문은 그 당시 정치적인 세력과 종교적인 세력을 두고 한 말

일 것입니다. 그들은 나중에 예수를 처형하고 열두 사도들과 초대 교회 성도들을 박해하고 학살한 대제사장을 비롯하여 바리새인, 서기관, 사두개인들에 준하는 세력이었습니다. 또한 로마의 정치 권력과 그 그늘에서 살고 있는 유대의 정치 권력이었습니다.

오늘날에는 이러한 세력이 다 사라졌습니다. 그러나 세계 도처에는 아직도 기독교를 무섭게 박해하는 세력이 도사리고 있습니다. 공산주의와 이슬람교와 온갖 종류의 잘못된 종교들입니다. 그들로 인해 지하에서 숨을 죽여 가며 기도하는 사람들, 신분을 숨겨 가며 예수를 믿어야 하는 사람들이 있습니다. 뿐만 아니라 예수를 믿으면 그 사회에서 쫓겨나거나 감옥에 가야 하며, 심지어는 누명을 쓰고 죽어야 하는 경우도 있습니다. 그러나 이러한 것들보다 훨씬 더 심각한 도전은 무신론적인 물질주의와 과학만능주의입니다. 기독교의 최고 투쟁은 바로 세속주의에 있습니다.

이제 다른 각도에서 그리스도인을 박해하는 세력을 생각해 보겠습니다. 그 세력은 다름 아닌 우리 안에 숨어 있는 무서운 세력입니다. 예수님을 박해하는 세력은 바리새인과 서기관, 대제사장 같은 종교 지도자들이었습니다. 초대교회를 박해한 사람들도 유대주의에 깊이 물들어 있는 기독교인들이거나 유대교 세력이었습니다. 중세 종교개혁자들을 박해한 것은 로마의 교황과 그 무리였습니다.

여기서 진정한 기독교는 거짓 기독교로부터 박해받는다는 사실을 보게 됩니다. 뿐만 아니라 참된 그리스도인이 당하는 박해는 적당히 예수 믿고 사는 형식적인 그리스도인의 무리로부터 옵니다.

초대교회를 보십시오. 외부의 적은 무섭지 않습니다. 내부의 적이 언제나 무서운 것입니다. 언뜻 생각하면 불신자들이나 이방인의 박해가 더 커보입니다. 물론 공산주의나 이슬람교나 동양의 신비주의 종교나 기독교적 이단은 거칠고 무서운 박해 세력입니다. 그러나 기독교의 진정한 적은 내부에 있는 거듭나지 못한 사람들입니다. 교회는 외부 세력에게 파괴되는 것이 아니라 숨어 있는 내부의 형식주의자들, 자유주의자들, 종교 세력을 장악하려는 무리에게 무너집니다.

진짜를 보면 가짜들은 언제나 질겁하고 진짜를 죽이거나 몰아내려고 합니다. 왜냐하면 진짜 앞에서 가짜는 너무나 비참하기 때문입니다. 가짜끼리 살아야 마음이 편한데 진짜가 나타나면 당황하게 되고, 자신이 초라해지고, 자기가 설 땅이 없기 때문에 못살게 구는 것입니다. 열심히 믿는 것이 자기와 비교가 되니까 싫다는 것이지요. 그래서 예를 들면 "당신은 교회에서 살려고 하시오? 그러려면 목사가 되시지. 적당히 믿으시오. 너무 지나치지 않소?"라는 식의 말들을 하는 것입니다.

예수 믿는 데 지나친 것이 어디 있겠습니까? 열심히 못하는 것이 미안하고 죄송할 뿐이지요. 빛 앞에 어두움이 무력하듯이 거짓 헌신, 거짓 믿음, 거짓 행동은 모두 백일하에 드러나게 됩니다.

결코 우리의 헌신이나 사랑의 기준을 내려뜨리지 마십시오. 적당히 예수 믿는 것을 회개해야 합니다. 주님을 위해 사는 데는 최선이 없습니다. 항상 부족한 것이 주님을 위한 삶입니다. 박해도 받아 보지 못할 정도로 미지근하게 사는 것이 오히려 부끄러운 것입니다.

박해받는 자의 축복

의를 위하여 박해받는 사람에게 주어지는 축복이 있습니다. 그것은 천국입니다. 산상설교는 천국으로 시작하여 천국으로 끝이 납니다. 첫 번째는 "심령이 가난한 자는 복이 있나니 천국이 그들의 것임이요"라고 했고, 여덟 번째는 "의를 위하여 박해를 받은 자는 복이 있나니 천국이 그들의 것임이라"고 했습니다. 천국을 생각하는 사람만이 이 세상에서 부족함 없는 충만한 삶을 살 수 있습니다.

천국은 죽어서 가는 곳만이 아니라 예수님을 모시고 사는 사람의 현실에서부터 이루어집니다. 그리고 천국은 그리스도와 함께 자라며 풍성한 열매를 맺습니다. 지금부터 시작해서 계속 자라며, 육신의 몸을 벗을 때 완전해질 것입니다. 예수님은 심령이 가난한 자에게 천국이 주어진다고 하셨고, 의를 위하여 박해를 받는 자에게도 천국이 주어진다고 하셨습니다. 이 얼마나 놀라운 말씀입니까?

천국을 소유한 사람은 인격적인 모독과 육체적인 학대와 세상적인 음모를 두려워하지 않습니다. 그래서 예수님과 함께 천국을 사는 사람은 차고 넘치는 풍성한 삶을 사는 사람이요, 부족함이 없는 생애를 사는 사람입니다.

우리는 이 지상에서 오래 살 사람들이 아닙니다. 또한 현재의 지위에서 천 년 만 년 있는 것도 아닙니다. 언젠가는 모두 다 두고 떠나야 하는데 어떻게 살아야겠습니까? 무엇을 위해 살아야겠습니까? 천국을 생각해 보십시오. 천국을 생각하는 사람에게는 죽음의 그림자가 없습니다. 세상의 고통과 환난이 두렵지 않습니다. 물질과 시간과 세상적인 것에 노예가 되지도 않습니다. 또한 불필요한 경쟁과 다툼에 빠져들거나 비교하지도 않습니다.

우리는 그리스도 안에서 천국을 살고, 천국을 향해 가고 있는 존재입니다. 육을 가지고 있는 동안 지상의 천국에서 살다가 육을 벗을 때 영원한 천국으로 이동합니다. 예수님을 바라보십시오. 예수님의 방법과 생각과 뜻대로 살려고 하면 세상은 여러분을 박해하게 될 것입니다. 그러나 그것이 바로 그리스도인의 진정한 특권이요 진정한 축복이기도 한 것입니다.

24

예수를 닮아가는
영적 특혜를 누리라

마태복음 5:10-12

예수님은 5장 10절을 통해 의를 위하여 고난을 받는 것은 더 이상 저주가 아니고 오히려 축복이며 바로 그들에게 천국이 주어진다고 말씀하셨습니다. 그리고 이 말씀을 11절에서 좀 더 구체적으로 제자들에게 적용해 주셨습니다.

"나로 말미암아 너희를 욕하고 박해하고 거짓으로 너희를 거슬러 모든 악한 말을 할 때에는 너희에게 복이 있나니."

의를 위해서 박해를 받는 것은 예수님 때문에 고난을 받는 것이라고 하셨습니다. 그리고 박해의 내용을 세 가지로 말씀하셨는데, 그것은 첫째 욕하고 조롱하는 것, 둘째 육체적으로 고문하고 박해하는 것, 셋째 거짓으로 모함하고 악한 말을 하는 것입니다.

한 걸음 더 나아가 12절에서 주님은 박해를 당하는 사람들에게 기뻐하고 즐거워하라는 놀라운 말씀을 하셨습니다. 우리가 박해를 받을 때 어렵더라도 참고 기다리라고 하면 이해가 갑니다. 그러나 오히려 적극적으로 기뻐하고 즐거워하라고 할 때는 갈등이 생기게 됩니다. "과연 우리가 그렇게 할 수 있을까?" 하는 의문이 생길 때 예수님은 우리에게 "너희가 적극적으로 기뻐하고 즐거워할 때 하늘에서 상이 크다"는 것으로 결론지어 주십니다.

고난 중에도 즐거워하는 삶

여기에서 우리는 기독교의 독특한 본질, 그리스도인의 특성의 일면을 보게 됩니다. 곧 그리스도인의 삶이란 박해와 고난 속에서도 즐거워하는 것입니다. 그리스도인은 더 이상 절망 속에서 슬픔에 젖어 있거나 고통에만 머물러 있어서는 안 됩니다. 왜냐하면 기독교는 십자가의 종교지만 거기서 끝나지 않고 부활로 십자가의 의미를 찾기 때문입니다. 그리스도인은 죄와 죽음과 세상의 질곡에서 벗어나서 하나님이 주시는 자유와 기쁨, 그리고 승리와 감격의 삶을 사는 사람들입니다. 이것이 바로 세상과 기독교의 본질적 차이입니다. 더 이상 찡그리지 마십시오! 어깨를 펴고 위를 바라보십시오.

빌립보서 4장 4절에 보면 사도 바울이 감옥 안에서 감옥 밖에 있는 사람들을 향하여 "주 안에서 항상 기뻐하라 내가 다시 말하노니 기뻐하라"고 했고 데살로니가전서 5장 16-18절에도 "항상 기뻐하라 쉬지 말고 기도하라 범사에 감사하라 이것이 그리스도 예수 안에서 너희를 향하신 하나님의 뜻이니라"고 했습니다.

그리스도인은 손해를 보면서도 기뻐하고 당하면서도 즐거워하는 사람입니다. 또한 세상과 사탄이 주는 어떤 공격에도 결코 말려들지 않고, 그 공격과 폭풍과 역경에서도 찬송을 부를 수 있으며 기도할 수 있으며 감사할 수 있는 사람입니다.

예수님 때문에

그러면 그리스도인이 그러한 역경 가운데 기뻐하고 즐거워할 수 있는 이유를 말씀 속에서 찾아보겠습니다.

첫째, 예수님 때문입니다. 예수님은 고난과 박해와 역경보다 더 위에 계시는 분이십니다. 고난이 주는 아픔, 박해가 주는 괴로움보다 주님이 주시는 축복과 은혜와 평강이 더 크고 위대합니다. 우리가 기뻐하고 즐거워할 수 있는 것은 바로 주님이 주시는 힘에서 비롯되는 것입니다. 예수님은 죽음보다 강하고 어떤 환경보다도 위대하십니다. 예수님의 이름은 우리를 구원할 능력이 있습니다.

> 이러므로 하나님이 그를 지극히 높여 모든 이름 위에 뛰어난 이름을 주사 하늘에 있는 자들과 땅에 있는 자들과 땅 아래에 있는 자들로 모든 무릎을 예수의 이름에 꿇게 하시고(빌 2:9-10).

예수의 이름은 능력입니다. 예수 이름으로 마귀가 떠나고 모든 질병이 치료됩니다. 예수 이름으로 모든 환경은 변화될 수 있습니다. 그러므로 이 말씀은 "너희가 만약 예수 때문에 고난과 박해를 받았다면 안심하라. 예수님은 이 고난과 역경을 승리하게 하시며 이기게 하시는 힘의 원천이다"라는 뜻입니다.

> 내가 복음을 부끄러워하지 아니하노니 이 복음은 모든 믿는 자에게

구원을 주시는 하나님의 능력이 됨이라(롬 1:16).

이 복음은 바로 예수 그리스도를 말하는 것입니다. 그러므로 이 말씀은 곧 "내가 예수 그리스도를 부끄러워하지 않는 것은 예수 그리스도는 모든 믿는 자에게 구원을 주시는 하나님의 능력이 되시기 때문이다"라고 바꾸어 말할 수 있습니다. 그러므로 예수님 때문에 박해받았다면 부끄러워하거나 절망하지 마십시오. 적극적으로 기뻐하고 즐거워하십시오. 곧 머지않아 승리의 면류관이 우리에게 오게 될 것입니다. 궁극적인 하나님의 승리가 예수님으로 인하여 우리에게 임할 것입니다. 예수님만 계시다면 어떤 지옥도 천국으로 변합니다. 예수님이 계신 곳이 곧 천국이기 때문입니다.

한 가지 예를 들어 봅시다. 예수님과 제자들이 배를 타고 함께 있었을 때 파도가 치고 광풍이 일었습니다. 그때 예수님은 주무시고 계셨습니다. 배가 곧 물에 빠질 상황에 이르렀을 때 제자들이 겁이 나서 예수님을 깨웠습니다. "예수님, 우리가 죽게 되었습니다"라고 하니 예수님은 일어나셔서 풍랑을 꾸짖으시고 바람을 잔잔하게 하셨습니다. 그리고 제자들에게 "어찌하여 너희가 믿음이 없느냐"고 꾸짖으셨습니다.

그렇습니다. 우리는 예수님과 한배에 타고 있습니다. 그런데 어떤 때는 안 계시거나 주무시고 계신 것처럼 느껴질 때가 있습니다. 여기서 우리는 예수님의 마음을 읽어야 합니다. 폭풍 속에서도 주무시고 계시는 예수님의 평안을 보십시오. 그것은 현실과 무관하신 모습이 아니라 어떤 환경도 문제가 되지 않으신다는 예수님의 태도입니다. 예수님은 자연환경까지도 변화시킬 수 있는 능력의 분이십니다. 그러므로 우리의 환경이 어떤가를 보지 말고 예수님이 우리와 함께 있느냐 없느냐를 보십시오. 만약 예수님이 우리와 함께 계시다는 것을 느낀다면 어떤 환경도 문제되지 않을 것입니다. 왜냐하면 예수님은 우리의 환경을 천국으로 만드는 분이시기 때문입니다.

천국 때문에

둘째, 천국 때문입니다. 지상의 삶이 전부요, 현재의 삶뿐이라고 한다면 의를 위해 박해를 받을 필요가 있겠습니까? 그러나 그리스도인에게는 천국의 약속이 있습니다. 세상 사람은 돈, 권력, 사람의 배경이 있으면 자신만만해 합니다. 그러나 우리는 다른 종류의 배경이 있습니다. 죽음의 권세를 무너뜨리신 예수님과 천국이 우리의 배경입니다.

그렇습니다. 내 마음속에 천국이 있고 내 삶 속에 천국을 의식하며 산다는 사실처럼 무서운 힘은 없습니다. 우리가 기뻐하고 즐거워하는 이유는 바로 우리에게 천국이 있기 때문입니다. 그래서 로마서 8장 18절에서 "현재의 고난은 장차 우리에게 나타날 영광과 비교할 수 없도다"라고 합니다.

태양을 본 사람은 촛불에 현혹되지 않듯이 영원을 맛본 사람은 세상의 것에 만족하지 않습니다. 단지 세상의 것들이 필요해서 소유하고 이용하고 있을 뿐이지 그것을 목적으로 사는 것은 아닙니다. 우리가 천국의 시민임을 확신할 때 우리는 어떤 역경과 좌절 앞에서도 천국을 생각하며 기뻐하고 즐거워할 수 있습니다.

천국의 상급 때문에

셋째, 천국의 상급이 있기 때문입니다. 12절을 보면 예수님은 예수 때문에 박해받는 사람을 위해서는 상 중에서 가장 큰 상을 예비해 놓았다고 말씀하십니다. 천국에는 많은 면류관과 분명한 상급이 있습니다. 기록된 말씀을 보십시오.

네가 죽도록 충성하라 그리하면 내가 생명의 관을 네게 주리라 (계 2:10).

나는 선한 싸움을 싸우고 나의 달려갈 길을 마치고 믿음을 지켰으니 이제 후로는 나를 위하여 의의 면류관이 예비되었으므로 주 곧 의로우신 재판장이 그날에 내게 주실 것이며 내게만 아니라 주의 나타나심을 사모하는 모든 자에게도니라(딤후 4:7-8).

만일 누구든지 그 위에 세운 공적이 그대로 있으면 상을 받고 누구
든지 그 공적이 불타면 해를 받으리니(고전 3:14-15).

우리가 다 반드시 그리스도의 심판대 앞에 나타나게 되어 각각 선
악 간에 그 몸으로 행한 것을 따라 받으려 함이라(고후 5:10).

보상은 하나님의 은혜요 사랑의 표현입니다. 천국은 우리의 공
로 때문에 가는 것은 아니지만 천국 백성에게는 보상이 있고, 그
보상의 크기가 다른 것입니다. 천국 가는 것도 중요하지만 보상이
있다는 말씀에 더욱더 기대와 흥분이 됩니다. 그런데 이 보상은 세
상에서 예수를 위하여 박해와 손해와 희생을 당한 자에게 주어집
니다.

여러분이 천국에 가서 받을 상은 어떤 것이라고 생각하십니까?
여러분과 제가 천국에 가서 받을 상이 있기를 바랍니다. 세상에서
주는 트로피가 아니라 하나님이 주시는 엄청난 축복의 상이 우리
의 것이 되기를 바랍니다.

믿음의 선배들 때문에

넷째, 우리 전에 있던 믿음의 선배들 때문입니다. 우리가 세상에서
예수님 때문에 조롱을 당했다면 믿음의 선배들과 같은 계열에 있

는 사람들이 아니겠습니까? 여러분이 예수 때문에 고난을 받는다면 여러분은 '진짜 예수쟁이'라는 증거입니다. 히브리서에 나타난 믿음의 사람들의 모습을 보십시오.

또 어떤 이들은 조롱과 채찍질뿐 아니라 결박과 옥에 갇히는 시련도 받았으며 돌로 치는 것과 톱으로 켜는 것과 시험과 칼로 죽임을 당하고 양과 염소의 가죽을 입고 유리하여 궁핍과 환난과 학대를 받았으니 (이런 사람은 세상이 감당하지 못하느니라) 그들이 광야와 산과 동굴과 토굴에 유리하였느니라(히 11:36-38).

믿음의 선배들은 모두 박해를 받았습니다. 예수님의 열두 제자 가운데 한 사람은 자살했고, 또 한 사람은 자연사했지만 나머지 열 사람은 순교했습니다. 안드레는 X자로, 베드로는 거꾸로 십자가에 매달려 죽었고, 어떤 이는 칼에 맞아, 어떤 이는 돌에 맞아, 어떤 이는 성전 꼭대기에서 밀어뜨림을 당해 죽기도 했습니다. 그러나 그들은 가장 영광스러운 삶을 살았던 사람들입니다.

참으로 헌신된 선교자들이나 순교자들의 일기를 보면 그들은 고난과 역경 속에서 이런 글을 썼다고 합니다.

"오! 주여, 내가 이런 고난을 받는 특권을 갖다니요. 하나님, 어떻게 나에게 이런 고난의 축복을 주십니까? 이것은 믿음의 대선배들만 가질 수 있는 고난이었는데 어찌 나 같은 사람에게도 이런 축복을 주시는 것입니까?"

그러나 요즘의 그리스도인들을 보십시오. "부름 받아 나선 이 몸 어디든지 가오리라"는 찬송은 잘 하지만 실제로는 편안하게만 믿으려고 합니다. 또 자존심이 왕입니다. 조금만 자존심이 상하면 안 한다고 소리치고, 욕하고 화내고 돌아섭니다. 예수님이 자기의 자존심 앞에 무릎 꿇어야 편안하게 믿어 줍니다. 상처나 박해를 받으려 하지 않고 조금도 손해 보려고 하지 않습니다.

세상으로부터의 모욕

이제 예수님 때문에 받는 박해는 어떤 것인가 생각해 보겠습니다. 11-12절 다시 보십시오.

나로 말미암아 너희를 욕하고 박해하고 거짓으로 너희를 거슬러 모든 악한 말을 할 때에는 너희에게 복이 있나니 기뻐하고 즐거워하라 하늘에서 너희의 상이 큼이라.

첫째, 욕을 먹는 것입니다. 즉 모욕을 당하는 것입니다. 세상은 우리가 그들과 다르다는 이유 때문에 우리를 조롱하도록 되어 있습니다. 예수님도 가야바 법정에서 이런 모욕을 당하셨습니다.

이에 예수의 얼굴에 침 뱉으며 주먹으로 치고 어떤 사람은 손바닥으로 때리며 이르되 그리스도야 우리에게 선지자 노릇을 하라 너를 친 자가 누구냐 하더라(마 26:67-68).

예수님은 너무나 많은 모욕과 상처를 받으셨습니다. 그러나 예수님은 아무 말씀도 하지 않으셨습니다.

갈대로 그의 머리를 치며 침을 뱉으며 꿇어 절하더라 희롱을 다 한 후 자색 옷을 벗기고 도로 그의 옷을 입히고 십자가에 못 박으려고 끌고 나가니라(막 15:19-20).

사도 바울도 이런 고난을 겪었습니다. 고린도전서 4장 9절에서 그는 사람들과 천사들 앞에서 조롱거리가 된 적이 있다고 말했고, 11-13절에서는 다음과 같이 이야기합니다.

바로 이 시각까지 우리가 주리고 목마르며 헐벗고 매 맞으며 정처가 없고 또 수고하여 친히 손으로 일을 하며 모욕을 당한즉 축복하고 박해를 받은즉 참고 비방을 받은즉 권면하니 우리가 지금까지 세상의 더러운 것과 만물의 찌꺼기같이 되었도다.

그래도 바울은 그것과 상관없이 누가 뭐라고 해도 주님만 섬기고 충성했습니다.

> 그들이 히브리인이냐 나도 그러하며 그들이 이스라엘인이냐 나도
> 그러하며 그들이 아브라함의 후손이냐 나도 그러하며 그들이 그리
> 스도의 일꾼이냐 정신없는 말을 하거니와 나는 더욱 그러하도다 내
> 가 수고를 넘치도록 하고 옥에 갇히기도 더 많이 하고 매도 수없이
> 맞고 여러 번 죽을 뻔하였으니 유대인들에게 사십에서 하나 감한
> 매를 다섯 번 맞았으며 세 번 태장으로 맞고 한 번 돌로 맞고 세 번
> 파선하고 일 주야를 깊은 바다에서 지냈으며 여러 번 여행하면서
> 강의 위험과 강도의 위험과 동족의 위험과 이방인의 위험과 시내의
> 위험과 광야의 위험과 바다의 위험과 거짓 형제 중의 위험을 당하
> 고 또 수고하며 애쓰고 여러 번 자지 못하고 주리며 목마르고 여러
> 번 굶고 춥고 헐벗었노라(고후 11:22-27).

이것이 바울의 생애였습니다. 그러나 이것보다 바울을 더 고통
스럽게 만들었던 것은 교회를 위해서 염려하는 고통이었습니다.
바울은 자기의 능력과 위대함을 자랑하지 않고 자기의 약함을 자
랑했고(고후 11:30), 십자가에 못 박힌 예수만 자랑하기로 작정했던
것입니다(고전 2:2).

육체적인 박해

둘째, 육체적으로 박해받는 것을 의미합니다. 10절은 "박해를 받은 자"(현재완료), 11절은 "박해하고"(현재), 12절은 "박해하였느니라"(과거)로 기록되어 있습니다. 시제가 다 다르지만 세 가지 경우 모두 육체적으로 고문하며 인체를 유린하는 행위를 말합니다.

지금까지의 팔복 중 일곱 가지는 모두 내면적인 것이었습니다. 그런데 마지막 여덟 번째의 복은 외면적인 고통을 당하는 문제를 거론하고 있습니다. 실제로 예수님은 타박상을 입으셨고 무거운 십자가를 어깨에 메셨습니다. 그의 손에 못이 박혔고, 머리에 가시가 찔렸고, 옆구리에 창으로 찔림을 받아 결국 돌아가셨습니다. 이것이 두 번째 형태의 박해입니다.

과거 믿음의 형제들은 일제 치하, 공산 치하에서 수없이 많은 수난을 당했습니다. 그런데 현대 교회는 너무 나약한 그리스도인들로 가득 차 있습니다. 숫자는 많아도 위기에 부딪혔을 때 다 도망갈 사람들입니다. 편안하고 좋은 환경만을 원합니다. 아무런 시설도 없는 맨바닥에 무릎 꿇고 예배드릴 사람들은 그리 많지 않을 것입니다. 고난이 없는 현대의 그리스도인들, 이것은 위기입니다. 믿음의 선배들은 예수 때문에 생애를 포기하고 선교사로 가고, 재산을 포기하고 농어촌에 들어가 고난을 겪으며 살았습니다. 그러나 우리는 그렇게 하지 못합니다. 다 합리적이고 상식적인 선에서 봉사하고 희생하고 헌신하기 때문에 아무런 감동이 없습니다. 화려하지만 감동이 없고, 크고 위대하지만 아무 내용이 없고 오히려 공허할 뿐입니다. 큰 교회일수록 공허하고 사람이 많이 모일수록 위기의식을 느끼는 것은 왜입니까? 바로 고난이 없기 때문입니다.

거짓 고소

셋째, 거짓 고소입니다. 이것은 한 걸음 더 나아가 사탄의 역사입니다. 마귀는 거짓말쟁이요 고소자입니다. 우리가 모욕당하고 육체적으로 박해당하는 것보다 더 큰 어려움은 정신적으로 모함을 당하는 일입니다. 거짓말로 사람을 어렵게 만들고 죽이는 것입니다. 이것은 사탄의 속성입니다. 바리새인과 서기관들은 끊임없이 거짓 고소하여 예수를 죽이려 했습니다. 이런 일은 끊임없이 계속되었고, 예수님은 우리를 위하여 이 세 가지 경우의 박해를 다 당하셨습니다.

주님은 우리에게 이렇게 말씀하십니다.

의를 위하여 박해를 받은 자는 복이 있나니 천국이 그들의 것임이라 나로 말미암아 너희를 욕하고 박해하고 거짓으로 너희를 거슬러 모든 악한 말을 할 때에는 너희에게 복이 있나니 기뻐하고 즐거워하라 하늘에서 너희의 상이 큼이라 너희 전에 있던 선지자들도 이같이 박해하였느니라(마 5:10-12).

여러분은 주님을 위해서 무엇을 하셨습니까? 무엇 하나 한 것이 없다 하더라도 예수님으로 인하여 욕을 먹을 때 항변하지 마십시오. 오해를 받을 때도 너무 변명하지 않기를 바랍니다. 주님을 생각하십시오. 주님의 뒤를 따르십시오. 진정한 축복이 여러분에게 임할 것입니다.

4부

그리스도의 제자로 사는 삶

마태복음 5:13-37

참된 그리스도인은 '세상의 소금'이요, '세상의 빛'입니다.
그리스도인이란 세상을 등지며 사는 사람이 아니라
적극적으로 세상의 한복판에서 살아야 하는 사람입니다.
즉 썩어 가고 냄새나는 세상에서 '소금'으로 살고,
어둡고 캄캄한 세상에서 '빛'으로 살아야 합니다.

25

소금보다 더 짜고
빛보다 더 밝으라

마태복음 5:13-16

마태복음 5장 13-16절의 말씀은 그리스도인들이 이 세상에서 어떻게 살아야 하는가에 대한 방법의 문제를 다루고 있습니다. 본문 중에 '너희는 세상의 소금이요 빛이라'는 말씀이 있는데 이것이 핵심적인 말씀입니다. 여기서 세 가지 중요한 내용을 찾아볼 수 있습니다.

현실을 사는 그리스도인

첫째, 그리스도인은 이 세상과 동떨어져서 사는 고립된 사람이 아니라 오히려 죄 많고 문제 많은 세상 속에 적극적으로 뛰어들어 관계를 맺으면서 살고 있는 사람입니다.

13절에서 예수님은 '너희는 세상의 소금이니'라고 말씀하셨으며, 14절에서는 '너희는 세상의 빛이라'고 말씀하셨습니다. 이 말씀은 그리스도인의 현주소가 꿈같은 이상이 아니라 우리가 살고 있는 현실이라는 것을 보여 주고 있습니다. 이것은 마치 바닷물 속에 물고기가 살고 있는 것과 같습니다. 물고기의 현주소는 육지가 아니라 바다입니다. 물고기는 바다를 떠나서는 더 이상 존재 의미가 없습니다. 놀라운 사실은 그 고기가 짠 바닷물 속에서 살지만 결코 짜지 않다는 사실입니다.

또 다른 예는 물 위에 떠 있는 배와 같다는 사실입니다. 배는 육지에 존재할 필요가 전혀 없습니다. 배의 현주소는 바다입니다. 그런데 놀라운 사실은 결코 바닷물이 배 안으로 들어오지 않는다는 사실입니다. 그리스도인의 현주소는 '이 세상 속'입니다. 즉 소금과 빛처럼 이 세상 속에서 책임적 존재로 살아가야 합니다.

이 세상의 소금과 빛

둘째, 그리스도인은 항상 '자기가 누구인가?'를 생각하는 사람입니다. 그렇습니다. 그리스도인의 존재 양식은 어떤 행동이 아니라 변화된 모습에 있습니다. '이 세상 속의 소금과 빛'이란 그가 무엇을 어떻게 하느냐가 아니라 그 자신이 어떻게 먼저 소금이 되고 빛이 되느냐는 문제입니다.

그동안의 우리의 삶을 돌이켜 볼 때, 우리는 윤리적 행동 강령의 율법 속에서 자기의 위상을 찾고 살아왔습니다. 즉 이러한 율법적 역할을 다하면 우리의 신앙적인 책임도 다한 것이라고 생각했습니다. 그러나 이러한 고도의 윤리적 기독교는 자신도 세상도 변화시키지 못했습니다. 오히려 내면적으로는 썩어 가는 사실을 직시할 뿐입니다. 과연 우리 자신이 소금과 빛으로 살아왔는지가 아니라 정말 우리 자신이 소금과 빛으로 변화되었는지를 직시해야 합니다.

이 말은 그리스도인이 아무 행동도 하지 않는다는 것을 의미하는 것이 아닙니다. 오히려 그리스도인의 참된 모습 속에서 참된 행동이 나온다는 것을 의미합니다. 또한 이것은 그리스도인은 복음 안에서 행동하는 사람들이지 복음 없이 행동만 하는 사람이 아니라는 뜻이기도 합니다.

세상과 본질적으로 다른 그리스도인

셋째, 그리스도인은 이 세상 사람과 본질적으로 다른 사람이라는 뜻이 있습니다. 이것은 마치 물과 기름과도 같습니다. 물과 기름은 겉보기에는 비슷한 액체로 보입니다. 그러나 둘이 결코 합할 수 없는 이질적인 요소가 있습니다. 그리스도인이란 이 세상 속에서 살지만 결코 이 세상 사람이 아니며, 이 세상과 동화할 수도 없는 본질적으로 '다른 종족'입니다. 마치 물과 기름 같은 존재입니다.

어떤 경우에는 기독교가 역사의 한 시대를 지배하여 기독교적 문화를 만들어 내기도 합니다. 예컨대 성탄절이나 부활절이 그렇습니다. 그러나 문제는 사람들이 이러한 절기를 신앙 없이도 즐길 수 있다는 사실입니다. 기독교적 사고와 기독교적 문화의 옷을 입고 나타나는 것입니다. 그들은 참된 기독교인이 아닙니다. 아무리 비슷해도 물과 기름은 전혀 다릅니다. 그리스도인이란 이 세상에서 천국 시민으로 존재하고, 빛과 소금으로 존재하는 자라는 뜻이 세상의 소금이요 빛이라는 말씀 속에 내포되어 있습니다.

예수님은 그리스도인을 가리켜 '세상의 소금과 빛'이라고 하셨는데 그 뜻에 대하여 좀 더 구체적으로 살펴보겠습니다. 먼저 소금에 대해서 생각해 보겠습니다.

> 너희는 세상의 소금이니 소금이 만일 그 맛을 잃으면 무엇으로 짜게 하리요 후에는 아무 쓸데 없어 다만 밖에 버려져 사람에게 밟힐 뿐이니라(마 5:13).

예수님은 여덟 가지 진정한 성품을 소유하는 사람을 가리켜 첫 번째로 '세상의 소금'이라고 하셨습니다. 즉 심령이 가난한 사람, 애통하는 사람, 온유한 사람, 의에 주리고 목마른 사람, 긍휼히 여기는 사람, 마음이 청결한 사람, 화평을 주는 사람, 의를 위하여 박해를 받는 사람이 바로 소금과 같은 역할을 하는 사람이라고 하신 것입니다. 여기서 조심할 것은 단순히 "우리는 소금이다. 우리는 빛이다"라고 외친다고 해서 우리 자신이 소금과 빛이 되는 것은 아니라는 사실입니다. 소금과 빛의 비밀은 그리스도인의 내면적 성품에 달려 있습니다. 즉 어떤 사람이 여덟 가지 성품을 가지고 가만히 있으면 그 사람을 보고 곁에 있던 사람들이 '저 속에서 빛이 나는구나. 저 속에서 소금과 같은 역사가 일어나는구나'라고 느끼는 것입니다. 우리는 세상에서 소금과 같은 역할을 하는 존재라고 말씀하셨는데 그 뜻을 좀 더 깊이 묵상해 보겠습니다.

세상에서의 방부제 역할

첫째, 그리스도인은 세상을 외면하는 사람이 아니라 세상에 적극적으로 참여해서 세상이 썩지 못하게 하는 사람이요, 세상 사람이 방향 감각을 잃었을 때 방향을 제시해 줄 수 있는 구체적인 역할을 할 수 있는 사람이라는 뜻이 있습니다. 이것은 구원받은 하나님의 백성이 썩어 가는 세상에서 해야 하는 방부제 역할입니다.

오늘날 교회는 교회의 본질을 망각하고 복음 없는 사회 참여만 주장하는 사람들에게 멍들고 있습니다. 혹은 반대로 복음에는 열심이나 세상은 어떻게 되든 상관없다는 식으로 교회가 반드시 해야 하는 참여를 등한시함으로써 교회를 변질시키는 사람도 있습니다. 교회는 이 세상을 죄 많은 세상이라고 버려서는 안 되고 관심을 가져야 합니다. 즉 죄로 인해 썩어 가는 이 세상 속에서 소금과 같은 방부제 역할을 해야 합니다.

세상은 본질적으로 악하다

둘째, 이 말씀은 세상의 본질이 무엇인가를 보여 주고 있습니다. "너희는 세상의 소금이니"라고 말씀하실 때 세상은 소금이 없으면 썩어지고 부패할 수밖에 없다는 것을 암시하는 것입니다. 이 세상은 마치 병균으로 썩고 오염되기 쉬운 고기와 같습니다. 세상의 속성이 죄로 인하여 타락하고, 악하고, 부정할 수밖에 없는 구조라는 것을 성경은 보여 주고 있습니다. 그러므로 우리는 결코 인간이나 세상을 낙관적으로 봐서는 안 됩니다.

한때 낙관적으로 역사를 봤던 때가 있습니다. "인간에게 교육을 시키면 인간은 변할 것이다. 제도를 바꾸고 환경을 바꾸면 세상은 밝아질 것이다"라며 하나님은 필요 없고, 인간 스스로 선한 노력을 가지고 낙원을 만들 수 있다는 환상 속에 사로잡혔던 때가 있습니다. 그러나 역사는 무자비하게 세계 1차 대전과 2차 대전을 낳았습니다. 그것이 인간의 선행의 결과요, 인간과 과학과 물질문명의 추구의 결과였던 것입니다. 죄인인 인간이 만든 역사는 죄인의 역사일 수밖에 없습니다. 그러므로 어떤 것으로도 인간은 변화될 수 없고 근본적으로 하나님 앞에서 거듭나야만 변화될 수 있습니다.

세상이 썩으면 그 안에 사는 사람은 아무리 좋은 사람이라고 할지라도 악취와 오물 속에서 살 수밖에 없습니다. 그러므로 우리는 세상에 나가서 부패해 가는 세상을 썩지 않도록 만들 책임이 있습니다.

세상과 다르게 살아야 할 책임

셋째, 이 말씀은 우리에게 그리스도인으로서 독특한 역할과 모습이 주어졌다는 것을 보여 줍니다. 소금이 되라는 말씀은 세상에서 방부제 역할을 망각하거나 맛을 잃어버린 가짜 소금이 되어서는 안 된다는 경고이기도 합니다.

대부분은 그리스도인으로서 세상 사람과 다르게 살아야 한다는 데 굉장한 부담과 두려움이 있습니다. 그래서 언제나 썩어 가는 세상에서 긍정도 못하고 부정도 못한 채 적당하게 동화되어 살아가려는 유혹에 빠지게 됩니다. 또한 세상에서는 세상의 방법대로 살고 교회에 와서는 신앙의 방법대로 살자는 이원론적 사고방식을 가지고 있습니다. 이러한 사고방식 때문에 교회가 아무리 많고, 예수 믿는 사람이 아무리 많아도 세상은 눈 하나 깜짝하지 않는 것입니다.

어떤 사람은 월요일에는 아담처럼 하나님을 배신하고, 화요일에는 가인처럼 형제를 죽이고, 수요일에는 다윗처럼 간음하고, 목요일에는 아간처럼 도둑질하고, 금요일에는 아나니아와 삽비라처럼 하나님의 것을 도둑질하고, 토요일에는 가룟 유다처럼 주님을 배반하고 나서 주일날에는 "하나님, 죄송합니다"라고 한답니다.

우리는 아브라함에 대한 이야기를 들으면서 참으로 은혜를 받습니다. 그러나 우리 자신이 아브라함이라고 한다면 참 갈등이 많았을 것입니다. 남의 얘기를 듣기는 좋습니다. 그러나 그것이 내 얘기요, 하나님이 내게 주신 명령이라고 할 때는 내가 구체적으로 행동해야 하기 때문에 여간 고통스러운 게 아닙니다. 진실로 소금의 역할은 고독하고 고통스럽습니다. 왜냐하면 다른 사람에게 고통을 주는 역할도 해야 하기 때문입니다.

소금의 역할

우리가 이 세상에 나가서 해야 할 소금의 역할을 다시 정리해 보겠습니다.

첫째, 썩는 것을 막아 주는 역할입니다. 이것은 오염시키며 썩게 하는 나쁜 균들을 죽이는 것을 의미합니다. 즉 사탄의 역사를 막는 것이요, 세상에 만연하는 죄의 번식을 막는 것입니다. 그리스도인은 죄를 지적하고 제거할 줄 알아야 합니다. 죄에 대하여 무관심하거나 침묵해서는 안 됩니다. 부정과 부패, 오류를 시정해야 합니다. 이것이 세상에서 그리스도인이 해야 할 역할입니다.

어떤 사람이 직장 안에서 진정한 그리스도인으로 존재할 때 그 주위 사람은 도전받기 시작할 것입니다. 그리스도인은 다른 사람보고 변하라고 하기 전에 먼저 자신이 변하는 사람이기 때문입니다.

하나님의 말씀대로 사는 한 사람이 직장에 들어갔는데 바로 그 자리는 최소한 일 년에 집 한 채가 생기는 자리라고 합니다. 그런데 그 사람에게는 일 년이 지나도 집 한 채가 안 생기는 것입니다. 그러면 누가 불안할까요? 과거에 그 자리에 있으면서 집이 생겼던 사람이 불안해질 것입니다. 자기와 같이 되어 주면 편안할 것입니다. 그런데 같지 않기 때문에 그 사람을 보면 불편해지기 시작합니다. 바로 이 사람이 소금입니다.

둘째, 맛을 내는 역할입니다. 소금은 외부적으로 방부제 역할을 하지만 동시에 내부적으로 음식의 맛을 더해 주는 역할도 합니다. 그러므로 소금과 같은 그리스도인이란 세상에서 진정한 삶의 의미와 보람을 주는 사람입니다. 세상은 쾌락을 추구함으로 맛을 주고 있으나 그리스도인은 의미와 보람을 추구함으로 맛을 줍니다. 그리스도인이 있는 곳에는 바른 목적이 세워지고 바른 방법이 주어지게 됩니다. 그래서 모든 사람이 기뻐하고 즐거워하고 평안함을 느끼게 됩니다.

셋째, 화목하게 하는 역할입니다. 마가복음 9장 50절에서 예수님은 "소금은 좋은 것이로되 만일 소금이 그 맛을 잃으면 무엇으로 이를 짜게 하리요 너희 속에 소금을 두고 서로 화목하라"고 하셨습니다. 소금을 골고루 뿌려서 맛을 내게 하는 것처럼 화목하게 하는 역사가 바로 우리에게 있습니다. 부패 방지와 맛을 더해 주는 역할뿐 아니라 맛의 회복(의미의 회복)을 통하여 화목하게 하는 역할을 창조해 내는 것입니다.

90% 헌신한 백 명의 사람보다 100% 헌신한 열 사람이 세계를 변화시킨다는 말이 있습니다. 교회가 사람이 없어서 일을 못하는 것이 아닙니다. 진짜 헌신된 한 사람이 없어서 예수님은 눈물을 흘리고 계십니다. 그 한 사람이 없기 때문에 세상은 더 이상 밝아지

지 않고, 부패가 더 이상 막아지지도 않는 것입니다. 골로새서 4장 6절에서 "너희 말을 항상 은혜 가운데서 소금으로 맛을 냄과 같이 하라"고 하신 뜻이 여기 있습니다.

"너희는 세상의 소금이니"라고 할 때 우리가 한 가지 더 생각해 볼 것은 그 역할이 집단적이지 않고 개인적이라는 것입니다. 어떤 사람들은 교회가 적극적으로 세상에 뛰어들어서 정치 참여도 하고, 사회 참여도 하고, 문화 참여도 하라고 요구합니다. 이것은 교회가 압력 단체가 되기를 바라는 것입니다. 그래서 교회가 그런 일을 하지 않을 때 실망하고 교회를 떠나기도 합니다. 그것은 교회의 본질에 대해서 오해하는 것입니다.

구약에서는 정치와 종교가 하나였습니다. 즉 정치적 결단이 곧 종교적 결단이었으므로 당시 예언자들은 왕과 국가에 대해 비판하는 말을 많이 할 수 있었습니다. 그러나 신약에 와서는 그 의미가 달라집니다. 예수님은 로마 정부에 항거하신 적이 없습니다. 그러면 예수님은 세상의 악에 대해 침묵하셨을까요? 그렇지 않습니다. 한 개인이 이 세상에서 소금처럼 침투해서 살라고 하신 것입니다. 대부분의 사람은 자신이 소금과 빛의 역할을 하지 못할 때 집단으로 같이하기를 바랍니다. 그리고 자기는 거기에 살짝 끼어들려고 합니다. 자기가 못하는 것을 집단이 해 주기를 바라는 것입니다. 이것은 자기가 하면 다치고 교회가 하면 안 다칠 것이라고 생각하는 아주 비겁한 태도입니다.

교회는 모든 그리스도인이 소금처럼 살 수 있도록 하나님의 말씀으로 양육하고 새롭게 하는 역할을 해야 합니다. 이것은 교회가 조직적으로 세상의 정치나 경제, 사회, 문화에 참여해야 한다는 뜻이 아닙니다. 교회는 여당이 되어서도 안 되고 야당이 되어서도 안 됩니다. 그리스도인 각자가 세상에 나가서 정치하는 사람은 정치계에서, 경제를 맡은 사람은 경제계에서, 문화에 참여하는 사람은 문화계 속에서 소금의 역할을 해야 합니다. 소금은 적은 양으로 막대하고 결정적인 영향력을 줍니다. 소금이 큰 덩어리에 영향력을 미치는 방법은 침투라는 방법이지 압력이나 비판의 방법이 아닙니다. 예수님은 우리를 비판하라고 세상에 보내지 않으셨습니다. 우리는 세상을 위하여 눈물을 흘리고 기도하며 구체적으로 죄와 맞서서 대결해야 합니다.

조용한 혁명

그리스도인은 고압선 전기와 같습니다. 겉으로 보면 아무것도 아닌 것 같습니다. 그러나 거기에 손을 대면 수만 볼트의 전류가 흐르고 있습니다. 겉으로는 남과 다른 것이 아무것도 없는 것 같으나 그 사람과 접촉하면 할수록 무서운 사랑의 감전을 받는 사람, 그 사람이 그리스도인입니다. 이러한 소수의 그리스도인이 초대교회 때 로마를 뒤집었다는 사실을 기억하십시오. 그들은 주님의 말씀대로 그리스도인의 성품을 가지고 살았을 뿐입니다. 그런데 세상은 변했습니다.

오늘날 많은 그리스도인이 세상에서 조롱과 밟힘을 당하고 있습니다. 그것은 우리가 소금의 역할을 감당하지 못했기 때문인지도 모릅니다. 바른 판단을 하십시오. 직장에서 타협하지 마십시오. 하나님의 사람으로 사십시오. 그때 세상은 변화될 것입니다.

26

앞뒤 재지 말고
하나님의 영광만 생각하라

마태복음 5:13-16

참된 그리스도인의 성품을 가진 사람을 가리켜 예수님은 두 가지 별명을 붙여 주셨습니다. 첫째 '세상의 소금'이요, 둘째 '세상의 빛'입니다. 그리스도인이란 세상을 등지고 살거나 도피하여 사는 사람이 아니라 적극적으로 세상의 한복판에서 살아야 하는 사람이라고 성경은 말하고 있습니다. 즉 썩어 가고 냄새나는 세상에서 소금으로 살고, 어둡고 캄캄한 세상에서 빛으로 살아야 한다는 것입니다.

앞 장에서 너희는 세상의 소금이라고 하신 말씀을 보았습니다. 소금이란 두 가지 역할을 하는데, 첫째는 썩는 것을 방지하는 방부제의 역할이요, 둘째는 맛을 내는 역할입니다. 한 가지 덧붙인다면 소금은 언제나 조용히 소리 없이 스며들어 변화시키는 역할을 합니다. 지금부터는 예수님이 너희는 세상의 소금일 뿐 아니라 세상의 빛이라고 하신 말씀을 생각해 보겠습니다. 먼저 소금과 빛을 비교해 보면 소금은 은밀하게, 조용하게 역사하는 반면에 빛은 분명하게, 공공연하게 누구나 다 볼 수 있는 모습으로 나타납니다. 소금은 안에서 녹으면서 역사하지만 빛은 밖에서 힘 있게 역사합니다. 빛은 속성상 숨길 수 없습니다. 높은 데 두어서 온 집안이 다 보일 수 있도록 밝게 비춥니다.

그러면 예수님이 너희는 세상의 빛이라고 하셨을 때, 그 빛은 어떤 의미가 있는지 살펴보겠습니다.

어두운 세상

첫째, "너희는 세상의 빛이라 산 위에 있는 동네가 숨겨지지 못할 것이요"라는 14절의 말씀에서 예수님은 세상의 본질이 무엇인가를 내면적으로 가르쳐 주고 계십니다. 즉 이 세상의 본질은 캄캄하고 절망적이고 죽음이 드리운 곳이므로 빛이 필요하다고 말씀하신 것입니다.

실제로 이 세상을 살펴보면 공중 권세 잡은 사탄이 세상의 임금들을 조종하고 있습니다. 뿐만 아니라 무신론적인 물질주의자나 과학주의자들이 지배하고 있습니다. 우리가 알아야 할 것은 타락한 이 세상은 더 이상 최초의 에덴동산이 아니라는 사실입니다. 분명한 것은 이 세상은 이상 세계나 천국이 아닙니다. 빛이 필요한 곳이요, 소금이 필요한 곳이 바로 우리가 사는 현실입니다. 그리스도인은 착각하지 말고 세상에 대해 바르게 이해해야만 이 세상을 구원의 길로 인도할 수 있습니다.

이 세상뿐 아니라 이 세상에 사는 인간에 대한 이해도 마찬가지입니다. 인간은 별로 훌륭한 존재가 아닙니다. 가만히 자신을 돌이켜 보면 선은 없고 죄뿐인 것을 알 수 있습니다. 생각하는 것마다 못된 것, 욕심과 권력과 잘못된 구조로 가득 차 있는 것을 스스로 발견할 것입니다. 인간의 선행이 천국까지 갈 수 있는 것으로 생각하지 말아야 합니다.

세상의 빛

둘째, 그리스도인은 어디서 사는 사람들인가 하는 위치에 관한 것입니다. 그리스도인이 어두운 세상 속에서 빛으로 존재해야 한다는 말씀은 세상 밖에서 세상을 도피해 사는 사람이 아니라는 뜻입니다. 그리스도인은 부패하고 거친 세상의 소금이듯이 캄캄한 세상 속에서 어둠을 몰아내며 사는 사람입니다. 어떤 그리스도인은 죄 많은 세상을 도피해 신앙 속에서만 살려고 합니다. 현실을 잊어버리고 계룡산에 가서 예수님의 재림과 심판만 바라고 삽니다. 그러나 예수님은 "너희는 세상의 빛"이라고 분명하게 우리가 살아야 할 위치를 보여 주셨습니다. 사도 바울도 에베소서와 로마서에서 빛에 대한 말을 했습니다.

> 너희가 전에는 어둠이더니 이제는 주 안에서 빛이라 빛의 자녀들처럼 행하라(엡 5:8).

> 밤이 깊고 낮이 가까웠으니 그러므로 우리가 어둠의 일을 벗고 빛

의 갑옷을 입자(롬 13:12).

어둠을 드러내는 역할

셋째, 빛이 어떤 역할을 하고 있느냐는 것입니다. 빛의 고유하고 독특한 역할은 어둠을 드러내는 것입니다. 빛이 없을 때는 어둠이 어둠인지를 깨닫지 못합니다. 즉 죄는 죄에 대해서 무지한 것입니다. 그러나 캄캄한 방에 불이 켜졌을 때 드디어 어둠 속에 있었다는 사실을 깨닫게 됩니다.

즉, 예수 그리스도가 나의 생에 들어오기 전까지는 내가 어둠에 살고 있었다는 사실을 모르고 살았지만 예수님이 나의 생에 들어오시면 그 동안의 나의 삶이 얼마나 절망 속에 있었고, 허무와 죽음 속에 있었고, 잘못된 삶이었는가를 알게 되는 것입니다. 이것이 바로 빛이며 빛의 역할입니다.

예수님은 세상에 빛으로 오셔서 모든 어둠을 노출하시고 몰아내셨습니다. 사탄의 정체를 완전히 드러내신 것입니다.

> 나는 세상의 빛이니 나를 따르는 자는 어둠에 다니지 아니하고 생명의 빛을 얻으리라(요 8:12).

또 요한복음 9장 5절에도 "내가 세상에 있는 동안에는 세상의 빛이로라"고 말씀하셨고, 마태복음 4장 16절에는 예수님이 세상에 오신 사건을 가리켜 "흑암에 앉은 백성이 큰 빛을 보았고"라고 기록하여 사망의 땅과 그늘에 앉아 있는 자들에게 빛이 비춰었다고 했습니다. 그러면 이 빛은 과연 어디서 오는 것이겠습니까? 요한복음에 정확하고 명료한 해답이 있습니다.

그 안에 생명이 있었으니 이 생명은 사람들의 빛이라(요 1:4).

예수님의 이 빛은 예수님의 생명에서부터 나오는 것입니다. 생명이 있는 곳에 빛이 있고, 생명이 있는 곳에 부활이 있습니다. 예수님이 "나는 부활이요 생명이니"라고 하셨는데 바로 이것이 빛입니다. 즉 죽음과 어둠을 깨시고 부활과 빛으로 나타나셨습니다. 예수님은 "나를 믿는 자는 더 이상 어둠에 다니지 않고 빛의 자녀답게 산다"고 하셨고, 또 본문 말씀처럼 "너희는 세상의 빛"이라고 하셨습니다. 여기서 우리는 그리스도인의 참된 역할을 깨닫게 됩니다. 그것은 세상의 어둠을 노출하는 역할입니다. 그리스도인은 어둠에 동참하는 사람이 아니라 어둠을 분명하게 노출하는 사람입니다.

이와 같이 그리스도인은 세상 한복판에 살면서 세상 사람과 다르게 생각하고 말하고 행동하는, 다른 생활 양식을 가진 사람입니다. 여기서 갈등과 고통과 어려움에 직면하게 됩니다. 그렇다고 누구를 정죄하거나 비판하거나 고발하지 않습니다. 그 사람의 생활이 곧 빛이기 때문에 어둠과 비교되고 거짓과 죄악이 드러나게 됩니다. 빛 때문에 어둠이 충격을 받게 되는 것입니다.

바리새인과 서기관들을 보십시오. 그들에게 예수님이 오시기 전까지 문제가 되지 않았던 것들이 예수님의 출현으로 큰 충격을 받게 됩니다. 그들은 자신의 신앙의 모습으로 존경받으며 살아왔는데 예수님이 등장해서 다른 말씀을 하시고, 다른 행동을 하시고, 다른 삶을 사시는 것을 보게 된 것입니다. 그들은 당황했고, 어둠이 노출되므로 견딜 수가 없어서 예수님을 미워하게 되었습니다. 이것이 바로 빛의 역할입니다. 하나님이 존재하시고 예수님이 이 땅에 오셨어도 인간은 빛을 스스로 차단하고 살았습니다. 태양이 비취는데도 쇠판으로 차단하고 유리에 까만 칠을 하고 살았던 것입니다.

예수를 잘 믿는 아내의 간절한 소망은 남편도 예수를 잘 믿게 되는 것입니다. 그런데 그 남편이 아내의 기도대로 어느 날 회개하고 예수를 잘 믿기 시작했습니다. 그러나 문제는 너무 잘 믿는 것입니다. 그러니까 그 아내가 당황해서 그렇게까지 믿으라고 한 것은 아니니 좀 점잖게 믿어달라고 말합니다. 하루 종일 예수님 생각하고, 매일 교회만 가면 어떻게 하느냐고 말합니다. 이렇게 믿는 남편이 진짜 아닙니까? 또 부모들은 기도 중에 자녀들이 예수를 잘 믿으면 좋겠다고 기도합니다. 그러나 자녀가 진짜 구원받고 성령 충만하여 헌신하면 오히려 그 부모가 당황하기 시작합니다.

진짜 신앙은 다른 사람을 당황하게 만듭니다. 부모를 당황하게 만들고 친구와 직장 동료를 당황하게 만들기도 합니다. 진정한 그리스도인은 다른 사람을 변화시킬 만큼, 충격을 줄 만큼 남과 다른 질의 삶을 살아야 합니다. 그리스도인은 어두운 세상에서 삶의 한 표준을 제시합니다. 그의 삶의 우선순위는 다른 사람과 다릅니다. 예를 들면 시간 사용하는 법, 돈 쓰는 법, 하나님과 사람을 섬기는 법, 자녀 교육관이나 직장관 등입니다.

특별히 자녀 교육에 있어서 예전에는 자녀가 좋은 배우자를 만나는 것이 부모의 평생소원이었습니다. 그러나 이제는 그것이 인생의 전부가 아니라는 사실을 깨닫고 자녀를 비인격적으로 다루지 않기 시작합니다. 세속적인 경쟁 사회 속에 자녀를 맡겨 놓지 않는 자신을 발견하게 됩니다.

직업관에서도 과거에는 성공이 목표였습니다. 수단과 방법을 가리지 않고 돈을 벌고 높은 위치에 올라가고 권력을 쥐는 것이 과거의 직업관이었는데, 이 사람이 예수를 만나고 빛을 발견한 후에는 먹고 살고 입는 것만으로 만족하고, 더 영원한 가치와 더 영원한 일에 관심을 가지고 시간과 물질을 쓰게 됩니다. 여러분은 이 세상에서 부정과 부패와 어둠의 빛입니까, 아니면 불 꺼진 등불에 불과합니까?

세상에 빛을 발하는 그리스도인

넷째, 이 말씀의 깊은 뜻은 15절에 있습니다. "사람이 등불을 켜서 말 아래에 두지 아니하고 등경 위에 두나니 이러므로 집 안 모든 사람에게 비치느니라."

산 위의 동네가 숨겨지지 못하는 것처럼 그리스도와 그리스도인들 앞에 어둠은 더 이상 숨겨지지 못하게 된다고 했습니다. 뿐만 아니라 등불을 켜서 말 아래에 숨겨 두는 사람이 없듯이 반드시 빛 된 그리스도인은 가정이나 일터나 사회에서 빛의 역할을 해야 한다고 예수님이 말씀하셨습니다.

그리스도인은 먼저 삶에 있어서 어두운 곳이나 숨겨진 부분이 없어야 합니다. 모든 부분이 노출되고 공정해야만 빛이 될 수 있습니다. 빛이라면 촛불이나 전깃불을 생각해 볼 수 있습니다. 촛불의 경우에는 심지와 기름이 있어야 빛이 비칩니다. 즉 기름은 전원이고 심지는 전구라고 비유해 볼 때 아무리 전구가 좋다고 하더라도 전원에 연결되어 있지 않으면 빛을 발할 수 없습니다. 또 아무리 전원에 잘 연결되어 있다 하더라도 전구가 깨지거나 그 안에 필라멘트가 끊어지면 빛을 발할 수 없게 됩니다. 그리스도인이 빛을 발하기 위해서는 우리의 전원이신 예수 그리스도에게 연결되어 있어야 합니다. 아무리 좋은 샹들리에도 반드시 전원에 연결되어야 빛을 발할 수 있듯이 빛의 근원이신 예수님이 우리 안에서 빛을 주실 때만 우리는 빛을 발할 수 있습니다.

우리가 빛을 발하지 못할 때 두 가지를 검토해 보아야 합니다. 첫 번째는 빛의 근원이신 하나님과 잘 연결되어 있는가? 만약 그렇지 못하다면 우리의 선행이 아무리 훌륭하고, 구제와 도덕적 삶이 아무리 훌륭해도 빛이 되지 못합니다. 두 번째로 검토할 것은 예수님과 연결은 잘 되어 있지만 전구의 필라멘트가 끊어졌고, 심지가 다 타 버렸다면 빛을 낼 수 없습니다. 전구는 우리의 도덕적 삶입니다. 곧 여덟 가지 그리스도인의 성품을 말합니다. 객관적으로 봐서 예수 잘 믿고 일도 많이 하는데 열매가 없는 이유는 그 사람의 전구가 깨어졌기 때문입니다. 다시 말하면 그 사람의 도덕적 성품이 잘못되어 있기 때문입니다. 성품이 고쳐지지 않았기 때문에 결국은 빛을 발할 수 없는 경우입니다.

세상의 소금이란 말이 그리스도인의 세상적 역할, 즉 사회 참여를 의미한다면 세상의 빛이란 그리스도인의 복음 전파의 역할을 의미합니다. 빛이 강렬하게 온 집안에 다 비추어서 구원의 축복을 받는 일입니다. 여러분의 가정, 직장, 교회에 여러분을 통해서 빛이 비춰고 있습니까?

빛의 열매

다섯째, 그러면 세상의 빛 된 결과는 무엇이겠습니까? 16절을 보십시오. "이같이 너희 빛이 사람 앞에 비치게 하여 그들로 너희 착한 행실을 보고 하늘에 계신 너희 아버지께 영광을 돌리게 하라."

그리스도인의 궁극적인 삶의 목표는 하나님을 영화롭게 하고 그를 영원토록 즐겁게 하는 데 있습니다. 중요한 것은 그 빛이 비추어지면 빛이 영광을 받는 것이 아니라 영광이 하나님에게로 간다는 것입니다. 즉 우리가 세상에서 그리스도의 빛으로서 살면 영광은 하나님에게로 돌아가게 될 것입니다. 세상 사람이 우리의 착한 행실을 보고 "하나님은 계신다. 예수님은 참 진리다"라고 말하게 될 것입니다. 착한 행실이란 바로 빛 된 삶입니다.

에베소서 5장 9절을 보면 "빛의 열매는 모든 착함과 의로움과 진실함에 있느니라"고 했고, 로마서 13장 13-14절에는 빛의 갑옷에 대해서 "낮에와 같이 단정히 행하고 방탕하거나 술 취하지 말며 음란하거나 호색하지 말며 다투거나 시기하지 말고 오직 주 예수 그리스도로 옷 입고 정욕을 위하여 육신의 일을 도모하지 말라"고 했습니다.

그리스도인의 내적인 성품

그동안 마태복음 5장 1-16절까지의 산상설교 부분을 공부해 왔는데 이제 이 부분을 정리하며 결론을 맺겠습니다.

첫째, 소금이나 빛이 그 역할을 하려고 했을 때 자기를 소모시키고 태운다는 사실입니다. 이것은 이기적이고 광적인 신앙생활과는 전혀 다릅니다. 자기희생, 헌신, 부정 없이는 진정한 그리스도인의 삶이란 존재하지 않습니다. 그러나 거의 대부분의 사람은 포기하기 위해 믿는 것이 아니라 이익을 얻기 위해서 믿습니다. 그렇기 때문에 무엇인가 얻은 것 같은데 허전하고, 결과적으로 모든 것을 다 잃어버리게 되는 것입니다.

둘째, 그리스도인이 세상에서 나타내는 영향력은 어떤 외적인 능력이나 기적에 있는 것이 아니라 내적인 성품에 따라 결정된다는 것입니다. 예를 들어 누가 앉은뱅이에게 기도하여 벌떡 일으키고, 암 환자를 고쳤다고 가정해 보면 그 곁에는 사람들이 구름 떼처럼 몰려올 것입니다. 그러나 그것 때문에 세상이 변하지는 않습니다. 세상은 그리스도인이 내적인 성품을 가지고 존재할 때 부패가 막아지고 어둡던 것이 밝아지는 것입니다.

그리스도인의 삶

저는 이 산상설교 부분을 준비하면서 굉장히 큰 고통을 겪었습니다. 이 말씀이 저에게 부딪치고 적용되었기 때문에 저 자신에게 큰 도전을 받고 갈등을 느낀 것입니다. 왜냐하면 저 자신이 이렇게 살고 있는 사람이 아니기 때문입니다. 그러나 이러한 갈등 속에서도 은혜가 되어 그리스도인의 삶의 정의를 새롭게 하게 되었습니다. 그것은 첫째로 참된 복음이 무엇인지를 보게 된 것입니다. 시편 1편에 복 있는 자에 대한 말씀을 찾으십시오.

복 있는 사람은 악인들의 꾀를 따르지 아니하며 죄인들의 길에 서지 아니하며 오만한 자들의 자리에 앉지 아니하고 오직 여호와의 율법을 즐거워하여 그의 율법을 주야로 묵상하는도다(시 1:1-2).

우리가 산상설교의 말씀을 주일에 한 번 듣고 끝난다면 고민할 필요가 없습니다. 그러나 그것을 나의 인격에 적용하려고 했을 때 심각한 고통과 고민이 따르게 됩니다. 우리가 다 이렇게 살지는 못한다 할지라도 성경이 제시한 복의 기준을 다시 한번 확인하게 되었습니다. 여러분! 육체적이고 세상적이고 일시적인 복에 너무 연연하지 않기를 바랍니다.

둘째, 이 말씀을 상고하면서 세상을 변화시키는 유일한 방법이 우리의 내적인 태도에 있다는 사실을 다시 한번 확인할 수 있기 바랍니다. 주님은 우리가 무엇을 많이 했느냐를 묻지 않으십니다. 어떤 마음으로 헌금을 드리고 어떤 마음으로 봉사하는지 주님은 너무 잘 알고 계십니다.

셋째, 하나님에게 영광을 돌릴 수 있는 확실한 방법은 바로 우리가 이러한 성품으로 살며 빛과 소금의 역할을 하는 것입니다. 요한복음 15장 8절에도 "너희가 열매를 많이 맺으면 내 아버지께서 영광을 받으실 것이요 너희는 내 제자가 되리라"고 했습니다.

마지막으로, 이렇게 사셨던 한 분, 예수 그리스도를 바라보십시오. 우리는 그렇게 할 수 없지만 우리 안에 계신 주님은 그렇게 하실 수 있는 분입니다. 주님을 의지하십시오. 베드로가 물 위를 걸을 수 없었는데 주님을 바라보며 물 위를 걸을 수 있었던 것처럼 우리 같은 사람도 주님이 제시해 주신 그 기준대로 살 수 있습니다.

27

율법은
천국을 향한 마중물이다

마태복음 5:17-20

예수님은 공생애를 시작하시면서 크게 세 가지 사역을 하셨습니다. 그것은 회당에서 가르치시며, 천국 복음을 전파하시고, 모든 병과 약한 것을 고치시는 사역이었습니다. 예수님이 병 고치시는 기적의 사역을 보고 많은 사람이 예수님에게 몰려왔고, 이때 예수님은 수많은 인파와 자기에게 쏠리는 인기를 피하여 산으로 올라가셨습니다. 그리고 조용히 입을 열어 가르치시기 시작하신 것이 그 유명한 산상설교였습니다. 산상설교에는 전혀 기적이 나타나지 않았습니다.

예수님의 행동에는 기적을 동반하는 행동과 기적을 동반하지 않은 행동이 있습니다. 기적을 동반하는 행동은 복음 사역의 초기에 많이 나타나는데, 이것은 하나님이 이 기적을 통하여 예수님이 메시아임을 가르쳐 주시기 위해서였습니다. 그러나 진리가 깊어질수록 예수님의 행동에는 기적보다는 천국의 메시지가 더 많이 나타나는 것을 볼 수 있습니다.

우리는 그동안 산상설교를 배워 왔습니다. 예수님은 참된 그리스도인을 설명하시면서 외면적인 모습보다 내면적인 모습이 더 중요하다고 하시며 여덟 가지 성품을 설명해 주셨습니다. 그리스도인은 심령이 가난한 사람이며, 애통하는 사람이며, 온유한 사람이며, 의에 주리고 목마른 사람입니다. 동시에 다른 사람에게 긍휼을 베풀 줄 알며, 깨끗한 마음과 양심이 있는 사람이며, 분열되고 깨져 있는 이 사회에서 화해자의 모습으로 사는 사람이며, 마지막으로 의를 위해서 박해와 순교까지 당하는 사람입니다.

예수님은 언제나 겉으로 나타난 행동보다 동기를 더 중요하게 보셨습니다. 즉 무엇을 하느냐보다 무엇이 되느냐가 산상설교의 첫 번째 중요한 관심이었습니다. 두 번째, 예수님의 관심은 참된 그리스도인이 가지는 영향력이었습니다. 그가 가정에 있든, 직장에 있든, 어느 사회에 있든 참된 그리스도인으로 존재할 때는 다른 사람에게 영향력을 주게 되어 있다고 하셨습니다. 그러한 그리스도인의 역할은, 첫째 썩어 가는 세상 속에서 소금같이 방부제 역할을 하는 것이고, 둘째 어둠을 밝히는 빛의 역할을 하는 것이었습니다. 그렇습니다. 그리스도인은 이 세상에서 소금의 역할을 통해 사회 참여를 하고, 빛의 역할을 통해서 복음을 전도하는 사람입니다.

그리고 나서 셋째 예수님은 좀 더 본질적으로 그리스도인의 삶의 양식에 대해 설명해 주고 계십니다. 그러면 이러한 영향력을 가진 사람이 죄 많고 갈등 많고 부조리한 세상 속에서 어떻게 살아야 하며, 과연 구체적인 지침은 있는가 하는 것입니다. 본문에서 그리스도인은 분명히 이 세상에서 살아야 할 지침이 있다고 말씀하고 있습니다.

그리스도인의 삶의 본질, '의'

첫째, 그리스도인의 삶의 행동 양식이란 한마디로 '의'입니다. 이 '의'는 팔복 가운데 마태복음 5장에서 같은 주제로 두 번이나 다루었던 부분입니다. 하나님에 대해서도 의가 필요하고(6절), 사람에 대해서도 의가 필요하다고 했습니다(10절).

> 의에 주리고 목마른 자는 복이 있나니 그들이 배부를 것임이요(마 5:6).

> 의를 위하여 박해를 받은 자는 복이 있나니 천국이 그들의 것임이라(마 5:10).

오늘 본문 말씀인 마태복음 5장 20절도 함께 보시기 바랍니다.
"내가 너희에게 이르노니 너희 의가 서기관과 바리새인보다 더 낫지 못하면 결코 천국에 들어가지 못하리라."

이 말씀은 깊은 충격을 주는 말씀입니다. 왜냐하면 거의 대부분의 그리스도인이 참된 그리스도인의 삶의 본질이 '의'라고 생각해 본 적이 별로 없기 때문입니다. 예수 믿으면 착하고 의롭게 살아야 한다는 것은 알고 있지만 그리스도인의 삶의 본질이 '의'라고 생각하지는 않았던 것입니다.

하나님은 우리를 선택하시고 축복하셔서 우리가 죄를 지으면 용서해 주실 것이며 그의 외아들 예수 그리스도를 통해서 영생과 천국을 주셨기 때문에 우리는 그분을 믿기만 하면 된다고 안일하게 생각해 왔습니다. 주일성수를 잘 하고, 헌금 잘 내고, 성경공부 열심히 하고, 또 천국 백성처럼 착하고 의롭게 살라고 설교를 들어왔습니다. 게다가 구제와 봉사와 선교를 하면 괜찮은 그리스도인이라고 생각했습니다.

그러나 오늘 여러분에게 두 가지 질문을 해 보겠습니다. 첫째, 그리스도인의 삶의 본질이 의라고 정말 진지하게 생각해 본 적이 있습니까? 둘째, 만약 그렇다면 여러분의 생각과 말과 행동이 성경에서 말하는 의에 기초해서 이루어진 것들입니까? 대부분은 그렇지 못할 것입니다. 의롭게 살아야 하는 것은 알지만 의가 우리의 삶의 본질이라는 사실을 기피해 온 것입니다. 신앙의 요점은 믿음으로 의롭게 되는 데 있습니다.

의롭게 살라는 예수님의 명령

둘째, 그리스도인이 의롭게 살아야 한다는 절대적인 명제는 예수님이 직접 '나'에게 구체적으로 하신 명령입니다. 이것을 팔복에서부터 비교해 보면 좀 더 명확하게 이해할 수 있습니다.

예수님이 그리스도인의 성품인 팔복을 설명하실 때는 3인칭을 쓰십니다. 마태복음 5장 3절에 보면 "심령이 가난한 자는 복이 있나니 천국이 그들의 것임이요"라고 하셨는데 이것은 천국의 진리의 객관성을 보여 주신 것입니다. 누구든지 마음이 가난한 사람은 천국을 소유할 수 있다는 것입니다.

그런데 이 말씀을 마치시고 두 번째로 그리스도인의 영향력인 소금과 빛을 말씀하실 때는 2인칭을 쓰십니다. 5장 13-14절에 보면 "너희는 세상의 소금이니", "너희는 세상의 빛이니"라고 했습니다. 이것은 우리의 역할과 위치를 서술해 주신 것입니다. 그러나 그리스도인의 삶의 본질인 의에 대한 문제를 말씀하실 때는 1인칭으로 말씀하십니다. 18절에 "진실로 너희에게 이르노니", 20절에 "내가 너희에게 이르노니"라고 기록되어 있습니다.

이것은 너는 의롭게 살아야 한다고 예수님이 직접 '나'에게 개인적으로 말씀해 주신 것입니다. 그러므로 그리스도인이 의롭게 살아야 한다는 말씀은 제3자의 입장에서 듣는 말씀도 아니요, 우리가 그렇게 되어야 한다는 당위성의 말씀도 아니고, 우리가 반드시 지켜야 할 명령의 말씀입니다. 전시에서 상관에 대한 명령 불복종은 사형에 해당합니다. 명령은 기분 좋다고 지키고 기분 나쁘다고 지키지 않는 것이 아니라 반드시 지켜야 하는 것입니다.

예수님은 승천하시기 전에 "그러므로 너희는 가서 모든 민족을 제자로 삼아 아버지와 아들과 성령의 이름으로 세례를 베풀고 내가 너희에게 분부한 모든 것을 가르쳐 지키게 하라"(마 28:19-20)고 명령하셨습니다. 교회는 이 지상 명령 앞에 순종하기 위하여 선교에 최선을 다해야 합니다. 할 수 있고 없고의 문제가 아닙니다. 교회의 존재는 바로 선교에 있는 만큼 교회는 선교사를 파송하며 선교사를 위해 기도하는 일에 열심을 기울여야 합니다.

교회가 선교에 대한 명령을 받은 것과 똑같이 예수님이 우리 개인에게 주신 명령이 "의롭게 살아라"입니다.

율법을 완전하게 하러 오신 예수님

본문은 네 구절로 되어 있는데 이 구절들은 그리스도인이 행해야 할 의를 명확하게 설명해 주고 있습니다. 먼저 17-18절을 보면, 주님의 가르침은 구약의 모든 말씀과 완전하게 일치한다는 것을 보여 줍니다. 즉 그리스도와 율법과의 관계입니다. 19-20절은 그리스도인의 삶이란 참된 의의 삶이라는 것을 보여 주는 말씀입니다. 즉 그리스도인과 율법과의 관계입니다. 이 말씀 후에 나오는 21절부터 7장 전체까지 산상설교의 모든 말씀은 바로 의에 대한 실례요, 적용입니다.

먼저, 17-18절에서 그리스도와 율법과의 관계를 하나하나 살펴보겠습니다.

내가 율법이나 선지자를 폐하러 온 줄로 생각하지 말라 폐하러 온 것이 아니요 완전하게 하려 함이라(마 5:17).

그 당시 많은 사람과 종교 전문가들은 예수님의 가르치심과 구약은 별개라고 생각했습니다. 그래서 사복음서에 보면 예수님과 바리새인과 서기관들이 구약 해석에 충돌을 일으키는 것을 봅니다. 예수님의 말씀이 구약의 가르침과 다르다면서 계속 공격하는 그들에게 예수님은 말씀이 다른 것이 아니라 오히려 너희가 구약의 하나님의 말씀에 대해서 잘못된 인식과 편견이 있는 것이라고 하셨습니다.

요즘 많은 사람이 교회에 다닙니다. 교회를 10년 이상 다녔는데 성경을 한 번도 읽지 못한 사람이 있습니다. 그 사람이 어떻게 하나님을 알겠습니까? 교회를 오래 다녔기 때문에 설교는 수없이 들었을 것입니다. 그러나 모두가 단편적인 지식에 불과합니다. 어떤 설교를 들어 보면 설교 시작할 때 성경 한 구절 읽어 놓고 세상 얘기, 정치 얘기, 신문이나 TV 얘기 등을 열심히 하고 끝날 때쯤 다시 성경으로 돌아옵니다. 그래서 성도들은 일 년 내내 설교는 들었지만 무엇을 들었는지 모릅니다. 또한 성경을 체계적으로 공부하지 않았기 때문에 신앙에 대한, 성경에 대한 편견이 있습니다. 그리고 그 편견이 옳다고 착각합니다. 얼마나 무서운 독선입니까? 이것은 마치 그 당시 사람들이 자기들 외에 구약의 전문가가 어디 있느냐고 생각해서 결국 예수님을 못 박아 죽이는 데까지 몰고 간 것과 같습니다.

한 예를 보면, 살인하지 말라는 명령 앞에서 그들은 겉으로 살인만 하지 않았으면 율법을 잘 지켰다고 생각했습니다. 그러나 예수님의 해석은 마음에 미움이 있거나 분노가 있으면 살인과 마찬가지라고 하셨습니다. 율법이 전달하는 메시지의 본질을 해석해 주신 것입니다. 얼마나 큰 차이입니까? 이것은 그 시대의 율법학자들만 범한 것이 아니라 오늘날 교회에서 자랐다는 사람들, 소위 배 속부터 예수 믿고 자랐다는 사람들이 범하는 잘못입니다. 실제로 성경을 보지 않고 말씀을 적당히 들어서 막연하게 아는 잘못 말입니다.

예수님의 "내가 율법이나 선지자를 폐하러 온 것이 아니라 완전하게 하러 왔다"는 말씀 속에는 몇 가지 뜻이 있습니다. 첫째, 구약의 율법이나 선지자들의 글은 완전하다는 것을 의미합니다. 곧 하나님의 말씀은 완벽합니다.

둘째, 구약의 뜻과 예수님의 뜻이 일치한다는 것입니다. 어떤 사람들은 지금 은혜의 시대에 살고 있는 우리에게는 구약의 율법이 더 이상 필요 없다고 말합니다. 그러나 그렇지 않습니다. 구약에 기록된 모든 율법은 일점 일획까지 의미 있습니다. 그것은 은혜와 연합해서 더 완벽하게 하나님의 뜻을 나타내고 있습니다.

셋째, 오히려 예수님의 말씀과 행위가 구약의 말씀을 완성시킨다는 뜻입니다. 신앙이 깊었던 사도 바울도 로마서 10장 4절에서 같은 말을 하고 있습니다.

그리스도는 모든 믿는 자에게 의를 이루기 위하여 율법의 마침이 되시니라.

성경에 기록된 모든 말씀에서 예수 그리스도가 보이지 아니하면 아무 의미가 없고 다만 그것은 사회개혁 이론에 불과할 것입니다. 예수 그리스도는 하나님의 의를 이루기 위한 율법의 마침이었습니다.

온 율법과 선지자가 예수를 예언하다

이제 17절에 나오는 두 가지 단어인 '율법'과 '선지자'에 대해 생각해 보겠습니다. 율법과 선지자는 구약 전체를 뜻하고 있습니다.

'율법'에는 세 가지가 있었습니다. 십계명과 같은 도덕법, 재판할 때 사용했던 모든 규례와 법칙이 있는 민법, 성전에서 제사 드릴 때 사용했던 법칙인 의식법입니다. 하나님이 제정해 주신 이 율법 속에 하나님의 의가 나타나 있습니다.

'선지자'라는 말은 선지자들의 글을 의미합니다. 그들은 기록된 율법을 가르쳤고 그 율법을 백성이 적용하는 것에 관심이 있는 사람들이었습니다. 그들은 율법대로 살지 않는 하나님의 백성에게 "너희가 하나님의 의대로 살지 않았기 때문에 하나님이 진노하셔서 강대국들이 너희를 칠 것이다. 너희는 포로가 될 것이니 속히 회개하고 하나님의 말씀으로 돌아오라"고 외쳤던 것입니다. 즉 하나님의 백성이 율법대로 바르게 살도록 하는 것이 그들의 목적이었습니다. 이 말씀이 곧 예언서입니다.

요즘 많은 교인이 예언을 오해하고 있습니다. 예언을 족집게 무당의 말로 착각하여 입시 때 기도받으러 가서 "서울대 갈까요, 연세대 갈까요?"라고 묻기도 하며 혹은 "이 사업을 시작할까요, 말까요?"라고 묻는 등 예언을 오용하는 일이 있습니다. 그러나 성경의 예언은 하나님의 말씀대로 순종하며 살도록 역사하셨던 하나님의 엄격한 현실적인 말씀입니다.

율법은 하나님이 세웠고 예언자들이 확인했으며 예수님이 완성했습니다. 그것은 온 율법과 선지서가 예수 그리스도를 예언하고 있기 때문입니다. 예수 그리스도는 십자가에 못 박혀 죽을 것이며, 부활할 것이며, 율법의 완성을 이루실 메시아임을 보여 주는 것이 구약 메시지의 초점이었던 것입니다. 예수님은 완성된 의를 오늘 우리에게 위탁하시면서 "내가 완성한 의, 곧 네 노력과 네 행위로서가 아니라 나를 믿음으로 의롭게 된 그 의를 가지고 너는 세상에 나가서 의롭게 살아야 한다"고 말씀하고 계십니다. 믿음으로 의롭게 된 의인으로서의 삶은 구체적으로 언어에 있어서, 행동에 있어서, 사상에 있어서 의로워야 하며 우리 삶의 모든 부분에서 나타나야 합니다.

예수님이 율법을 완성하러 왔다고 하신 말씀은 세 가지 법에 있어서의 완성을 의미합니다. 첫째, 예수님은 도덕법을 완성하셨습니다. 즉 십계명의 살인하지 말라, 간음하지 말라, 도둑질하지 말라는 계명을 "서로 사랑하라"는 말씀으로 완성하셨습니다.

둘째, 예수님은 재판법을 완성해 주셨습니다. 구약 율법에는 그들의 실제 생활에서 필요한 모든 법을 문자적으로 규정해 줌으로

써 재판의 기준을 마련했습니다. 그러나 예수님은 문자적인 적용보다는 내적이고 본질적인 재판의 기준을 다시 세워 주셨습니다.

셋째, 제사법을 완성해 주셨습니다. 히브리서를 보면, 구약 사람들은 그들의 죄 때문에 계속해서 일 년에 한 번씩 암송아지를 잡아서 반복되는 피의 제사를 드렸지만 예수님은 그러한 동물들의 피로 하지 않고 단번에 자신의 피를 드려 영원한 제사를 완성시키셨습니다. 제사법에 대해 기록되어 있는 레위기를 신약의 히브리서와 연결시켜 볼 때 구약을 완성시키시는 예수님의 모습을 보고 얼마나 큰 복음의 메시지와 은혜의 메시지가 그 안에 살아 있는지 놀라지 않을 수 없습니다. 예수님은 우리 죄를 위한 제사법을 완성시켜 주신 분입니다.

구약의 창세기부터 말라기까지의 주제는 예수 그리스도입니다. 예수 그리스도가 없으면 창세기, 특히 3장 15절은 해석되지 않습니다. 예수 그리스도가 없으면 모세도, 출애굽도, 십계명도, 성막도 이해되지 않습니다. 예수 그리스도가 없으면 예언자들의 모든 예언은 의미가 없습니다.

말씀대로 다 이루시리라

진실로 너희에게 이르노니 천지가 없어지기 전에는 율법의 일점 일획도 결코 없어지지 아니하고 다 이루리라(마 5:18).

17절과 18절 사이에 헬라어로 '가르'(garh)라는 단어가 있습니다. 이것은 곧 18절의 말씀 때문에 17절의 말씀이 기록되었다는 것을 의미합니다.

첫 부분에 '진실로 너희에게 이르노니'라는 표현은 예수님이 강렬하고도 확실한 의도를 나타내실 때 쓰는 표현입니다. 성경에는 이러한 독특한 표현이 세 가지 있는데 구약에서는 '하나님이 이르시되'라는 표현입니다.

예수님에게는 이 말이 '내가 진실로 진실로 네게 이르노니'라는 표현으로 바뀌고, 성령이 오신 후에는 '귀 있는 자는 들을지어다. 성령이 교회들에게 하시는 말씀을 들을지어다'라고 표현합니다. '천지가 없어지기 전에는'이라는 말씀은 세상의 역사가 끝날 때까지라는 뜻입니다. 의상, 헤어 스타일, 음식, 집의 모양은 시대에 따라 달라집니다. 그러나 하나님의 말씀은 창조 이전이나 창조 때나 지금이나 지구가 마지막을 고할 때까지 변하지 않습니다. 즉 율법의 요구는 영원하다는 뜻입니다. '일점일획'이라는 말씀은 히브리어에 사용되는 작은 점과 작은 획을 의미합니다. 이것은 하나님의 율법은 세미한 부분이나 항목에 이르기까지 완전무결할 뿐 아니라 그 안에 내포된 의미까지 완벽하게 성취되고 응답된다는 뜻입니다. 이것이 17절을 말씀하신 이유입니다. 이것은 구약의 그리스도에 대해 하신 모든 말씀의 가장 세미한 부분에 이르기까지 완벽하게 완성되리라는 것입니다. 역사가 끝나기 전에 성경의 예언은 모두 완벽하게 이루어질 것입니다.

오늘 우리 시대의 위기는 성경 해석에 대해서 자유로운 견해를 갖는 것입니다. 어떤 경우는 자유가 지나쳐서 성경을 비판하다 못해 부정하고, 부정하다 못해 부인하는 데까지 가고 있습니다. 또 이스라엘의 고대 역사에 불과한 이 책이 나와 무슨 상관 있느냐고 질문하는 사람도 있습니다. 역사적으로 성경의 권위가 없어졌을 때 세계는 인간의 도덕성이 타락하고 죄악이 만연해져서 세계 1차 대전, 2차 대전 같은 전쟁이 일어났습니다. 그러므로 우리가 성경을 비판하는 것이 아니라 성경이 우리를 비판하게 해야 하며 우리가 성경을 자유롭게 해석하는 것이 아니라 성경이 우리를 자유롭게 해야 합니다. 성경은 일점일획도 틀림없는 완전한 하나님의 말씀입니다. 바로 이 성경이 오늘날의 역사를 이끌어 나가고 있으며 또한 완성시킬 것입니다.

영원한 하나님의 말씀

신비는 좋은 것입니다. 체험도 좋은 것입니다. 그러나 그런 것들은 다 지나가고 맙니다. 남는 것은 오직 말씀뿐입니다. 우리가 하나님의 기적을 체험했을 때도 말씀이 중요하며, 기적이 없을 때도 말씀이 중요합니다.

우리 신앙의 기초가 영원 불변하는 하나님의 말씀 속에 늘 있기를 바랍니다. 성경 읽기를 게을리하지 마십시오. QT를 하다 보면 성경의 작은 부분만 보게 되기 때문에 성경을 전체적으로 읽는 것을 놓치기 쉽습니다. 성경은 전체로도 읽어야 하며 부분으로도 읽어야 합니다. 이 성경 속에서 예수 그리스도를 발견해야 하며 그분으로 말미암아 이루어진 의를 발견해야 합니다. 율법의 요구, 곧 하나님의 요구는 영원하다는 사실을 기억하십시오.

시편 말씀이 우리의 고백이 될 수 있기를 바랍니다.

주의 말씀의 맛이 내게 어찌 그리 단지요 내 입에 꿀보다 더 다니이다(시 119:103).

특별히 이성과 상식과 합리와 타락이 지배하는 이 시대에 살고 있는 우리는 성경 말씀을 지키며 변호하며 보호해야 할 책임이 있습니다. 디모데후서 2장 15절에 "너는 진리의 말씀을 옳게 분별하며 부끄러울 것이 없는 일꾼으로 인정된 자로 자신을 하나님 앞에 드리기를 힘쓰라"고 했습니다. 이 때 진정한 의의 삶이 우리 안에서 이루어질 것입니다.

28

당신의 의는
바리새인보다 나은가?

마태복음 5:17-20

앞에서 우리는 그리스도와 율법과의 관계를 살펴보았습니다. 이 장 본문의 요점은 예수를 믿고 있는 우리와 율법은 어떤 관계에 있는가 하는 것입니다.

그러므로 누구든지 이 계명 중의 지극히 작은 것 하나라도 버리고 또 그같이 사람을 가르치는 자는 천국에서 지극히 작다 일컬음을 받을 것이요 누구든지 이를 행하며 가르치는 자는 천국에서 크다 일컬음을 받으리라(마 5:19).

지극히 작은 것도 소홀히 하지 마라

많은 사람은 자기가 하나님의 기준에 도달하도록 애쓰기보다는 오히려 하나님을 자기 기준에 맞도록 내려뜨리려 합니다. 그래서 성경 말씀도 그대로 믿기 어려우니까 자기 머리로 이해하는 만큼 적당하게 어떤 부분은 떼어 버리고, 어떤 부분은 재해석하고, 어떤 부분은 합리화합니다. 또한 요즘 세상 풍조가 다 그러니 예수 믿는 사람도 그렇게 적당히 살면 되지 않겠느냐면서 하나님을 자기 수준으로 낮춥니다. 이것이 타락입니다.

예수님은 이러한 일에 경고하셨습니다. 율법의 지극히 작은 한 부분이라도 완전하고 영원하기 때문에 절대로 타협하거나 소홀히 해서는 안 됩니다. 우리가 성경을 읽으면서 때때로 느끼는 것은 성경에서 제시하는 그리스도인의 삶의 기준이 죄인인 우리가 따라가기에는 너무 힘들다는 것입니다. 그렇습니다. 그것은 마치 사람이 물 위로 걸어가는 것같이 어렵습니다. 우리 자신의 힘으로는 불가능합니다. 그러므로 우리는 자신의 힘이 아니라 예수님의 도움을 받아서 신앙생활을 할 때만이 그 기준에 도달할 수 있습니다. 이것이 바로 행위로 구원받지 못한다는 말이 주는 의미입니다.

보통 사람은 겉으로 나타나는 것과 외형적으로 크다고 생각하는 것에 치중하고, 내면적인 것과 세미한 부분은 무시합니다. 그래서 겉보기에는 화려하나 내면은 실속이 없습니다. 곧 잎은 무성하지만 열매 없는 나무와 같습니다. 그러나 예수님은 율법의 계명 중에 지극히 작은 것 하나라도 버리거나 소홀히 하는 사람에게는 천국에서도 소홀히 여김을 받을 것이라고 하셨습니다. 여기서 지극히 작은 것 하나라는 뜻은 율법에서 지나치기 쉬운 작은 부분이라는 의미도 있지만 마태복음 말씀에 보면 새로운 뜻을 발견할 수 있습니다.

예수께서 이르시되 네 마음을 다하고 목숨을 다하고 뜻을 다하여 주 너의 하나님을 사랑하라 하셨으니 이것이 크고 첫째 되는 계명

이요 둘째도 그와 같으니 네 이웃을 네 자신같이 사랑하라 하셨으
니 이 두 계명이 온 율법과 선지자의 강령이니라(마 22:37-40).

다시 말하면 계명에는 큰 계명이 있고, 작은 계명이 있습니다.
인간이 하나님에 대한 계명은 크고 첫째 되는 계명이고, 인간이 인
간에 대한 계명은 둘째 되는 작은 계명이라고 말씀하셨습니다. 그
러나 크고 첫째 되는 계명이나 작은 계명, 즉 둘째 되는 계명이나
모두 율법이고 선지자의 강령이라는 것입니다.

사람을 사랑하라는 계명

그러면 바리새인과 서기관들의 문제는 무엇이었습니까? 그들은
하나님에 대해서는 누구 못지않게 열심이 있었고 철저했습니다.
그들은 순종해야 할 계명 248개, 금지해야 할 계명 365개, 도합
613개의 계명을 만들어서 구약의 율법을 지키려고 애를 썼습니다.
그러나 인간에게 해야 하는 계명은 무시해 버렸습니다. 즉 인권이
나 사람의 삶에는 무관심했던 것입니다. 예를 들면 예수님이 안식
일에 병을 고치시거나 어떤 사람을 위기에서 건져 주셨을 때, 그들
은 사람의 병이 낫거나 위기에서 건져진 것에 관심이 없었고, 다만
안식일을 범한 것에만 관심을 가지고 예수님을 정죄했습니다.

오늘날에도 그런 사람들을 볼 수 있습니다. 하나님의 일에는 너

무나 열심인데 사람의 일에는 무관심하고 무시하는 경우 말입니다. 예수님은 하나님을 진실로 사랑하고 경배하셨지만 동시에 죄인의 친구요, 창녀와 병든 자의 친구였습니다. 두 번째 율법의 요구를 성실하게 감당하신 것입니다. 예수님은 하나님의 일을 핑계 삼아 사람에 대한 율법의 요구를 등한시하는 사람은 천국에서 지극히 작은 사람 취급을 받을 것이라고 말씀하셨습니다.

"지극히 작은 것 하나라도 버리고"에서 '버리다'는 '파괴하다', '잊어버리다', '느슨하게 하다', '녹여 버리다'의 뜻이 있습니다. 요한일서에도 같은 말씀이 있습니다.

> 누구든지 하나님을 사랑하노라 하고 그 형제를 미워하면 이는 거짓말하는 자니 보는 바 그 형제를 사랑하지 아니하는 자는 보지 못하는 바 하나님을 사랑할 수 없느니라 우리가 이 계명을 주께 받았나니 하나님을 사랑하는 자는 또한 그 형제를 사랑할지니라(요일 4:20-21).

하나님을 사랑하는 만큼 인간을 사랑해야 하며, 하나님을 경배하고 찬양하는 만큼 병들고 귀신 들리고 가난하고 소외된 사람을 돌보아야 하는 것이 율법의 요구입니다. 큰 계명뿐 아니라 작은 계명까지도 지키고 행하는 사람, 그리고 구체적으로 다른 사람에게 이것을 말해 주는 사람은 천국에서 큰 자라 일컬음을 받을 것이라고 약속해 주셨습니다. 이 말은 천국에서 큰 상급이 있을 것이며 축복이 있을 것이라는 뜻입니다. 우리가 천국에 들어가는 일도 좋은 일인데 상급 받는 일은 얼마나 좋은 일인지 모르겠습니다. 우리 모두가 천국에서 큰 자로 인정받기를 바랍니다.

말씀대로 살아라

19절에서 한 가지 더 생각할 것이 있습니다. 그것은 행하며 가르치라는 말씀입니다. 우리는 율법인 하나님의 말씀을 듣는 데 그쳐서는 안 됩니다. 오늘 여러분이 단지 설교를 듣고 은혜 받는 것으로 그친다면 여러분은 천국에서 지극히 작은 자들이 될 것입니다. 하나님이 인정하고 축복하시는 사람은 듣기만 하는 사람이 아니라 듣고, 이를 행하고, 다른 사람에게 가르치는 사람입니다. 교회오는 것으로, 설교 듣는 것으로 만족하지 마십시오. 예수님이 산상설교를 마치고 말씀하시기를 내 말을 듣고 행하는 자는 그 집을 반석 위에 지은 지혜로운 사람과 같으며, 내 말을 듣고 행하지 않는사람은 그 집을 모래 위에 지은 어리석은 사람과 같다고 하셨습니다. 차라리 여러분이 듣지 않아서 몰랐다면 변명이라도 할 수 있을 것입니다. 그러나 듣고 알았기 때문에 문제가 되는 것입니다. 알았다면 그것을 행해야 하고 나아가 가르쳐야 합니다. 다음 말씀을 기억하십시오.

주의 말씀은 내 발에 등이요 내 길에 빛이니이다(시 119:105).

갓난아기들같이 순전하고 신령한 젖을 사모하라 이는 그로 말미암아 너희로 구원에 이르도록 자라게 하려 함이라(벧전 2:2).

내가 너희에게 분부한 모든 것을 가르쳐 지키게 하라 볼지어다 내가 세상 끝날까지 너희와 항상 함께 있으리라 하시니라(마 28:20).

기독교는 언제나 다수 속에 있지 않습니다. 예수님이 처음 설교하실 때는 수많은 군중 속에서 하셨습니다. 그러나 십자가에 못 박히시기 전에는 열두 명을 다락방에 모아 놓고 설교하셨습니다. 이처럼 일반적으로 말씀을 듣는 사람은 많습니다. 그러나 이 진리를 깨닫고 행동으로 옮기며, 나아가 이것을 가르칠 수 있는 사람은 그렇게 많지 않습니다. 본문에서는 율법의 지극히 작은 것이라 할지라도 그것을 지키고 또 다른 사람에게 의도적으로 가르치는 사람이 천국에서 큰 사람이라고 말씀하십니다.

사람이 많은 것이 힘이 아닙니다. 누가 있느냐가 중요합니다. 오래 사는 것이 중요하지 않습니다. 어떻게 사느냐가 중요합니다. 어떤 사람은 일 년을 십 년같이 살고, 어떤 사람은 십 년을 일 년같이 삽니다. 나이 많은 것을 자랑하지 마십시오. 우리가 과연 말씀 앞에, 복음 앞에 어떻게 살아왔느냐는 것이 더 중요합니다. 만약 말씀을 지키며 살아왔다면 지금 세상을 떠난다 하더라도 천국에서 크다 일컬음을 받을 것입니다. 우리는 복음을 듣는 자일 뿐 아니라 지키는 자가 되어야 하며, 또한 너무나 기쁘고 즐거워서 말하지 않으면, 가르치지 않으면 견딜 수 없는 사람들이 되어야 합니다. 이와 같이 우리가 말씀대로 살기를 힘쓰며 그것을 가르칠 수 있을 때 성숙한 신앙인으로 탈바꿈하는 것입니다.

의의 기준

둘째, 그리스도인이 율법과 말씀에 대해서 어떤 태도를 취해야 하는지 20절에 기록되어 있습니다. 20절은 17-20절의 결론이며 요약이기도 합니다.

> 내가 너희에게 이르노니 너희 의가 서기관과 바리새인보다 더 낫지 못하면 결코 천국에 들어가지 못하리라.

아주 무서운 말씀입니다. 이 말씀을 볼 때 하나님이 주신 율법의 요구는 무엇이겠습니까? 그것은 한마디로 하나님의 의입니다. 이 의는 그리스도인의 삶의 본질이기도 하며 17-19절에서 계속 추구해 왔던 결론이기도 합니다.

여러분이 생각할 때 저 사람은 '신실한 그리스도인이다'라는 사람이 있습니까? 그는 어떤 사람입니까? 전도를 많이 하는 사람입니까? 기도를 많이 하는 사람입니까? 지식과 능력이 많은 사람입니까? 큰일을 하는 사람입니까? 헌금을 많이 하는 사람입니까? 아닐 것입니다. 비록 그 사람이 큰일은 하지 않았을지 몰라도, 위대한 웅변가는 아닐지 몰라도, 정직하고 깨끗하고 순결하게 사는 사람이 있다면 우리는 그 사람 앞에 머리를 숙이게 됩니다. 하나님이 우리에게 요구하시는 것은 의입니다. 그러므로 이 의에 기초하지 않은 모든 행동은 의미가 없습니다.

예수님은 의가 율법의 핵심이라고 말씀하시면서, 어느 정도까지 의를 가져야 천국에 들어갈 수 있겠느냐 하는 의의 기준을 본문에서 보여 주셨습니다. 그것은 바리새인과 서기관들의 의보다 더 나아야 한다는 것입니다. 그들은 율법대로 살기 위해 태어난 사람처럼 엄격하고 완벽하게 사는 사람입니다. 어떤 유대인이 말하기를 만약 천국에 두 사람만 들어가야 한다면 바리새인과 서기관일 것이라고 했습니다. 예수님은 바리새인과 서기관들이 율법을 지키려는 열심만큼 우리에게 율법에 대한 헌신과 열정을 요구하셨습니다. 그러나 문제는 과연 우리가 어떻게 그들의 수준까지 갈 수 있겠느냐는 것입니다. "우리 중에 과연 누가 천국에 들어갈 수 있겠습니까?"라는 질문을 하게 됩니다.

그러나 예수님이 말씀하시는 바리새인과 서기관들의 의는 예수님이 요구하시는 의와 같지 않다는 데 주의를 기울여야 합니다. 다시 말하면 서기관과 바리새인의 의는 외적으로 완벽하고 행위로는 따라갈 수 없을 만큼 큰 것이지만, 그것은 하나님이 원하시는 의가 아니었습니다. 그러므로 이 말씀은 바리새인과 서기관들의 의를 가지고는 천국에 들어갈 수가 없다는 뜻입니다. 여기에서 우리는 안심하게 되며 소망을 갖게 됩니다.

잘못된 의

그러면 바리새인과 서기관들이 추구했던 잘못된 의는 어떤 것이었겠습니까? 첫째, 그들의 의는 내면적인 것이 아니라 형식적이고 외면적인 의였습니다. 마태복음 23장 25절에서 예수님은 "화 있을진저 외식하는 서기관들과 바리새인들이여 잔과 대접의 겉은 깨끗이 하되 그 안에는 탐욕과 방탕으로 가득하게 하는도다"라고 하셨습니다. 그들은 겉으로만 점잖게 죄짓지 않으면 된다고 생각했던 사람들이었습니다. 또한 모세의 자리에 앉아서 말만 하고 행동하지 않는 자들이었습니다.

오늘날도 바리새인과 서기관들처럼 겉치레하는 그리스도인이 참 많습니다. 겉보기에는 주일에 교회도 잘 나오고, 헌금도 열심히 하고, 봉사도 너무 잘합니다. 그러나 그 속을 들여다보면 지저분할 수 있다는 것입니다. 여러분은 과연 어떤 사람입니까? 여러 사람 속에 섞여 있으면 진정한 자기 모습을 알 수 없습니다. 설교하는 저는 진짜 제가 아닙니다. 성경을 가르칠 때의 여러분은 진짜 여러분이 아닙니다. 아무도 없이 혼자 있을 때 무엇을 생각하고 있느냐가 진짜 자신의 모습입니다. 홀로 있을 때 찬송을 부르고 있고, 기도하고 있고, 하나님을 경외하고 있다면 여러분은 진짜입니다. 그러나 그때 정욕에 불타 있고, 나쁜 생각을 하고, 여러 잡스러운 생각을 하고 있다면 그것이 바로 여러분의 실상인 것입니다. 착각하지 마십시오. 여러분 안에는 무엇이 있습니까? 무슨 생각을 합니까? 무엇 때문에 고민하십니까? 무엇 때문에 몸부림을 치고 있습니까? 그것이 바로 여러분의 실상입니다. 형식적이고 외형적인 그리스도인은 결코 천국에 들어가지 못할 것입니다.

부분적인 의

둘째, 그들의 의는 부분적인 의였습니다. 마태복음 23장 23절에 "화 있을진저 외식하는 서기관들과 바리새인들이여 너희가 박하와 회향과 근채의 십일조는 드리되 율법의 더 중한 바 정의와 긍휼과 믿음은 버렸도다 그러나 이것도 행하고 저것도 버리지 말아야 할지니라"고 하셨습니다. 그렇습니다. 어떤 사람은 지엽적인 문제로 그것이 전체적인 것인 양 흥분하며 말하는 사람이 있습니다. 제정 러시아가 망할 때 성직자들은 바늘 끝에 천사가 몇이나 앉을 수 있는가를 놓고 심각하게 토론했습니다. 또 그처럼 위기의 시간에 그들은 세례 줄 때 손가락을 세 개 펼 것인가 두 개 펼 것인가 하는 문제로 허송세월하였으며, 성직자는 무슨 색 가운을 입어야 할 것인가를 가지고 토론했습니다.

오늘날도 많은 교회와 교인들이 본질적인 문제가 아니라 시시하고 사소한 문제로 정력을 낭비하는 것을 볼 수 있습니다. 헌금 문제, 건물 문제, 제도 문제, 교파 문제 등이 바로 이런 것들입니다. 주님은 "너희는 먼저 그의 나라와 그의 의를 구하라"고 말씀하셨습니다. 교파가 아무리 좋아도 주님만큼 좋겠습니까? 제도가 아무리 좋아도 성경만큼 좋겠습니까? 예수님이 원하시는 것이 무엇일까요? 서로 싸우고, 비판하고, 욕하는 것일까요? 아닙니다. 주님은 사랑하고, 용서하고, 전도하고, 영광 돌리는 것을 원하고 계십니다. 주님의 관심이 있는 것에 우리의 관심이 있어야 하고, 주님의 관심이 없는 것에는 우리도 관심을 갖지 않아야 합니다. 그때 교회는 평안하며 주님의 뜻을 이루어 갈 것입니다. 부분적인 것에 매달린다면 우리는 결코 천국에 들어가지 못할 것입니다.

재해석된 의

셋째, 그들의 의는 율법의 본뜻의 의가 아니라 재해석된 의였습니다. 이것은 마치 요즘 자유주의 신학자들이나 혼합주의자들이 범하는 잘못과 같습니다. 다음에 곧 공부할 부분이지만 예수님이 여섯 가지 실례를 들면서 말씀하시는데, 거기에 '옛사람에게 말한 바'라는 말씀이 있습니다. 이것은 얼핏 보면 구약의 말씀같이 느껴지는데 실제 본문을 자세히 연구해 보면 그렇지 않습니다. 유전에 의한 말씀을 그들이 구약의 말씀같이 인용하는 것입니다. 그들은 이와 같이 율법을 재해석한 것을 하나님의 말씀으로 믿었습니다. 여기에 위험 요소가 있습니다. 성경은 확대해서도, 축소해서도 안 되고 본질 그대로 그 뜻을 믿어야 합니다. 성경을 우리가 필요한 대로 재해석하거나 합리화한다면 우리는 결단코 천국에 들어가지 못할 것입니다.

이기적인 의

넷째, 그들의 의는 하나님의 의에 기초한 것이 아니라 철저하게 이기적인 것이었습니다. 겉으로 보면 하나님에게 영광을 돌리는 것 같지만 실제로 그 내면에는 자기 영광을 취하는 이기적인 모습에 그 율법의 허구성이 있었습니다. 그들은 헌금할 때 오랫동안 땡그랑 소리 나게 떨어뜨렸고 기도할 때도 골방에서 하지 않고 길모퉁이, 십자로, 대로 등 사람들이 많이 보이는 곳에서 거룩한 표정과 거룩한 자세로 기도했습니다. 또 성경에 금식을 세 번 하라는 말이 없는데도 그들 스스로 만들어서 잘난 척하기도 했습니다. 이러한 의는 결코 천국에 들어갈 수 있는 의가 아닙니다.

하나님이 기뻐하시는 의

우리는 어떤 일을 많이 하거나 완벽하게 사는 것이 의가 아님을 알았습니다. 그러한 것들을 뛰어넘어서 하나님이 기뻐하시고 받아들이시는 의가 되어야 할 것입니다. 하나님은 외적인 의보다 내적인 의를, 부분적인 의보다 전체적인 의를, 재해석된 의보다 본래의 뜻을, 이기적인 의보다 하나님의 영광을 위해서 이루어진 의를 더 중요시하십니다. 예수님이 너희 의가 서기관과 바리새인보다 더 낫지 않으면 천국에 들어갈 수 없다고 하신 말씀은 바로 이런 뜻입니다. 그렇다면 과연 여러분의 의는 예수 그리스도의 피로 말미암아 긍휼을 입은, 값없이 받은 의입니까? 아니면 행위로 얻은 의입니까? 주님은 의로운 자만이 천국에 들어갈 수 있다고 말씀하셨는데, 여러분에게 예수님으로 말미암아 얻은 진정한 은혜의 의가 있기를 바랍니다. 그래서 하나님이 기뻐하시는 의의 사람들이 되시기 바랍니다.

29

마음으로도
살인하지 마라

마태복음 5:21-26

예수님은 마태복음 5장 20절에서 "내가 너희에게 이르노니 너희 의가 서기관과 바리새인보다 더 낫지 못하면 결코 천국에 들어가지 못하리라"고 하셨습니다. 이 말씀은 그리스도인의 삶의 기준과 원리가 '의'라는 사실을 보여 주는 말씀이었습니다. 즉 "의롭게 살아야 한다"는 것이 모든 그리스도인이 추구해야 하는 목표입니다. 그리고 이것이 바로 율법과 선지자들의 가르침이었으며 예수님의 가르침의 핵심이었습니다. 이와 같은 그리스도인의 삶의 원리에 따라 예수님은 실제적으로 여섯 가지 예를 들어 설명해 주셨습니다.

첫째, 살인에 관한 문제입니다(마 5:21-26).

둘째, 간음에 관한 문제입니다(마 5:27-30).

셋째, 결혼에 관한 문제입니다(마 5:31-32).

넷째, 맹세에 관한 문제입니다(마 5:33-37).

다섯째, 보복하는 일에 관한 문제입니다(마 5:38-42).

여섯째, 원수 갚는 일에 관한 문제입니다(마 5:43-48).

살인은 죄의 결과다

먼저 살인에 대한 그리스도인의 태도는 어떤 것인가를 생각해 보겠습니다.

> 옛사람에게 말한 바 살인하지 말라 누구든지 살인하면 심판을 받게 되리라 하였다는 것을 너희가 들었으나 나는 너희에게 이르노니 형제에게 노하는 자마다 심판을 받게 되고 형제를 대하여 라가라 하는 자는 공회에 잡혀 가게 되고 미련한 놈이라 하는 자는 지옥 불에 들어가게 되리라(마 5:21-22).

죄를 지은 인간의 최초의 행동은 살인이었습니다. 창세기 4장 8절에 "가인이 그의 아우 아벨에게 말하고 그들이 들에 있을 때에 가인이 그의 아우 아벨을 쳐죽이니라"고 했고, 창세기 4장 23절에는 라멕이 아내들에게 "아다와 씰라여 내 목소리를 들으라 라멕의 아내들이여 내 말을 들으라 나의 상처로 말미암아 내가 사람을 죽였고 나의 상함으로 말미암아 소년을 죽였도다"라고 했습니다.

살인은 실로 죄의 열매요, 결과입니다. 가인 이후에도 살인은 오늘날까지 계속되어 왔습니다. 게다가 자살과 모든 사람이 침묵하는 살인인 낙태까지 합한다면 그 숫자는 엄청납니다. 그래서 성경은 살인하지 말라고 하나님의 율법으로 명령했습니다. 그러나 죄가 있는 곳에 살인이 있고, 지금도 인간의 마음 깊은 곳에는 살인이

뱀의 머리처럼 도사리고 있습니다. 오늘날 신문과 TV 뉴스를 통해 우리 주변에서 들리는 사건의 주제도 살인이요, 유명한 소설과 영화의 주제도 살인입니다. 바리새인과 서기관들도 살인하지 말라는 하나님의 말씀을 그대로 믿고 순종한 사람들이었습니다. 그러나 문제는 예수님이 살인에 대한 그들의 생각이 전적으로 잘못된 것이라고 말씀하신 데 있습니다. 무엇이 잘못된 것이겠습니까? 여기에는 예수님이 지적하신 두 가지 중요한 이유가 있습니다.

옛사람에게 말한 바 살인하지 말라 누구든지 살인하면 심판을 받게 되리라 하였다는 것을 너희가 들었으나(마 5:21).

성경의 권위보다 높은 것은 없다

첫째, 이 말씀은 출애굽기 20장 13절과 신명기 5장 17절에 나타난 하나님의 말씀인 '살인하지 말라'를 뜻하는 것이 아니었습니다. 본문에서 '옛 사람에게 말한 바'와 '너희가 들었으나'라는 말은 하나님의 말씀 그대로가 아니라 한 번쯤은 바리새인과 서기관들의 전통적인 해석을 거치면서 말씀과 전통이 섞인 것을 사람들에게 가르쳤다는 것입니다. 여기에 문제가 있고 잘못된 결과를 낳게 되는 이유가 있습니다. 이후로도 예수님이 여섯 가지 실례를 들어 말씀하시는데 모두가 바리새인과 서기관들이 믿어 온 전통의 말입니다.

이것은 마치 종교 개혁 이전에 가톨릭 사제들이 성경 말씀을 이해할 수 없는 라틴어로 사람들에게 읽어 주었던 것과 같습니다. 그래서 사람들은 전혀 알아들을 수 없는 하나님의 말씀을 들을 수밖에 없었고, 성경 말씀의 본뜻보다는 로마 가톨릭의 전통적인 해석을 하나님의 말씀으로 믿고 따르게 된 것입니다. 예컨대 구원받기 위해서는 영성체를 해야 하며, 마리아를 믿어야 하며, 가톨릭을 떠나서는 구원이 없고, 또한 교황의 절대 권위를 믿어야만 했습니다. 타락한 중세 때는 교회를 짓기 위해 심지어 죽은 자의 영혼까지 구원시킬 수 있다는 면죄부를 판매한 것도 이러한 전통에 의한 해석의 결과였습니다. 요즘 가톨릭은 바티칸 II 공의회 이후에 성경을 각 나라 말로 강론하고 읽고 연구하는데 이것은 놀라운 발전입니다. 그러나 아직도 성경 자체의 권위보다는 전통의 권위를 중요시하고 있음은 불행한 일입니다.

이제 100년이 지난 한국 교회도 말씀과 함께 전통과 습관이 생기기 시작하고 있습니다. 그러나 교회는 언제나 성경 말씀 본래의 뜻으로 돌아와야 합니다. 성경의 권위보다 높은 것은 없어야 합니다. 이것이 개혁입니다.

여러분은 주일마다 설교를 통해서 성경 말씀을 대하지만 그것은 완전한 것이 아닙니다. 또 목사의 설교가 아무리 훌륭하고 좋다고 해도 여러분이 성경을 개인적으로 깊이 읽거나 연구하지 않고 설교에만 의존한다면 그 설교자의 편견과 취향에 따른 병든 신앙을 가질 수 있다는 사실을 알아야 합니다. 성경을 읽고, 듣고, 연구하고, 외우고, 묵상하지 않고 어떻게 성경의 본뜻을 알 수 있겠습니까? 우리 스스로가 매일 QT를 해야 하는 이유가 여기에 있습니다. 어느 한 부분에 치우치는 신앙은 잘못될 수 있고, 그것이 전통이 되어서 오히려 예수님의 정신과 정반대 입장에 서게 되는 결과를 갖게 됩니다. 하나님을 그렇게 사랑하고 경배했던 바리새인과 서기관들이 예수님의 말씀을 듣고 예수님과 다른 입장에 서게 된 것이 바로 그러한 경우였습니다. 전통은 중요합니다. 조직이나 질서도 중요합니다. 그러나 그러한 것들이 성경보다 더 높은 권위에 있어서는 안 됩니다. 우리가 성경으로 돌아올 때 회개의 역사가 일어나고, 조직의 모든 나쁜 점이 고쳐질 것입니다.

하나님이 심판하실 문제

둘째, 이 말씀에서 또 하나 잘못된 부분을 예수님이 지적해 주신 것은, 바리새인과 서기관들이 하나님의 말씀을 왜곡하거나 축소했다는 점입니다. 즉 '살인하지 말라'는 하나님의 말씀 다음에 '누구든지 살인하면 심판을 받게 되리라 하였다는 것을 너희가 들었으나'라고 기록되어 있습니다. 이것 역시 전통의 말이었고 여기에서 바리새인과 서기관들은 심판을 하나님의 심판이 아니라 형사 재판, 소위 치안 재판으로 그 뜻을 바꾸어 버렸습니다. 하나님의 말씀을 세상적인 차원으로 격하시켜서 하나님 앞에서의 죄가 아니라 세상 법정에서의 죄와 살인의 문제로 바꾸어 버린 것입니다.

살인의 문제는 인간이 심판할 문제가 아닙니다. 하나님이 인간을 만드셨으므로 살인하게 되면 하나님이 심판하시는 것입니다. 그런데 서기관과 바리새인들은 하나님의 심판까지 가면 감당하기 어려우니까 인간의 형사 재판에서 내리는 형벌을 이야기함으로써 하나님으로부터 도망가고 만 것입니다. 그래서 하나님 앞에서의 죄가 중요하지 않고 들킨 죄가 중요하게 되었고, 아무리 죄를 지어도 법망에만 걸리지 않으면 된다고 생각했습니다. 하나님 앞에서의 죄와 양심의 문제를 여기서 빼 버리고 축소한 것입니다.

왜 세상에 죄와 살인의 법망이 있겠습니까? 하나님 앞에서의 정죄와 심판이 없기 때문입니다. 오늘날 현대를 사는 세상 사람과 심지어 그리스도인도 똑같이 사고하기 때문에 이 땅에 예수 믿는 사람이 아무리 많아도 죄는 줄지 않고 그대로 있는 것입니다. 세상의 법이나 강력한 심판으로는 살인이나 죄가 절대로 없어지지 않습니다. 각 나라의 법은 국회를 통해 바뀌고 있습니다. 세상 법의 기준으로 보면 우리나라에서는 죄가 되는 것이 미국에서는 안 될 수도 있습니다. 이와 같이 나라의 법이 바뀌면 죄의 기준도 달라집니다.

그러면 살인에 대한 예수님의 참된 해석은 어떤 것이겠습니까? 예수님의 말씀의 본뜻은 살인이란 겉으로 나타나는 살인 행위라는 문자적인 해석에 있는 것이 아니라 그 내면의 동기에 있다는 것입니다. 한 사람이 어떤 사건에 말려서 무기 징역을 선고받았습니다. 그 사람은 평생 감옥살이를 하게 되었는데 후에 그가 범인이 아님이 밝혀졌습니다. 그는 어디서 보상을 받아야 합니까? 이와 같이 살인을 안 한 사람이 살인자 취급을 받을 수도 있고, 정말 살인한 사람이 버젓하게 세상에서 살 수도 있습니다. 이것을 어떻게 해석해야 합니까? 우리는 다 안 들킨 죄인들이 아닙니까?

> 만물보다 거짓되고 심히 부패한 것은 마음이라 누가 능히 이를 알리요마는 나 여호와는 심장을 살피며 폐부를 시험하고 각각 그의 행위와 그의 행실대로 보응하나니(렘 17:9-10).

하나님은 사람의 마음과 심령을 살펴보십니다. 하나님은 살인 행위 그 자체보다도 살인의 동기를 더 중요하게 생각하십니다. 우리가 살인하지 않았다고 하더라도 누구를 정말 죽일 만큼 미워했다면 살인이라고 성경은 말하고 있습니다.

> 그 형제를 미워하는 자마다 살인하는 자니 살인하는 자마다 영생이 그 속에 거하지 아니하는 것을 너희가 아는 바라(요일 3:15).

형제를 미워하는 것이 곧 살인이라는 예수님의 말씀을 듣던 바리새인과 서기관들은 마음이 편하지 않았을 것입니다. 왜냐하면 자기들이야말로 율법을 가장 잘 지킨 사람이요, 하나님을 가장 잘 섬긴 사람이라고 생각하고 안심하며 살아왔는데 "네가 살인자다"라고 말씀하시니 얼마나 불편했겠습니까? 이것은 그때 그 사람들에게만 불편한 것이 아니라 오늘을 사는 우리에게도 불편하고 괴로운 것입니다. 왜냐하면 우리도 실제로 살인하지는 않았지만 정말 죽이고 싶도록 미워한 사람은 있기 때문입니다. 예수님은 속으로는 누구를 평생 미워하고 살면서 겉으로는 고상한 척하는 사람들을 향해 살인자라고 말씀하십니다. 과연 우리는 형제를 미워하지 않았습니까? 과연 우리는 살인자가 아닙니까?

분노가 살인을 부른다

예수님이 살인은 세 가지 내용을 포함한다고 하셨습니다. 첫 번째는 분노입니다. 22절을 보면 "나는 너희에게 이르노니 형제에게 노하는 자마다 심판을 받게 되고"라고 했습니다. 분노는 살인을 내포합니다. 물론 여기서 분노란 옳지 못한 분노, 즉 교만과 미움과 악의에 찬 복수의 감정이 들끓는 분노를 말합니다. 때로는 우리가 의로운 분노를 가질 수도 있는데 비록 그와 같이 시작했다 할지라도 우리는 죄인이기 때문에 그 분노를 폭발하는 과정에서 또다시 죄를 짓게 되는 것입니다.

모세의 예를 들면, 그는 애국심으로 동족 형제를 돕다가 본의 아니게 살인을 하고 말았습니다. 그의 애국심이 살인까지 가고 만 것입니다. 이것이 죄성이 있는 인간의 모습일 수밖에 없습니다. 그러나 궁극적으로 인간은 다른 사람을 사랑하고 용서하고 이해하기 위해서 하나님에게 부름받았다는 사실을 알아야 합니다.

우리가 남을 정죄하고 고발하지 않았기 때문에 세상이 악해진 것이 아니라 우리가 의롭게 살지 못했기 때문에 세상이 악해진 것입니다. 남의 허물을 끄집어내지 못해서 세상이 시끄러운 것이 아니라, 오히려 우리가 세상의 빛이요 소금이 되지 못했기 때문에 생기는 문제가 더 큰 것입니다. 만약 우리가 처해 있는 입장과 서 있는 그 자리에서 공정하게, 의롭게, 정직하게 하나님의 뜻대로 산다면 최소한 우리의 주변만은 깨끗할 것이며 우리가 속해 있는 곳만은 조용할 것입니다.

우리는 과거에 김일성을 때려 잡자는 구호와 화형식을 많이 했습니다. 그러나 이제 그 화형식은 우리 모두의 화형식이 될 것입니다. "누구누구는 살인마야, 불태워 죽이자." 이것은 그저 사소한 분노가 아니라 죽이지 않으면 안 되는 분노이고, 그것이 이미 우리를 지배하게 된 것입니다. 이것은 무서운 일입니다.

분을 내어도 죄를 짓지 말며 해가 지도록 분을 품지 말고(엡 4:26).

사소한 분노를 품지 마십시오. 죄는 죄를 낳고 분노는 분노를 낳습니다. 작은 분노가 쌓이면 분노하는 체질이 됩니다. 공연히 화를 내고 소리 지르고 살기등등한 눈으로 사람을 보게 됩니다. 그런 사람의 눈에는 핏발이 서고, 무서운 사람으로 변하고, 마지막에는 다른 사람도 죽이고 자기도 죽이는 상황에 들어가고 말 것입니다. 그러므로 우리는 분노를 폭발하기보다는 하나님의 공의를 믿어야 합니다. 그리고 빛으로, 소금으로 살려고 애써야 합니다. 이것만이 유일한 해결책입니다.

욕하는 자가 살인을 부른다

두 번째는 욕입니다. 22절에 "나는 너희에게 이르노니 형제에게 노하는 자마다 심판을 받게 되고 형제를 대하여 라가라 하는 자는 공회에 잡혀가게 되고"라고 했습니다. '라가'(raca)라는 말은 남을 경멸하고 멸시하는 히브리인의 욕설인데 쓸데없는 놈, 머리가 텅 비어 있는 놈이라는 뜻입니다. 분노가 있으면 그 다음 단계로 나타나는 것이 욕이므로 욕도 역시 살인을 내포하고 있습니다.

다윗은 시편 140편 3절에서 "뱀같이 그 혀를 날카롭게 하니 그 입술 아래에는 독사의 독이 있나이다"라고 말했습니다. 어떤 사람은 똑같은 말이라도 다른 사람의 심장을 갈기갈기 찢어 놓는 사람이 있습니다. 보통 말도 그런 사람이 하면 아주 무섭고 날카롭습니다. 또 어떤 사람은 좋은 말을 해 주어도 순수하게 받아들이지 못하고, 꽃 한 송이를 주어도 무슨 속셈이 있느냐고 따지고 계산하는 사람이 있습니다. 이는 다 위험한 성품임을 아십시오. 곧 살인까지 갈 수 있다고 성경은 말하고 있습니다.

남을 저주하는 마음이 살인을 부른다

세 번째는 남을 저주하는 성품입니다.

> 미련한 놈이라 하는 자는 지옥 불에 들어가게 되리라(마 5:22).

예수님은 다른 사람을 미련한 놈이라고 욕하는 사람은 지옥 불에 들어가게 된다고 말씀하셨습니다. 마음속으로 그런 생각을 하든, 겉으로 표현하든 마찬가지입니다.

첫째, 분노는 살인 뒤에 숨어 있는 죄입니다.

둘째, 욕은 분노를 가진 사람이 퍼붓는 말입니다.

셋째, 욕을 계속하면 남을 정죄하고 무사하고 경멸하는 성격이 형성됩니다.

예수님은 이 모든 것이 살인의 성격을 이미 가지고 있는 것이라고 하셨습니다.

남을 깔보거나 무시하는 태도를 갖지 마십시오. 예수님은 우리에게 제자들의 발을 씻어 주는 모습을 보여 주셨습니다. 남을 죽이고 싶을 만큼 분노를 품은 일은 없습니까? 잘 참아 오다가 어떤 순간에 남의 심장을 도려내고, 영혼을 질식시키는 무서운 욕을 거침없이 한 일은 없습니까? 한 걸음 더 나아가 항상 남을 깔보고 멸시하는 태도를 가지고 있지는 않습니까? 회개하십시오. 남의 생명을 죽이는 것만이 살인이 아니라 이 모든 것이 살인의 범주에 들어가는 것입니다.

> 그는 죄를 범하지 아니하시고 그 입에 거짓도 없으시며 욕을 당하시되 맞대어 욕하지 아니하시고 고난을 당하시되 위협하지 아니하시고 오직 공의로 심판하시는 이에게 부탁하시며(벧전 2:22-23).

먼저 가서 화해하라

이러한 말씀을 해 주신 예수님은 결론적으로 우리에게 두 가지를 권면하십니다. 첫째, 마태복음 5장 23-24절에 "그러므로 예물을 제단에 드리려다가 거기서 네 형제에게 원망 들을 만한 일이 있는 것이 생각나거든 예물을 제단 앞에 두고 먼저 가서 형제와 화목하고 그 후에 와서 예물을 드리라"고 말씀하고 계십니다. 둘째, 마태복음 5장 25-26절에서 "너를 고발하는 자와 함께 길에 있을 때에 급히 사화하라 그 고발하는 자가 너를 재판관에게 내어 주고 재판관이 옥리에게 내어 주어 옥에 가둘까 염려하라 진실로 네게 이르노니 네가 한 푼이라도 남김이 없이 다 갚기 전에는 결코 거기서 나오지 못하리라"고 말씀하셨습니다.

이것은 분노와 욕과 남을 멸시하는 태도가 있는 사람에게 예수님이 주시는 해결 방법입니다. 마태복음 5장 23-24절은 대상이 교회이고 형제들입니다. 마태복음 5장 25-26절은 그 대상이 세상이고 원수들입니다. 이것은 교회 안과 밖에서 형제들과 원수들에게 어떻게 대해야 하는가를 보여 주는 것입니다. 그런데 이 두 가지는 공통점이 있습니다. 하나는 모두가 다 불편한 관계이고, 다른 하나는 모두 긴급성이 있다는 것입니다. 예수님은 예물을 제단에 두고 먼저 가서 화해하라고 하셨습니다.

예배드리는 것은 그리스도인에게는 아주 중요합니다. 그러나 이보다 더 중요한 것이 있습니다. 만약 형제를 용서하지 못하고, 분노를 품고 욕을 하고 미워하는 채 예배를 드린다면 하나님은 그러한 예배는 안 받으십니다.

> 여호와께서 말씀하시되 너희의 무수한 제물이 내게 무엇이 유익하뇨 … 너희가 내 앞에 보이러 오니 이것을 누가 너희에게 요구하였느냐 내 마당만 밟을 뿐이니라 … 너희가 손을 펼 때에 내가 내 눈을 너희에게서 가리고 너희가 많이 기도할지라도 내가 듣지 아니하리니 이는 너희의 손에 피가 가득함이라(사 1:11-15).

하나님이 기뻐하시는 제사는 눈에 보이는 화려한 예배 의식이 아니라 정말 한 형제와 손을 잡고 눈물을 흘리며 회개하고 돌아와서 하나님에게 드리는 제사라고 가르쳐 주십니다. 우리에게 미워하는 사람이 있을지 모릅니다. 죄와 불의는 미워하십시오. 그러나 그 사람은 용서하십시오. 그리고 화해하십시오. '먼저 가서 형제와 화목하라'는 말씀을 행하는 기적이 우리에게 있기 바랍니다. 또한 세상에 나가서 송사하는 사람과 길에서 만날 때 '급히 사화하라'고 말씀하셨습니다. 이 시간에 용서하기로 결정하시기 바랍니다. 누구의 잘잘못을 따지지 말고 주님 말씀대로 우리의 마음을 풀기를 원합니다. 우리가 서로 용서하고 용서받기를 원합니다. 주님은 우리에게 생각해 보고 천천히 결정하라고 하시지 않고 지금 이 자리에서 결정하라고 말씀하십니다. 우리의 삶이 하나님의 은혜로 가득 차길 바랍니다.

30

성령의 힘으로
순결을 지키라

마태복음 5:27-30

마태복음 5장 27-30절 말씀은 예수님이 살인에 이어서 두 번째로, 간음에 대한 서기관과 바리새인들의 잘못된 생각을 보여 주시는 부분입니다. 이 부분은 간음에 대한 27-28절과 살인에 대한 21-22절을 연결해서 보면 분명하게 알 수 있습니다.

> 옛사람에게 말한 바 살인하지 말라 누구든지 살인하면 심판을 받게 되리라 하였다는 것을 너희가 들었으나 나는 너희에게 이르노니 형제에게 노하는 자마다 심판을 받게 되고 형제를 대하여 라가라 하는 자는 공회에 잡혀가게 되고 미련한 놈이라 하는 자는 지옥 불에 들어가게 되리라(마 5:21-22).

이것은 구약의 십계명 중 제6계명인 "살인하지 말라"(출 20:13; 신 5:17)는 하나님의 말씀을 왜곡하여 해석한 것을 예수님이 살인의 본뜻과 살인하지 말라는 바른 정신을 보여 주신 것입니다. 본문 27-28절도 똑같은 문제입니다.

> 또 간음하지 말라 하였다는 것을 너희가 들었으나 나는 너희에게 이르노니 음욕을 품고 여자를 보는 자마다 마음에 이미 간음하였

느니라.

이것 역시 구약의 십계명 중 제7계명인 "간음하지 말라"(출 20:14; 신 5:18)를 서기관과 바리새인들이 왜곡하여 가르친 것입니다. 그들은 여자를 보고 마음속에 더러운 음욕을 품든지 또는 남의 아내를 탐내든지 간에 겉으로 간음 행위 자체를 하지 않았다면 그것은 제7계명을 범하는 것이 아니라고 하나님의 말씀을 축소시켜서 적용했습니다. 그래서 자기들은 하나님 앞에 죄가 없는 것처럼 위장하고 거룩하게 성전에 나와서 제사를 드렸습니다. 뿐만 아니라 어쩌다가 인간의 연약함 때문에 실수하고 간음한 사람들을 보면 혹독하게 그들을 정죄했습니다. 그러나 예수님은 그들의 이러한 허위와 위선을 무섭도록 정확하게 지적하시고 간음에 대한 바른 정의와 해석을 내리셨습니다. 즉 외적으로 간음의 행위를 한 것뿐만 아니라 내적으로 여자를 보고 마음에 음욕을 품은 자까지도 모두 간음죄를 저질렀다고 말씀하신 것입니다. 이러한 예수님의 말씀 속에서 우리는 중요한 두 가지 메시지를 찾아볼 수 있습니다.

우리의 중심을 보시는 예수님

첫째, 예수님은 행위와 동기를 똑같이 보신다는 점입니다. 곧 마음속에 더러운 생각과 나쁜 동기를 갖는 것도 죄지만 그것을 숨기고 겉으로 의로운 척하며 위장하는 것은 더 가증스러운 죄입니다. 이와 같이 예수님의 죄에 대한 관점은 언제나 내면적인 데 있고 행위 자체보다 그 동기에 있습니다. 내면적 동기를 더 중요하게 생각하시는 예수님이 실제적으로 두 가지 사건에서 이를 적용하신 예가 있습니다.

요한복음 4장입니다. 우리는 여기서 수가 성의 한 여자를 발견하게 됩니다. 그는 남편을 다섯 번이나 바꾼 여자였으며, 현재 살고 있는 남편도 언제 헤어질지 모르는 관계였습니다. 모든 사람이 그녀를 창녀라고, 못된 여자라고 조롱하며 싫어했습니다. 그러니 이 여자가 얼마나 마음이 복잡하고 상처가 있었겠습니까? 그래서 그녀는 해가 지고 서늘할 때 물을 길러 가지 못하고 해가 쨍쨍 내리쬐는 12시, 사람들이 없는 시간에 물을 길러 갔던 것입니다. 그런데 예수님은 그 여자의 겉모습은 보지 않으시고 중심을 보고 가까이 가 주십니다. 그리고 그녀에게 "물을 좀 달라"며 말을 건네셨습니다. 그녀는 깜짝 놀라 "당신은 유대인으로서 어찌하여 사마리아 여자인 나에게 물을 달라 하나이까"라고 합니다. 그 여자는 비록 외면적으로는 남편을 다섯 번이나 바꿀 수밖에 없는 여자였지만, 내면에서는 하나님을 추구하고 있었던 것을 예수님이 보신 것입니다. 예수님은 진정한 구세주가 오실 것을 기다리는 내면의 모습을 보시고 그녀를 만나 주신 것입니다.

삭개오의 이야기를 보십시오. 예수님을 보기 위해서 뽕나무 위로 올라갔던 삭개오. 그도 역시 사람들이 싫어하고 저주하는 세리였습니다. 그러나 예수님은 그를 만나 주셨고 "내가 오늘 네 집에 유하여야 하겠다"고 말씀하셨습니다. 예수님은 창녀뿐 아니라 세리, 귀신 들린 자, 병든 자들이라도 마음에 진심으로 하나님을 사랑하고, 구원받기를 원하고, 정말로 메시아를 추구하고 있다면 어느 때라도 만나 주십니다. 오늘 여러분은 어떤 마음으로 이 자리에 있습니까? 진정 예수님을 만나고 싶은 겸허한 마음으로 있습니까? 그렇다면 중심을 보시는 주님은 오늘 반드시 여러분을 만나 주시고 위로하고 축복해 주실 것입니다.

또 한 예를 요한복음 8장에서 찾을 수 있습니다. 간음하다 현장에서 붙잡힌 여자를 예수님에게 데려온 이야기입니다. 많은 사람은 이 여자를 돌로 치려고 손에 돌을 쥐고 있었습니다. 그런데 예수님은 어떻게 응답하셨나요? 물론 여자가 간음하다가 현장에서 붙잡힌 것은 분명한 죄요, 잘못된 것입니다. 그러나 예수님이 그녀를 만나신 것을 보면 그녀의 내면에 깊은 뉘우침이 있었음을 알 수 있습니다. 그녀는 말할 수 없는 후회와 수치 속에서 죽을 것만 같은 가난한 마음의 상태가 되었을 것입니다. 그래서 이제 자기는 모든 사람에게 돌에 맞아 죽어야만 하고, 아마 하나님도 자기를 버릴 것이라고 생각했을 것입니다. 그러나 예수님은 그렇게 겸손이 낮은 자세로 회개하는 사람을 기뻐하시고 그에게 다가가십니다. 그때 여러 사람이 예수님에게 묻습니다.

"주여, 이 여자를 어떻게 할까요?"

"죄 없는 자가 먼저 돌로 쳐라."

이 말은 예수님이 돌로 치려는 사람들의 양심을 향해 하신 말씀이었습니다. 그런데 놀라운 사실은 이 말씀을 듣고 자기들의 내면의 죄를 보게 되었던 사람들은 어른부터 젊은이까지 모두 그 자리를 떠났다는 것입니다. 이제 여자 홀로 남게 되었습니다.

"여자여, 너를 고발하던 그들이 어디 있느냐. 너를 정죄한 자가 없느냐."

"주여, 없나이다."

"나도 너를 정죄하지 아니하노니 가서 다시는 죄를 범하지 말라."

오늘 우리에게도 이런 은혜가 넘치기 바랍니다.

"사랑하는 형제여, 사랑하는 자매여, 내가 네 중심을 아노라. 네가 괴로워하고 눈물 흘리고, 그렇게 어려운 중에 있는 너의 심정을 아노라. 내가 너를 정죄하지 않겠다. 가라."

바로 이분이 예수 그리스도십니다.

그러나 반면에 마태복음 23장에 보면 예수님이 외적으로 완벽하게 죄를 짓지 않고 율법적으로 흠이 없는 서기관과 바리새인들에게 "화 있을진저, 화 있을진저"라고 일곱 번이나 반복하여 저주하십니다. 예수님은 그들에게 겉으로는 깨끗하나 속으로는 탐욕과 방탕이 가득하고, 시기와 질투와 음란과 살인이 가득한 회칠한 무덤과 같고, 독사의 새끼들과 같다고 말씀하셨습니다.

하나님을 진심으로 사랑하고 계십니까? 습관적으로 예수를 믿고 있지는 않습니까? 또는 겉으로 나타난 종교적인 열심 때문에 착각하고 있는 것은 아닙니까? 엽전 두 냥을 내는 과부의 그런 심정이, 주님에게 부끄러워서 얼굴을 들지 못하고 땅에 대고 기도하는 그런 마음이 우리에게 있기를 바랍니다. 주님은 우리의 내면을 보고 계십니다.

성적으로 타락한 시대

둘째, 성경은 지금이나 똑같이 간음하지 말라고 말씀하고 있습니다. 이 말씀처럼 현대인에게, 특별히 한국의 오늘을 사는 우리에게 절실한 말씀은 없습니다. 서울 바닥은 온통 간음하는 도시 같습니다. 교회가 하나 서면 술집도 하나 섭니다. 얼마나 내면적으로 타락했는지 이루 말할 수가 없습니다.

하나님은 십계명에서 가정의 신성함을 지키기 위해 부모를 공경하라는 원리를 주셨고, 사회의 신성과 질서를 지키기 위해 살인하지 말라는 말씀을 주셨습니다. 그리고 부부의 신성을 지키는 원리로 간음하지 말라는 말씀을 주신 것입니다. 그런데 여기서 주의할 것은 예수님이 성욕을 갖지 말라고 말씀하신 것이 아니고 간음하지 말라고 하신 것입니다. 다시 말하면 하나님이 우리에게 주신 자연적인 성욕이 나쁜 것이 아니라 마귀가 주는 음란한 음욕이 나쁘다는 것입니다. 그러므로 정상적인 관계에서 인간이 갖는 성욕은 나쁜 것이 아니며 부부가 갖는 성적인 즐거움은 하나님이 주신 큰 축복입니다. 그것은 하나님의 뜻입니다.

간음이란 불의하고 잘못된 성욕이요 관계입니다. 비정상적인 관계에서 갖는 성적인 타락은 인류를 파괴하고, 인간의 영혼을 파괴하고, 가정을 파괴하는 무서운 암과 같으며 핵폭탄과도 같습니다. 그러나 이미 우리의 안방까지 거침없이 음란 비디오가 자유롭게 들어와 있고 영화, 신문, 잡지, TV 매체를 통해 걷잡을 수 없이 음란 풍조가 만연해 있지 않습니까? 통계에 의하면 중·고등학생의 과반수가 음란 비디오를 보았다고 합니다. 이렇게 홍수처럼 밀려드는 성적인 부패와 타락을 누가 막을 수 있겠습니까? 정부나 군대가 막지 못합니다. 저는 이 나라가 공산주의 때문이 아니라 도덕적, 성적 부패 때문에 망할 것만 같습니다. 미국이나 유럽 등 민주화된 선진국을 보십시오. 민주화되고 권리를 찾은 나라가 걷잡을 수 없는 마약과 성병, 에이즈와 도덕적 타락 앞에서 국민 정신을 다 잃어 가고 있지 않습니까? 그러므로 민주화를 이루는 것보다 더 시급한 것은 바로 이러한 도덕적, 영적 타락을 막는 것입니다.

저는 우리 학생들에게 시위하는 일이나 자기 권리를 주장하는 일보다 더 중요한 것이 도덕적 순결을 지키는 일이라고 생각합니다. 요즘 젊은이들 사이에 도덕적 순결을 지키는 것은 우스운 일로 여겨지고 있고, 결혼 전에 성을 경험하는 것은 보통 일로 여겨지고 있지 않습니까? 이것은 위기입니다. 도덕적 타락은 정치나 경제의 타락보다 더 엄청난 것입니다. 이런 위기 앞에 우리가 서 있다는 사실을 교회는 심각하게 깨달아야 할 것입니다.

죄의 문제를 정직하게 다루라

성경은 "간음하지 말라"고 말합니다. 그리고 예수님은 한 걸음 더 나아가 "음욕을 품고 여자를 보는 자마다 마음에 이미 간음하였느니라"고 문제를 깊이 해석해 주셨습니다. 이 말씀은 죄의 심각성을 보여 주는 말씀입니다. 여기에서 재미있는 말은 "여자를 보는"이라는 말인데 "lookson", 즉 현재분사 형태로 쓰여 있습니다. 여자를 한번 보고 순간적으로 충동을 받을 수는 있습니다. 그러나 여기서 말하는 것은 어떤 의도로 계속 자꾸 보는 것을 말합니다. 또 음란한 잡지를 의도적으로 사서 보는 것, 음란한 영화를 의도적으로 보러 가는 것 등도 문제가 됩니다.

새가 우리 머리 위를 날아가는 것은 우리 잘못이 아닙니다. 그러나 우리 머리에 둥지를 치는 것은 우리의 잘못입니다. 이와 같이 건강한 남자나 여자가 순간적으로 성욕을 느끼는 것은 어쩔 수 없습니다. 그러나 거기에 건전하지 못한 마귀의 의도가 개입되어서 그것이 불륜의 관계로 가는 것을 성경은 엄격하게 경고하고 있습니다.

요즘 현대인들은 죄를 자꾸 보편화하고 심리학으로 풀려고 합니다. 그러나 성경은 반대로 죄를 좀 더 본질적으로, 구체적인 실체로서 규명하려고 합니다. 그래서 사람들은 내면의 죄를 지적하면 어느 한 사람도 마음 놓고 숨 쉴 사람이 없기 때문에 모두 다 도망가는 것입니다. 바로 이것이 죄에 대한 심각한 말기 증상입니다. 죄는 본질적인 데까지 깊이 도달해야 합니다. 죄 문제를 정직하게 다루지 않는다면 결코 구원 문제를 해결할 수 없습니다.

우리는 자신의 내면의 죄는 숨기고 자기가 무슨 죄인이냐고 당당하게 주장하는 사람을 통해 죄의 교활성을 보게 됩니다. 간음의 경우도 마찬가지입니다. 나는 결코 간음하지 않았고 깨끗하다는 사람이 어째서 남의 이혼이나 스캔들 기사는 한 자도 빠지지 않고 다 읽습니까? 명작이나 베스트셀러를 읽는다는 이유로 부도덕한 성적인 관계의 묘사를 자세히 읽는 이유는 무엇입니까? 왜 험담 듣기를 그렇게 좋아하고 말하기를 좋아합니까? 이유는 간단합니다. 다른 사람의 음란 행위를 통해 대신 즐기는 것입니다. 바로 이것이 우리의 내면적인 모습이고 예수님의 관점에서 보면 모두 간음한 자인 것입니다. 우리는 이것을 인정하고 겸손하게 주님 앞에 돌아와 깨끗함 받기를 기도해야 합니다.

만일 네 오른 눈이 너로 실족하게 하거든 빼어 내버리라 네 백체 중 하나가 없어지고 온 몸이 지옥에 던져지지 않는 것이 유익하며 또한 만일 네 오른손이 너로 실족하게 하거든 찍어 내버리라 네 백체 중 하나가 없어지고 온 몸이 지옥에 던져지지 않는 것이 유익하니라(마 5:29-30).

성령으로 거듭나라

3세기경 유명한 신학자 오리겐은 이 말씀을 지키기 위해서 실제로 거세했습니다. 또 도박을 너무 심하게 하던 사람이 이제 안 하기로 결심하고 자기 손을 잘랐다는 이야기도 있습니다. 그러나 이 말씀의 참뜻은 실제로 눈을 빼고 손을 자르라는 뜻이 아닙니다. 마틴 로이드 존스 목사는 "당신이 만약에 죄를 지어서 오른쪽 눈을 빼 버렸다면 왼쪽 눈이 또 죄를 지을 때 왼쪽 눈도 뺄 것입니까? 오른손을 잘랐는데 또 죄를 짓는다면 어떻게 할 것입니까?"라고 했습니다.

그렇습니다. 육체를 아무리 잘라 내도 소용이 없습니다. 성적인 유혹이나 도박, 술, 담배는 육체의 힘으로는 제어가 안 됩니다. 성령으로 거듭나야만 합니다. 그렇지 않고서는 어느 장사도 육체를 제어할 수 없습니다. 그러므로 이 말씀의 바른 뜻은 눈을 뺀 것처럼, 손을 자른 것처럼 행동하고 살라는 뜻입니다. 즉 손과 눈이 없어져서 다시는 이전의 상태로 돌아갈 수 없는 것처럼 결단하고 행동하라는 뜻입니다. 그러면 실생활에서 우리가 어떻게 하면 그처럼 살 수 있는지 몇 가지 생각해 보고자 합니다.

또한 너희가 이 시기를 알거니와 자다가 깰 때가 벌써 되었으니 이는 이제 우리의 구원이 처음 믿을 때보다 가까웠음이라 밤이 깊고 낮이 가까웠으니 그러므로 우리가 어둠의 일을 벗고 빛의 갑옷을 입자 낮에와 같이 단정히 행하고 방탕하거나 술 취하지 말며 음란하거나 호색하지 말며 다투거나 시기하지 말고 오직 주 예수 그리스도로 옷 입고 정욕을 위하여 육신의 일을 도모하지 말라(롬 13:11-14).

순결함을 지키라

기름에 불을 붙이면 어떻게 됩니까? 잘 붙지요. 이와 같이 음란한 가능성이 있는 것은 피해야 합니다.

첫째, 육신을 잘 관리하십시오. 정욕을 위하여 우리의 육신을 사용하지 말라고 했습니다. 우리의 육체는 그대로 두면 한없이 버릇없게 되는 아주 못된 습성이 있습니다. 그러므로 우리의 육체를 잘 다스리고 훈련해야 합니다. 로마서 8장 13절을 보면 "너희가 육신대로 살면 반드시 죽을 것이로되 영으로써 몸의 행실을 죽이면 살리니"라고 했습니다.

둘째, 어리석은 말이나 희롱의 말을 조심하십시오. 에베소서 5장 3절에 "음행과 온갖 더러운 것과 탐욕은 너희 중에서 그 이름조차도 부르지 말라 이는 성도에게 마땅한 바니라"고 했습니다. 음란한 영상을 보며 죄를 안 짓겠다는 어리석은 생각은 하지 마십시오. 바로 빨리 없애 버리십시오. 우리를 유혹하는 모든 요소를 근본적으로 잘라 버려야 합니다. 손을 자르듯이, 눈을 빼듯이 뽑아 버리십시오. 그 길밖에는 없습니다. 그때 우리의 개인 생활과 가정 생활이 경건해지기 시작할 것입니다. 죄를 짓기 쉬운 직업을 가진 사람은 빨리 직업을 바꾸십시오. 그 안에서 죄 안 짓겠다고 발버둥쳐야 소용없습니다. 담배, 술, 도박, 사치스러운 오락 등 죄를 잘 짓도록 유도하는 매개체를 빨리 끊어야 합니다. 그래야만 우리는 이 음란한 세대에서 하나님의 성도로서 깨끗하고 성결하게 살아갈 수 있습니다.

마지막으로 권면하는 것은 무엇보다도 늘 깨어 기도하면서 말씀 안에서 성령 충만하라는 것입니다. 그리고 십자가의 보혈을 의지하십시오. 에베소서 5장 18절에 "술 취하지 말라 이는 방탕한 것이니 오직 성령으로 충만함을 받으라"고 했습니다. 우리의 힘으로는 안 됩니다. 오직 성령의 힘으로 성결해질 수 있습니다.

능력이 무엇입니까? "Purity is Power." 즉 우리가 순결할 수 있는 것이 바로 능력입니다. 여러분에게 하나님의 능력이 충만하시길 바랍니다. 성결할 수 있기를 바랍니다. 생의 마지막까지, 주님 앞에 서는 날까지 깨끗하고 아름답게 살다가 주님 앞에 갈 수 있기를 바랍니다.

31

이기적인 마음이
이혼을 부른다

마태복음 5:31-32

살인과 간음에 이어 이혼에 대한 예수님의 견해를 생각해 보겠습니다. 오늘 우리 시대는 살인하는 시대요 간음하는 시대일 뿐 아니라 이혼하는 시대입니다. 전 세계적으로 이혼 통계가 시시각각 급증하고 있으며, 동시에 이혼은 결혼보다 더 쉽고 빠르게 이루어지고 있습니다. 이혼으로 생기는 가정의 파고가 심각합니다.

예수님은 이혼의 여러 가지 당위성과 합법성을 찾으려는 서기관들과 바리새인들의 견해를 물리치시고 성경의 바른 이혼관에 대해서 말씀해 주셨습니다. 즉 그것은 음행한 연고 없이는 이혼은 안 된다고 하신 것입니다. 현대인들은 여러 가지 이유로 이혼합니다. 그리고 그 이유가 정당하다고 생각합니다. 이혼으로 생기는 결과에 대해서는 책임을 지기 싫어합니다. 특권과 권리만 생각합니다. 오늘날 현대인들의 이혼관은 예수님 당시의 서기관과 바리새인들의 것과 아주 흡사합니다. 서기관들과 바리새인들의 이혼관은 어떤 것입니까?

또 일렀으되 누구든지 아내를 버리려거든 이혼 증서를 줄 것이라 하였으나 (마 5:31).

그들은 이혼의 이유가 있을 때는 언제든지 이혼할 수 있다고 모세의 율법을 잘못 해석했습니다. 이것은 이혼에 대한 성경의 정신을 근본적으로 오해한 것이었습니다. 모세의 율법에서 이혼 증서를 주라는 뜻은 이혼하라는 말씀을 주신 것이 아니라 이혼을 하지 말라고 이 말씀을 주신 것입니다.

실제로 구약 시대에는 이혼과 간음이 연결되어 있지 않았습니다. 율법에서는 간음하면 이혼으로 끝나는 것이 아니라 돌로 쳐 죽이는 것이었습니다. 그러면 구약에서 이혼이 기록된(신 24:1-4) 목적은 무엇입니까? 그것은 남자들이 사소한 이유로 함부로 이혼하지 못하도록 하는 데 있었습니다. 그 당시 여자들은 남자들에게 함부로 취급을 받았습니다. 남자들은 자기의 이기적인 동기와 정욕과 색욕 때문에 자기 아내를 버리고 여자를 학대했습니다.

모세의 율법으로 본 이혼 문제

모세는 율법으로 이혼을 다음과 같은 조건일 때만 가능하다고 규정했습니다. 첫째, 이혼의 이유는 신명기 24장 1절에 보면 사람이 아내를 데려온 후 수치스러운 일이나 기쁘지 않은 일이 발견될 때, 즉 생리적이거나 육체적 결함이 발견될 때입니다. 그것은 다른 사람에게 증명되어야 했습니다. 이것은 이혼의 이유를 극히 제한하기 위해서입니다.

둘째, 이혼하기로 결정했을 때는 여자에게 반드시 이혼 증서를 주어야 합니다.

> 이혼 증서를 써서 그의 손에 주고 그를 자기 집에서 내보낼 것이요 (신 24:1).

이것은 이 여자가 간음 때문에 이혼당한 것이 아님을 확인해서 돌에 맞아 죽는 일을 피하도록 하기 위해서였습니다. 여자를 함부로 버릴 수 없도록 공증 형식을 띠게 만들었습니다. 그리고 다른 남자와 재혼할 수 있는 기회를 공식적으로 주었습니다.

> 그 여자는 그의 집에서 나가서 다른 사람의 아내가 되려니와(신 24:2).

셋째, 한번 이혼 증서를 써 줄 경우 다시 첫 번째 남편과 결혼할 수 없게 했습니다(신 24:4). 이혼당한 여자가 다른 남자와 결혼해서 살다가 두 번째 남편에게 또 이혼당했을 경우에 첫 번째 남편과 다시 결혼할 수 없다는 뜻입니다. 이것은 무엇을 뜻합니까? 이혼은 절대 함부로 해서는 안 된다는 것을 보여 주는 것입니다.

모세의 이혼에 대한 율법 정신은 남자들이 여자를 함부로 버릴 수 없게 만드는 데 있고, 꼭 이혼해야 한다면 극히 제한된 조건 하에서만 이혼해야 한다는 데 그 목적이 있습니다. 그러나 서기관들과 바리새인들은 모세가 이혼 증서를 써 주라고 한 것만 강조하여 얼마든지 이혼할 수 있다는 정반대 해석을 내리고, 쉽게 여자를 버리고 남자의 정욕과 이기심을 만족시켰습니다.

오늘날 이혼이 왜 그렇게 많이 이뤄지고 있는지 생각해 보셨습니까? 정말 이혼해야 할 이유 때문에 이혼한 것입니까? 아니면 인간의 이기심과 정욕과 마음의 완악함 때문입니까? 요즘은 이혼을 성격 차이, 시집살이, 불륜 등 여러 가지 이유로 합니다. 또 약혼을 하고도 남편 될 사람의 유학비를 주지 못하겠다는 이유 때문에 파혼합니다. 심지어 아파트를 사 주지 않기 때문에 파혼하는 경우도 보았습니다. 요즘 결혼 동기가 얼마나 이기적이고 세속적인지 경악을 금할 수 없습니다. 물론 그 결과는 비참한 이혼이 될 것입니다.

이혼에 대한 예수님의 말씀

예수님은 이러한 서기관과 바리새인들의 잘못된 태도에 대해서 단호하게 말씀하셨습니다. 32절에서 주님은 "나는 너희에게 이르노니 누구든지 음행한 이유 없이 아내를 버리면 이는 그로 간음하게 함이요 또 누구든지 버림 받은 여자에게 장가드는 자도 간음함이니라"고 하셨습니다.

이 말씀은 마태복음 19장 3-9절에 아주 자세하게 나타나 있습니다.

바리새인들이 예수께 나아와 그를 시험하여 이르되 사람이 어떤 이유가 있으면 그 아내를 버리는 것이 옳으니이까 예수께서 대답하여 이르시되 사람을 지으신 이가 본래 그들을 남자와 여자로 지으시고 말씀하시기를 그러므로 사람이 그 부모를 떠나서 아내에게 합하여 그 둘이 한 몸이 될지니라 하신 것을 읽지 못하였느냐 그런즉 이제 둘이 아니요 한 몸이니 그러므로 하나님이 짝지어 주신 것을 사람이 나누지 못할지니라 하시니 여짜오되 그러면 어찌하여 모세는 이혼 증서를 주어서 버리라 명하였나이까 예수께서 이르시되 모세가 너희 마음의 완악함 때문에 아내 버림을 허락하였거니와 본래는 그렇지 아니하니라 내가 너희에게 말하노니 누구든지 음행한 이유 외에 아내를 버리고 다른 데 장가드는 자는 간음함이니라.

예수님은 사람들이 이혼을 쉽게 하는 이유를 세 가지로 말씀하셨습니다.

결혼의 참된 의미를 모르는 사람들

첫째, 결혼의 참된 의미와 목적을 모르기 때문이라고 하셨습니다. 결혼이란 남자가 부모를 떠나 여자와 한 몸을 이루는 것입니다. 결혼이란 이제 둘이 아니요 한 몸이기 때문에 결코 나눌 수 없는 관계입니다. 이러한 성경적인 결혼의 뜻을 이해하지 못한 채 이기적인 동기로 결혼하게 되면 위기가 올 때 즉각 이혼하게 됩니다.

결혼은 단순히 성적인 만족을 위해서 있는 것이 아닙니다. 성적인 만족이 없고 매력이 없기 때문에 이혼해서는 안 됩니다. 또한 결혼은 아기를 낳기 위해서 있는 것도 아닙니다. 그리고 성공의 도구로 쓰여서도 안 됩니다. 즉 정략결혼을 말하는 것입니다. 결혼은 사랑 때문이어야 하며 하나님의 섭리여야 하며 하나님의 영광을 위해서 있어야 합니다. 그러기에 결혼의 필수 요건은 사랑과 순종과 순결입니다. 부부는 서로에 대해서 순결해야 합니다.

이기적인 마음에 이혼하는 사람들

둘째, 모세의 율법 때문이 아니라 인간의 완악함 때문이라고 예수님은 말씀하셨습니다(마 19:8). 왜 이혼합니까? 사랑하지 않기 때문입니다. 이기적인 동기가 그 속에 있기 때문입니다. 상대방에게 더 이상 취할 이익이 없을 때 헌신짝 버리듯 미련 없이 버리는 것입니다. 이혼하는 또 하나의 이유는 정욕과 색욕 때문입니다. 불륜 관계 때문입니다. 다른 여자와 정욕을 불태우기 위해서입니다.

예수님은 이러한 동기를 한마디로 인간의 완악함이라고 하셨습니다. 이기적인 동기나 악한 생각 때문에 이혼을 생각하는 사람들은 한마디로 회개해야 합니다. 물론 어떤 경우에는 예외적으로 너무나 일방적으로 억울함을 당하는 경우가 있습니다. 예를 들면 의

처증이나 의부증, 구타 등 극단의 정신분열증을 보이는 경우입니다. 그런 경우라 할지라도 이혼의 동기가 인간의 완악함이 아닌가를 살펴보아야 합니다.

그리스도의 신부임을 잊지 마라

셋째, 음행을 행했을 경우라고 했습니다. 여기서 음행이란 포르네이아(porneia)로 결혼한 사람이거나 결혼 전의 사람과의 간음을 의미합니다. 즉 성적으로 부도덕한 행위입니다. 오늘날 부부 관계와 신성한 가정을 파괴하는 가장 큰 원인은 바로 간음에 있습니다. 현대인은 간음 이외에도 여러 가지 이유 때문에 이혼하고 또한 강요당하고 있습니다. 이혼에 관한 이유를 따지고 묻는 이는 예수님이 아니라 바리새인들이었습니다. 그들은 이혼의 합법적인 이유를 찾는 것에만 골몰했습니다. 그러나 예수님은 어떻게 해서든지 이혼하지 않아야 하는 이유를 깊이 생각하셨습니다. 이것이 예수님의 이혼에 대한 견해입니다. 다른 이유로 이혼했다면 네 아내를 간음하게 한 것이라고 말씀하셨습니다. 이혼의 오직 한 가지 이유는 간음뿐이라고 하셨습니다.

성도 여러분, 결혼의 중요성과 영원성에 대해서 생각해 보셨습니까? 그리고 우리의 영원한 신랑이신 예수 그리스도를 신부로서 바라보며 사모한 적이 있습니까? 그렇다면 결코 이혼해야 할 이유가 생기지 않을 것입니다. 결혼의 소중함을 깨닫는 것만큼 이혼의 확률은 낮아질 것입니다. 천국에 이를 때까지 주님이 허락하신 부부 관계를 유지하고 발전시켜 나가십시오.

이혼의 동기에는 인간의 완악함이 도사리고 있음을 깨닫고 먼저 내 속에 있는 죄악과 싸우고 이기심과 싸우십시오. 우리의 싸움은 혈과 육에 관한 싸움이 아니고 하늘에 있는 악의 영들과의 싸움입니다. 악을 제거한다면 상황도 여건도 달라집니다. 인간의 욕심과 이기심과 자존심에서 탈피하십시오. 죄는 우리를 사망의 음침한 골짜기로 인도합니다.

피치 못하게 이혼했을 경우 다시는 그러한 비참함이 없도록 그리스도의 신부로서 깨끗하게 사십시오. 마태복음 19장 10-12절에 "제자들이 이르되 만일 사람이 아내에게 이같이 할진대 장가들지 않는 것이 좋겠나이다. 예수께서 이르시되 사람마다 이 말을 받지 못하고 오직 타고난 자라야 할지니라 어머니의 태로부터 된 고자도 있고 사람이 만든 고자도 있고 천국을 위하여 스스로 된 고자도 있도다"라고 했습니다.

결혼했거나 독신이거나 우리의 영원한 신랑은 예수 그리스도요 우리의 영원한 짝은 천국임을 기억하면서 살 수 있기를 바랍니다.

32

무엇으로도
맹세는 금물이다

마태복음 5:33-37

거짓말해 본 경험이 있으시지요? 우리는 크든 작든 거짓말을 하고 살아갑니다. 전문적으로 혹은 본의 아니게, 또는 기술적으로 안 들키게 거짓말해 온 것입니다.

오늘 주제는 바로 이 부분에 대한 말씀입니다. 맹세와 거짓말이 무슨 상관이 있느냐고 하겠지만 실은 아주 깊은 관계가 있습니다.

예수님이 그리스도인은 의롭게 살아야 한다고 말씀하시면서 구체적으로 여섯 가지 실례를 들어 주셨습니다. 첫째는 살인, 둘째는 간음, 셋째는 이혼, 이 장에서는 네 번째로 맹세에 대한 말씀입니다. 그런데 예수님이 예를 드신 것을 보면 우리가 행하기 쉬운 것부터 점점 어려운 것으로 옮겨가는 것을 볼 수 있습니다. 즉 살인은 제일 쉬운 명제라고 할 수 있고, 그보다 더 어려운 것은 간음이고, 간음보다 더 어려운 것은 이혼이고, 이혼보다 더 어려운 것은 거짓말에 대한 것입니다.

그리스도인의 언어 생활

사람들은 어떤 사실을 주장하기 위해 곧잘 맹세합니다. 하나님의 이름이나 성경의 이름으로 맹세하고 때로는 하늘이나 땅을 두고 맹세하기도 합니다. 사람들이 왜 그처럼 열심히 맹세합니까? 그것은 자기 말에 자신이 없기 때문입니다. 다시 말하면 다른 사람이 자기 말을 잘 믿어 줄 것 같지 않으니까 어떤 절대 권위를 빌려서 맹세하게 되는 것입니다. 이런 사람들은 자기가 말을 하면서도 스스로 불안해서 온갖 형태의 과장된 표현과 화려한 말과 변명과 합리화로 복잡하게 말합니다. 그러나 진실한 말은 언제나 단순하고 정직하고 갈등이 없습니다.

우리는 말을 많이 하고 삽니다. 말을 잃어버린 사람은 어떤 의미에서 이미 삶을 포기한 것 같은 인상을 받습니다. 그러므로 말을 한다는 것은 살아 있다는 것을 보여 주는 것이기도 합니다. 일반적으로 사람들은 생각하고 행동하기보다는 말하기를 더 좋아합니다. 그래서 말의 실수가 있고, 말로 인한 화가 있습니다. 그것이 야고보서에 기록되어 있습니다.

우리가 다 실수가 많으니 만일 말에 실수가 없는 자라면 곧 온전한 사람이라 능히 온 몸도 굴레 씌우리라(약 3:2).

여러 종류의 짐승과 새와 벌레와 바다의 생물은 다 사람이 길들일 수 있고 길들여 왔거니와 혀는 능히 길들일 사람이 없나니 쉬지 아니하는 악이요 죽이는 독이 가득한 것이라(약 3:7-8).

이처럼 정직과 거짓은 어떤 말을 하느냐로 판명되는 것이고, 이 것이 바로 우리 삶의 기초를 이룹니다. 그러므로 기독교 문화가 완 벽하게 이루어진 사회는 거짓말이 없는 사회입니다. 오늘날 한국 교회가 수백만의 성도가 있고 교회가 이처럼 많은데도 기독교가 사회에서 능력이 없는 것은 그리스도인의 언어 생활이 아직 정직 한 단계에 들어오지 않았기 때문입니다. 그리스도인의 숫자가 많 아서 세상이 변하는 것이 아니라 우리의 말과 행실이 일치할 때 세 상은 변하게 될 것입니다.

자기가 잘 믿는다는 착각

그런데 이처럼 중요한 맹세나 정직의 문제에 대해 서기관과 바리 새인들은 말씀을 의도적으로 잘못 해석하고 오용했습니다. 여기 서 간음이나 살인, 이혼 문제는 당사자에게만 국한되는 문제지만 맹세나 정직의 문제는 그 사회 전체를 가증한 사회, 부정직한 사 회, 불법이 자행되는 사회로 만들어 버리는 것입니다. 이것은 얼마 나 큰 피해요 실수인지 말로 다할 수 없습니다.

외형적으로 하나님을 사랑했고 율법을 누구보다 잘 지키는 것 으로 보였던 서기관과 바리새인들은 실제로는 하나님과 가장 동 떨어진 자리에서 하나님을 제일 잘 섬긴다고 착각하고 있었습니 다. 오늘날 그리스도인 중에도 자기 생각에는 예수를 가장 잘 믿는다고 생각하지만 하나님 보시기에는 가장 멀리 있는 사람일 수 있습니다. 얼마나 불행한 사람입니까?

제가 신학교 입학식을 할 때 한 목사님이 하신 잊혀지지 않는 말씀이 있습니다. 그것은 "여러분 중에 하나님은 부르시지도 않았는데 부름을 받았다고 착각하고 온 사람은 없습니까? 당신은 정말 하나님의 부름을 받고 목사가 되기 위하여 여기에 왔습니까? 다시한번 깊이 생각하십시오. 하나님은 부르시지도 않았는데 당신이 여기에 왔다면 앞으로 당신도 고민이고 당신의 교인들도 고민입니다"라고 하신 말씀이었습니다.

예수님은 마태복음 23장 15절에서 다음과 같이 말씀하셨습니다.

화 있을진저 외식하는 서기관들과 바리새인들이여 너희는 교인 한 사람을 얻기 위하여 바다와 육지를 두루 다니다가 생기면 너희보다 배나 더 지옥 자식이 되게 하는도다.

이 말씀은 "한 사람을 전도하기 위하여 너희가 그렇게 수고를 많이 했는데 막상 성경을 잘못 이해하고 하나님을 형식적으로만 섬기지는 않았느냐. 너희의 그 태도 때문에 오히려 너희를 믿고 따라왔던 사람이 실망하고 교회를 떠나서 하나님을 믿지 않고 구원에서부터 멀어지는 경우는 없느냐"는 질문입니다.

함부로 맹세하지 마라

그러면 이제 맹세에 대한 바리새인들의 잘못된 이해와 적용은 어떤 것인지를 생각해 보겠습니다.

> 또 옛사람에게 말한 바 헛맹세를 하지 말고 네 맹세한 것을 주께 지키라 하였다는 것을 너희가 들었으나(마 5:33).

하나님을 안 믿는 것보다 더 나쁜 것은 하나님의 말씀을 교묘하게 바꾸어서 자기가 편리하도록 믿는 것입니다. 이것은 굉장히 무서운 결과를 가져옵니다. 차라리 세상에서 나쁜 짓을 하면 구원받을 길이 있습니다. 그러나 교회에서 직분을 맡고 봉사하면서 나쁜 짓을 하는 사람들, 이미 믿고 있다면서 성경을 이용하고 종교의 경험과 기술을 이용해서 나쁜 짓을 하는 사람들에게는 다시 전도할 길이 없기 때문에 저주만이 남는 것입니다. 그래서 교회 밖에서 음행이 있으면 전도할 대상이지만 교회 안에서 음행이 있으면 그 사람을 위해서, 교회를 위해서 내쫓으라고 했습니다.

본문 33절의 말씀을 구약에서는 어떻게 말씀하고 있는지 대표적으로 세 가지를 찾을 수 있습니다.

> 너희는 내 이름으로 거짓 맹세함으로 네 하나님의 이름을 욕되게 하지 말라(레 19:12).

이 말씀은 십계명 중 제3계명인 "네 하나님 여호와의 이름을 망령되이 일컫지 말라"는 것과 일맥상통하는 말씀입니다. 우리가 하나님의 이름으로 맹세하였으나 지키지 못했을 경우에 하나님이 욕을 먹게 됩니다. 교회가 잘못되고 성도 한 사람 한 사람이 하나님의 뜻대로 살지 못할 때 하나님이 대신 욕을 먹게 된다는 말입니다. 세상 사람은 예수 잘 믿는다며 새벽 기도, 철야 기도를 빠지지 않고 다니는 사람이 거짓말을 잘하고 이기적이며 정욕적으로 살아갈 때 그 사람을 욕하는 것이 아니라 하나님을 욕합니다.

사람이 여호와께 서원하였거나 결심하고 서약하였으면 깨뜨리지 말고 그가 입으로 말한 대로 다 이행할 것이니라(민 30:2).

우리가 마음으로 하나님에게 서원한 것이 있으면 사람에게 말하지 않았을지라도 꼭 지키라는 말씀입니다. 하나님은 그것을 모두 기억하고 계십니다.

네 하나님 여호와께 서원하거든 갚기를 더디 하지 말라 네 하나님 여호와께서 반드시 그것을 네게 요구하시리니 더디면 그것이 네게 죄가 될 것이라 네가 서원하지 아니하였으면 무죄하리라 그러나 네 입으로 말한 것은 그대로 실행하도록 유의하라 무릇 자원한 예물은 네 하나님 여호와께 네가 서원하여 입으로 언약한 대로 행할지니라

(신 23:21-23).

이것이 바로 약속, 맹세에 대한 구약의 뜻입니다. 하나님은 이혼에 있어서 인간의 정욕 때문에 결혼을 파기하려는 본성을 극도로 제한하려고 이혼 증서를 써 주라고 하셨습니다. 이와 마찬가지로 맹세에서도 인간 본성의 타락의 열매인 거짓말, 계약 파기, 위증 등을 막기 위해서 이 계명을 주신 것입니다. 여기서 우리는 하나님이 우리에게 율법을 주신 이유를 쉽게 이해할 수 있습니다.

맹세하지 말라는 또 한 가지 이유는 하나님이 백성에게 이기적이고 사소한 문제로 하나님의 이름을 망령되이 일컫지 못하게 하시는 데 그 뜻이 있습니다. 함부로 맹세함으로 생기는 혼란을 막고, 동시에 거짓말 잘하고 불리하면 약속을 지키지 않는 인간의 거짓된 마음을 제어하기 위해서 법으로 제정하신 것입니다.

말씀을 마음대로 해석하지 마라

그러나 실제로 서기관과 바리새인들은 이것을 악용했습니다. 그들은 헛맹세를 하나님 이름으로만 하지 않으면 된다고 했습니다. 그래서 하늘로도 맹세하고, 땅으로도 맹세하고, 예루살렘 성전을 걸고서도 맹세해서 자기들이 짓고 싶은 죄를 합리적으로 그리고 율법에 틀리지 않도록 기술적으로 지었던 것입니다. 그러나 예수님은 다음과 같이 말씀하셨습니다.

> 너희가 말하되 누구든지 성전으로 맹세하면 아무 일 없거니와 성전의 금으로 맹세하면 지킬지라 하는도다 어리석은 맹인들이여 어느 것이 크냐 그 금이냐 그 금을 거룩하게 하는 성전이냐 너희가 또 이르되 누구든지 제단으로 맹세하면 아무 일 없거니와 그 위에 있는 예물로 맹세하면 지킬지라 하는도다 맹인들이여 어느 것이 크냐 그 예물이냐 그 예물을 거룩하게 하는 제단이냐 그러므로 제단으로 맹세하는 자는 제단과 그 위에 있는 모든 것으로 맹세함이요 또 성전으로 맹세하는 자는 성전과 그 안에 계신 이로 맹세함이요 또 하늘로 맹세하는 자는 하나님의 보좌와 그 위에 앉으신 이로 맹세함이니라(마 23:16-22).

그 당시 맹세를 여러 가지 형태로 구분하여 편리하게 악용했던 것은 마치 요즘 헌법을 정치적 도구로 삼는 것과 같습니다. 이러한 범죄가 이 나라, 교회 도처에서 일어나고 있습니다. 헌법을 자기들의 정치적인 권력을 위해서 마음대로 오용하고, 또 그 헌법을 지킨다는 대의명분으로 자기들이 원하는 것을 다 하는 것입니다. 이것이 바로 구약을 잘못 해석한 서기관과 바리새인들의 태도였습니다. 결과는 무엇이겠습니까? 그것은 결국 정치적, 종교적 파멸을 가져올 뿐입니다.

오늘날 교회 안에도 이러한 엄청난 일들이 있습니다. 과거 한국 교회사를 돌이켜 보면 교회를 잘 지키기 위해 만든 법을 이용해서 교파를 가르고, 또 교권의 힘으로 칼자루를 쥐고 하나님의 교회를 자기의 이익의 도구로 써왔던 것을 볼 수 있습니다. 오늘날 교회의 개혁을 요구하는 소리가 높은 것도 바로 성경을 오용한 교회 정치의 파멸 현상입니다. 결국 타락한 인간의 본성을 십자가에 못 박고 보혈을 뿌림으로 회개하고 주 앞에 돌아와 새사람이 되느냐, 아니면 종교의 탈을 쓰고 인간의 타락한 본성을 더 보호하고 합리화 하느냐의 문제입니다.

예수 안 믿는 사람 중에 성경을 기가 막히게 잘 아는 사람 또는 자기가 예수 안 믿는 이유를 성경을 인용하면서 제시하는 사람, 목사나 성도로서 하나님에게 영광 돌리는 일은 전혀 생각하지 않고 오로지 인간적인 일에만 몰두해서 쉽게 성경 문제를 해결하려는 사람, 이러한 사람들이 모든 것을 합리화하면서 오히려 정직하고 진실한 그리스도인을 조롱하고 박해하는 것입니다.

"현대인은 예수를 그렇게 믿는 것이 아니다. 교회는 잠깐 두어 시간 왔다 갔다 하면 되는 것이지 뭘 그리 교회에다 시간을 빼앗기고, 또 헌금은 왜 그렇게 하느냐? 무엇 때문에 교회는 그렇게 남을 귀찮게 만드느냐? 그런 것들은 다 다른 사람에게 피해를 주는 종교 공해다. 하나님은 꼭 교회에만 계시냐? 골프장에도 있고, 수영장에도 있고, 산에도 있다."

이런 기가 막힌 성경의 이론을 가지고 자기들이 자유롭게 살고 방탕하게 사는 것을 합리화하는 것입니다. 차라리 성경 지식이 없거나 과거에 교회에 안 다녔다면 그런 말은 안 할 것입니다. 그들은 설교를 헛듣고, 교만한 마음으로 성경 공부를 하고, 자기 마음대로 인간의 이성과 타협하는 신앙을 가졌기 때문에 결국 하나님보다는 상식과 합리와 경험을 더 중요하게 생각하는 것입니다.

거짓을 말하지 마라

그러면 예수님의 맹세에 대한 견해는 어떤 것이었겠습니까?

> 나는 너희에게 이르노니 도무지 맹세하지 말지니 하늘로도 하지 말라 이는 하나님의 보좌임이요 땅으로도 하지 말라 이는 하나님의 발등상임이요 예루살렘으로도 하지 말라 이는 큰 임금의 성임이요 네 머리로도 하지 말라 이는 네가 한 터럭도 희고 검게 할 수 없음이라 오직 너희 말은 옳다 옳다, 아니라 아니라 하라 이에서 지나는 것은 악으로부터 나느니라(마 5:34-37).

예수님은 도무지 맹세하지 말라고 하셨습니다. 그래서 이 말을 오해한 그룹이 있었습니다. 초대교회의 에세네파, 종교 개혁 때의 재침례파, 그리고 현대의 퀘이커 교도들입니다. 그들은 맹세하지 말라고 했다면서 결혼 서약이나 법정에서 하는 맹세조차도 거부했습니다. 그러나 이 말씀의 본뜻은 그런 것이 아닙니다. 구약에서 보면 아브라함이 이삭의 아내 리브가를 찾으러 종을 보낼 때 그에게 맹세했고, 야곱도 요셉에게, 요셉도 형제들에게, 다윗도 요나단에게 맹세했습니다. 마태복음 26장 63-64절을 보면 대제사장이 예수님에게 "네가 하나님께 맹세하고 하나님의 아들이라 말할 수 있느냐"고 물었을 때 예수님도 그렇다고 대답하셨습니다. 사도 바울은 로마서 9장 1절에서 "내가 그리스도 안에서 참말을 하고 거짓말을 아니하노라"고 했고, 히브리서 6장 16-17절에서는 "사람들은 자기보다 더 큰 자를 가리켜 맹세하나니 맹세는 그들이 다투는 모든 일의 최후 확정이니라 하나님은 약속을 기업으로 받는 자들에게 그 뜻이 변하지 아니함을 충분히 나타내시려고 그 일을 맹세로 보증하셨나니"라고 했습니다.

그렇게 본다면 맹세 자체가 나쁜 것이 아니라 맹세를 오용하고 악용한 것이 나쁜 것입니다. 아주 중요하고 결정적인 일에서의 맹세는 오히려 더 중요한 의미가 있습니다. 예를 들어 하나님 앞에서의 결혼 서약은 우리가 심각하게 생각하고 검은 머리가 파뿌리가 될 때까지 꼭 지켜야 하는 것입니다. 예수님이 말씀하신 본뜻은 잘못된 맹세, 곧 인간의 이기심을 만족시키는 맹세, 다른 사람을 착취하기 위한 맹세, 자기의 생명을 보전하기 위해서 거짓으로 증언하는 맹세는 절대로 해서는 안 된다는 것입니다. 오직 그리스도인이 해야 할 말은 마태복음 5장 37절에 있습니다.

오직 너희 말은 옳다 옳다, 아니라 아니라 하라 이에서 지나는 것은 악으로부터 나느니라.

말에 대한 책임

우리는 이 말씀에서 첫째, 그리스도인의 언어는 아주 쉽고 단순하다는 것을 알 수 있습니다. 복잡한 변명과 화려한 미사여구가 없고, 진실하고 과장이 없습니다.

둘째, 타협이나 거짓이 없다는 것입니다. 우리는 약속을 해 놓고 지키지 않을 때가 많고, 약속을 바꾸어 버리는 경우도 허다합니다. 약속은 해로울지라도 꼭 지키라는 잠언의 말씀이 있습니다. 타협하지 마십시오. 옳은 것은 옳다고, 틀린 것은 틀리다고 말하십시오. 그러나 그러한 말은 겸손하게 잘 해야 합니다. 어떤 사람은 옳은 것을 주장하는데 너무 건방지고 교만하게 하는 사람이 있습니다. 또 말은 다 옳은데 말마다 다른 사람의 가슴을 뒤집고 긁어놓는 사람이 있습니다. 그런데 어떤 사람은 그 사람과 얘기하고 나면 그렇게 기분이 좋고 위로가 되고 격려가 됩니다. 과연 여러분은 어떤 사람입니까? 말은 그 사람의 인격입니다.

셋째, "옳다, 아니다"라는 말 속에는 책임이 따른다는 사실입니다. 곧 "예, 아니오"에 대한 책임을 져야 한다는 뜻입니다. 만약 어떤 사실이 틀렸다고 비판했다면 그것에 대한 책임을 끝까지 져야 합니다. 남을 비판하고 도망가지 마십시오. 또 남을 선동해 놓고 도망가지 마십시오. 그것은 그리스도인의 언어 생활이 아닙니다. 성경에 "비판을 받지 아니하려거든 비판하지 말라"고 했습니다.

요즘 통일 문제, 학원 문제, 노사 문제 등이 너무나 시끄럽게 우리 주위에서 일어나고 있습니다. 이런 복잡한 세상 속에서 모든 가치관이 흔들리고 우리가 주장하는 민주화의 방법이 너무나 극단적이기 때문에 오히려 10-20년 후퇴하고 있는 것 같습니다. 인간이 한번 흥분하여 칼을 들고 피를 보면 그것을 순화시키는 데 10-20년이 걸린다고 합니다. 아무리 민주화가 되고 인권이 회복되었다 하더라도 이 분노와 복수심의 피를 본 인간들은 이것을 다시 순화시키는 과정에서 얼마나 많은 대가를 치러야 할지 모를 일입니다.

말씀이 곧 행함이셨던 예수님

영국에 대항하는 간디의 금식과 비폭력의 투쟁사를 그린 〈간디〉라는 영화가 있습니다. 이 영화가 비폭력의 승리를 말해 주듯이 우리 그리스도인은 매를 맞고 쓰러지는 한이 있어도 폭력을 써서는 안 됩니다. 끝까지 참고 마지막에 이겨야 합니다. 그리스도인 정치가들은 공약을 지켜야 합니다. 그리스도인 부부는 결혼 서약을 지켜야 합니다. 그리스도인 사업가는 정직해야 합니다. 우리는 어떤 경우에도 위증해서는 안 됩니다. 우리 마음에서 거짓말을 몰아내고 깨끗한 그리스도의 영을 받아 살아야 합니다.

마지막으로 예수님의 언어 생활을 한 번 더 묵상해 봅시다. 예수님의 말씀은 어려운 말씀이 없었고 단순하고, 정직하고, 능력이 있었습니다. 말씀이 곧 행함이었고 언제나 말씀에 대한 책임을 지셨습니다. 예수님은 자신이 못 박혀 죽을 것이고 사흘 후에 부활하리라는 말씀에 책임을 지셨습니다. 예수님의 말씀에는 구원이 있습니다. 격려가 있습니다. 용서가 있습니다. 사랑이 있습니다. 위로가 있습니다. 우리의 말도 그렇게 되기를 바랍니다.

5부

이해할 수 없는 그리스도의 사랑

마태복음 5:38-48

예수님을 닮기를 원하십니까? 원수를 사랑하기 시작하십시오.
그러면 예수님의 형상이 우리의 모습 속에 있게 될 것입니다.
우리를 욕하고 저주하고 박해하는 사람을 위해 기도하십시오.
그때 사람들은 우리의 얼굴에서 예수님의 얼굴을 발견할 것입니다.

33

악을 사랑으로 갚으라

마태복음 5:38-42

복수는 죄인인 인간의 본능 가운데 대표적인 감정입니다. 누군가 우리에게 피해를 주었을 때 그것이 정당하거나 정당하지 않거나 우리는 보복하고 싶은 충동을 느끼기 마련입니다. 또한 이 복수의 문제와 아울러 본문에서 발견할 수 있는 것은 사람은 누구나 자기의 특권과 권리를 주장한다는 것입니다. 사람이 소유해야 할 특권과 권리는 참으로 중요한 것이지만, 그것만을 주장함으로써 생기는 여러 가지 문제에 대해서 예수님이 말씀해 주고 계십니다.

정의라는 이름 뒤에 숨은 복수심

복수하며 사는 사회는 무섭고 잔인한 사회입니다. 또 우리가 우리의 특권과 권리만을 주장하며 산다면 이 사회는 살벌하고 무자비한 사회로 변해 버리고 말 것입니다. 특별히 오늘날 우리가 살고 있는 시대에는 이 두 가지 특징이 두드러지게 나타나고 있습니다. 그것은 정의라는 이름으로 행해지는 보복과 복수의 태도요, 자기의 권리를 바로 찾아야 한다고 민주화의 이름으로 외치는 무질서와 폭력입니다. 물론 우리의 권리는 찾아야 합니다. 그러나 우리는 눈에 보이는 현상보다는 그 뒤에 숨어 있는 인간의 사악함을 보아야 합니다. 사람은 자기의 이기적인 동기와 잘못된 욕심을 멋진 이론으로 합리화하려고 합니다.

바리새인과 서기관들은 누구보다도 하나님을 사랑하고 그의 말씀을 연구했습니다. 그러나 그들은 자기들의 필요에 따라 말씀을 교묘하게 이용하여 인간의 죄, 본능, 죄악성을 숨겨 놓았던 것입니다. 그것을 예수님이 지적해 주셨습니다.

> 또 눈은 눈으로, 이는 이로 갚으라 하였다는 것을 너희가 들었으나
> (마 5:38).

'눈은 눈으로, 이는 이로'라는 말씀은 구약에서 세 번이나 언급되었던 말씀입니다. 우리가 구약 율법의 참된 의미와 정신을 알기 위해 다음 세 곳의 말씀을 찾아보겠습니다.

> 그러나 다른 해가 있으면 갚되 생명은 생명으로, 눈은 눈으로, 이는 이로, 손은 손으로, 발은 발로, 덴 것은 덴 것으로, 상하게 한 것은 상함으로, 때린 것은 때림으로 갚을지니라(출 21:23-25).

> 사람이 만일 그의 이웃에게 상해를 입혔으면 그가 행한 대로 그에게 행할 것이니 상처에는 상처로, 눈에는 눈으로, 이에는 이로 갚을지라 남에게 상해를 입힌 그대로 그에게 그렇게 할 것이며(레 24:19-20).

네 눈이 긍휼히 여기지 말라 생명에는 생명으로, 눈에는 눈으로, 이에는 이로, 손에는 손으로, 발에는 발로이니라(신 19:21).

자비의 법

이 율법은 어떻게 보면 하나님의 잔인하고 야만적이고 무자비한 법으로 보입니다. 그러나 앞뒤 문맥과 전체적인 뜻을 보면 두 가지 깊은 뜻이 내포되어 있음을 알 수 있습니다.

첫째, 그것은 더 이상 보복과 복수의 비극이 번지지 않도록 피해를 최소한으로 줄이는 방법입니다. 즉 보복의 법이 아니라 자비의 법인 것입니다. 이것이 이혼 문제나 맹세 문제와 마찬가지로 율법의 정신입니다. 예를 들어 어떤 사람이 피해를 받았다고 합시다. 재물과 육체의 손상까지 받은 그 사람은 억울하고 분해서 자기가 받은 것 이상의 보복을 하게 됩니다. 욕을 해도 한 마디 더하고 미워해도 한 번 더 미워하게 되니까 성경은 네가 당한 것만큼만 복수하라고 제한을 둔 것입니다. 복수란 언제나 피를 부르는 잔인한 행위입니다.

또 그것은 개인의 문제가 집단의 문제로 번지는 것을 막기 위한 것입니다. 즉 한 사람이 피해를 당했을 때 그 사람이 속해 있는 집단이 피해를 가한 사람의 집단을 전체적으로 공격함으로써 무서운 전쟁을 일으키는 원인이 되기까지 한다는 것입니다. 그래서 씨족 싸움, 부족 싸움, 국가 간 싸움이 생기게 되니까 율법은 이 법을 개인에게 당한 그대로 보복할 수 있게 함으로 더 이상 큰 불행이 일어나지 않도록 제한한 것입니다.

현대의 모든 상황과 사회 구조는 어떻게 변하고 있습니까? 개인의 의견은 중요시하지 않고 모든 것에 집단행동을 합니다. "나는 그렇게 생각하지 않는데 우리 당이 그러니까… 나는 그럴 마음이 없는데 다른 학생들이 다 하니까…"하며 한 사람의 도덕적 결단과는 상관없이 집단의 구조 악이 문제되고 있습니다. 그것은 가해자나 피해자나 마찬가지입니다. 여기서는 한 개인이 죄를 짓고 안 짓고의 문제가 중요하지 않으므로 하나님 앞에서 도망갈 수 있다는 것입니다.

또한 자기가 아무리 착하게 살려고 해도 집단의 구조가 악하기 때문에 "그 구조를 뜯어고쳐야 한다. 체제를 바꾸어야 한다. 기본 질서를 무너뜨리지 않으면 이 악은 없어지지 않는다"라고 한다면 집단끼리의 엄청난 투쟁과 싸움이 일어나는 것입니다. 하나님은 더 큰 불행이 일어나지 않도록 이 율법을 제안해 주셨습니다.

공의의 기준

둘째, 그 말씀은 재판의 공의의 기준을 세워 준 것입니다. 이 율법은 공적으로 재판할 때 쓰도록 만든 것이지 결코 개인이 사사롭게 쓰도록 만든 법이 아니었습니다. 법이 공적으로 사용되지 않고 사사롭게 어떤 개인의 권력과 이익을 위해서 사용될 때 거기에는 엄청난 문제가 발생합니다.

고대 법은 일종의 보복 법이었습니다. 그러나 하나님의 율법은 자비와 사랑의 법입니다. 함무라비 법전은 고대에서 일상생활에 쓰는 원리였습니다. 그 법전 가운데 성경과 같은 내용이 기록된 것도 있지만 정신은 근본적으로 다르다는 것을 알아야 합니다.

이처럼 하나님이 백성을 사랑하고, 용서하고, 더 큰 죄를 짓지 않도록 제한하기 위해 만드신 법을 바리새인과 서기관들은 인간이 복수하고 싶을 때 복수하도록 합리적인 법으로 사용하게 한 것입니다. 그리고 공동으로 사용해야 할 법을 사사롭게 각자가 편리하게 사용하도록 만들었습니다. 이러한 예는 살인, 간음, 이혼, 맹세의 경우에도 똑같이 나타납니다. 이것이 얼마나 무서운 죄인지 말로 다할 수 없습니다. 자기들만의 문제가 아니고 이스라엘 전체가 하나님을 사랑하는 것에서 멀리하도록 하는 결과를 만든 것입니다.

지구상에 이 원리를 아직도 아낌없이 사용하는 사람들이 있습니다. 이슬람교와 아랍 계통의 사람들입니다. 겉으로는 하나님의 뜻이라지만 실제로는 재물의 욕심과 권력의 욕심과 투쟁으로 가득 차 있는 것이 바로 이 아랍 세계요, 이슬람교 세계인 것입니다. 그렇기 때문에 그들은 테러할 수 있고, 성전(聖戰)이란 이름으로 수많은 사람을 죽일 수 있는 것입니다. 지금도 이러한 잘못된 법 해석을 함으로써 수많은 사람을 고통 속에서 헤어나지 못하도록 하는 것을 볼 수 있습니다. 복수를 제한하는 태도와 복수를 합리화하는 태도에는 엄청난 차이가 있는 것입니다.

선으로 악을 이기라

예수님은 인간이면 누구든지 가질 수 있는 복수하고 싶은 마음, 그리고 자기 권리를 주장하고 싶은 마음에 대해서 무엇을 가르쳐 주고 계십니까?

> 나는 너희에게 이르노니 악한 자를 대적하지 말라 누구든지 네 오른편 뺨을 치거든 왼편도 돌려 대며(마 5:39).

여기서 '악한 자를 대적하지 말라'는 말씀을 잘못 해석하면 악한 자를 피하라거나 또는 악과 투쟁하는 것을 포기하라는 말로 오해할 수 있습니다. 그러나 실제로는 정반대의 뜻입니다. 만약 악한 세상, 악한 구조, 악한 사람을 대적하지 않고 그들을 피해서 가야 한다면 우리는 산으로 가서 기도만 해야겠지요. 그렇다면 결국 그리스도인은 세상 속에 들어가서는 살 수 없는 사람밖에 되지 못하는 것입니다. 그러나 '대적하다'라는 헬라어 동사 '안티스테미'(anthistemi)는 강경하게 저항하거나 반대한다는 뜻으로, 악한 자를 대적하지 말라는 말씀의 본뜻은 악을 행하게 하는 사탄을 강하게 대적하되, 사탄의 힘을 입어 악을 행하는 사람들에게는 복수하지 말라는 뜻입니다.

그래서 야고보서 4장 7절에서 "그런즉 너희는 하나님께 복종할지어다 마귀를 대적하라 그리하면 너희를 피하리라"고 했고, 고린도전서 5장 13절에서는 "밖에 있는 사람들은 하나님이 심판하시려니와 이 악한 사람은 너희 중에서 내쫓으라"고 했습니다.

예를 들면 예수님이 성전에서 종교의 이름으로 돈을 바꾸며 장사하는 사람들을 향하여 채찍을 드시고 그들에게 분노를 쏟으며 성전 밖으로 내쫓으셨던 일이 있습니다. 악과 타협하거나 불의와 타협하지 않으셨던 예수님의 모습입니다. 예수님은 이렇게 말씀하셨습니다.

네 형제가 죄를 범하거든 가서 너와 그 사람과만 상대하여 권고하라 만일 들으면 네가 네 형제를 얻은 것이요 만일 듣지 않거든 한두 사람을 데리고 가서 두세 증인의 입으로 말마다 확증하게 하라 만일 그들의 말도 듣지 않거든 교회에 말하고 교회의 말도 듣지 않거든 이방인과 세리와 같이 여기라(마 18:15-17).

이것이 악에 대한 예수님의 태도였습니다. 어떤 의미에서 우리 그리스도인은 불의와 죄악에 대해서 너무나 소극적인지도 모릅니다. 그러나 예수님은 우리에게 악을 모른 체하거나 악한 행동을 묵인하라고 요구하신 것이 아니라 단지 악을 행하는 사람에게 복수하지 말라고 하신 것입니다. 이 말씀이 로마서에 자세히 기록되어 있습니다.

아무에게도 악을 악으로 갚지 말고 모든 사람 앞에서 선한 일을 도모하라 할 수 있거든 너희로서는 모든 사람과 더불어 화목하라 내 사랑하는 자들아 너희가 친히 원수를 갚지 말고 하나님의 진노하심에 맡기라 기록되었으되 원수 갚는 것이 내게 있으니 내가 갚으리라고 주께서 말씀하시니라 네 원수가 주리거든 먹이고 목마르거든 마시게 하라 그리함으로 네가 숯불을 그 머리에 쌓아 놓으리라 악에게 지지 말고 선으로 악을 이기라(롬 12:17-21).

세상의 법은 악을 악으로 이기는 것이지만 예수님은 선으로 악을 이기라고 말씀하십니다. 폭력을 폭력으로 막고, 복수를 복수로 대하는 곳에는 더 큰 폭력과 더 비참한 복수가 있을 뿐입니다. 예수님은 칼을 쓰는 자는 칼로 망한다고 말씀하셨습니다.

그러면 어떻게 선으로 악을 이길 수 있겠습니까? 도대체 어떻게 사랑으로 미움을 이길 수 있겠습니까? 예수님이 네 가지 실례를 들어 주셨습니다.

첫째, 너의 오른편 뺨을 때림으로써 모욕을 주는 사람이 있을 때 어떻게 할 것인가?

둘째, 너에게 소송을 걸어서 고발함으로써 너의 안전과 권리를 빼앗으려는 사람이 있을 때 어떻게 할 것인가?

셋째, 너에게 원하지 않는 강제 노동을 시킴으로써 너의 자율성과 자유를 박탈하려는 사람이 있을 때 어떻게 할 것인가?

넷째, 너에게 돈을 꾸고서 갚지 않으므로 너의 재물을 축내려는 사람에게는 어떻게 할 것인가?

이러한 네 가지 현실은 실제로 우리 생활에서 자주 일어나는 일들입니다. 먼저 그 첫 번째 경우를 생각해 보겠습니다.

원수는 주님이 갚으시리라

뺨을 맞아 본 경험이 있습니까? 뺨을 맞는다는 것은 우리의 존엄성과 인권을 유린당하는 것입니다. 특별히 상대방의 오른편 뺨을 때린다는 얘기는 뺨을 치는 사람이 대부분 오른손을 쓰게 되므로 결국은 치는 사람의 오른손 등으로 때려야 가능하게 됩니다. 그것은 유대 랍비들의 경우에 있어서 두 배의 모욕을 주는 것을 의미합니다.

실제로 뺨뿐만 아니라 머리채를 끌고 다니며 벽에 부딪히게 하고 구타하는 경우를 보게 됩니다. 특히 돈이나 정욕에 어두운 지성인의 경우 혹은 술과 도박에 미친 사람의 경우에는 더 잔인하고 무섭습니다. 남편에게서 도망갈 수도 없는 상황에서 매를 맞고 정신 착란증에 걸려 입원하는 여성들도 있습니다. 이렇게 모욕을 당하고 매 맞는 이야기를 듣고 있노라면 저 자신이 흥분되어 절대 용서하지 말라고 소리 지르고 싶습니다.

그러나 예수님은 오른편 뺨을 맞거든 왼편 뺨까지 내어 주라고 하셨습니다. 참 감당하기 어려운 말씀입니다. 여기에, 우리가 오해해서는 안 될 부분이 있습니다. 그것은 파렴치한 술주정뱅이나 폭군이나 악한 사람들이 때릴 때 그냥 매를 맞고 있으라는 뜻이 절대로 아닙니다. 그런 미친 사람들이 때릴 때 왼편 뺨까지 내어 주라는 얘기가 아닙니다. 그때는 빨리 피하는 것이 좋습니다.

그러면 왼편 뺨을 돌려 대라는 뜻은 무엇이겠습니까? 그것은 복수와 보복을 하기 위해 악을 사용하지 말라는 의미입니다. 성경은 우리에게 말합니다. "원수 갚는 것은 내게 있으니 내가 갚으리라." 그 사람을 회개시켜서 새사람으로 만들어 주시든지 채찍을 들어 치시든지 둘 중 하나로 하나님이 갚아 주실 것입니다. 하나님은 우리를 너무 사랑하시기 때문에 우리의 손에 피를 묻히기를 원하지 않으시고, 우리 입에 욕을 담게 하지 않으십니다. 다만 "너는 사랑하라. 너는 적극적으로 대처하라. 너는 용서하라. 원수 갚는 것은 내가 하겠다"고 말씀하십니다. 이것은 역사를 이해하는 데도 똑같이 적용됩니다. 구조적인 악에 있어서도 마찬가지입니다. 그래서 기독교에는 혁명이 없고 피를 흘리지 않는 개혁이 있을 뿐입니다. 순종과 용서를 통해서 이겨야 합니다. 그렇지 않다면 영원히 피를 낳게 됩니다. 이제 실제 생활에서 왼편 뺨을 돌려 대었던 몇 사람의 예를 들어 보겠습니다.

왼편 뺨을 돌려 대었던 사람들

어떤 유명한 권투 선수가 주님에게 돌아왔습니다. 그는 광산촌에 살았는데 그를 평소에 두려워하고 무서워했던 한 사람이 그 힘센 권투 선수가 예수 믿고 변했다는 말을 듣고 느닷없이 주먹으로 그를 쳤습니다. 그 권투 선수는 얼마든지 그 사람을 때려 눕힐 힘이 있었으나 얻어맞고는 도리어 "주님, 내 죄를 용서해 주신 것처럼 저 사람의 죄도 용서해 주시기 바랍니다"라고 기도했습니다. 그 후 일격을 가했던 사람은 권투 선수의 기도와 태도를 보고 변화되어 결국 예수를 믿게 되었습니다.

유명한 허드슨 테일러 이야기입니다. 그가 중국에 있을 때 중국인의 모습으로 전도하기 위해 그 나라 옷을 입고서 강을 건너려고 배를 하나 빌렸습니다. 그런데 마침 그 자리에 거만한 중국인 부자가 한 명 있었는데 허드슨이 배를 타려고 하자 그 부자는 자기가 타야 한다면서 허드슨을 완력으로 밀어 진흙탕 속에 넘어지게 했습니다. 그러나 허드슨은 화를 내거나 욕하지 않고 웃으면서 진흙 바닥에서 일어났습니다. 그때 뱃사공이 그 부자에게 "이 배는 당신이 빌린 것이 아니라 이분이 빌린 것입니다. 그리고 이분은 외국분이십니다"라고 말해 주었습니다. 허드슨은 오히려 웃으며 그 사람에게 자기 배를 같이 타고 가자고 했고, 그 부자는 이 사건 이후로 큰 충격을 받고 그리스도인이 되었습니다.

미국에 세탁업을 하는 참으로 신실한 그리스도인이 있었다고 합니다. 그런데 어떤 성격 못된 사람이 자기가 제일 좋아하고 아끼는 옷을 그 세탁소에 맡겼는데, 옷이 없어졌다고 야단을 부리며 동네에다 도둑이라고 소문냈습니다. 그리고 세탁소 주인에게 옷을 내놓으라고 일주일 동안 괴롭히고 욕을 했습니다. 그러나 세탁소 주인은 전혀 화를 내지 않고 그럴 리가 없다고 공손히 답변했습니다. 2주일 후에 그 옷이 욕하던 사람 집에서 발견되었습니다. 얼마나 무안하고 창피했을까요? 그 후 세탁소 주인의 태도에 감동한 그 사람은 예수를 믿게 되었습니다.

사랑으로 대응하는 그리스도인

사람들이 우리를 모욕하고 억울한 소리를 할 때 화내지 않고 오히려 적극적으로 그를 위해 기도해 주며 시간이 지나 해결되기를 기다리는 태도, 이것이 잘못을 행하는 사람에게 왼편 뺨까지 돌려 대는 그리스도인의 태도입니다. 그런데 우리는 사소한 일 때문에 소리지르고 흥분하고 화를 내고 모욕을 못 참아서 얼굴을 붉힙니다. 오늘 예수님은 "누가 너에게 오른편 뺨을 손등으로 때린다 할지라도 너는 적극적으로 왼편 뺨을 돌려 대라"고 말씀하십니다. 예수님은 이러한 모범을 실제로 보이셨습니다.

나를 때리는 자들에게 내 등을 맡기며 나의 수염을 뽑는 자들에게 나의 뺨을 맡기며 모욕과 침 뱉음을 당하여도 내 얼굴을 가리지 아니하였느니라(사 50:6).

그는 죄를 범하지 아니하시고 그 입에 거짓도 없으시며 욕을 당하시되 맞대어 욕하지 아니하시고 고난을 당하시되 위협하지 아니하시고 오직 공의로 심판하시는 이에게 부탁하시며(벧전 2:22-23).

지금 억울한 일을 당하고 있습니까? 모욕을 참는 것이 전도입니다. 거기서 화를 내고 소리를 지르면 전도는 끝난 것입니다. 후에 아무리 좋은 소리를 해도 그 사람은 듣지 않습니다. 적극적으로 우리를 모욕하고 인권을 짓밟는 사람에게 사랑으로 나아가십시오. 인격으로 대하십시오. 시간 싸움을 하십시오. 우리는 승리하게 될 것입니다. 세월이 지난 후에 그들이 우리를 다르게 볼 것입니다. '저 사람 속에는 우리에게 없는 그 무엇이 정말 있구나'라고 생각할 것입니다.

찰스 스펄전은 세상 사람이 쇠망치를 들고 때릴 때 그리스도인은 그 철받침이 되어야 한다고 했습니다. 또 사람들이 돌로 쳐 죽이려고 할 때 "주여, 저들의 죄를 용서해 주시옵소서"라고 하며 천사의 웃음을 짓는 사람이 그리스도인이라고 했습니다.

34

사랑은
돌처럼 굳은 마음도 움직인다

마태복음 5:38-42

예수님은 앞 장의 말씀을 통해 우리에게 복수하고 싶은 마음이 생길 때 어떻게 처신해야 하는지를 설명해 주셨습니다. 복수에 대한 예수님의 대답은 "악한 자를 대적하지 말라"였습니다. 이 말씀의 뜻은 악한 자를 피하거나 타협하라는 뜻이 아니고 단지 악을 악으로 갚지 말라는 뜻이었습니다. 이것은 곧 "원수 갚는 일은 내가 한다. 너는 모든 사람과 더불어 화해하고 선을 도모하기를 애쓰라. 결코 악을 악으로 갚지 말고 선으로 악을 이기라"(롬 12:17 참조)는 로마서 말씀과 일치하는 것입니다.

예수님은 또한 우리가 현실적으로 어려움을 당하는 네 가지 경우를 예로 드시면서 답을 주셨습니다. 첫 번째는 누구든지 네 오른편 뺨을 치거든 왼편 뺨을 돌려 대라는 말씀이었습니다. 이것은 세상 사람이 손등으로 오른편 뺨을 칠 정도의 모욕을 주었을지라도 그리스도인은 나머지 왼편 뺨마저 내놓을 정도로 사랑과 용서를 베풀라는 좀 더 적극적인 방법이었습니다.

다음은 두 번째의 경우입니다.

또 너를 고발하여 속옷을 가지고자 하는 자에게 겉옷까지도 가지게 하며(마 5:40).

이 경우는 사람들이 억울하게 누명을 씌우고 법정까지 끌고 가 우리의 안전과 권리를 착취하려는 경우입니다. 교활한 사람들이 수단과 방법을 가리지 않고 현실적으로 법을 악용해서 순진하고 아무 힘이 없는 사람들을 괴롭히고 착취하는 경우를 보게 되는데, 이럴 때 우리는 어떻게 해야 하는가의 문제입니다.

요즘 사람들은 자기의 모든 권리를 주장하고 찾기에 혈안이 되어 있습니다. 또 자기의 권리를 주장하기 위해서 타인의 권리를 무시하고 짓밟는 경우가 허다합니다. 세상이 온통 권리 선언으로 꽉 차 있는 것 같습니다. 권리 선언이란 사람의 기본적 자유를 말하는 헌법 조문입니다. 여기에는 개인의 의사 표현의 자유와 종교, 출판, 집회의 자유, 정치에 참여할 수 있는 자유, 재산을 소유할 수 있는 경제 참여의 자유 등이 있고 배심에 의한 재판의 권리와 법 앞에서의 평등의 권리도 있습니다.

예를 들면 1215년 영국의 마그나 카르타, 1776년 미국의 독립선언문, 1789년 프랑스의 인간과 시민의 권리 선언, 1948년 UN 총회가 결정한 국제 권리 선언 등이 이에 속합니다. 우리나라에도 건국 이래 대한민국 헌법이 있었고, 그 헌법에 명시된 국민의 기본 권리가 있습니다. 이렇게 볼 때 인간이 자기 권리를 갖는다는 것은 인간 삶의 중요한 모든 면을 말하는 것 같습니다. 그러나 문제는 사람들이 이러한 권리를 이야기하면서 자기가 마땅히 해야 할 의무에는 관심이 없다는 것입니다. 자기의 권리만을 추구하는 것에는, 그 내면을 깊이 들여다보면 바로 인간의 이기적이고 자기중심적인 죄의 속성이 깔려 있는 것입니다.

우리 주위를 잠깐 돌아보십시오. 권리 주장이 넘쳐흐르고 있는 것을 쉽게 발견합니다. 남편과 아내 사이에, 부모와 자식 사이에, 정부와 국민 사이에, 교수와 학생 사이에 나타나는 것은 끝없는 자기 권리의 주장뿐입니다. 이렇게 자기 권리만을 주장하는 곳에 무엇이 있겠습니까? 이러한 문제에 대해 우리는 예수님의 말씀에 귀 기울여야 합니다.

40절 말씀은 속옷을 빼앗기지 않으려고 발버둥 칠 것이 아니라 적극적으로 겉옷까지 줌으로써 문제를 다른 차원에서 해결하도록 하신 예수님의 방법입니다. 이것은 참으로 놀랍고 충격을 주는 말씀입니다. 왜냐하면 실천하기가 쉽지 않기 때문입니다. 우리는 이 말씀의 뜻을 이해하기 위하여 그 당시 법으로 잠깐 들어가야 합니다. 그 시대의 속옷은 무명이나 아마로 짠 한 통의 된 자루와 같은 것으로서 키톤(chiton)이라고 불리는 것이었습니다. 겉옷은 여러 가지 색깔로 화려하게 만든 것인데, 이것은 모포와 같은 것으로 낮에는 의복으로, 밤에는 이불로 사용되었습니다. 그래서 유대인의 법에 보면 속옷은 저당 잡힐 수 있으나 겉옷은 어떤 이유로든지 저당 잡힐 수가 없었습니다.

네가 만일 이웃의 옷을 전당 잡거든 해가 지기 전에 그에게 돌려보내라 그것이 유일한 옷이라 그것이 그의 알몸을 가릴 옷인즉 그가 무엇을 입고 자겠느냐 그가 내게 부르짖으면 내가 들으리니 나는 자비로운 자임이니라(출 22:26-27).

사람들이 재판을 걸어 우리의 속옷을 빼앗아 가려고 할 때 우리가 법적으로 주지 않아도 되는 겉옷마저 주라고 하신 예수님의 의도는 무엇이겠습니까?

첫째, 모든 그리스도인은 자기가 누려야 할 권리가 있지만 결코 그 권리에 집착해서는 안 된다는 것을 보여 주고 있습니다. 세상 사람은 피를 흘리며 투쟁하고, 권모술수를 써 가며 자기의 권리를 주장합니다. 그러나 예수님은 참된 기독교의 정신은 자기 권리를 주장하지 않는 것이라고 말씀하십니다. 그리스도인은 법적인 권리까지 주장하면서 자기의 이익과 욕심을 채우는 사람이 아니고, 오히려 다른 사람의 권리를 존중해 주고 더 적극적으로 도와주는 사람입니다. 이렇게 볼 때 "그렇다면 악이 승리할 것이 아닌가?"라는 불안이 앞서고 악한 사람들이 세상을 지배할 것 같습니다. 그러나 그렇지 않습니다. 언제나 선이 악을 이기고 사랑이 미움을 이깁니다.

요즘 세상 사람을 보십시오. 자기의 권리가 영원히 견고해지도록 수단과 방법을 가리지 않고 있습니다. 그리고 누군가 우리에게 이렇게 속삭입니다. "너는 반드시 그것을 가져야 한다. 그것을 갖기 위해 부정하라. 절대 마음 약하게 먹지 마라. 이 고비만 넘기면 된다", "포기하지 말고 투쟁하라. 네가 그것을 포기하면 너는 여기서 망한다. 죽을지도 모른다. 그러니까 나라가 망하든 말든, 회사가 깨어지든 말든, 가정이 깨지고 누가 죽든 말든 너는 그 권리를 반드시 취해야 한다. 절대 양보하지 마라"

이것이 바로 세속 정신이요 무신론자의 대변입니다. 그러나 여기서 빌립보서 말씀을 소개하고 싶습니다.

> 너희 안에 이 마음을 품으라 곧 그리스도 예수의 마음이니 그는 근본 하나님의 본체시나 하나님과 동등 됨을 취할 것으로 여기지 아니하시고 오히려 자기를 비워 종의 형체를 가지사 사람들과 같이 되셨고 사람의 모양으로 나타나사 자기를 낮추시고 죽기까지 복종하셨으니 곧 십자가에 죽으심이라(빌 2:5-8).

예수님이 자기 권리를 주장하셨다면 우리는 어찌 되었겠습니까? 그분이 인간이 되기를 거부하고 십자가 지는 일을 거부하셨다면 우리의 구원이 있었겠습니까? 예수님의 생애를 돌이켜 보면 자기가 당연히 누려야 할 권리를 포기하셨을 뿐만 아니라 자기가 받아야 할 영광을 하나도 받지 않으셨습니다. 그분은 힘이 있었으나 힘을 사용하지 아니하셨고 권리를 누릴 수 있었으나 권리를 사용하지 않으셨습니다. 오히려 손해를 보고 박해를 받고 권리를 포기

했으며, 나아가 적극적으로 용서하고 사랑하고 화해자가 되셨던 분이 바로 예수님이셨습니다.

그런데 문제는 이러한 권리를 추구하는 세속 정신이 교회 안에 들어와서 서로의 권리를 주장하는 것입니다. 그것이 교회에서는 어떻게 표현되겠습니까? "나는 이 교회에 공로가 있다", "나는 이 교회의 창립 멤버다", "나는 헌금을 많이 낸 사람이다", "나는 봉사를 많이 한 사람이다"라고 생각하거나 떠들며 권리를 주장하는 것으로 나타납니다. 이러한 목소리들이 커질 때 교회는 금이 가고 깨어지는 전초전이 되는 것입니다. 이것이 과거 한국 교회가 깨졌던 이유고, 교권과 교파 싸움의 이유였습니다.

자기 권리를 주장하는 태도를 버리십시오. 속옷을 달라고 하면 겉옷까지 주십시오. 오히려 더 사랑하지 못해서 죄송하고, 더 양보하지 못해서 미안하게 생각하며 사십시오.

저당 잡을 수 없는 겉옷까지 준다면 무슨 일이 일어나겠습니까? 사랑과 용서의 기적이 일어날 것입니다. 당장이 아닐 수도 있습니다. 어쩌면 우리는 겉옷을 빼앗겨서 고통스럽고 수치스러운 세월을 얼마간 보낼 수도 있습니다. 그러나 우리 인생의 궁극적인 승리는 하나님이 안겨 주실 것입니다. 한 곳에서는 실패했다 할지라도 다른 곳에서는 성공을 허락해 주실 것입니다. 이것을 믿는 것이 신앙입니다.

그래서 많은 선교사가 자기가 누려야 할 권리를 다 포기하고 오지로 들어가는 것입니다. 또한 많은 진실한 사람이 안락하게 살아야 할 모든 권리를 포기하고 가난한 자들 속에 들어가서 평생을 그들과 같이 사는 것입니다. 테레사 수녀를 보십시오. 그녀는 인간으로서, 한 시민으로서 누려야 할 모든 권리를 포기한 채 스스로 속박을 당하고, 가난해지고, 고난을 자처하고, 어용을 겪으면서도 하늘을 향해 웃으며 기쁨으로 살았습니다.

그러나 한 가지 조심할 일이 있습니다. 그것은 개인의 문제가 아니고 공공의 문제일 경우입니다. 즉 어떤 사람이 법을 무시하고 극악무도한 일을 행할 때는 그것을 적극적으로 막아야 합니다. 예수님과 바울의 경우도 그랬습니다.

네 형제가 죄를 범하거든 가서 너와 그 사람과만 상대하여 권고하라 만일 들으면 네가 네 형제를 얻은 것이요 만일 듣지 않거든 한두 사람을 데리고 가서 두세 증인의 입으로 말마다 확증하게 하라 만일 그들의 말도 듣지 않거든 교회에 말하고 교회의 말도 듣지 않거든 이방인과 세리와 같이 여기라 (마 18:15-17).

이것은 겉옷까지 주라는 말과 약간 상충되는 말임을 발견하게 됩니다. 사도행전 16장 39절에서 바울은 사람들이 로마 시민권을 가졌던 자기를 잘못 취급했을 때 정식으로 항의했습니다. 이렇게 개인의 문제가 아니고 공공의 문제일 경우에, 즉 자기 자신을 보호

하는 문제가 아니고 진리의 문제일 때에는 법의 질서 안에서 정정
당당하게 거부했던 것입니다. 여기서 혼돈이 일어나지 않기를 바
랍니다. 그리스도인은 법과 질서를 지켜야 합니다. 불의와 불공평
에 대해서 타협해서는 안 됩니다.

이제 세 번째 경우를 생각해 보겠습니다.

> 또 누구든지 너로 억지로 오 리를 가게 하거든 그 사람과 십 리를 동
> 행하고(마 5:41).

이 경우는 사람들이 법을 이용하여 강제로 노동을 시키거나 일
을 하게 하므로 우리의 자유와 인권을 박탈하는 경우입니다. 이것
은 역사적으로 볼 때 로마의 피점령국에서 실제로 있었던 것입니
다. 한 장소에서 다른 장소로 물건을 이동하거나 우편물을 배달할
때 강제로 사람을 차출하여 썼습니다. 특별히 권력이 있는 사람들
이 이 법을 악용하여 사람들을 괴롭혔습니다.

이런 예를 성경에서 볼 수 있습니다. 예수님이 십자가를 더 이상
질 수 없으셨을 때 옆에 있던 구레네 시몬을 강제로 차출하여 십자
가를 지게 할 수 있었던 법이 바로 이 법입니다. "너는 이 짐을 지
고 다음 역까지 오 리를 가라" 하면 그것이 피점령국에서는 바로
법이 됩니다. 이런 명령을 받았을 때 얼마나 억울하고 기분이 나쁘
겠습니까? 결코 그것은 기쁘게 웃으며 할 일이 아닙니다. 그러나

그런 경우에도 예수님은 다음과 같이 말씀하셨습니다. "또 누구든지 너로 억지로 오 리를 가게 하거든 그 사람과 십 리를 동행하라." 이것이 예수님의 정신이요 기독교의 본질입니다.

그러면 의롭지 못한 정부 밑에 있는 그리스도인, 곧 공산 치하에 있는 그리스도인은 어떻게 살아야겠습니까? 강제 노동을 할 수밖에 없는 상황에 놓여 있는 그들에게도 예수님은 항의하라고 하지 않으셨습니다. 정부가 우리에게 부당한 것을 요구하고 명령할 때도 순종해야 한다고 말씀하신 것입니다. 이러한 해석에 많은 사람이 분개하고 이의를 말합니다만 성경은 분명히 누군가 우리에게 억지로 오 리를 가게 할 때 기쁘게 그 사람과 십 리를 동행하라고 말씀하고 있습니다. 또한 말도 안 되는 명령을 내리는 사업상의 주인에게까지도 순종하라고 했습니다.

> 사환들아 범사에 두려워함으로 주인들에게 순종하되 선하고 관용하는 자들에게만 아니라 또한 까다로운 자들에게도 그리하라 부당하게 고난을 받아도 하나님을 생각함으로 슬픔을 참으면 이는 아름다우나(벧전 2:18-19).

저는 이 말씀을 곰곰이 묵상하다가 이 말씀이 옳다고 내면에서 소리를 지르게 되었습니다. 왜냐하면 그렇게 무자비하게 행동하던 로마는 A.D. 313년에 마침내 기독교 국가가 되고 만 것입니다.

놀라운 일입니다. 악이 승리한 것 같았지만 그리스도인이 십 리를 기쁘게 가 주었기 때문에 그들은 뒤집어지고 말았습니다. 드디어 로마는 그리스도인 때문에 역사에서 자취를 감추게 되었습니다. 이것이 예수님의 승리입니다. 그리스도인은 지는 것 같지만 이기는 사람입니다. 안 되는 것 같지만 되는 사람입니다.

이러한 말씀에 비추어 볼 때 오늘날 한국 기독교는 현실에 대처하는 데 있어 두 가지를 실수했습니다. 첫째는 일부 기독교 세력이 신앙적인 의지 없이 정부에 무조건 아부했던 일이고, 둘째는 정부에 대해 무조건 폭력으로 대항하고 복수했던 일입니다. 이 둘은 모두 기독교의 참된 태도가 아닙니다. 잘못된 것임을 알면서도 법과 질서를 지켜 주고, 질서를 통해 불의와 타협하지 않는 하나님의 정의를 끝까지 실현해 나가는 태도가 필요합니다. 예수님이 말씀하신 참뜻은 우리의 외적인 변화가 아니라 내적인 변화가 중요하며, 폭력이 아니라 기도와 사랑을 통해 인내로 십자가를 지고서 궁극적으로 승리하는 것을 뜻합니다. 우리는 언제나 사랑의 방법으로 개혁해야 합니다.

이 말씀은 또 한 가지 우리가 직장에서 일할 때 어떠한 자세로 해야 하는가의 문제에 적용할 수 있습니다. 월급 받으니까 일한다는 태도나 직책상 어쩔 수 없이 순종한다면 불행한 사람입니다. 직장은 하나님이 주신 일터요 섬겨야 할 자리라고 생각하고 충성을 다해야 합니다. 월급 받는 것만큼만 일한다는 것은 그리스도인의 정신이 아닙니다. 그리스도인은 월급 때문이 아니라 하나님이 우리에게 주시는 삶의 의미 때문에 충성스럽게 최선을 다하는 사람입니다. 비록 그 요구가 무례하고 불합리하다 할지라도 돕겠다는 심정으로 말입니다.

이 원리는 가정에서도 적용됩니다. 남편이 다섯 번 시키면 아내는 열 번 순종해야 합니다. 아내가 다섯 번 요구하면 남편은 열 번 응답해야 합니다. 여기서 우리는 세상이 알지 못하는 비밀의 능력과 순종의 능력이 나타나는 것을 발견할 것입니다.

이제 다음과 같은 결론을 내리고 마치겠습니다.

첫째, 그리스도인은 어떤 계획적인 모욕과 치명적인 모욕에 대해서 분개하거나 복수해서는 안 됩니다.

둘째, 그리스도인은 어떤 법적인 권리나 주장을 내세워서도 안 됩니다.

셋째, 그리스도인은 어떤 경우에서도 남을 돕고 순종하고 충성해야 합니다.

예수 그리스도가 실제로 이렇게 사셨습니다. 오늘 예수님을 따른다는 우리가 바로 이러한 태도를 가져야 하는 것이 아닐까요? 오 리를 가자고 하면 십 리를 가십시오. 정부에게 순종하는 태도가 필요합니다. 직장에서 요구하는 것보다 더 기쁘게 일해 주십시오. 이 말씀의 비밀이 여러분의 가정에도 있기를 바랍니다.

35

십자가만 간직하고
모두 나누라

마태복음 5:38-42

이 장에서는 보복하지 않는 원리의 네 번째 실례에 해당하는 부분을 강해하겠습니다. 앞 장에서는 권리에 관한 문제를 생각해 보았는데 여기서는 소유에 관한 문제를 생각해 보겠습니다.

> 네게 구하는 자에게 주며 네게 꾸고자 하는 자에게 거절하지 말라
> (마 5:42).

이 말씀은 누군가 우리에게 무엇을 요구할 때, 한 걸음 더 나아가 구체적으로 어떤 압력을 가하면서 무엇을 꿔 달라고 했을 때 우리가 어떻게 할 것인가에 대한 문제, 즉 그리스도인의 태도에 대해 말씀하신 것입니다. 이것은 얼핏 생각하면 굉장히 당황할 수밖에 없는 말씀입니다. 그렇지 않아도 꿔 달라는 사람이 많은데 그것을 다 들어주자니 재산이 축나겠고, 안 들어주자니 하나님 말씀을 거역하는 것 같은 양심의 갈등을 느끼기 때문입니다. 그러나 깊이 생각해 보면 이 안에 놀라운 축복의 비밀이 있는 것을 발견할 것입니다.

소유의 노예가 된 사람들

대부분의 사람은 권리에 있어서와 같이 소유에도 노예가 되어 있습니다. 그래서 자기가 무엇을 가져야만 행복하다고 생각하고, 또 원하는 것을 소유하면 행복해질 것이라고 생각합니다. 또한 자기가 어떤 사람인가를 결정짓는 것은 자기가 무엇을 얼마만큼 가지고 있느냐에 달려 있다고 생각합니다. 이와 같이 사람들은 끊임없는 소유욕에 사로잡혀서 평생 동안 잘못된 환상에 속아 살아가는데, 이것은 마치 무지개를 좇거나 신기루를 쫓아다니는 것과도 같습니다.

세상적인 현실은 돈이 없으면 무엇인가 위축되고 기를 못 피며, 돈이 좀 있으면 어깨가 펴지고 여유 만만해집니다. 그래서 사람들은 어떻게 해서든지 돈을 벌어 큰 집에 살려 하고, 높은 지위를 차지해서 자기 인생의 의미와 삶의 보람을 거기에서 찾으려는 것입니다. 흔히들 '상대적 빈곤'이라는 말을 합니다. 분명히 없는 것은 아닌데 다른 사람과 비교해서 생각할 때 스스로 빈곤하다고 느끼며 실제로 비참하고 불행하게 사는 것입니다. 성경은 잘못된 소유욕에 대해서 끊임없이 경고하고 있습니다.

들으라 너희 중에 말하기를 오늘이나 내일이나 우리가 어떤 도시에 가서 거기서 일 년을 머물며 장사하여 이익을 보리라 하는 자들아 내일 일을 너희가 알지 못하는도다 너희 생명이 무엇이냐 너희는 잠깐 보이다가 없어지는 안개니라(약 4:13-14).

이것은 끊임없는 소유욕의 열병을 앓고 있는 현대인에게 주시는 하나님의 말씀입니다. 성경은 소유욕의 허상에 대해서 경고하고 있으나 많은 사람은 그 환상을 버리지 못하고 있습니다.

우리가 세상에 아무것도 가지고 온 것이 없으매 또한 아무것도 가지고 가지 못하리니 우리가 먹을 것과 입을 것이 있은즉 족한 줄로 알 것이니라 부하려 하는 자들은 시험과 올무와 여러 가지 어리석고 해로운 욕심에 떨어지나니 곧 사람으로 파멸과 멸망에 빠지게 하는 것이라 돈을 사랑함이 일만 악의 뿌리가 되나니 이것을 탐내는 자들은 미혹을 받아 믿음에서 떠나 많은 근심으로써 자기를 찔렀도다(딤전 6:7-10).

소유욕, 타락한 인간의 본성

그러면 이러한 소유욕의 본질은 무엇입니까? 그것은 한마디로 타락한 인간의 본성입니다. 즉 인간의 본성은 주기보다는 받기를 좋아하며 포기하기보다는 소유하기를 좋아하는 것입니다. 모든 전쟁과 폭력, 살인과 싸움은 바로 소유의 싸움이요 소유의 전쟁입니다. 소유의 환상은 끝이 없습니다. 돈은 돈을 추구하고 권력은 권력을 추구하고 쾌락은 쾌락을 추구합니다. 소유욕을 없애는 비결은 포기입니다. 그러나 소유욕의 노예가 된 사람에게는 포기라는 단어가 없습니다. 왜냐하면 모든 것을 다 자기 것으로 만들어야만 하기 때문입니다.

그러나 엄밀한 의미에서 인간에게는 '소유'라는 것이 없습니다. 즉 인간이 가지고 있는 것은 한 가지도 없고 모든 것은 임시로 차용한 것에 불과하다는 말입니다.

성경에 보면 우리의 수(壽)가 잘 살면 칠십이요 강건하면 팔십이라고 했습니다. 우리의 생명은 주인이신 하나님에게 잠깐 위탁받은 것입니다. 우리의 두뇌와 재능도, 재산이나 자녀까지도 우리의 것이 아닙니다. 일정한 시간이 지나면 주인에게 돌려드려야 합니다. 그래서 진정한 그리스도인에게는 소유의 삶이 없고, 청지기의 삶이 있을 뿐입니다. 우리의 인생이 이와 같건만 사람들은 이 땅에서 자기 왕국을 넓혀 가며 여기서 천년만년 살 것처럼 착각하며 살아가고 있습니다.

우리의 주인이신 예수님은 다음과 같이 말씀하십니다.

그러므로 염려하여 이르기를 무엇을 먹을까 무엇을 마실까 무엇을 입을까 하지 말라 이는 다 이방인들이 구하는 것이라 너희 하늘 아버지께서 이 모든 것이 너희에게 있어야 할 줄을 아시느니라 그런즉 너희는 먼저 그의 나라와 그의 의를 구하라 그리하면 이 모든 것을 너희에게 더하시리라(마 6:31-33).

먹을 것이 있고, 입을 것이 있고, 잠잘 곳이 있으면 그곳이 비록 셋방이라 할지라도 하나님이 주신 분수요 축복입니다. 성경 말씀에 예수님이 너희에게 요구하는 자에게 주고 너희에게 꾸고자 하는 자에게 거절하지 말라고 하신 것은 바로 이러한 기본적인 문맥에서부터 이해해야만 깊이 이해할 수 있습니다.

원래 우리의 것은 없다

그러면 42절 말씀 속에 숨은 뜻을 생각해 봅시다.

첫째, 우리가 앞에서도 말했듯이 인간의 소유란 없다는 것입니다. 모든 것이 하나님으로부터 온 것입니다.

이는 만물이 주에게서 나오고 주로 말미암고 주에게로 돌아감이라 (롬 11:36).

현명한 부부는 자녀가 자기의 것이 아니라고 빨리 포기하는 부부입니다. 자녀는 하나님의 것입니다. 그런데 얼마나 많은 부모가 자녀를 자기 소유물로 착각하여 자녀 교육에 미치고, 잘못 키우고, 환상 속에 살다가 나중에 자녀들에게 배신을 당하고 깊은 상처를 받습니까? 아이들이 자라면서 맨 처음 배우는 말은 "yes"가 아니라 "no"입니다. 이 말은 "나는 네 것이 아니야. 나는 나야"라는 뜻인데 부모들이 못 알아듣는 것이라고 합니다. 어떤 어리석은 부모는 자녀들이 시집, 장가를 가도 자기 것인 줄 알고 계속 간섭하다가 상처를 받기도 합니다.

재물도 우리의 것이 아닙니다. 자기 것인 줄 알고 안심하고 살다가 어느 날 불이 났다거나, 부도가 났다거나, 권력이 무너졌다거나 할 때 순식간에 비참한 사람으로 전락해 버리는 것입니다. 건강도, 학문도 우리의 것이 아님을 다시 한번 기억합시다.

소유는 나누어야 한다

둘째, 소유는 나누어야 한다는 뜻이 있습니다. 사람들은 우리에게 손을 벌리고 필요한 것을 요구하거나 빌려 달라고 합니다. 한 걸음 더 나아가 요즘은 요구를 들어주지 않으면 집단으로 시위하고 폭력을 쓰고 강제로 강탈해갑니다. 이러한 상황에서 그리스도인은 어떻게 해야 합니까? 예수님은 그리스도인에게 "소유란 너의 것이 아니다. 그러므로 네가 먹고, 입고, 자는 것 외에 가지고 있는 소유는 너를 위해서 있는 것이 아니라 이웃과 나누기 위해서 있는 것이다"라는 기본적인 말씀을 하십니다. 그렇기 때문에 "네게 구하는 자에게 주며 네게 꾸고자 하는 자에게 거절하지 말라"는 말씀으로 해답을 주셨습니다.

사람들이 소유에 대해서 가지고 있는 세 가지 일반적인 태도가 있습니다. 그것을 우리는 선한 사마리아인의 비유에서 찾아볼 수 있습니다.

첫 번째 유형은, '네 것은 모두 내 것이다'라고 생각하는 사람입니다. 이러한 사람이 바로 여리고 성 길목에 살고 있던 강도 떼였습니다. 그들은 다른 사람의 것이 모두 자기 것이라 생각해서 필요하면 사람도 무참히 죽이고, 남의 물건을 아무 갈등 없이 빼앗아 누리는 사람들이었습니다. 남의 것을 귀한 줄로 여기지 않고 함부로 취급하며 남의 것을 쉽게 자기 것이라고 생각하는 사람이 이 그룹에 속합니다.

두 번째 유형은, '내 것은 모두 내 것이다'라고 생각하는 사람입니다. 이들은 강도 만난 사람 앞을 그냥 지나간 서기관과 제사장들이었습니다. 그들에게 이웃은 별로 중요하지 않습니다. 중요한 것은 자기 자신뿐입니다. 그들은 언제나 손해 보지도 않고 착취당하지도 않습니다. 오직 자기 일에만 열중해 있으며, 자기 소유만이 최고의 가치요 의미라고 생각하는 사람들입니다. 남이야 죽건 말건 상관없이 자기만 손해 안 보면 된다고 생각하는 부류가 이에 속합니다.

세 번째 유형은, '내 것은 모두 네 것이다'라고 생각하는 사람입니다. 이는 강도 만난 사람 앞을 지나가던 선한 사마리아인입니다.

그는 강도 만난 사람과 안면이 있는 것도 아니었고 그를 도와주어야 할 의무가 있는 것도 아니었습니다. 그러나 그는 어려움에 처한 사람을 보고 주저 없이 자기의 시간과 돈을 내어 정성껏 도와주었습니다. 그는 장사하러 다니는 사람이었습니다. 결국 그가 돈을 버는 목적은 남을 돕기 위함이었다고 볼 수 있습니다. 이러한 사람은 소유의 개념을 '내가 가지고 있는 재산은 너와 함께 누려야 할 재산이다'라고 생각합니다.

다시 종합해 보면 첫 번째 사람은 세상의 모든 사람이나 사물은 자기를 위해 존재한다고 생각하는 사람입니다. 결혼한 아내가 남편은 나를 위해 존재해야 한다고 생각한다면 이에 속합니다. 아내에게 이것을 요구하는 남편도 마찬가지입니다. 두 번째 사람은 나는 나를 위해 존재한다고 생각하는 사람입니다. 그래서 내가 잘 먹고 잘사는 것은 내가 똑똑해서 얻은 내 특권이라고 생각하는 유형입니다. 그러나 세 번째 사람은 나는 너를 위해 존재한다고 생각합니다. 그러므로 '내가 이 집에 시집온 것은 당신을 섬기기 위해서다'라고 생각하며 사는 사람입니다.

이렇게 볼 때 우리는 진정한 그리스도인의 삶의 본질을 분명하게 깨닫게 됩니다. 즉 지금까지 우리가 쌓아 놓은 지식, 재물, 명예, 건강, 영향력 등은 바로 이웃을 섬기라고 하나님이 우리에게 주신 것입니다. 그래서 이런 개념이 있는 사람은 자기에게 도움을 요청하는 사람에게 아낌 없이 베푸는 것입니다.

모든 소유는 하나님의 것이다

우리는 42절의 말씀 속에서 두 가지 형태로 우리에게 접근하는 사람을 발견하게 됩니다.

첫째, '네게 구하는 자'입니다. 여기서 구하는 사람은 어떤 사람이겠습니까? 그 사람들은 분명히 가난한 사람들, 억눌린 사람들, 힘없고 병든 사람들일 것입니다. 즉 자기의 힘으로 살아갈 수 없는, 누군가의 도움이 필요한 사람들입니다. 예수님은 이런 사람들이 도움을 요청할 때 '주라'고 하신 것입니다. 우리가 가진 모든 소유는 잠시 간직하고 있는 것뿐입니다. 그러므로 사람들이 요구할 때 주라는 뜻입니다. 여기서 한 가지 더 생각해 볼 것은 성경에는 아는 사람에게만 잘해 주는 것은 사랑이 아니라고 했습니다. 우리가 알지 못하고 관계가 없는 사람에게까지도 그리스도인의 은혜와 축복을 나누어 줄 수 있어야 합니다.

네 하나님 여호와께서 네게 주신 땅 어느 성읍에서든지 가난한 형제가 너와 함께 거주하거든 그 가난한 형제에게 네 마음을 완악하게 하지 말며 네 손을 움켜쥐지 말고 반드시 네 손을 그에게 펴서 그에게 필요한 대로 쓸 것을 넉넉히 꾸어 주라 삼가 너는 마음에 악한 생각을 품지 말라 곧 이르기를 일곱째 해 면제년이 가까이 왔다 하고 네 궁핍한 형제를 악한 눈으로 바라보며 아무것도 주지 아니하면 그가 너를 여호와께 호소하리니 그것이 네게 죄가 되리라(신 15:7-9).

구약의 법에는 면제년이란 것이 있었습니다. 즉 7년이 되면 어떤 빚이든 못 갚았어도 원점으로 돌아가 다시 시작하는 법입니다. 그러니까 가난한 사람은 7년째를 기다리고, 돈 꾸어 주는 사람은 5년이나 6년째에는 돈을 안 꾸어 주려고 합니다. 그러나 하나님은 그러한 인간의 심리를 아시는 까닭에 제7년에 궁핍한 형제에게 아무것도 주지 않아서 그가 너를 하나님에게 호소하면 그 죄가 네게 있으리라고 하셨습니다.

또한 10절에서는 "너는 반드시 그에게 줄 것이요, 줄 때에는 아끼는 마음을 품지 말 것이니라. 이로 말미암아 네 하나님 여호와께서 네가 하는 모든 일과 네 손이 닿는 모든 일에 네게 복을 주시리라"고 했습니다. 이 말씀은 약속을 지키는 자에게는 하나님이 복을 주시리라는 언약의 말씀입니다. 우리는 이 말씀 또한 믿어야 합니다.

둘째, '네게 꾸고자 하는 자'입니다. 이것은 단순하게 가난하기 때문에 요구하는 것이 아니라 적극적으로 돈을 꾸고자 하는 경우입니다. 예수님은 이런 경우에도 거절하지 말고 꾸어 주라고 하셨습니다. 그러나 여기서 조심할 것은 아무 분별없이 무조건 꾸어 주라는 것이 아닙니다. 우리가 돈을 꾸어 줄 때는 받는 사람에게 어떤 영향을 주는가를 생각해야 합니다. 우리가 선을 베풀었을 때 그 사람이 돈을 받음으로 더 악해졌다면 그것은 안 주는 것만 못하기 때문입니다.

예를 들면 사기꾼에게 돈을 꾸어 줘서는 안 됩니다. 왜냐하면 사기꾼은 돈을 꾸어서 더 큰 사기를 치기 때문입니다. 또 직업적인 거지나 마약중독자, 술주정뱅이에게 돈을 주라는 뜻도 아닙니다. 만약에 주는 것이 받는 자로 하여금 무책임과 게으름에 빠지게 한다면 그것은 더 큰 죄가 되고 말기 때문입니다. 이 말씀의 본뜻은 우리가 많은 것을 소유하고 있는데 우리 옆에서 가난한 사람이 울고 있다면 그것은 옳지 않다는 뜻입니다. 여기서 우리가 남에게 도움을 줄 때 생각해야 할 몇 가지 일들이 있습니다.

첫째, 자기 분수에 맞게 해야 한다는 것입니다. 우리가 어떤 사람에게 돈을 빌려서 다시 남에게 꾸어 주는 것은 분수에 지나치는 일입니다. 자기의 형편과 능력 안에서 최선을 다해야 합니다. 둘째, '내가 너를 도와준다'는 식의 어떤 자만심이나 교만의 마음으로 해서는 안 됩니다. 건방진 태도로 도와주는 것은 그 사람을 화나게 만드는 것이며 마음에 반항을 일으키게 하는 요소를 갖게 합니다. 모든 소유는 하나님의 것입니다. 이 소유를 필요한 이웃과 함께 나누어야 한다는 겸손한 생각과 사랑과 긍휼에서 비롯되어야 합니다. 여기서 가장 이상적인 형태를 발견합니다. 초대교회의 모습이 바로 그것입니다.

믿는 사람이 다 함께 있어 모든 물건을 서로 통용하고 또 재산과 소유를 팔아 각 사람의 필요를 따라 나눠 주며 날마다 마음을 같이하여 성전에 모이기를 힘쓰고 집에서 떡을 떼며 기쁨과 순전한 마음으로 음식을 먹고 하나님을 찬미하며 또 온 백성에게 칭송을 받으니 주께서 구원받는 사람을 날마다 더하게 하시니라(행 2:44-47).

십자가에 못 박는 삶

지금까지 네 가지 경우를 통해서 원수를 사랑하고 복수하지 않는 예를 보았습니다. 그러나 문제는 우리가 과연 이렇게 할 수 있는가 하는 것입니다. 여기서 문제의 핵심은 자기에게 있습니다. 즉 '내'가 살아 있으면 이 모든 것은 불가능합니다. 그러나 '내'가 죽으면 모든 일이 가능해집니다. 그래서 마태복음 16장 24절에 예수님이 "누구든지 나를 따라오려거든 자기를 부인하고 자기 십자가를 지고 나를 따를 것이니라"고 하셨습니다. '내'가 죽는 날 이 세상의 모든 것에 대해 내가 죽는 날이요, '내'가 죽는 날 하나님의 모든 부요에 대해서 내가 사는 날인 것입니다.

자신을 오늘 십자가에 못 박을 수 있겠습니까? '내'가 살아 있는 한 이 말씀은 우리에게 불가능합니다. 그러나 오늘 우리가 예수 그리스도가 하신 것처럼 나 자신을 십자가에 못 박기를 원하고 "나는 죽었다"라고 고백할 수 있다면 이 말은 쉬워집니다. 사도 바울은 "이제는 내가 사는 것이 아니요 오직 내 안에 그리스도께서 사시는 것이라"고 말했습니다. 이제 이렇게 기도할 수 있기를 바랍니다.

"주여, 당신 앞에서 나의 모든 것이 십자가에 못 박히기를 원합니다. 주님 뜻대로 나의 남은 생애를 살게 해 주시옵소서."

예수님은 자기 자신을 죽였기 때문에 십자가에 못 박혀 죽으실 수 있었으며 그의 생애를 하나님 뜻대로 살 수가 있었습니다. 나 자신을 십자가에 못 박는 날이 되기를 바랍니다.

36

기도는
원수도 사랑하게 한다

마태복음 5:43-48

그리스도인은 이 세상에서 어떻게 살아야 합니까? 이 질문에 대해서 예수님은 한마디로 의롭게 살아야 한다고 대답하셨습니다. 의로운 세상에서 의롭게 산다는 것은 별로 어려운 일이 아닙니다. 그러나 악한 세상에서 의롭게 산다는 것은 매우 어려운 일입니다. 예수님은 이 말씀을 우리에게 주시면서 너희의 의가 서기관과 바리새인보다 낫지 못하면 결단코 천국에 들어갈 수 없으리라고 말씀하셨습니다. 그러면 도대체 악한 세상에서 의롭게 산다는 것은 무엇을 뜻하는 것일까요? 예수님은 이 문제에 대해서 다섯 가지 구체적인 실례를 들어 설명해 주셨습니다.

첫째, 살인의 문제였습니다. 형제를 미워하거나 그에게 분노하는 것은 살인 행위와 똑같다고 하셨습니다.

둘째, 간음의 문제였습니다. 여자를 보고 음욕을 품는 자는 이미 그 마음에 간음한 것이라고 하셨습니다.

셋째, 이혼의 문제였습니다. 간음한 연고 없이 이혼한 자는 범죄한 자라고 하셨습니다.

넷째, 맹세의 문제였습니다. 오직 "예"와 "아니오" 이상은 하지 말라고 하셨습니다.

다섯째, 복수의 문제였습니다. 악한 자를 대적하지 말고, 오른편 빰을 치면 왼편 빰을 돌려 대고, 속옷을 달라고 하면 겉옷까지 주고, 오 리를 가자고 하면 십 리를 기쁘게 가며, 구하는 자에게 주고 꾸고자 하는 자에게 거절하지 말라고 말씀하셨습니다.

원수를 사랑하라는 말씀

이 장은 그리스도인의 의의 최고의 영역이요 절정에 해당하는 부분입니다. 이 말씀은 예수님이 하신 말씀 중에서 가장 유명하고 산상설교의 핵심이 되는 말씀이기도 합니다.

> 나는 너희에게 이르노니 너희 원수를 사랑하며 너희를 박해하는 자를 위하여 기도하라(마 5:44).

만일 그리스도인 가운데 이 말씀의 경지에 이른 사람이 있다면 그는 예수님처럼 사는 단계에 이른 사람이라고 해도 과언이 아닐 것입니다. 레위기에 보면 형제나 이웃을 사랑하라고 하는 말씀이 있습니다.

> 너는 네 형제를 마음으로 미워하지 말며 네 이웃을 반드시 견책하라 그러면 네가 그에 대하여 죄를 담당하지 아니하리라 원수를 갚지 말며 동포를 원망하지 말며 네 이웃 사랑하기를 네 자신과 같이

사랑하라 나는 여호와이니라(레 19:17-18).

신약에만 네 이웃을 네 몸과 같이 사랑하라고 기록되어 있는 것이 아닙니다. 그 말씀은 이미 구약에 기록되어 있었던 것입니다. 그러나 놀랍게도 종교 전문가인 바리새인과 서기관들은 이 말씀을 자기들이 편리한 대로 곡해해서 사용했습니다. 그들은 생각하기를 자기들의 이웃이란 자기 민족과 자기 종교에 속한 사람들이라고 생각하고 거기에 속하지 않은 이방인들은 원수라고 단정 지었습니다. 그리고 그들은 이 말씀을 확대 해석해서 이웃과 형제는 사랑하지만 이방인은 원수와 같기 때문에 미워하라고 가르쳤습니다.

또 네 이웃을 사랑하고 네 원수를 미워하라 하였다는 것을 너희가 들었으나(마 5:43).

성경은 결코 원수를 미워하라고 한 적이 없습니다. 그러면 그들은 왜 이런 결론까지 오게 되었습니까? 우리는 지금까지의 예를 보면서 한 가지 공통점을 발견했습니다. 즉 성경을 안 믿는 것이 아니라 성경을 곡해하는 것이 더 무서운 죄라는 것입니다.

많은 사람이 교회에 옵니다. 성경도 믿습니다. 성경 공부도 하고 설교도 듣습니다. 그러나 성경의 원뜻대로 해석하지 않고 자기 편리한 대로 적당하게, 뺄 것은 빼고 보탤 것은 보태서 믿는 사람이 있습니다. 이것이 결과적으로 가장 큰 문제가 됩니다.

하나님 앞에서 원수는 없다

> 너희와 함께 있는 거류민을 너희 중에서 낳은 자같이 여기며 자기
> 같이 사랑하라(레 19:34).

> 본토인에게나 너희 중에 거류하는 이방인에게 이 법이 동일하니라
> 하셨으므로(출 12:49).

선택받은 사람이 따로 있고 이방인이 따로 있습니까? 엄밀한 의
미에서 우리 모두는 이방인이 아닙니까? 우리가 시간적으로 조금
일찍 선택받았다는 것 외에는 다를 것이 없습니다. 그러나 사람들
은 잘못된 선민의식이나 특권 의식, 우월감을 가지고서 다른 사람
을 낮게 평가하고 무시하려고 합니다. 이것은 선배와 신입 사원이
있는 직장에서도, 창립 교인과 신입 교인이 있는 교회에서도 마찬
가지입니다. 얼마나 인간이 교만하고 비겁한지 모르겠습니다.
하나님이 아브라함을 택하셨습니다. 그가 과연 믿음이 있어서
택하셨습니까? 그도 전에는 갈대아 우르에서 우상을 숭배하던 평
범한 사람에 불과했습니다. 그는 다만 택함 받은 것이 감사하고 고

마울 뿐입니다. 그러므로 우리가 하나님을 섬길 수 있는 것, 봉사할 수 있는 것은 은혜이지 특권이 아닙니다. 또한 하나님은 다윗을 통하여 이스라엘 백성을 선택하셨습니다. 이것은 그들이 유대인이요 선민이라는 자랑과 특권을 가지라고 택하신 것이 아니었습니다. 아브라함과 다윗의 자손을 통해서 예수 그리스도를 태어나게 하시고 그 민족으로 말미암아 온 세계를 구원하시려는 하나님의 놀라운 경륜과 섭리였던 것입니다. 그렇다면 선택받은 백성의 사명은 그러한 하나님의 의도를 알고 순종하는 것입니다.

그러나 이스라엘 백성은 그 은혜와 사랑을 깨닫지 못하고 오히려 특권을 주신 것으로 착각해서 예수 그리스도를 십자가에 못 박고 말았습니다. 그리고 아직도 예수 그리스도를 믿지 않고 자기들은 할례 받은 민족, 선택 받은 민족이라는 특권 의식만을 가지고 살고 있습니다. 그들은 이 잘못된 선민의식 속에서 얼마나 많은 고생을 하고 얼마나 많은 피를 흘리고 있습니까?

또 다른 대표적인 예가 아랍계 사람들입니다. 그들은 이웃을 사랑하고 원수를 미워하라고 했다고 해서 아랍 게릴라들이라도 형제면 다 감싸 주고, 자기 종교를 믿지 않고 자기 핏줄과 상관 없는 사람은 전부 원수로 대합니다. 성경의 세계뿐만 아니라 오늘날 세계 도처에서는 아직도 이러한 잘못된 선민의식과 민족관 때문에 전쟁과 싸움이 계속되고 무수한 생명이 죽어 가고 있습니다.

독일은 역사상 한순간의 잘못된 민족관과 선택 때문에 유대인을 600만 명이나 학살했습니다. 미국의 남북 전쟁을 보십시오. 피부 색깔이 다르다는 이유로 노예 전쟁을 했습니다. 오늘의 현실에서도 예외는 아닙니다. 아프리카의 비극을 보십시오. 거기에는 현대인이 이해할 수 없는 사건들이 아직도 현존하고 있다는 사실을 볼 때 잘못된 선민관, 민족관이 얼마나 큰 역사의 오류를 남기는지 알 수 있습니다. 이것은 분명히 성경과 하나님을 잘못 믿는 데서 비롯된 것입니다.

도대체 누가 선민이고 누가 이방인입니까? 누가 우리의 이웃이고 누가 우리의 적입니까? 우리에게는 더 이상 이방인이 없고 원수가 없습니다. 누가 교회의 주인이고 누가 손님입니까? 우리는 모두 하나님의 백성일 뿐입니다. 예수님은 이를 비유로 말씀하셨습니다. 마태복음 20장에 있는 비유인데 거기에 보면 포도원의 주인은 아침 아홉 시부터 일한 사람과 오후 다섯 시부터 일한 사람에게 똑같은 삯을 주었다고 했습니다. 즉 일찍 오고 늦게 오고의 차이는 중요하지 않다는 것입니다. 또 오히려 늦게 온 사람이 일찍 온 사람보다 더 훌륭할 수 있다는 말씀도 있습니다. "하나님 앞에서 내가 누구냐" 하는 것이 중요한 것입니다.

구원의 축복

하나님의 형상대로 지음 받은 인간은 결코 피부색이나 신분에 따라 구분할 수 없습니다. 또한 빈부나 교육, IQ의 차이로 사람의 높고 낮음을 평가할 수 없으며 문화나 지방색으로 사람을 정죄할 수 없습니다. 그러나 많은 사람이 머리 좋은 사람은 훌륭하다고 생각하고, 머리가 나쁜 사람은 존경과 사랑을 받을 자격이 없다고 생각합니다. 아이들이 공부를 잘 못하는 것이 왜 죄입니까? 최선을 다해 거기까지밖에 못 왔다면 그대로 사랑해 주어야 합니다. 이러한 생각을 예수님이 다음과 같이 말씀해 주셨습니다.

> 이같이 한즉 하늘에 계신 너희 아버지의 아들이 되리니 이는 하나님이 그 해를 악인과 선인에게 비추시며 비를 의로운 자와 불의한 자에게 내려 주심이라(마 5:45).

결코 우리 하나님은 기독교인의 농장에만 햇빛과 비를 주시지 않습니다. 또한 기독교인이 하는 기업만 축복하시고 다른 기업은 망하게 하시거나, 기독교인만 골라서 모두 병을 고쳐 주어 100살까지 살게 하시는 분이 아닙니다. 하나님은 창조의 축복이 누구에게나 골고루 임하도록 만드셨습니다. 이것이 바로 일반 은혜요, 창조의 은혜라고 말하는 것입니다. 그러므로 우리는 창조와 자연 질서의 법칙이 꼭 그리스도인만의 특권이라고 생각해서는 안 됩니다. 다만 같은 축복도 무신론자는 우연이요, 자기의 노력이거나 재수가 좋아서 된 일이라고 생각하지만 그리스도인은 그것이 하나님의 섭리요, 은혜요, 축복이라고 믿는 것입니다.

그러면 그리스도인만이 받는 특권과 축복은 무엇입니까? 그것은 구원 은총입니다. 일반 은총은 누구나 소유하고 누릴 수 있으나 구원 은총은 그렇지 않습니다. 예수님이 온 인류의 죄를 대신하여 십자가에 못 박혀 죽으시고 3일 만에 다시 살아나셔서 승천하셨는데 이 사실은 구원받은 자만이 믿어지는 진리입니다. 우리는 자연의 은총도 받았지만 하나님이 주시는 구원의 은혜를 받은 사람들입니다. 그러므로 세상적으로 받은 축복도 감사해야 하지만 더욱 감사한 것은 우리가 예수 그리스도를 믿게 되었다는 사실입니다. 우리가 하나님의 자녀가 되었고 영광스러운 구원의 사역을 위하여 이와 같은 헌신을 하게 되었다는 것은 아무에게나 주신 축복이 아닙니다.

사랑할 수 있는 축복

예수님은 우리에게 구원의 축복 가운데서도 가장 귀한 축복 두 가지를 소개해 주셨습니다. 바로 44절에 말씀하신 축복입니다. 만약 이 두 가지 마음을 소유할 수 있다면 그는 예수 믿는 사람으로서 최고의 축복이 있는 사람일 것입니다.

첫째, 원수까지도 사랑할 수 있는 마음입니다.

둘째, 우리를 박해하고 괴롭히는 사람들을 위해서 기도할 수 있는 마음입니다.

이 말씀은 너무 광범위하므로 먼저 원수까지 사랑하라고 하신 축복이 무엇인가를 생각하겠습니다. 이 말씀 속에는 두 가지 중요한 의미가 있습니다.

첫 번째는 그리스도인에게는 이웃이 있을 뿐이지 원수란 없다는 뜻입니다. 원수가 있으면 어떻게 사랑하겠습니까? 원수처럼 느끼는 것은 하나의 잘못된 환상이고 실체는 없습니다. 그처럼 미워했던 원수를 어느 날 다른 시각에서 보았더니 그렇게 원수도 아니었고, 굉장한 줄 알았더니 보통 사람이며 아주 불쌍한 사람이었다는 것을 보게 됩니다. 우리는 이런 마음을 예수님에게서 발견하게 됩니다.

예수님은 십자가에 못 박혀 죽으실 때 자기에게 못을 박고, 머리에 가시면류관을 씌우고, 채찍으로 치고 조롱하고 침을 뱉고 뺨을 때리는 사람에게 저주하지 않으시고 "주여, 그들의 죄를 용서해 주시옵소서. 지금 그들이 하는 것이 무엇인지 알지 못합니다"라고 하셨습니다.

스데반의 경우도 마찬가지였습니다. 사람들의 저주와 돌무덤 속에서 그의 얼굴은 천사의 얼굴처럼 변했다고 했습니다. 자기를 저주하는 사람을 향해 어찌 천사의 얼굴이 될 수 있겠습니까? 그리고 그가 죽기 전에 마지막으로 한 말이 "주여, 이 죄를 그들에게 돌리지 마옵소서"였습니다.

우리나라에도 스데반처럼 귀한 목사님이 한 분 계셨습니다. 1950년대에 돌아가신 손양원 목사님입니다. 그는 일제 강점기 때 신사 참배를 하지 않아 수없이 옥고를 치르셨습니다. 해방 후에는 나병 환자를 위해서 애양원에서 목회하셨습니다. 1948년 10월 21일, 공산당이 일으킨 여수·순천 사건 때 공산당에 동조하지 않은 그의 두 아들 동인 군과 동신 군이 신앙을 지키다가 안재선이라는 반란군에게 잡혀 고문 끝에 총살 당했습니다. 그 후 국군 계엄사령부에 의해 반란은 안정되었고, 체포된 반란군 중에는 안재선도 있었습니다. 이때 손 목사님은 두 아들을 죽인 그를 위해 앞장서서 구명 운동을 하였고, 그를 사형에서 구해 냈습니다. 뿐만 아니라 안재선을 양아들로 삼아 손재선으로 고쳐 호적에 입적까지 했습니다. 그러나 손 목사님은 불행하게도 2년 후 1950년 6·25 전쟁 때 나병 환자들을 두고 피난을 갈 수가 없어 환자들과 머무르다가 그해 9월 13일 공산당에게 체포되었습니다. 그리고 28일, 여수에서 가까운 미평과수원에서 총살형을 당하셨습니다.

자기 아들을 고문하고 총살시킨 그 사람의 생명을 구해 주고 자기 아들로 입적할 수 있었던 그분의 모습이야말로 기독교의 본질이요, 사랑이 아니겠습니까? 오늘날 정치, 사회적으로 여러 가지 문제를 일으키는 사람들을 보십시오. 그 내용은 좋으나 방법은 얼마나 무섭고 살벌하고 잔인한지 모르겠습니다. 오늘날 기독교 또한 너무나 천박해지고 있습니다. 눈에는 눈으로, 이에는 이로 싸우며 분노하고 있습니다.

사랑이 없는 정의는 사람을 죽이는 것입니다. 하나님의 사랑 앞에서는 누구도 원수일 수 없습니다. 지금까지 우리는 북한의 모든 사람을 원수라고 생각했습니다. 그러나 알고 보면 그들은 우리가 사랑해야 할 이웃입니다. 우리의 가문을 망가뜨리고, 인생을 망가뜨렸던 그 사람도 가만히 생각해 보면 불쌍한 사람입니다. 오죽했으면 거기까지 갔겠습니까? 결국 그들도 우리가 용서해 주고 축복해 주고 기도해 주어야 할 사람입니다.

그리스도인은 죄는 미워해도 죄인은 불쌍히 여기며, 사탄은 미워해도 사탄에 억압된 사람은 불쌍히 여겨야 합니다. 우리가 원수라고 생각했던 그는 결코 우리의 원수가 아니고, 우리가 진정으로 사랑해야 할 대상입니다. 그가 왜 우리와 원수가 되었겠습니까? 그를 사랑해야 할 때 우리가 사랑하지 않았기 때문입니다.

무조건 사랑하는 마음

예수님이 원수를 사랑하라고 하신 말씀 중에 두 번째로 생각할 주제는 사랑에 관한 것입니다. 사랑에는 크게 네 가지 형태가 있습니다.

첫째, 가족 관계를 나타내는 '스토르게'(storge)라는 사랑입니다. 이것은 자녀에 대한 부모의 사랑이요, 부모에 대한 자녀의 사랑을 나타내는 말입니다.

둘째, 우리가 잘 아는 '에로스'(eros) 사랑입니다. 이것은 정열적인 사랑, 성적인 사랑입니다. 소포클레스는 에로스를 열렬한 그리움이라고 표현하기도 했습니다. 지금은 나쁜 의미로 사용하고 있지만 본래의 뜻은 나쁜 뜻이 아닙니다. 그러나 성경에는 사랑이라는 말이 그렇게 많이 나오지만 이 에로스라는 단어는 한 번도 나온 일이 없습니다.

셋째, '필리아'(philia)라는 사랑입니다. 진실한 친구와의 우정을 표현하는 사랑입니다. 그래서 헬라어 가운데 인간의 사랑을 가장 온유하게 표현한 말이 바로 이 필리아입니다. 예수님이 베드로에게 네가 나를 사랑하느냐고 물으실 때 아가페와 필리아를 섞어서 물으셨습니다.

마지막으로 헬라어 단어에서 발견되는 아주 중요한 사랑의 단어는 '아가페'(agape)입니다. 이것은 인간의 사랑이 아니라 신적인 사랑을 의미합니다. 조건 없는 사랑이요, 추종을 불허하는 무제한적인 사랑입니다. 예수님이 우리에게 원수를 사랑하라고 명령하셨을 때 바로 아가페의 사랑을 명령하신 것입니다. 사랑할 수 없는 사람, 사랑할 조건이 없는 사람에게 무한정 쏟아 붓는 사랑을 하라고 하셨습니다. 아가페의 사랑에는 사랑해야 하는 이유가 따로 없습니다. 그냥 무조건 사랑하기로 결정하는 것입니다.

순교자적인 사랑

사람은 어쩔 수 없이 자기에게 잘해 주는 사람을 사랑하게 되고, 아름답고 매력이 있으면 사랑하게 되고, 그럴 만한 가치가 있으면 사랑하게 됩니다. 그리고 정말 사랑할 이유를 아무 데서도 찾아볼 수 없는 대상에게 생명을 바쳐서 끝까지 사랑한다는 것은 인간에게 속한 일이 아닌 것 같습니다. 그런데 예수 믿는 사람은 이것을 할 수 있습니다. 이것이 순교입니다.

신앙의 선배 가운데 이런 사랑을 가진 사람들이 있었습니다. 그들은 100년 전 한국의 복음화를 위해 자기 조국을 뒤로하고 이곳에 선교사로 왔던 위대한 분들입니다. 초창기에 한국에 왔던 선교사들은 미국 명문 가문에서 태어났고 지성인 중에서도 지성인들이었습니다. 그들은 자기의 모든 학문과 부와 성공을 다 버리고 당시 미개한 땅이었던 한국에 뛰어든 것입니다. 그들이 십자가에서 예수님의 사랑과 정면으로 부딪쳤을 때 그들은 그렇게 살지 않으면 견딜 수가 없었습니다. 그래서 그들 중에는 복음을 받고 아프리카에 뼈를 묻기 원하여, 지금 그의 무덤이 아프리카에 있는 사람도 있습니다.

그러나 현대인들이 예수 믿는 모습을 보면 기껏해야 병 낫는 것, 잘되는 것 정도의 수준밖에는 안 되고 있습니다. 기독교는 다시 새로운 기적을 만들어야 합니다. 십자가의 사랑, 원수까지 사랑하는 무제한적인 하나님의 사랑을 우리가 소유하고 실천하지 않는 한 기독교는 더 이상 이 시대의 소망이 될 수 없고 이 시대를 변화시킬 수 없습니다. 그렇다면 그것은 다만 시끄러운 하나의 세력에 불과할 것입니다.

사랑 없는 비판, 사랑 없는 충고, 사랑 없는 채찍은 사람을 죽이는 독약입니다. 그러나 우리는 책임 없는 비판, 책임 없는 냉소, 책임 없는 회초리를 너무나 자주 들고 있지 않습니까? 나와 다르다는 이유 때문에, 내 생각과 다르다는 이유 때문에 우리의 입술은 얼마나 비판에 가득 차 있습니까? 우리가 다른 사람을 비판할 때 "너는 비판할 자격이 있느냐? 너는 그 사람을 그만큼 사랑했느냐?"라고 자신에게 물어보면 정말 할 말이 없습니다. 원수까지 사랑하는 것은 그만두고라도 축복해 주는 말로 우리의 입술을 바꾸어야 할 것입니다. 우리가 남을 위로하고, 격려하고, 용서하고, 북돋아 주는 말은 실제로 적지 않습니까? 형제가 무엇을 잘못했을 경우에는 그것을 비판하기보다는 우리가 대신 가서 그것을 해 주려는 마음을 가져야 할 것입니다.

어떤 유명한 문인이 이런 말을 했습니다.

"실천하는 사랑은 공상적인 사랑보다 훨씬 더 많은 대가를 치러야 한다."

하나님의 사랑

우리가 사랑을 실천하려 할 때는 고통스러운 대가를 많이 치러야 합니다. 그러면 우리가 어떻게 주님의 명령에 순종할 수 있겠습니까? 성령의 사랑을 인정해야 합니다.

> 우리에게 주신 성령으로 말미암아 하나님의 사랑이 우리 마음에 부은 바 됨이니(롬 5:5).

예수님의 사랑이 이것을 가능하게 합니다.

> 우리가 아직 연약할 때에 기약대로 그리스도께서 경건하지 않은 자를 위하여 죽으셨도다(롬 5:6).

마지막으로 하나님의 사랑이 이것을 가능하게 합니다.

> 우리가 아직 죄인 되었을 때에 그리스도께서 우리를 위하여 죽으심으로 하나님께서 우리에 대한 자기의 사랑을 확증하셨느니라(롬 5:8).

우리도 원수를 사랑할 수 있는 데까지 나아갈 수 있기를 바랍니다. 하나님의 사랑의 힘을 빌리십시오. 그리고 간구하십시오.

37

원수 사랑이
예수 사랑이다

마태복음 5:43-48

사람으로서 가장 힘든 일이 있다면 그것은 원수를 사랑하는 일일 것입니다. 사람이 당하는 고통 중에는 자식의 죽음으로 당하는 고통, 재산이 하루아침에 사라지는 고통, 사랑하는 사람을 잃는 고통 등 여러 가지가 있겠지만 다른 사람을 저주하며 용서하지 못하는 고통도 아마 이에 못지않을 것입니다. 왜냐하면 남을 미워할 때 자기 자신은 견딜 수 없는 마음의 어려움이 있기 때문입니다.

예수님은 원수까지도 사랑하라고 말씀하셨습니다. 이 말씀의 정도까지 우리가 할 수 있다면 우리는 그리스도인으로서 최고의 경지에 도달한 것입니다. 사람을 용서하고 원수를 사랑할 수 있다면 그는 진정 예수를 닮은 사람이요, 하나님의 성품을 옷 입은 사람입니다. 그러나 먼저 알아야 할 사실은 만약 이 일이 우리에게 전혀 불가능한 일이었다면 예수님이 말씀하시지 않았을 것이라는 점입니다. 우리가 원수를 용서할 수 있는 사람들이고 우리를 박해하고 괴롭히는 사람들을 위해서 기도해 줄 수 있는 사람임을 아시고 이 말씀을 하신 것입니다.

구약의 율법을 잘못 해석하여 적용한 서기관과 바리새인들은 "원수는 미워하고 이웃은 사랑하라"고 말했습니다. 그러나 성경은 한 번도 원수를 미워하라고 말한 적이 없고, 그리스도인에게는 결코 원수란 존재하지 않는다고 했습니다. 다만 많은 사람이 자기와 제도와 사상이 다르고, 의견이 다르고, 혈연관계가 아니라는 것 등의 이유로 스스로 원수를 만들어 살고 있는 것이라고 했습니다. 예수님은 이것을 아시고 오늘 우리에게 원수를 사랑할 수 있는 유일한 비결 하나를 가르쳐 주십니다. 그것이 44절의 "너희를 박해하는 자를 위하여 기도하라"입니다.

용서와 사랑의 첫걸음, 기도

미운 사람은 생각만 해도 정신이 아찔해지고 심장이 떨립니다. 원수를 사랑해야 한다는 것을 몰라서가 아닙니다. 그것은 실제로 불가능합니다. 그래서 예수님이 좋은 방법을 가르쳐 주셨는데 그것이 기도입니다. "지금 즉시 용서할 수 없는 그 사람을 만나 사과하라"는 것은 힘든 일입니다. 그러나 "행동하기 전에 기도하기를 시작하라"는 것은 우리가 할 수 있습니다. 우선 기도는 그 사람에게 직접 가서 말을 걸지 않아도 되고, 골방이나 교회나 어디서든지 마음의 결정만 하면 할 수 있기 때문입니다.

홀로 하나님에게 기도하면 그처럼 용서할 수 없었던 원수가 어느새 사랑스러운 이웃으로 변하고 맙니다. 다음과 같이 기도를 시작해 보십시오.

"하나님, 저는 누구를 정말 용서할 수 없습니다. 제가 그 사람에게 당한 일을 생각하면 견딜 수가 없습니다. 그런데 주님이 용서하라고 하시니 어떻게 합니까. 주님, 저에게 용서할 힘을 주시옵소서."

이렇게 기도하면 그 원수가 우리가 기도해 주어야 할 이웃으로 변하기 시작합니다. 이것이 바로 기도의 능력입니다. 우리가 원수를 위해 기도할 때 양쪽 모두에게 변화가 일어납니다. 먼저는 용서하지 못하고 미워하고 있는 우리 자신이 변하기 시작하고, 다음에는 포악하고 잔인하고 마귀의 얼굴이었던 그 사람이 변하기 시작합니다. 왜냐하면 기도는 하나님의 능력이기 때문입니다.

반대로 만일 기도해야 할 사람이 기도하지 않으면 어떤 일이 일어나겠습니까? 그것은 마치 음식물이 부패하듯이 타인과의 관계가 부패하기 시작합니다. 여기서 우리는 용서와 사랑의 첫걸음은 기도라는 사실을 알 수 있습니다.

앞 장에서 실제로 원수를 사랑했던 세 사람의 예를 살펴 보았습니다. 예수님도, 스데반도, 손양원 목사님도 결국 기도하심으로 자기에게 고통을 주는 그 사람에 대한 증오와 분노의 감정을 피해 갈 수 있었던 것입니다. 사실 깊이 생각해 보면 우리가 미워하고 분노하고 복수하고 싶었던 대상, 즉 '원수'는 하나의 허상이요 허수아비에 불과한 것입니다. 종이호랑이와 같다고 할까요?

우리가 그렇게 미워하고 용서할 수 없었던 사람을 어느 날 하나님의 도우심으로 기도하다가 회개하고 사랑과 용서의 눈을 떠서 볼 때 그도 약한 사람이요, 부족한 사람이요, 사탄과 정욕에 사로 잡혀 노예 상태에 빠져 있는 불쌍한 영혼임을 보게 됩니다. 뿐만 아니라 분노와 복수의 감정에 빠져서 방황하던 자기 영혼의 불쌍함도 보게 됩니다.

찰스 스펄전은 "기도란 긍휼의 전주자"라고 했습니다. 즉 400미터 계주 시 긍휼이라는 마지막 주자에게 주는 배턴과도 같은 것입니다. 이 긍휼 속에 죄는 녹아지고 죄의 비참함은 사라지기 시작합니다. 용서할 수 없는 사람을 위해서 이 시간에 기도해 보시지 않겠습니까? 분명히 분노하던 생각이 녹아지고, 일그러졌던 얼굴이 펴지고, 닫혔던 마음의 문이 열릴 것입니다. 그래서 예수님은 우리에게 다른 모든 행동 이전에 기도를 먼저 요청하신 것입니다.

하나님의 자녀의 모습

원수를 사랑하고 기도하면 어떤 일이 일어납니까?

이같이 한즉 하늘에 계신 너희 아버지의 아들이 되리니(마 5:45).

이 말은 우리가 원수를 사랑하고 용서할 때, 또 우리를 괴롭히는 사람을 위해서 기도할 때 하나님의 자녀의 모습을 갖게 된다는 말입니다. 그리스도인 가운데 하나님의 자녀라는 특권은 받았지만 그분의 자녀답게 살지 못하는 사람들이 많습니다. 다시 말해 하늘 나라의 시민권은 받았지만 꼭 지옥의 자식처럼 살고 있는 사람들 말입니다.

하나님의 본질과 속성은 한마디로 말하면 사랑입니다. 인간은 하나님의 사랑을 전부 이해할 수 없고 오로지 예수 그리스도의 십자가에 나타난 하나님의 사랑을 단편적으로 이해할 뿐입니다. 하나님의 본질이 사랑이기 때문에 우리가 원수를 사랑하고 용서할 때 진정으로 하나님을 이해하고 체험하게 되고, 우리가 그분의 자녀임을 알게 되는 것입니다. 그래서 사랑의 사도 요한은 요한복음과 요한일서에서 다음과 같이 말하고 있습니다.

너희가 서로 사랑하면 이로써 모든 사람이 너희가 내 제자인 줄 알리라(요 13:35).

하나님이 우리를 사랑하시는 사랑을 우리가 알고 믿었노니 하나님은 사랑이시라 사랑 안에 거하는 자는 하나님 안에 거하고 하나님도 그의 안에 거하시느니라(요일 4:16).

누구든지 하나님을 사랑하노라 하고 그 형제를 미워하면 이는 거짓말하는 자니 보는 바 그 형제를 사랑하지 아니하는 자는 보지 못하는 바 하나님을 사랑할 수 없느니라(요일 4:20).

이 말씀 속에서 우리가 사랑할 때 하나님이 계시는 것을 느끼기 시작한다는 것을 발견할 수 있습니다. 반대로 사람을 사랑하지 않고 용서하지 않는 사람은 아무리 기도하고, 성경을 공부하고, 설교를 잘 들어도 머리로만 이해할 뿐 하나님의 임재가 느껴지지 않는다는 말입니다. 정말 성령님의 도우심으로 사람을 용서하고 사랑하기 시작한다면 진정으로 하나님의 임재가 우리 안에 있는 것을 체험할 것입니다.

오래 참으시는 하나님

하나님이 우리를 사랑하셔서 우리 모두에게 주신 일반 은총이 마태복음 5장 45절 후반부에 있는 말씀입니다.

> 하나님이 그 해를 악인과 선인에게 비추시며 비를 의로운 자와 불의한 자에게 내려 주심이라.

그러나 어떤 독선적인 그리스도인은 악인이 사는 곳에 햇빛과 공기를 주시는 하나님에 대해 섭섭하게 생각하는 분도 있습니다. 또 어떤 때는 천벌을 내려서 벼락이 떨어져야만 시원하겠다고 생각합니다. 그러나 베드로후서 3장 9절에 보면 하나님은 "오래 참으사 아무도 멸망하지 아니하고 다 회개하기에 이르기를 원하시느니라"고 했습니다.

　일반 은총만을 받은 사람은 이 땅에서 잘 살아도 지옥에 가고, 구원의 은총을 받은 사람은 못 살아도 천국에 간다는 것이 축복입니다. 그래서 세상적으로 건강하고, 잘살고, 행복하고, 권력을 쥐었다고 하나님이 축복하셨다는 공식을 단순하게 만들어서는 안 됩니다. 예수 잘 믿는 사람도 높은 지위에 올라갈 수 있지만 스탈린, 히틀러 같은 사람도 세계 권력을 쥘 수 있었다는 사실을 알아야 합니다. 하나님은 우리를 사랑하시되 똑같이 사랑해 주십니다. 오래 참으심으로 아무도 멸망하지 않고 다 회개하기에 이르기를 원하고 계십니다. 그런데 사람들은 자기들의 과거는 다 잊어버리고 예수 믿는 순간부터 자기가 하루아침에 의인이 된 것처럼 안 믿는 사람을 저주하며 돌아다닙니다.

　어떤 사람이 올해에 예수 믿게 되었다고 합시다. 그런데 작년에 하나님이 심판을 내리셨다면 그는 어찌 되었겠습니까? 그는 영원히 죽어야 했을 것입니다. 하나님이 이 세상에 악이 범람하는 것을 아시면서도 괴로운 심정으로 참으며 심판하지 못하고 계신 것은 안 믿는 사람을 한꺼번에 죽일 수가 없기 때문이요, 그들이 꺼지지 않는 유황불에 들어가는 것을 견디실 수 없기 때문입니다. 결코 하나님이 공의가 없어서 불의를 제거하지 않는 것이 아닙니다. 그러나 그날은 도둑같이 올 것이며 하나님의 의의 심판은 반드시 이루어질 것입니다.

진정한 그리스도인

누가 진정한 그리스도인입니까? 원수를 사랑하고 박해하는 자를 위하여 기도할 수 있는 사람입니다. 기도는 분명히 예수님 안에 있는 모든 그리스도인이 할 수 있는 일이고, 그 능력이 우리에게 있다고 스스로 믿어야 합니다. 이렇게 생각해 볼 때 그리스도인은 좀 별다른 사람이라는 생각이 듭니다. 사실 그렇습니다. 그리스도인은 분명히 세상에서 구별되어 선택된 사람입니다. 그리스도인은 세상 사람과 생각하는 것이 달라야 하고, 세상 속에 있지만 세상 방법을 쓰면 안 됩니다. 이것이 마태복음 5-7장에서 예수님이 계속해서 말씀하시는 하나의 주제입니다.

성경에는 예수 믿는 사람을 설명한 몇 가지 표현이 있습니다. 첫 번째로, 예수 믿는 사람을 가리켜 "거듭난 사람"이라고 했습니다.

사람이 거듭나지 아니하면 하나님의 나라를 볼 수 없느니라(요 3:3).

내가 네게 거듭나야 하겠다 하는 말을 놀랍게 여기지 말라(요 3:7).

"거듭났다"라는 말은 영적으로 다시 태어났다는 말입니다. 즉 두 번 태어난 사람이라는 뜻입니다. 여기서 한 번 태어난 세상 사람과 그리스도인은 다르다는 것을 알 수 있습니다.

두 번째로, 그리스도인은 "새로운 피조물"이라고 했습니다.

그런즉 누구든지 그리스도 안에 있으면 새로운 피조물이라 이전 것은 지나갔으니 보라 새것이 되었도다(고후 5:17).

옛 사람이 아니고 새사람이요, 겉사람이 아니고 속사람입니다. 원수를 용서하고 사랑할 수 있는 새로운 피조물입니다.

세 번째로, 그리스도인을 가리켜 천국 백성, 즉 "하나님의 자녀"라고 말했습니다.

영접하는 자 곧 그 이름을 믿는 자들에게는 하나님의 자녀가 되는 권세를 주셨으니(요 1:12).

또 에베소서 2장 19절에는 "이제부터 너희는 외인도 아니요 나그네도 아니요 오직 성도들과 동일한 시민이요 하나님의 권속이라"고 했습니다.

네 번째로, 그리스도인은 "하나님과 화해한 성도(聖徒)"입니다. 실로 그리스도인은 거룩한 백성입니다.

너희는 택하신 족속이요 왕 같은 제사장들이요 거룩한 나라요 그의 소유가 된 백성이니(벧전 2:9).

우리에게 이런 긍지와 자부심이 있습니까?

악을 선으로 갚는 그리스도인

그러나 어떤 교인은 세상에 얽매이고 정욕의 노예가 되고 사탄의 종노릇하면서 한다는 말이 "목사님은 교회에서 사시지만 우리야 세상에서 사니 죄를 짓고 살지요. 주일에 간신히 교회에 출석하는 것만도 다행이고 설교 때 졸지 않는 것만도 기적입니다"라고 말합니다. 이런 사람이 어찌 원수를 사랑할 수 있는 능력이 있겠습니까? 얼마나 자신을 비참하게 만들어 놓았습니까? 이런 사람은 모세를 따라 홍해를 건넜다가 먹을 것이 없다고 시위한 사람들과 같고, 모세가 40일 동안 산에 가서 하나님의 말씀을 듣고 있는 동안 금송아지를 만들어 놓고 오늘 여기까지 우리를 인도한 것은 금송아지라고 춤을 추던 사람들과도 같습니다. 이런 사람들은 위기 앞에 섰을 때 아니라고 말 못하고 진리 앞에서 진리라고 말 못하는 사람들입니다. 이것은 진정한 그리스도인의 모습이 아닙니다.

그리스도인은 사도 바울처럼 "사망아, 너의 승리가 어디 있느냐. 사망아, 네가 쏘는 것이 어디 있느냐"(고전 15:55)고 외치며 어떤 환경의 어려움에 부딪쳐도 쉽게 굴복하지 않고 죽음과 절망의 벽 앞에서 쉽게 무릎 꿇지 않는 사람입니다. 살아도 주를 위하여, 죽어도 주를 위하여, 사나 죽으나 온전히 주님만을 위하여 기쁘게 사는 사람이 그리스도인입니다. 또한 삶과 죽음을 초월하여 이 세상에서 나그네처럼 살고, 욕심과 죄에 사로잡혀 살지 않는 사람, 끝까지 주님만을 위하여 살려고 하는 선한 양심을 가진 사람이 그리스도인입니다. 주일에 교회와서 적당히 위로받고 갈 생각은 아예 하지 마십시오. 얼마든지 적당하게 위로할 수 있고 편안하게 듣기 좋은 말만 할 수도 있습니다. 그러나 그것은 우리를 죽이는 것임을 알아야 합니다. 주님이 원하시는 그곳까지 우리는 가야 합니다. 그래야만 우리도 살고 세상도 살릴 수 있습니다.

> 너희가 너희를 사랑하는 자를 사랑하면 무슨 상이 있으리요 세리도 이같이 아니하느냐 또 너희가 너희 형제에게만 문안하면 남보다 더하는 것이 무엇이냐 이방인들도 이같이 아니하느냐(마 5:46-47).

이 말씀은 자기에게 잘해 주는 사람에게만 잘해 주는 것, 곧 Give and Take의 사랑은 아무 상이 없다는 말씀입니다. 또한 형제에게만 문안하면 세상 사람과 다름이 없다는 말씀입니다. 무엇이 달라야 변화를 주지 않겠습니까? 어떤 사람이 다음과 같은 말을 했습니다. "선을 악으로 갚는 사람은 죄인이요, 선을 선으로 갚는 사람은 양심 있는 사람이요, 악을 선으로 갚는 사람은 그리스도인이다."

예수님을 닮은 그리스도인

예수님은 마지막으로 최후의 기준을 설정해 주셨습니다.

그러므로 하늘에 계신 너희 아버지의 온전하심과 같이 너희도 온전
하라(마 5:48).

이것이 그리스도인의 삶의 표준입니다. 자기가 이렇게 못 산다
고 기준을 허물어뜨리지는 마십시오. 하나님은 우리에게도 이와
같이 살 수 있다고 말씀하십니다. 이것은 하나님의 자녀가 되는 특
권입니다. 얼마나 신나는 일인지 모르겠습니다.

아들은 아버지를 닮습니다. 우리는 하나님의 자녀이기 때문에
우리의 모습에서 하나님의 모습이 발견되어야 합니다. 이 말은 곧
예수 믿는 사람은 예수를 닮아야 한다는 뜻입니다. 40세가 넘으면
자기 얼굴에 책임을 져야 한다고 누군가 말했습니다. 여러분은 여
러분의 얼굴에 책임을 질 수 있습니까? 무슨 화장을 하느냐, 무슨
옷을 입느냐는 중요하지 않습니다. 우리의 얼굴 모습이 누구를 닮
았느냐가 중요합니다.

예수님처럼

여기서 하나님의 온전하심이란 성숙함을 뜻합니다. 미숙아는 항
상 자기를 먼저 생각하지만 성숙한 사람은 다른 사람을 더 생각할
줄 압니다. 그리스도인은 미숙아가 되면 안 됩니다. 또 여기서 말
하는 온전함이란 하나님의 기준을 의미합니다. 하나님은 우리가

타락한 천사의 모습으로 살기를 원하지 않으십니다. 더구나 우리가 동물처럼 잘 먹는 것과 쾌락만을 즐기며 살기를 원하지 않으십니다. 하나님은 우리가 왕의 아들로서 하나님의 성품에 동참하고, 본래의 아담의 형태로 고귀하게 살기를 원하십니다. 그 기준은 곧 하나님의 온전함입니다.

하나님의 온전함을 그대로 표현해 주신 분은 오직 한 분이신 예수 그리스도입니다. 그러므로 하나님의 온전하심처럼 너희도 온전하라는 말씀을 다른 말로 하면 "예수처럼 생각하라", "예수처럼 말하라", "예수처럼 행동하라"는 뜻입니다. 하나님은 우리를 그의 아들의 형상을 본받게 하기 위하여 정하시고 부르시고 의롭다 하시고 영화롭게 하셨습니다.

예수님 닮기를 원하십니까? 원수를 사랑하십시오. 그러면 예수님의 형상이 우리의 모습 속에 있게 될 것입니다. 우리를 욕하고 저주하고 박해하는 사람을 위해 기도하십시오. 그때 사람들은 우리의 얼굴에서 예수님의 얼굴을 발견할 것입니다.